"十四五"职业教育国家规划教材

成本计算与管理

（配套Excel实训）（第五版）

CHENGBEN JISUAN YU GUANLI

新准则 新税率

主　编　程　坚　钭志斌
副主编　黄正梅　向兆礼
　　　　黄若男　王　易

本书另配：考试系统
教　　案
课程标准
教学课件
微课视频
动画视频
操作录屏
参考答案

新形态教材

中国教育出版传媒集团
高等教育出版社·北京

内容提要

本书是"十四五"职业教育国家规划教材。

本书系统地介绍了制造企业产品成本计算的基本原理和要求，重点说明了品种法、分批法、分步法、分类法和定额法等产品成本计算方法的操作程序，以应用实例的方式作出操作示范。同时说明了联产品、副产品、等级产品等特殊产品的成本计算方法。针对成本计算结果，编制产品成本报表并进行分析，以促进企业成本管理水平的提高。为了拓展学生的成本计算知识，本书还对其他行业各种相关成本的计算方法进行了说明，并简要地介绍了管理会计中常用的产品成本计算方法：变动成本法、标准成本法和作业成本法。

本书可作为高等职业院校财经商贸大类相关课程教材，也可作为广大财会人员培训、自学用书。

图书在版编目(CIP)数据

成本计算与管理/程坚，钭志斌主编．—5版．—北京：高等教育出版社，2023.8(2024.1重印)

ISBN 978-7-04-059899-5

Ⅰ.①成… Ⅱ.①程… ②钭… Ⅲ.①成本计算-高等职业教育-教材②成本管理-高等职业教育-教材 Ⅳ.①F231.2②F275.3

中国国家版本馆CIP数据核字(2023)第098415号

策划编辑 刘悦珍 李 晶 责任编辑 李 晶 封面设计 张文豪 责任印制 高忠富

出版发行	高等教育出版社	网 址	http://www.hep.edu.cn
社 址	北京市西城区德外大街4号		http://www.hep.com.cn
邮政编码	100120	网上订购	http://www.hepmall.com.cn
印 刷	上海当纳利印刷有限公司		http://www.hepmall.com
开 本	787mm×1092mm 1/16		http://www.hepmall.cn
印 张	19	版 次	2007年6月第1版
字 数	472千字		2023年8月第5版
购书热线	010-58581118	印 次	2024年1月第2次印刷
咨询电话	400-810-0598	定 价	45.00元

物 料 号 59899-00

第五版前言

本书是“十四五”职业教育国家规划教材，历届版本分别是“十三五”职业教育国家规划教材、“十二五”职业教育国家规划教材。

为深入学习贯彻习近平总书记关于教育的重要论述和全国教育大会精神，落实教育部《高等学校课程思政建设指导纲要》《关于深化现代职业教育体系建设改革的意见》等政策要求，本书依据最新发布的行业标准、政策、法规及课程思政要求进行修订，突出了对学生解决问题和岗位能力的培养。本书延续了上一版的编排风格和基本特点，以证、账、表为载体，紧扣成本核算与管理岗位业务，以制造企业产品生产成本的计算为主要内容，以利教便学为出发点，结合高等职业教育教学理念的拓展和社会发展的实际情况，进行编写。

本书仍保留会计教学的实践性、相关知识的链接性、教学资料的全面性和专业知识的拓展性等特点。本次修订的主要内容如下：

(1) 在遵循证、账、表数据逻辑关系的基础上设计教学体例。在教学体例的安排上，本书根据企业经济业务的关联性，通盘考虑相关业务的连续性与数字衔接，力求用原始凭证反映经济业务，通过编制费用分配表分配相关费用，依据原始凭证或费用分配表编制记账凭证，据以在相关成本计算账户中连续记载，着力加深学生对产品成本计算方法的理解。

(2) 进一步优化配套教考系统等立体化教学资源的开发。本书充分关注成本核算与管理中数据采集、处理的过程，系统地建立了配套的教考系统及其相关的教学资源，利教便学。本书另配有微课视频、动画视频、操作录屏、综合业务的业务单据、教案、课程标准、教学课件、项目自测题等教学资源，供教师教学使用，并免费提供配套考试系统，供学生自评自测。丰富的线上、线下学习资源，支持混合式教学，提供立体化的学习空间。

(3) 系统地融入课程思政元素。将习近平新时代中国特色社会主义思想、社会主义核心价值观、会计人员职业道德规范融入教材，并为每个章节配备相应课程思政教学参考案例、政策文件摘要，系统地融入课程思政元素。

基于工作过程项目化课程模式建设要求和项目教学、任务驱动等教学方法的运用，本书配套编写了《成本计算与管理学习指导、习题与项目实训》(第五版)，多方面满足教与学的需求。

本书可以作为高等职业院校、应用型本科院校财会类专业学生的教学用书，也可以作为各类企业在职会计人员培训、自学用书，以及各类企业管理人员的参考用书。

本书由丽水职业技术学院教授程坚、教授钭志斌担任主编，广西职业技术学院教授向兆礼、广西职业技术学院教授黄若男、安徽水利水电职业技术学院讲师王易参与修订，浙江万丰企业集团公司高级会计师和注册会计师黄正梅、旭辉集团股份有限公司注册会计师徐夏夕负责项目实训的开发与复核工作，在此一并表示感谢！

由于作者水平有限，书中疏漏和不当之处在所难免，恳请读者批评指正。

编　者

2023 年 8 月

目　录

资源导航

项目一　认知成本计算

◇ **职业能力目标**

会描述成本计算的含义、成本计算的内容和成本会计的职能，明确产品成本计算的基础和进行成本核算的程序。

能对制造企业发生的日常费用进行分类，明确哪些费用可以计入产品成本，哪些费用列为当期损益。

◇ **典型工作任务**

成本计算的描述；成本计算内容的确认；成本计算程序的设计。

小企业产品成本核算典型而普遍的问题

任务一 成本计算的描述

【引言】

市场竞争，弱肉强食，适者生存，优者发展。在市场经济条件下，价格竞争是企业参与市场竞争的主要手段之一。社会必要劳动时间决定商品的市场价格，在同类、同质的产品中，其成本高低直接关系到商品的获利能力和市场竞争能力。毫无疑问，产品成本低，则获利能力强；产品成本高，则获利能力弱。可见，产品成本愈低，就愈有竞争力，这是不争的事实。如何加强成本计算与管理，正确确定产品成本，已经成为现代企业管理的重要内容。

【知识准备与业务操作】

一、认知成本与成本计算

任何一家从事产品生产的企业，在产品生产开始前，都要具备一定的生产条件，包括建造、购置或租赁厂房、机器、设备，招聘一定数量的技术人才和掌握一定生产技能的生产工人，购进生产产品所需要的原材料或配件等。在产品生产过程中，要有专人管理，依据产品生产计划安排产品生产，让生产工人运用机器设备等生产工具，对原材料或半成品等劳动对象进行生产加工，使之成为符合设计要求和满足使用功能的产品。其间，必定会消耗一定数量的原材料或半成品，消耗生产工人的劳动，造成相关机器设备的磨损等。这些通常就是广义上的费用，为生产产品而直接发生的费用就是生产费用，把每件产品所消耗的生产费用计算出来，就是产品成本。成本计算就是要解决如何通过一定的手段，计算出每件产品所应当承担的生产费用，并通过会计核算方法在会计资料中予以反映，因此成本计算通常被称为“成本会计”。为了使学习者了解成本计算的相关知识，此处需要对成本和产品成本进行必要的描述。

（一）成本

成本是一个行为主体为了达到预定的目标而发生的耗费，它表现为一定的人力、物力和财力的消耗。例如，物质生产部门在生产产品的过程中要消耗原材料、支付人员工资、开支管理费用，等等。这些耗费的货币表现形式，在会计中被称为费用，又可称为广义的成本。不同行业的会计对成本的处理是不同的。在政府机关、事业单位等不以营利为目的的单位中，其成本开支不依靠自身创造的收入来补偿，而是通过国家财政预算拨款予以满足，因而不需要进行成本核算和成本考核，但需要通过费用预算或计划对发生的费用进行控制。以营利为目的的物质生产部门及实现企业化管理的事业单位，所发生的成本开支需要由单位自身的收入来补偿，就必须实行经济核算，努力做到以收抵支、自负盈亏、保证盈利。为此，其应对发生的成本费用进行分类、归集和分配，计算出产品的总成本与单位成本，并依据成本资料进行成本分析和成本考核，以加强成本管理，降低成本支出。成本计算与管理中所研究的成本，主要是以营利为目的的单位所发生的各类成本费用。其中，物质生产部门为制造产品所发生的成本，即产品的生产成本，具有典型的意义。因此，本书以制造企业的成本计算为主要内容来予以阐述。

商品作为用于交换的劳动产品，其价值是由三项内容组成的，即物化劳动的转移价值、活劳动中劳动者为自己创造的价值和劳动者为社会创造的价值。马克思曾用一个公式表示了这种关系：$w=c+v+m$。其中，w 表示商品的价值；c 表示物化劳动的转移价值，通常被称为物化劳动的消耗，包括劳动资料的磨损与劳动对象的消耗；v 表示劳动者为自己创造的价值，通常被称为活劳动的消耗；m 表示劳动者为社会创造的价值。$c+v$ 就构成了产品的成本。

正确理解产品成本的概念需要从耗费和补偿两个方面进行考虑。从耗费角度看，产品成本是生产过程中所消耗的物化劳动和活劳动中必要劳动的价值，即 $c+v$ 部分，这是产品成本最基本的经济内涵；从补偿角度看，产品成本是补偿商品生产中资本消耗的价值尺度，即成本价格，是产品生产中已经耗费又必须在价值或实物上得以补偿的支出。

按照持续经营的要求，企业的生产经营活动是不间断地进行的，产品的投入产出也就连续不断，若在全部生产活动结束后再计算产品成本，显然不符合成本管理和会计核算的要求。为此，要按照会计期间的划分，结合产品的生产特点，按会计期间或按产品生产周期进行产品成本计算。在期末存在尚未完工的在产品的情况下，同一会计期间的产品成本与当期发生的生产费用往往不相等，因此，需要按照会计分期假设和权责发生制原则确认应归属一定种类和数量的产品的生产耗费，这种对象化的生产耗费就构成了产品成本。简言之，产品成本是企业在一定期间为生产一定品种和数量的产品或提供一定数量的劳务而发生的各种耗费。

随着商品经济的不断发展，成本概念的内涵与外延也在不断地发展。例如，在西方国家，成本被定义为：为了一定目的而支付的或应支付的用货币测定的价值牺牲。该定义使成本的外延远远超出了产品成本概念的范围，包含了产品成本以外的各种成本，如劳务成本、开发成本、质量成本、资金成本等。同样，成本的内涵决定了成本必须与管理相结合，要求成本的内容服从管理的需要。因此，在现代成本计算与管理中，出现了许多新的成本概念，如变动成本、固定成本、边际成本、机会成本、目标成本、标准成本、沉没成本、可控成本、责任成本等，它们组成了多元化的成本概念体系。

（二）成本计算

成本计算是成本会计的主要内容，而成本会计则是以成本费用为对象的一种专业会计。成本会计主要研究和计算物质生产部门为制造产品而发生的成本即产品的生产成本，以及企业在生产经营过程中进行日常管理、销售产品和筹集资金等所发生的各种期间费用。期间费用是为了保证企业生产经营活动的正常进行而发生的，与产品生产有一定的关系，但通常又是在经营期间发生的，不宜直接计入产品成本的耗费。因此，在企业会计实务中将期间费用单独核算，直接由当期的业务收入予以补偿。

当然，成本会计进行成本计算和核算的对象，不仅指制造企业的产品生产成本和期间费用，还包括其他行业企业的成本和期间费用，如农业企业、商品流通企业、运输企业、施工企业、房地产开发企业等。成本作为经济范畴，必定遍及各行各业的经济活动，这些行业企业在从事经济活动中发生的各种耗费也就构成了成本会计进行成本计算和核算的对象。可见，成本会计实际上是一种成本、费用会计，而成本计算则是对发生的成本和费用按照一定的对象进行分配和收集及确定计入当期损益的各种费用份额。

1

二、成本计算的相关内容

成本会计旨在计算和确认发生的成本和费用。对发生的成本进行计算和确认，可以为管理者提供生产一件产品所需要花费的人力（使用了多少人力和工时）、财力（承担了多少厂房、机器、设备的磨损价值）和物力（消耗了多少原材料或配件、半成品），借以判定产品成本构成的合理性，在产品销售价格既定的条件下，能给经营者带来多大的利润空间。对应当计入当期损益的各种费用进行计算和确认，可以进行收入与支出的配比，确定当期的企业收益。为此需要对企业发生的成本、费用进行确认、分类、归集、分配、计算和核算。现以制造企业为例，说明成本计算的相关内容。

（一）支出、费用与成本

1. 支出

支出是会计主体在经济活动中发生的所有开支与耗费。就企业而言，支出可分为资本性支出、收益性支出、投资支出、所得税支出、营业外支出和利润分配支出。

资本性支出是指不仅与本期收益有关，更与后期的收益有关的支出，其发生通常会形成长期资产，如企业购建固定资产、取得无形资产、形成长期待摊费用等发生的支出。企业发生的资本性支出，往往需要在若干个会计年度内，通过对其形成的长期资产采用折旧、摊销等方式，计算出每一会计期间磨损或消耗的价值，并计入相关年度的收益性支出而逐步得到补偿。

收益性支出是为取得本期的收益而发生的，并由当期的收益予以补偿的支出，如企业生产经营中发生的材料耗费、工资支出、管理费用支出等。

投资支出是企业为通过分配增加财富，或为谋求其他利益取得其他企业资产而让渡本企业资产的支出，包括购买交易性金融资产与其他债权投资支出、持有至到期投资支出和长期股权投资支出等。

所得税支出是企业按照国家税法规定，根据企业应纳税所得额计算并缴纳所得税而发生的支出。所得税支出作为所得税费用直接用当期收益补偿。

营业外支出是指与企业生产经营业务没有直接联系的各项支出，如企业支付的各项罚款、违约金、赔偿金、赞助支出以及发生的非常损失等。

利润分配支出是指利润分配过程中发生的开支，如支付的现金股利等。

2. 费用

费用是指企业在日常活动中发生的、会导致所有者权益减少的、与向所有者分配利润无关的经济利益的总流出。费用可以分为生产费用和期间费用。

生产费用是企业在一定时期为生产产品而发生的各项支出，如生产产品而消耗的材料费用、生产工人的薪酬费用、车间为组织产品生产而直接发生的管理费用等。生产费用随着产品的形成而构成产品成本。

期间费用是企业在一定会计期间为生产经营的正常进行而发生的各项费用，如销售产品所发生的销售费用、企业管理部门在日常管理中发生的管理费用以及为筹集生产经营资金而发生的财务费用等。费用是企业支出的主要部分，通常由收益性支出的发生及资本性支出的转化而形成。期间费用由当期的收益予以补偿。

3. 成本

成本是一种耗费，有广义与狭义之分。广义的成本指企业发生的全部费用，包括生产费用与期间费用。狭义的成本通常仅指产品成本。产品成本是对象化的生产费用。

（二）支出、费用与产品成本的关系

如上所述，支出是企业在经济活动中发生的所有开支与耗费。费用是支出的主要组成部分，是企业支出中与生产经营相关的部分，包括了为生产产品而发生的生产费用和为企业经营而发生的期间费用。产品成本是生产费用的对象化，生产费用是计算产品成本的基础，产品成本是生产费用的最后归宿。期末，如果企业没有在产品，当期生产费用即为当期完工产品成本；如果有在产品，则生产费用与完工产品成本的关系可表示为：

本期完工产品成本＝期初在产品成本＋本期生产费用－期末在产品成本

制造企业的支出、费用与产品成本之间的关系如图 1－1 所示。

微课视频：产品成本核算的基本流程

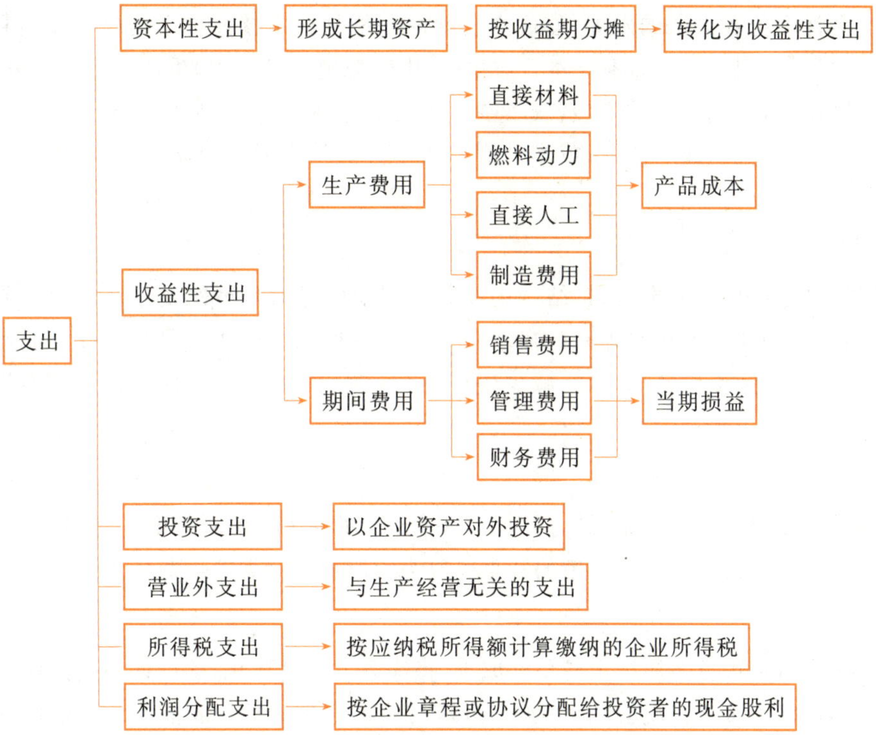

图 1－1　制造企业的支出、费用与产品成本之间的关系

（三）制造企业成本计算的内容

制造企业的成本计算在所有企业单位中具有代表性，因为制造企业的业务经营过程完整地反映了从材料购进、产品生产和产品销售及收益分配的全过程。在制造企业中，成本计算及成本核算的内容主要包括：

（1）供应过程中材料成本的归集、分配、计算与核算。

（2）生产过程中生产费用的归集与分配，产品成本的计算与核算。

（3）销售过程中产品销售成本的计算与核算。

（4）生产经营过程中各种期间费用的归集与核算。

（5）成本计算与核算的结果以成本报表的方式进行报告与分析。

由于供应过程中材料成本的计算与核算、销售过程中产品销售成本的计算与核算和期间费用的归集与核算等内容通常被列入“中级财务会计”课程的教学内容，因此，本书主要阐

述产品生产过程中发生的生产费用的确认、归集、分配和产品成本的计算与核算，以及成本报表的编制与分析等内容。

三、理解成本会计的职能

成本会计的职能是指成本会计具有的内在功能。在不同的历史时期，成本会计的职能具有不同的内容。成本会计最初的职能是成本计算与核算（成本计算与核算是具有有机联系的成本会计工作，为了与企业会计核算的表述方法相一致，本书中统一用“成本核算”表示“成本计算与核算”），以确定产品的价格和经营盈亏。随着经济的发展，生产过程日趋复杂，管理要求越来越高。“泰勒制”使企业走上了科学管理的道路，它在促进生产发展的同时，也促进了成本会计理论和方法的发展，使成本会计的职能从成本核算扩大到成本控制和成本分析。第二次世界大战以后，企业资本日益集中，生产规模日益扩大，生产经营日益复杂，产品寿命日益缩短，市场竞争日益激烈，成本会计的内容也日益丰富，从而使成本会计的职能进一步扩大到成本预测、成本决策、成本计划和成本考核等方面。因此，现代成本会计的职能至少包括了成本预测、成本决策、成本计划、成本控制、成本核算、成本考核和成本分析等。

（一）成本预测

它是根据过去的成本数据资料，结合企业在计划期内经营环境的变化及企业可能采取的措施，运用一定的技术方法对未来的成本水平及其发展趋势所作的科学估计。通过成本预测，可以为成本决策提供备选方案，减少生产经营过程中的盲目性，提高企业成本管理的科学性和预见性。

（二）成本决策

它是以成本预测方案为基础，结合其他有关资料，在备选的预测方案中选择最优方案，据以确定目标成本的过程。成本决策的结果可以为编制成本计划提供资料。

（三）成本计划

它是根据成本决策方案所确定的目标成本，将决策方案具体化，提出计划期内所应当达到的具体成本目标和水平，并提出相应实施措施的一种管理活动。成本计划是企业进行成本控制、成本考核和成本分析的依据。

（四）成本控制

它是依据成本计划，对成本计划实施过程中的各项因素进行控制和监督，以保证成本计划得以实施的一种管理活动。通过成本控制，可以保证计划目标的实现，并为成本核算提供真实可靠的成本资料。成本控制包括事前控制和事中控制。

（五）成本核算

它是根据实际发生的成本资料，采用一定的成本计算方法，按确定的成本计算对象和相应的成本项目，对各项要素费用进行归集与分配，计算出各个成本计算对象的总成本和单位成本，并进行账务处理的过程。成本核算既是对产品生产过程中各种耗费的反映，也是对成本计划和成本控制实施过程的记录。通过成本核算资料，可以考核成本计划的执行情况，分析成本计划在完成过程中积累的经验与存在的不足，为下期开展成本预测、进行成本决策和编制成本计划提供重要依据。

（六）成本考核

它是依据成本核算资料，定期对成本计划指标完成情况进行总结和评价，以强化企业的成本管理责任制，落实经济责任，提高成本管理水平的一种管理活动。成本考核应体现奖优罚劣，并能为成本分析提供依据。

（七）成本分析

它是采用专门的分析方法，利用成本核算与考核等资料，与本期成本计划、上年同期实际成本、本企业历史先进成本水平、国内外同类产品先进成本水平进行比较，揭示产品成本差异，分析产生差异的原因，以便提出改进措施改善成本管理，降低成本耗费，提高经济效益的一种管理活动。成本分析的结果可以为下期的成本预测提供资料。

成本会计的以上七项职能是相互联系的有机整体。企业要加强成本管理，首先要依据企业以前的成本资料和市场的变化情况进行成本预测，提出不同的成本预测方案；通过成本决策，选择最优方案，提出目标成本；根据目标成本确定具体的成本目标和计划期应控制的成本费用水平，制订成本计划；为保证成本计划的执行，需要进行严格的成本控制；记录成本计划实施情况，在各个成本计算对象之间对发生的生产费用进行归集和分配，计算各个成本计算对象的总成本和单位成本，并进行成本核算，提供完整、真实、可靠的成本核算资料；利用成本核算资料进行成本考核，奖优罚劣，提高成本管理水平；根据成本核算与考核的结果进行成本分析，寻找差异、总结经验、提出措施、改进不足，不断提高企业的经济效益。在成本会计的七项职能中，成本核算是最基本的职能。因为它是财务处理的依据，而其他六项职能是基于管理的需要在成本核算基础上派生的。

四、成本会计工作的组织

成本会计工作是一项系统工作，涉及机构的设置、人员的配备、成本核算的依据等内容，具体如下。

（一）成本会计机构的设置

成本会计机构是从事成本会计工作的职能部门，是企业会计机构的有机组成部分。企业要根据生产类型的特点、经营规模的大小、成本管理的要求，合理设置成本会计机构。成本会计机构可以单独设置，也可以并入企业会计机构之中。无论采用何种设置方式的成本会计机构均需要进行内部分工，明确各自的工作职责。成本会计机构的内部分工可以按成本会计的职能分工，分设成本核算组、成本分析组等；也可以按成本会计的对象分工，分设产品成本核算组、期间费用核算组等。

在企业内部各级成本会计机构之间，也要根据企业规模、成本管理要求及人员配置等情况，确定成本会计工作的组织形式，主要采用集中工作方式或分散工作方式。

集中工作方式是将本企业所有的成本会计核算、成本计划编制、成本会计分析等工作集中在企业的成本会计机构中进行，车间等其他部门通常只配备成本核算人员，负责登记原始记录，填制原始凭证，并对原始资料进行初步审核、整理和汇总，及时报送企业成本会计机构。这种方式的优点是有利于企业管理部门及时、全面地掌握成本会计的各种信息，便于使用计算机集中处理成本数据，减少成本会计机构设置的层次和成本会计人员的数量。不足之处是直接从事生产经营的部门不能及时掌握成本信息，会影响他们对成本费用进行控制的积极性。这种工作方式通常适用于成本会计工作较为简单或电算化程度较高的企业。

分散工作方式又称为非集中工作方式，是将成本会计的各项具体工作分散给车间等其他部门的成本会计机构来进行。企业的成本会计机构只负责成本会计工作的指导、监督和成本会计数据的最后汇总，以及处理不便于分散核算的成本会计工作。这种方式的优点与不足正好与集中工作方式相反。分散工作方式通常适用于成本会计工作比较复杂的大中型企业。在实际工作中也可以将两种方式相结合，对部分车间、部门采用分散工作方式，对其他车间、部门采用集中工作方式。

随着成本会计软件的开发和不断升级，成本计算工作必将从手工操作向电算化方式转化，集中核算方式也将被更多的企业所选用。

（二）成本会计人员的配备

成本会计人员素质的高低直接影响成本会计工作的质量。企业无论采用何种成本会计工作方式，都应注意合理配置成本会计人员，做到“配齐、胜任”。所配置的成本会计人员应当具有相应的会计专业任职资格，具备与所从事会计工作相适应的专业知识和业务能力，并能做到热爱会计工作、恪守职业道德、做好成本核算、参与成本管理、懂得法规制度、熟悉工艺流程、出色完成任务。

（三）成本核算的依据

成本核算的依据包括法规依据和经济依据。

1. 成本核算的法规依据

成本核算的法规制度是成本会计机构和人员从事成本会计工作的规范，是成本会计工作组织的重要组成部分，也是会计法规制度的重要组成部分。为了统一企业会计核算口径，规范企业会计核算方法，我国制定了“一法、三则、三制度”。“一法”即《中华人民共和国会计法》；“三则”即《企业会计准则》《小企业会计准则》和《企业财务通则》；“三制度”即《企业会计制度》《金融企业会计制度》和《企业产品成本核算制度》，从而形成了全国性会计法规制度的三个层次。成本会计作为一种以企业成本费用为对象的专业会计，必须在“一法、三则、三制度”的规范下进行工作。

2. 成本核算的经济依据

进行成本核算，需要以企业实际发生的与成本费用相关的经济业务事项为经济依据。为此需要健全原始记录，填制或取得真实可靠的成本费用发生、分类、归集、分配等的原始资料，确保成本计算过程和结果正确无误。

每个企业的生产工艺特点和成本管理要求各不相同，为了规范本企业的成本核算工作，还应当制定适合本企业经营规模、生产特点、管理要求的内部成本会计制度，使其作为企业进行成本会计工作的操作依据。企业内部成本会计制度一般包括下列内容：

（1）成本会计工作的组织形式、人员分工和职责权限。

（2）成本定额、成本计划和费用预算的编制方法。

（3）成本计算的具体规定，包括成本计算对象的确定、成本计算方法的选择、成本项目的设置、生产费用的归集和分配方法、在产品成本的确认方法、成本计算基础工作的要求等。

（4）成本预测、成本决策、成本考核和成本分析制度。

（5）成本报表制度，包括成本报表的种类、格式、指标体系、编制方法、编制期限、报送对象等。

任务二　成本计算内容的确认

【引言】

明确了产品成本的含义，只是指明了成本计算与管理工作的方向和要求。要正确计算产品成本，还需要对成本计算的内容进行确认，包括对成本计算内容的认定，确保成本计算内容划分准确的措施和基础工作等。

【知识准备与业务操作】

一、成本计算内容的认定

如前所述，产品成本是生产费用的对象化，说明要进行产品成本计算，必须要对成本计算内容进行认定，即需要对企业发生的费用进行认定和分类。制造企业对发生的费用进行分类的方法通常有两种：一是按费用的经济性质分类，二是按费用的经济用途分类。前者形成要素费用，后者形成生产费用和期间费用。

（一）要素费用

要素费用是指费用按经济性质所作的分类项目。制造企业发生的各种费用按其经济性质首先可以分为三大要素：劳动对象方面的费用，如材料费用、动力费用等；劳动手段方面的费用，如固定资产折旧费用等；活劳动方面的费用，如工资费用等。为了进一步反映各种费用的构成和水平，通常在费用三大要素的基础上，进一步细分为九项要素费用。

（1）外购材料费用，指企业耗用的一切从外部购进的原料及主要材料、半成品、辅助材料、包装物、修理用备件和低值易耗品等。

（2）外购燃料费用，指企业耗用的从外部购进的各种燃料，包括固体燃料、液体燃料和气体燃料。

（3）外购动力费用，指企业耗用的从外部购进的各种动力。

（4）职工薪酬，指企业全体人员的工资、社会保险费用、计提的工会经费、在控制范围内开支的职工教育经费及支付给职工的非货币性福利、辞退福利等。

（5）折旧及摊销费用，指企业按照规定的折旧方法和折旧标准计提的固定资产折旧费用，以及按规定的摊销方法计算的无形资产摊销费用。

（6）修理费用，指企业为修理固定资产而发生的支出。

（7）利息费用，指企业的借款利息费用扣除存款利息收入后的净额。

（8）税金，指企业应缴纳的、在费用中列支的各种税金，包括房产税、车船税、印花税和城镇土地使用税等。

（9）其他费用，指企业开支的、不属于上述各要素的费用，如租赁费、差旅费、邮电费、咨询费、业务费、外部加工费等。

划分要素费用，可以反映企业在一定会计期间发生的费用种类和金额，分析各个时期要素费用的构成及水平，为编制企业的资金使用计划、核定各种资金定额提供资料。

（二）生产费用

制造企业在一定期间（通常为一年）为生产产品而发生的各种耗费，构成生产费用。生产费用按一定的产品成本计算对象进行归集、分配、计算后，最终形成产品成本。为了反映产品成本的构成，各种生产费用按在产品成本中的不同作用分成若干项目，称为产品成本项目。根据产品成本管理的要求及各项费用发生额的大小，产品成本项目通常划分为四至七项。四项是直接材料、燃料和动力、直接人工、制造费用；七项是原料及主要材料、燃料和动力、工资、社保费、废品损失、停工损失、制造费用。

按成本项目反映生产费用，可以分析产品的成本构成及比重，有利于加强产品成本的管理，寻找降低产品成本的途径。

企业发生的生产费用，有的可以直接用于产品生产，称为直接生产费用，如材料费用、生产工人的薪酬费用；有的只能间接为产品生产服务，称为间接生产费用，如厂房、设备的折旧费用，生产车间管理人员的薪酬费用等。

将生产费用计入产品成本时，可以直接计入产品成本的，称为直接费用，例如，生产甲产品领用 A 材料，可将 A 材料费用直接计入甲产品成本；不能直接计入产品成本的，称为间接费用，例如，几种产品共同消耗 A 材料，则要采用一定的方法将 A 材料费用进行分配后，分别计入各种产品的成本之中。

在各种生产费用中，有的费用与产品的产量直接相关，产品产量越多，所消耗的费用也越大，两者基本呈正比例增长，这类费用称为可变费用，又叫变动费用，如材料费用、计件工资制下的生产工人工资等；有的费用则与产品产量的变化关系不大，在一定的产量范围内相对不变，这类费用称为固定费用，又叫相对不变费用，如按年限平均法计提的固定资产折旧费用、车间管理人员的工资等。

（三）期间费用

动画视频：产品成本与期间费用的区分

期间费用指企业在生产经营过程中发生的，不宜计入产品成本，而是直接计入当期损益的费用。期间费用按其经济用途，可分为销售费用、管理费用和财务费用。

销售费用是企业在产品销售过程中发生的费用，如运输费、展览费、广告费、为销售本企业产品而专设销售机构的费用等。

管理费用是企业为了组织和管理企业生产经营活动所发生的费用，包括企业在筹建期间发生的开办费，董事会和行政管理部门在企业经营管理中发生的或者由企业统一负担的公司经费（包括行政管理部门的职工工资及缴纳的养老保险、医疗保险、失业保险、工伤保险、生育保险等社会保障费用，物料消耗，低值易耗品摊销，办公费和差旅费等），聘请中介机构费，咨询费（含顾问费），诉讼费，业务招待费，房产税，车船税，城镇土地使用税，印花税，技术转让费，矿产资源补偿费，研究费用，排污费，绿化费等，以及企业生产车间（部门）和行政管理部门等发生的固定资产修理费用等后续支出。

财务费用是企业为筹集生产经营所需资金等而发生的费用，如利息费用、结算手续费、汇兑损益、企业发生的现金折扣或收到的现金折扣等。

有关期间费用的核算在《中级财务会计》一书中说明，本书不作探讨。

二、各种费用界限的划分

企业在生产经营过程中发生的支出有不同的用途，需要按照其用途进行划分，确定其最终的归属。因此，产品成本的计算过程实际上是对发生的费用进行不断的划分、归集和分配的过程。成本核算需要分清各种费用的下列界限。

（一）费用性支出与非费用性支出的界限

企业经营活动的广泛性，决定了其支出内容的多样性。为了保证不同企业提供的成本会计信息具有可比性，防止企业乱挤成本、乱列费用，国家规定了企业成本费用的开支范围与开支标准，统一了成本费用的核算口径。因此，企业对发生的各种支出，首先要分清是费用性支出，还是非费用性支出。如前所述，企业的支出可以划分为六类，其中，收益性支出属于费用性支出，形成当期的生产费用与期间费用。资本性支出、投资支出、所得税支出、营业外支出和利润分配支出属于非费用性支出，分别形成企业的长期资产、对外投资、应交税费、非生产经营支出和应付股利等。

（二）生产费用与期间费用的界限

企业发生的费用性支出，要根据其经济用途分清是生产费用还是期间费用。生产费用最终要计入产品成本，由于期末在产品的影响，当月发生的生产费用不一定形成当月完工产品的成本。同样，当月的完工产品不一定能在当月实现销售而形成当月的产品销售成本。因此，当期的生产费用不一定能在当期的收入中得到补偿。而期间费用则不同，只要属于当期的费用，都将在当期的收入中得到补偿。可见，生产费用与期间费用对当期的利润形成具有不同的影响。要保证正确计算产品成本和正确核算各期损益，必须分清两者的界限。

（三）本期费用与后期费用的界限

无论是生产费用还是期间费用，都要按照权责发生制原则分清本期费用与后期费用的界限。凡是属于本月的费用，不论是否实际发生，都应当予以确认并计入当月的生产费用或期间费用；凡不属于本月的费用，不论其发生与否，都不得计入当月的生产费用或期间费用。任何企业都不得利用费用预提或摊销的方式来调节本企业的产品成本和当期损益。但根据重要性原则，对于应当跨期摊销或预提的数额较小的费用，因其对当期的产品成本或经营损益的影响不大，也可以直接计入当月的生产费用或期间费用。

（四）各种产品应负担费用的界限

制造企业同时生产两种或两种以上的产品时，对属于本月的生产费用，还要分清各种产品应负担费用的界限。按不同的产品成本计算对象归集各自应承担的生产费用，以便正确计算各种产品成本，分别考核和分析产品成本计划或定额的完成情况。企业不得随意调整各种产品应负担的生产费用，调节各种产品成本，不得任意在可比产品与不可比产品之间、在盈利产品与亏损产品之间转移生产费用，以确保各种产品成本计算的正确性。

（五）完工产品费用与在产品费用的界限

通过对各种费用界限的划分，归集了每种产品应负担的生产费用。在规定的时间对产品成本进行计算时，某种产品全部完工，则该产品所归集的生产费用就构成该完工产品的总成本；若某种产品都未完工，则该产品所归集的生产费用就是该产品的月末在产品成本；若某种产品部分已经完工，部分尚未完工，则需要运用一定的方法对该种产品所归集的生产费用进行分配，分别确定完工产品成本与月末在产品成本。企业不得人为地提高或降低月末在产品的成本，造成完工产品成本失真。

综上所述，可绘制费用界限划分图，如图 1－2 所示。

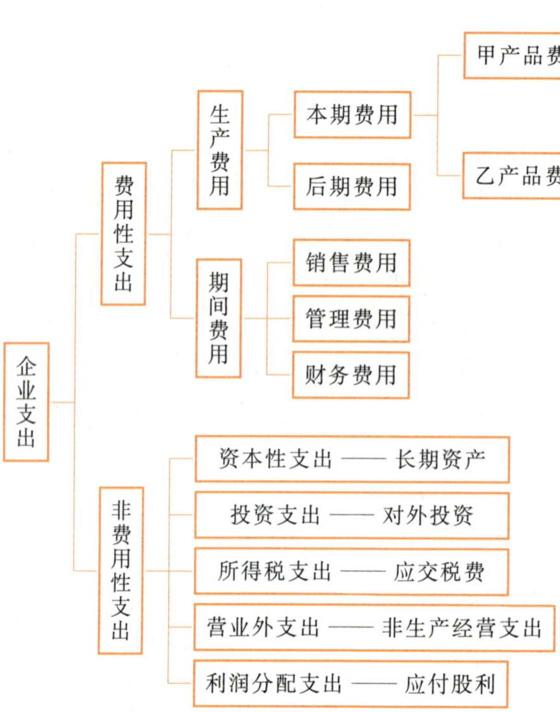

图 1－2 费用界限划分

三、财产物资的计价与价值结转方法的确定

制造企业在产品生产过程中发生的耗费，相当部分是财产物资的耗费。其耗费的价值构成产品成本或期间费用。不同的财产物资有不同的计价方式，不同的物资耗费也有不同的价值结转方法，从而对产品成本的计算和期间费用的确认产生不同的影响。

（一）直接消耗物资的计价与价值结转的方法

直接消耗的物资主要是企业在生产经营过程中耗用的原材料、辅助材料、燃料、包装物等。对这些物资，可以采用实际成本计价，也可以采用计划成本计价。采用实际成本计价时，消耗物资的价值应当采用先进先出法、加权平均法、个别计价法等方法进行计量和确认，并将确认的消耗物资的价值结转计入当期的成本费用。采用计划成本计价时，消耗物资的价值需要按事先确定的计划成本先计入当期的成本费用，到月末再根据消耗物资的计划成本与实际成本客观存在的差异，计算出材料成本差异率，进而确认消耗物资应负担的材料成本差异，并据此将计入当期成本费用的消耗物资的计划成本调整为实际成本。

（二）间接消耗物资的计价与价值结转的方法

间接消耗的物资主要是为企业生产经营服务的劳动资料及其他长期资产，如固定资产、无形资产等。间接消耗物资的计价包括初始价值计价及磨损价值计价。初始价值通常按历史成本原则计价，即按取得这些物资时所发生的实际支出作为入账价值；磨损价值则依据国家有关规定，结合企业实际情况确定计价方法。例如，固定资产磨损价值通常采用计提折旧的方法确认，即在国家规定的使用年限控制范围和净残值控制比例内，确定每一项固定资产具体的使用年限和净残值比例，并据此按月计提折旧，计入当期的成本费用。

无论是直接消耗物资还是间接消耗物资，都必须正确确定计价方法和价值结转方法，做到既合理又简便。凡国家有统一规定的，应当采用国家统一规定的方法，以保证本企业各期成本费用计算的正确性和成本资料的可比性，也便于在不同企业之间进行比较。如果国家没有统一的规定，则应根据企业的实际情况，比照国家相近的规定，合理制定处理方法。企业确定的消耗物资的计价和价值结转方法属于企业的会计政策，一旦确定，不得随意变更，更不能利用任意改变财产物资的计价和价值结转的方法来调节成本费用。

四、产品成本计算工作的基础

为了保证成本费用核算的正确性，借以加强成本费用的管理，提供真实可靠的成本会计信息，必须做好产品成本核算的基础工作。产品成本核算基础工作的内容主要包括四项：健全原始记录、强化定额管理、严格计量验收和实施内部结算。

（一）健全原始记录

健全的原始记录是正确进行成本核算的前提。原始记录是反映企业生产经营情况的原始凭证，提供了成本核算的原始资料。健全的原始记录包括材料物资购进、验收、领用与消耗的记录；燃料、动力费用的发生与分配记录；人工费用的发生与分配记录；辅助生产费用的发生与分配记录；制造费用的发生与分配记录；工时消耗记录；半成品转移记录；产品质量检验记录；废品发生与分配记录；产品入库记录；在产品盘存记录等。企业需要制定原始记录制度，确定原始记录的责任人员，明确记录人员的岗位职责，规范原始记录的传递程序和传递时限，保证原始记录真实、可靠、正确、及时。

（二）强化定额管理

强化定额管理是加强企业生产经营管理的重要环节。定额是制造企业以正常生产条件为依据制定的，用以控制生产经营过程中人力、物力、财力消耗水平的标准。合理制定的各种定额，有利于正确编制成本计划、有效控制成本水平、分析考核成本管理业绩。制造企业制定的定额主要有：生产工时定额、产品产量定额、材料单耗定额、费用开支定额、资金管理定额等。定额的制定应体现先进性、科学性、可控性和可行性，并根据企业生产经营条件的变动、经营管理水平的提高、生产工艺技术的改进，适时进行修订，以确保定额的合理性。

（三）严格计量验收

制造企业在生产经营过程中，会发生大量的财产物资收发业务，收发过程必须进行计量和验收。只有正确计量，才能保证物资消耗的正确计价；只有强化验收制度，才能落实经济责任，保证各项财产物资收发领用业务真实可靠。

严格的计量验收制度应当包括计量器具的配置、检测和校正制度，财产物资的出入库手续制度，有关责任人员的岗位责任制度，财产物资的清查制度等。

（四）实施内部结算

为了加强企业内部管理，明确企业内部各单位、各部门的经济责任，便于分析、考核各单位、各部门的工作业绩，检查成本计划的完成情况，应当实行内部结算制度。对企业内部各单位、各部门之间发生的财产物资转移和劳务供应等，可以在合理确定内部结算价格的基础上，进行内部结算，计算内部各单位、各部门的经营业绩。采取内部结算方式，可以方便成本费用的核算工作，但由于内部结算价格背离了材料、物资、劳务的实际成本，必须在月末采用一定的方法，对内部结算价格与实际成本之间的差异进行调整，以保证产品成本和期间费用

1

核算的正确性。

五、成本计算方法的选择

不同的制造企业在产品生产过程中，存在不同的生产组织方式、生产工艺特点、成本管理要求，因而可以采用不同的产品成本计算方法。我国制造企业的产品成本计算方法主要有品种法、分批法、分步法、分类法及定额法等。企业应当根据本企业的产品生产特点和成本管理要求，选择适用的产品成本计算方法，合理确定产品成本。正确选择产品成本计算方法，有利于正确及时地计算产品成本，提供准确的成本会计信息。

任务三 成本计算程序的设计

【引言】

企业根据产品成本计算的内容，做好成本计算的基础工作，并在此基础上对发生的各种费用进行分类与归集，最终在各种产品之间分配归集的生产费用，以确定每一产品的成本。为此需要对产品成本计算的程序进行设计，明确在产品成本计算过程中，先做什么，再做什么，最后做什么。

【知识准备与业务操作】

一、产品成本计算程序的确定

产品成本计算程序，又叫产品成本核算程序，是指企业在计算产品成本过程中，从生产费用的归集、分配到确定完工产品成本的工作过程。产品成本计算程序通常包括六项工作，其顺序为：确定成本计算对象、确定成本项目、确定成本计算期、审核生产费用、归集分配生产费用、计算月末在产品成本和确定完工产品成本。

(一) 确定成本计算对象

合理确定产品成本计算对象是正确计算产品成本的前提。确定成本计算对象的目的在于明确生产费用的承担者，便于进行生产费用的归集、分配与计算。由于不同的制造企业在生产规模、工艺特点、管理要求、管理水平等方面存在差异，其产品成本计算对象的确定方式也不同。企业应当根据产品生产过程的特点、生产经营组织的类型、产品种类的多少和成本管理的要求，确定产品成本计算对象。对大批量单步骤生产的产品，或管理上不要求提供有关生产步骤成本信息的多步骤生产的产品，通常以产品品种作为产品成本计算对象；对按小批或单件组织生产的产品，通常按产品的生产批次或每件产品作为产品成本计算对象；对产品生产步骤较多，又需要计算每一生产步骤成本信息的产品，则可以按每种(批)产品及各生产步骤作为产品成本计算对象；对产品规格繁多，且产品结构和生产过程相同，耗用原材料和生产工艺相近的同类产品，还可以按产品的类别作为产品成本计算对象。

如果企业内部管理有相关要求，还可以按照现代企业多维度、多层次的管理需要，确定多元化的产品成本计算对象。

多维度是指以产品的最小生产步骤或作业为基础，按照企业有关部门的生产流程及其相应的成本管理要求，利用现代信息技术，组合出产品维度、工序维度、车间班组维度、生产设备维度、客户订单维度、变动成本维度和固定成本维度等不同的成本核算对象。

多层次是指根据企业成本管理需要，划分为企业管理部门、工厂、车间和班组等成本管控层次。

产品成本计算对象确定的方法一经确定，不得随意变更。

（二）确定成本项目

产品在生产过程中会发生各种生产费用。为了正确反映产品成本的经济构成，进行产品成本的比较，加强产品成本的管理，企业在进行产品成本计算前，需要对计入产品成本的生产费用按其经济用途和生产要素内容相结合的原则或者成本性态等进行分类，即确定成本项目。产品成本项目一般分为：直接材料、燃料和动力、直接人工和制造费用。直接材料是指构成产品实体的原材料及有助于产品形成的主要材料和辅助材料；燃料和动力是指直接用于产品生产的燃料和动力；直接人工是指直接从事产品生产的工人的职工薪酬及社保费用等；制造费用是指企业为生产产品和提供劳务而发生的各项间接费用。

企业内部管理有相关要求的，还可以按照现代企业多维度、多层次的成本管理要求，利用现代信息技术对有关成本项目进行组合，输出有关成本信息。

（三）确定成本计算期

成本计算期是指计算产品成本的间隔期间，即间隔多长时间计算一次产品成本，在什么时候计算产品成本。产品成本计算期的确定取决于产品成本计算对象的确定方式。当企业以产品品种、产品生产步骤、产品生产类别作为成本计算对象时，产品成本的计算期通常与会计期间一致，即在每月月末计算产品成本。当企业以产品的生产批别作为产品成本计算对象时，产品成本的计算期则与一批产品的生产周期相一致，即在该批产品完工时计算产品成本。若一批产品的生产周期较长且发生跨月完工时，可以采用按月计算与按批计算相结合的方式确定产品成本计算期，分段计算完工产品成本。

（四）审核生产费用

审核生产费用是指对发生的生产费用进行审查与核实，审核生产费用是否客观真实、合法合理、正确无误，是否属于产品成本的开支范围，是否符合产品成本的开支标准，以保证产品成本计算的真实准确。

（五）归集分配生产费用

对审核无误的生产费用要按产品成本计算对象进行归集，并按其经济用途分别计入各成本项目中。归集和分配生产费用要遵循受益原则，即：谁受益、谁承担；费用多少与受益程度成正比。归集和分配生产费用的方法是：直接计入费用直接认定、间接计入费用分配计入。如果生产费用发生时就能确定承担该生产费用的产品成本计算对象，就直接计入该成本计算对象的相关成本项目；如果生产费用发生时无法确定承担该生产费用的产品成本计算对象，则需要按共同承担该生产费用的各个受益对象的受益程度，将该项生产费用分配计入各成本计算对象的有关成本项目之中，最终形成各个产品成本计算对象承担的全部生产费用。

(六) 计算月末在产品成本和确定完工产品成本

每到产品成本计算期末,都要按规定计算当期完工产品的总成本与单位成本。本期完工产品成本的计算具体有两种情况:一是产品成本计算期末,本期生产的产品已全部完工,则在成本计算期内所归集的生产费用就是完工产品的总成本,总成本除以完工产品数量就是完工产品的单位成本;二是产品成本计算期末,还有部分产品尚未完工,即存在月末在产品,则要采用一定的方法将所归集的生产费用在完工产品与月末在产品之间进行分配,分别计算出月末在产品成本和完工产品总成本,并据以计算完工产品的单位成本。

二、产品成本核算账户的设置

为了反映产品成本计算的过程和结果,对产品生产过程中发生的生产费用,按一定的产品成本计算对象进行归集与分配,最终确定完工产品成本,就必须设置相应的总账账户与必要的明细账户。按照现行的《企业会计制度》规定,制造企业进行产品成本计算主要设置“生产成本”与“制造费用”两个账户。

(一)“生产成本”账户

“生产成本”账户用来核算企业进行产品生产(包括完工产品、自制半成品和提供劳务等)、自制材料、自制工具、自制设备等所发生的各项生产费用。下设“基本生产成本”和“辅助生产成本”两个二级账户,分别用来核算企业发生的基本生产成本与辅助生产成本。

1.“基本生产成本”二级账户

制造企业的基本生产是指本企业用于对外销售产品的生产。企业在生产产品过程中发生的生产费用,通过设置“基本生产成本”二级账户进行归集。“基本生产成本”二级账户的借方登记为生产产品而发生的材料费用、燃料和动力费用、人工费用及制造费用等;贷方登记转出的完工产品成本;期末余额在借方,表示月末在产品的成本,同时反映月末基本生产所占用的资金。为了反映不同的成本计算对象所发生的生产费用,在该二级账户下应当按产品成本计算对象分户设置明细分类账,称为产品成本明细账或产品成本计算单。基本生产成本明细账采用多栏式账页,其基本格式如表 1-1 所示。

表 1-1　　基本生产成本明细账

总第　页

成本对象:　　生产车间:　　投产日期:　　字第　页

年		凭证字号	摘　要	产量	成本项目				合　计
月	日				直接材料	燃料和动力	直接人工	制造费用	

续 表

年		凭证字号	摘　要	产量	成　本　项　目				合　计
月	日				直接材料	燃料和动力	直接人工	制造费用	

基本生产成本明细账的登记方法与其他明细账的登记方法基本相同，但又有区别。区别主要有两个方面：一是合计栏不同于其他明细账的余额栏，不是反映本账户的累计数，而是反映本行次成本项目的合计数；二是基本生产成本明细账中未设置贷方栏，因此，发生完工产品成本转出等引起生产成本减少的业务时，应当采用红字方式在“成本项目”各栏次作记录。

2. “辅助生产成本”二级账户

制造企业的辅助生产是指为本企业基本生产车间及其他部门提供产品或劳务的生产。企业在进行辅助生产过程中发生的生产费用，通过设置“辅助生产成本”二级账户进行归集。“辅助生产成本”二级账户的借方登记辅助生产过程中发生的材料费用、燃料和动力费用、人工费用及制造费用等，贷方登记分配转出的完工产品成本及劳务成本。“辅助生产成本”二级账户在期末分配转出后，一般无余额。企业同时设有若干个辅助生产车间时，应当按不同的辅助生产车间分户设置辅助生产成本明细账。辅助生产成本明细账的格式与基本生产成本明细账的格式基本相同，如表 1－2 所示，登记方法亦相同。

表 1－2　　辅助生产成本明细账

总第　页

辅助生产车间：　　　　产品或劳务：　　　　字第　页

年		凭证字号	摘　要	产量	成　本　项　目				合　计
月	日				直接材料	燃料和动力	直接人工	制造费用	

1

表 1－1 和表 1－2 所示格式只是生产成本账户的基本格式，在实际工作中，还会有其他不同的格式，本书在有关教学项目和学习任务中将会对其有所介绍。

（二）“制造费用”账户

制造费用是企业的生产车间在生产产品或提供劳务过程中发生的各项间接费用，如车间管理人员的薪酬，固定资产的折旧费，车间发生的办公费、水电费、机物料消耗和劳动保护费等。由于制造费用的内容较多，不宜在“生产成本”账户中分别设置成本项目，需要通过设置“制造费用”账户先进行归集，再按一定的标准分配计入各受益的产品成本计算对象。“制造费用”账户的借方登记发生的各项制造费用；贷方登记分配转出的制造费用；期末分配转出后，该账户一般无余额。为了反映不同生产车间所发生的制造费用，应当按不同的生产车间分户设置制造费用明细账。对制造费用发生额较少的辅助生产车间，或生产单一产品的基本生产车间，也可以不设制造费用明细账，而是将发生的各项制造费用直接记入“辅助生产成本”明细账的“成本项目——制造费用”栏中，或“基本生产成本”明细账的“成本项目——制造费用”栏中。

制造费用明细账一般采用多栏式账页，格式如表 1－3 和表 1－4 所示，登记方法比照“管理费用”等多栏式明细账的记账方法进行处理。

表 1－3　制造费用明细账

总第　页
生产车间：　字第　页

年		凭证字号	摘　要	借方	贷方	借或贷	余额	（借）方项目			
月	日							工资	折旧	水电	（略）

表 1－4　制造费用明细账

总第　页
生产车间：　字第　页

年		凭证字号	摘　要	合计	工资	社保费	劳动保护费	折旧费	办公费	水电费	（略）
月	日										

续 表

年		凭证字号	摘 要	合计	工资	社保费	劳动保护费	折旧费	办公费	水电费	（略）
月	日										

三、产品成本核算流程的设计

动画视频：产品成本核算流程的设计

产品成本核算的工作流程是指企业在产品生产过程中，对生产费用的发生、归集、分配，直至将成本计算的结果进行连续记录和反映的全过程，是会计核算程序在成本计算工作中的具体应用，一般包括五个步骤。

（一）审核费用凭证，并按费用的发生地点和用途进行归集和分配

企业按照确定的生产任务组织产品生产，从而发生各种要素费用，企业成本会计人员要根据《企业会计制度》及成本开支范围的规定进行审核，确定发生的费用是否应当计入产品成本或是期间费用。同时根据权责发生制原则分清费用归属期间。对属于本期的生产费用，按费用发生的地点和用途分别记入“生产成本——基本生产成本（××成本计算对象）”“生产成本——辅助生产成本（××辅助生产车间）”和“制造费用”等账户。对属于本期的期间费用，按期间费用的性质和内容分别记入“管理费用”“销售费用”和“财务费用”等账户。

（二）归集辅助生产费用，并按受益程度进行分配

在产品成本计算期内，“生产成本——辅助生产成本”各明细账户归集了各个辅助生产车间本期发生的生产费用，形成了各种辅助生产产品或辅助生产劳务成本。对归集的各项辅助生产费用，应当以受益产品或部门的受益程度为标准，采用一定的分配方法于月末进行分配，分别记入“生产成本——基本生产成本”“制造费用——××基本生产车间”“销售费用”“管理费用”等账户。

（三）归集基本生产车间的制造费用，并在所生产的产品中进行分配

各个基本生产车间归集的制造费用，应当在月末按照一定的分配标准进行分配，记入“生产成本——基本生产成本（××成本计算对象）”账户。

经过上述归集和分配活动，各个“基本生产成本”明细账户归集了本期发生的全部生产费用。

（四）确定月末在产品应负担的生产费用

产品成本计算期末，如果存在未完工产品，需要根据月末在产品数量的多少、产品成本的构成、投料的方式、在产品的完工程度等具体情况，运用一定的方法，将基本生产成本明细账归集的全部生产费用（包括月初在产品负担的生产费用与本期发生的生产费用），在完工产品与月末在产品之间进行分配，确定月末在产品应负担的生产费用，形成月末在产品成本。

（五）计算并结转完工产品成本

各个基本生产成本明细账户所归集的全部生产费用，扣除月末在产品成本后，形成本期

1

完工产品的总成本。用完工产品总成本除以完工产品的数量，计算出完工产品的单位成本，并根据仓库部门提供的产品入库单结转完工产品成本，记入“库存商品——××产品”账户。

以上产品成本核算的工作流程，实际上就是分清五个方面费用界限的过程。产品成本核算工作流程如图 1－3 所示。

微课视频：制造企业支出性质的判断

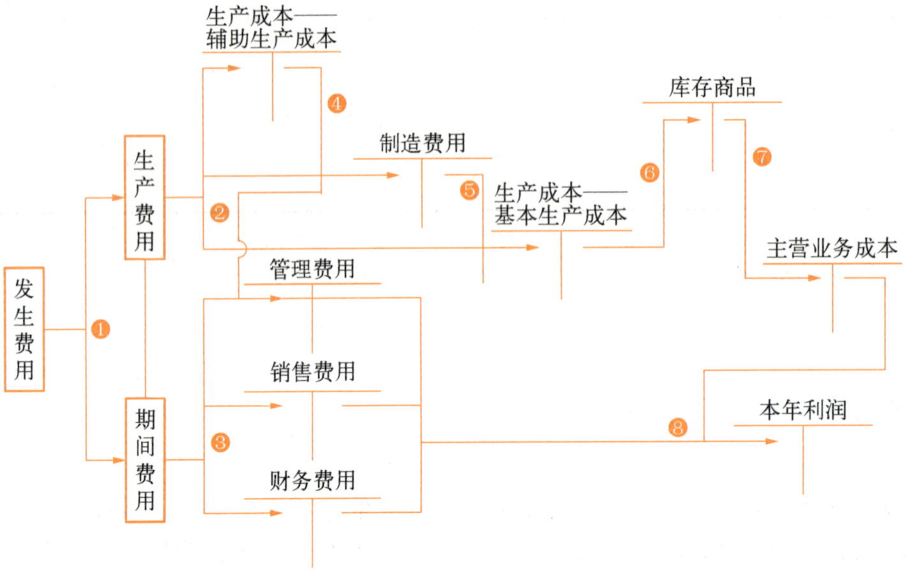

图 1－3 产品成本核算工作流程

❶ 对发生的费用进行审核，按其性质划分为生产费用和期间费用。

❷ 对发生的生产费用，按其发生的地点或用途分别记入“生产成本——基本生产成本”“生产成本——辅助生产成本”或“制造费用”账户。

❸ 对发生的期间费用，按其性质分别记入“销售费用”“管理费用”或“财务费用”等账户。

❹ 月末，对归集的辅助生产费用按受益原则进行分配，记入“制造费用”或“管理费用”等账户。

❺ 月末，对基本生产车间所归集的制造费用进行分配，计入各受益产品的成本，记入各产品的“生产成本——基本生产成本”账户。

❻ 成本计算期末，计算确定期末在产品成本的基础上，将完工产品成本结转至“库存商品”账户。

❼ 随着产品销售，将销售产品的成本从“库存商品”账户结转至“主营业务成本”账户。

❽ 月末，将本月发生的主营业务成本和各个期间费用账户余额结转到“本年利润”账户的借方，并通过与“本年利润”账户的贷方发生额进行配比后确定本期利润。

【工作任务——确认制造企业发生费用的性质】

业务单据：确认制造企业发生费用的性质

实例解析：

某机械产品生产企业 2023 年 5 月发生下列有关支出：

（1）购进原材料 3 批，购买价 1 200 000 元，增值税 192 000 元。

（2）基本生产车间领用原材料 900 000 元。

（3）辅助生产车间领用原材料 30 000 元。

（4）本月发生职工薪酬 300 000 元，其中：公司管理人员 50 000 元；基本生产车间管理人员 20 000元；基本生产车间工人 200 000 元；辅助生产车间工人 15 000 元；销售人员15 000 元。

（5）本月应付电费 36 000 元，其中：基本生产车间 28 000 元；辅助生产车间 6 000 元；公司管理部门 2 000 元。

（6）本月应付水费 8 000 元，其中：基本生产车间生产用水 6 600 元；车间管理部门用水 100 元；辅助生产车间用水 800 元；公司管理部门用水 500 元。

（7）本月以银行存款支付上月电费 35 000 元；水费 8 200 元。

（8）本月计提固定资产折旧 115 000 元，其中：基本生产车间 75 000 元；辅助生产车间 8 000 元；公司管理部门 32 000 元。

（9）本月以银行存款支付产品广告费 150 000 元。

（10）本月应付银行借款利息 9 200 元，本月收到银行存款利息 1 200 元。

操作步骤：

（1）针对上述业务，指出每一项业务中是否涉及费用，如涉及费用，则说明是生产费用还是期间费用。

（2）指出涉及的生产费用中，哪些应当计入基本生产成本？哪些应当计入辅助生产成本？哪些应当计入制造费用？其金额各有多少？

（3）指出涉及的期间费用中，哪些属于销售费用？哪些属于管理费用？哪些属于财务费用？其金额各有多少？

（4）参考基本生产成本明细账的格式，自行设计表格，列示可采用直接认定方式记入“生产成本——基本生产成本”明细账户各成本项目的内容及金额。

项目一自测题

【项目小结】

本项目知识结构如图 1－4 所示。

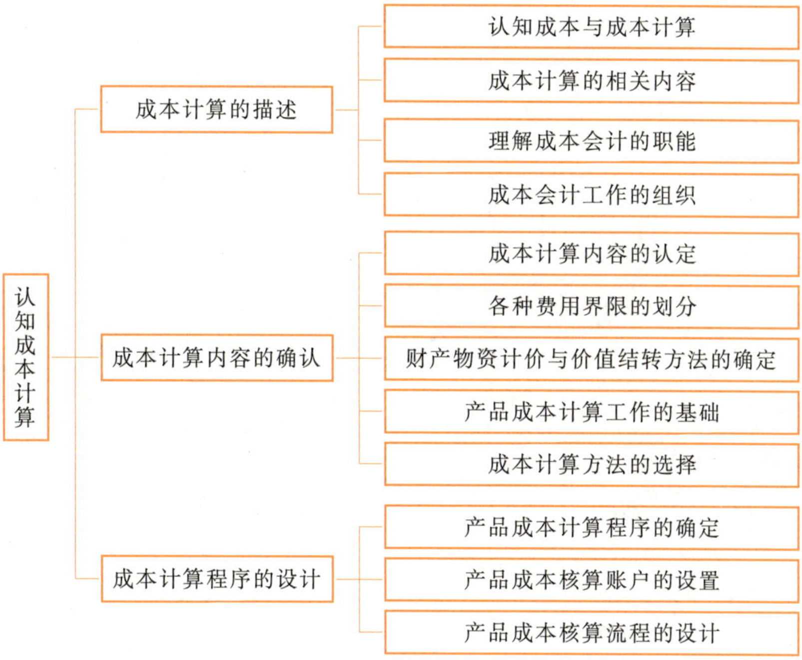

图 1－4　项目一知识结构

项目二　核算要素费用

◇ 职业能力目标

能对制造企业发生的要素费用进行确认、计量、分配和核算。

能填制与费用分配相关的原始凭证。

能编制各种费用分配表，并根据费用凭证或费用分配表编制记账凭证。

能开设与登记“生产成本”和“制造费用”明细账户。

能在不同的成本计算对象中对确认的生产费用进行正确的归集。

◇ 典型工作任务

产品成本构成内容的确认；材料与动力费用的核算；人工费用的核算；辅助生产费用的核算；生产损失的核算；制造费用的核算。

百年品牌同仁堂

任务一 产品成本构成内容的确认

【引言】

要对产品生产成本进行计算，需要了解产品成本构成的内容。作为产品成本构成内容的要素，离不开生产产品所消耗的原材料、带动机器设备运转的燃料及动力、生产产品人员的薪酬、为保证产品正常生产而发生的车间管理费用等。

【知识准备与业务操作】

一、产品成本的构成

动画视频：产品成本的构成

企业从事产品的生产，要有原材料的投入、人工费用的支出、辅助生产提供的服务、动力或燃料费用的开支、生产管理人员对产品生产进行管理而发生的支付等。这些为产品生产而发生的费用就是生产费用。生产费用是制造企业在一定期间归集的与产品生产有关的要素费用。制造企业需要按不同的成本计算对象对所有为产品生产而发生的要素费用进行归集，并以一定的标准进行分配，最终计算出产品成本。可见，产品成本是生产费用的最终归宿。要正确计算产品成本，就必须明确产品成本构成的内容，如上所述，材料费用、燃料和动力费用、人工费用、辅助生产费用和制造费用构成了产品的成本。

（一）材料费用

材料费用是指企业在产品生产过程中因消耗材料等而发生的费用。材料费用是构成产品成本的重要内容，包括企业在产品生产过程中所消耗的原材料、辅助材料、修理用备件、外购半成品、周转材料等所发生的费用。发生的材料费用通常列入“生产成本”明细账户中的“直接材料”成本项目。

原材料是指企业从外部采购或以其他方式取得的，用于产品生产并形成产品实体的原料及主要材料，如用于纺纱的棉花、用于纺织的棉纱、用于冶炼的矿石、用于加工机械的钢材等。

辅助材料是指从企业外部购进或通过其他方式取得的，用于产品生产但不形成产品实体，有助于产品形成的物品，如催化剂、润滑剂、染色剂等。

修理用备件是指企业为了维护生产设备的正常运行或日常修理而购入备用的各种零件与配件，如齿轮、轴承、三角皮带、螺丝螺帽等。

外购半成品是指企业从外部购入直接用于装配产品，成为产品组成部分的物品，如装配在洗衣机上的微型电动机等。

周转材料包括低值易耗品和包装物。

低值易耗品是指企业从外部购入、自制或委托加工等方式形成的，不能作为固定资产核算的各种用具物品，如工具、管理用具、玻璃器皿、在经营过程中周转使用的包装容器等。

包装物是指企业从外部购入、自制或委托加工等方式形成，为了包装本企业产品而储备的各种包装容器，如桶、箱、瓶、坛、袋等。

（二）燃料和动力费用

燃料是指企业从外部购入，能产生热能的各种固体、液体、气体燃料，如煤炭、柴油、天然气等。

动力费用是指从企业外部购入的电力与蒸汽（热力）等。动力的购进与材料的购进类似，但不存在实物形态。在会计处理上，动力费用可以和燃料费用合并单设“燃料和动力”成本项目，例如，发生的燃料或动力费用较少，也可以不单设“燃料和动力”成本项目，而将发生的燃料费用计入“直接材料”，把发生的动力费用作为“制造费用”处理。

（三）人工费用

人工费用又称薪酬费用，包括按一定标准支付给生产工人的工资总额、按工资总额的一定比例提取缴纳的职工社会保险费用及其他相关费用。工资总额是企业在一定时期内支付给全体职工的全部劳动报酬，包括计时工资、计件工资、奖金、津贴和补贴、加班加点工资和非劳动时间支付的工资。职工社会保险费是按工资总额的一定比例提取并缴纳的养老保险费、医疗保险费、失业保险费、工伤保险费、生育保险费等。其他相关费用是企业按生产工人工资总额的一定比例缴纳的住房公积金和按一定标准提取的工会经费、按控制比例开支的职工教育经费以及支付给职工的非货币性福利、辞退福利等支出。企业对发生的职工工资及社会保险与其他相关费用，要按照生产工人所在车间及工作岗位的不同，以不同的方式计入产品成本：对在基本生产车间直接从事产品生产的工人的人工费用，计入“生产成本——基本生产成本”明细账户中的“直接人工”成本项目；对在辅助生产车间从事辅助生产的工人的人工费用，计入“生产成本——辅助生产成本”明细账户中的“直接人工”成本项目。

（四）辅助生产费用

辅助生产费用是企业在产品生产过程中因消耗辅助生产车间提供的产品或接受辅助生产车间提供的劳务而发生的费用。辅助生产车间归集的辅助生产费用，要按受益程度由相应的受益对象来承担：产品生产过程中直接消耗供电车间所提供的电力、供水车间所提供的生产用水、锅炉车间所提供的蒸汽及模具车间所提供的产品模具等，通常计入“生产成本——基本生产成本”明细账户中的“直接材料”或“燃料和动力”成本项目；基本生产车间接受机修车间所提供的机修劳务，属于设备修理费用的记入“管理费用”账户，属于设备的日常维护费用的记入“制造费用”账户；基本生产车间管理部门消耗辅助生产车间提供的电力、水、蒸汽等，记入“制造费用”账户；运输部门所提供的运输劳务则按运输物品的性质，分别计作材料成本、销售费用等。

（五）制造费用

制造费用是指企业的生产车间（一般是基本生产车间）在组织产品生产过程中所发生的管理费用，以及在产品生产过程中发生的但不能直接归属到所制造的产品成本中的各种生产费用。其包括直接用于产品生产未单独设置成本项目的生产费用，如机器设备的折旧费、保险费、车间领用低值易耗品的摊销费、图纸设计费、无形资产摊销费、废品损失、停工损失等；间接服务于产品生产的费用，如生产车间房屋建筑物的折旧费、保险费、租赁费，机物料消耗，车间照明费、取暖费、降温费，劳动保护费，国家规定的有关环保费用等；车间管理部门的管理费用，如车间管理人员的人工费用、出差费用、办公费用，管理用固定资产的折旧费、保险费、租赁费以及按受益程度分配由车间承担的辅助生产费用等。对发生的制造费用，要先在“制造费用”账户中进行归集，到月末再按受益程度分配转入各受益产品的成本之中。

二、生产费用的处置

对发生的生产费用进行处置，主要是根据生产费用的受益情况在各个产品成本计算对象中进行归集。生产车间生产产品的品种多少，与生产费用处理方法直接相关。

（一）生产单一产品发生生产费用的归集

2

不论是基本生产车间还是辅助生产车间，如果一个车间只生产一种产品，则该车间发生的全部生产费用都应当由该产品负担，在生产费用发生时直接计入该产品成本。假设企业以产品的品种作为成本计算对象（在本书项目二、项目三中，均以产品品种作为成本计算对象讲述产品成本计算的基本原理），在发生有关生产费用时，直接在该产品中进行归集，借记“生产成本——基本生产成本——××产品”账户，贷记有关账户即可。

（二）同时生产多种产品发生生产费用的归集

一个生产车间同时生产几个品种的产品时，发生在该车间的生产费用，有的可以在发生时就能明确归属于何种产品，有的则是几种产品共同耗费的，在发生时不能直接明确每种产品应负担的数额。因此，要针对费用发生的实际情况区别对待。

1. 直接归属于某种产品的生产费用的归集

直接归属于某种产品的生产费用被称为直接计入费用，该项生产费用在发生时就能明确应当由何种产品承担。直接计入费用主要包括：某种产品直接领用原材料，专门从事该产品生产的人工费用等。对发生的直接计入费用进行归集，可以比照生产单一产品所发生的生产费用的归集方法进行会计核算，借记“生产成本——基本生产成本——×× 产品”账户，贷记“原材料”或“应付职工薪酬”等账户。

2. 几种产品共同负担的生产费用的归集

发生的由几种产品共同负担的生产费用被称为间接计入费用，这些生产费用在发生时不能直接确定由何种产品承担。间接计入费用主要包括：几种产品共同消耗同一种原材料而发生的材料费用，生产工人同时进行几种产品的生产而发生的人工费用，几种产品同时受益的辅助生产费用，几种产品共同承担的制造费用等。对间接计入费用要先采用比例分配法进行分配，再计入各种产品的生产成本。

（1）比例分配法的基本公式。间接计入费用通常按以下公式进行分配：

$$费用分配率=\frac{被分配费用}{分配标准之和}$$

$$某受益对象应负担费用=该受益对象的分配标准\times费用分配率$$

上述公式中的被分配费用是指某项需要由若干受益对象共同承担的费用。如由若干种原材料共同负担的运输费用；由若干种产品共同负担的材料费用；由若干种产品共同负担的人工费用；由若干种产品共同负担的动力费用；由若干种产品与若干部门共同负担的辅助生产费用；由若干产品共同负担的制造费用等。

公式中的分配标准之和是指各个受益对象作为费用受益程度的衡量标准相加之和。如用以分配运输费用的各种外购材料的重量之和，用以分配共同消耗某种材料的各种产品的材料定额消耗量之和，用以分配工资费用的各种产品的实际消耗工时之和。

分配各种间接计入费用时，必须合理确定分配标准，才能合理分配各种生产费用，保证产品成本计算的正确。

（2）分配标准的确定。分配不同的要素费用有不同的分配标准，分配同一要素费用也会有不同的分配标准。在确定各种费用的分配标准时，要考虑分配标准与所发生的生产费用之间的相关性、分配标准取得的难易程度和生产费用分配结果的正确性。

对几种产品共同消耗的原材料费用，通常以各种产品的实际材料消耗量或定额材料消耗量为分配标准。材料实际消耗量可从产品投料的原始记录中取得。材料定额消耗量可以利用企业的各种产品的单位材料消耗定量，结合各种产品的实际产量计算求得。在每种产品的单位材料消耗量基本相同的条件下，也可以用各种产品的完工数量或总重量作为该项材料费用的分配标准。完工产品数量或重量可从有关原始记录中取得。

对几种产品共同负担的生产工人的（计时）工资费用，通常以各种产品的实际耗用工时或定额耗用工时作为分配标准。各种产品的实际耗用工时可以从工时记录中取得。定额耗用工时根据企业核定的各种产品的单位工时消耗定额，结合完工产品的数量计算求得。

对外购的动力费用，应当直接根据仪表记录数据或马力机时作为分配标准。

对发生的辅助生产费用，应当以受益产品或受益部门的受益程度作为分配标准。受益程度一般通过仪表记录或其他原始记录取得。为了简化辅助生产费用的分配手续，也可以用事先确定的辅助生产产品或劳务的计划成本作为分配标准。

对归集的制造费用，通常以承担制造费用的产品所消耗工时（实际工时或定额工时）、生产工人的工资、机器工时等作为分配标准。各种分配标准的取得方法同前所述。同样，为了简化制造费用的分配手续，对制造费用亦可按事先确定的计划分配率进行分配。

综上所述，各种生产费用分配标准如表 2－1 所示。

表 2－1　生产费用分配标准一览表

生产费用项目	分配标准	资　料　来　源
材料费用	实际耗用量	每种产品的原材料投料记录
	定额耗用量	每种产品单位消耗定量×产品产量
	完工产品产量	完工产品入库记录
	完工产品重量	每种产品单位重量×产品产量
人工费用	实际工时	考勤记录、产量及工时记录
	定额工时	每种产品单位工时定额×产品产量
外购动力费用	仪表记录	分仪表记录
	马力机时	机器动力标准×机器工作小时
辅助生产费用	受益程度	各种仪表记录或其他原始记录
	计划成本	计划辅助生产费用÷计划提供劳务数量
制造费用	生产工时	考勤记录、产量及工时记录
	生产工人工资	工资结算表记录
	机器工时	机器工时记录
	计划分配率	年度计划制造费用额÷年度计划工时（等）

（3）生产费用分配表的编制。对发生的生产费用，无论是直接计入还是按基本分配公式计算后计入，都需要按确定的结果编制生产费用分配表，以便进行成本核算。生产费用分配表的基本格式如表 2－2 所示。

表 2－2 ________费用分配表

年 月 日 金额单位：元

应借账户			成本项目	分配标准	分配率	分配金额
总账账户	二级账户	明细账户				
合 计						

会计主管： 复核： 制单：

表 2－2 是各种生产费用分配的基本格式，不同性质的生产费用所适用的生产费用分配表有所区别，将在以后相关项目中分别进行介绍。

编制生产费用分配表的程序一般分以下五步：

❶ 确定各个生产费用受益对象（成本计算对象或受益部门）的分配标准。

❷ 确定被分配费用的金额。

❸ 计算费用分配率。

❹ 计算每一受益对象应负担的费用金额。

❺ 根据分配结果，编制生产费用分配表。

生产费用分配表的填制方法如下：

❶ 在表名的空格栏填列被分配费用项目名称（如“材料”费用分配表）。

❷ 在“应借账户”栏分别填列总账账户（一级账户〈如“生产成本”〉）、二级账户（如“基本生产成本”）和明细账户（成本计算对象或受益部门〈如“××产品”〉），若未设置二级账户，二级账户栏次不填列。

❸ 在“成本项目”栏填列生产费用所归集的成本项目的名称（如直接材料、燃料和动力、直接人工、制造费用等）。

❹ “分配标准”栏填列每一费用受益对象参与分配该项生产费用的分配标准，分配标准的合计数应与分配率计算公式中的分母相同。

❺ “分配率”栏填列分配率的计算结果。

❻ “分配金额”栏填列各受益对象应负担的生产费用，分配金额的合计数应当与被分配费用额相同。

［例 2－1］ 某企业 2023 年 1 月份生产 A、B 两种产品，共同耗用甲材料 5 000 千克，每千克实际成本 10 元。本月完工 A 产品 300 件，完工 B 产品 500 件，A、B 产品的甲材料单位消耗定量分别为 10 千克和 4 千克。期初、期末均无在产品。

甲材料费用分配情况计算如下，具体如表 2－3 所示。

A 产品甲材料定额消耗量＝300×10＝3 000（千克）

B 产品甲材料定额消耗量＝500×4＝2 000（千克）

被分配的甲材料费用＝5 000×10＝50 000（元）

$$\text{甲材料费用分配率}=\frac{50\,000}{3\,000+2\,000}=10$$

A 产品应负担的甲材料费用＝3 000×10＝30 000（元）

B 产品应负担的甲材料费用＝2 000×10＝20 000（元）

表 2-3　　甲材料费用分配表

2023 年 1 月 31 日　　金额单位：元

应借账户			成本项目	定额消耗量	分配率	分配金额
总账账户	二级账户	明细账户				
生产成本	基本生产成本	A 产品	直接材料	3 000		30 000
生产成本	基本生产成本	B 产品	直接材料	2 000		20 000
合　计				5 000	10	50 000

会计主管：王江波　　复核：李　平　　制单：金　军

任务二　材料及动力费用的核算

【引言】

材料的作用在于构成产品的实体，动力的作用在于传动机器设备，使之作用于材料以形成产品。因此在产品生产过程中，材料及动力费用是必定会发生的。在产品成本计算过程中，需要将发生的材料费用在“直接材料”成本项目中归集；将发生的燃料和动力费用在“燃料和动力”成本项目中归集。若燃料和动力费用不多而不单设“燃料和动力”成本项目，则将发生的燃料费用在“直接材料”成本项目中归集，发生的动力费用先在“制造费用”账户中归集，月末分配后再计入产品成本。

【知识准备与业务操作】

一、材料的收发与计价*

企业的材料包括原材料、辅助材料、修理用备件、外购半成品、低值易耗品和包装物等。企业的各种材料，可以通过采购、接受投资、接受捐赠、债务重组、非货币性资产交换等方式取得。企业生产产品或因其他原因消耗材料，需要从材料仓库发出材料。材料取得与发出业务的核算在《中级财务会计》一书中已经作了讲述。为了方便成本计算与管理课程的学习，本项目中仅对材料的收发与计价作一简单介绍。

（一）材料的收入与计价

企业收入材料时，需要确定材料的入账价格。对收入的材料有两种计价方式：一是按实际成本计价，二是按计划成本计价。

1. 按实际成本计价

（1）收入材料实际成本的确定。不同方式取得材料的实际成本构成不完全相同。分别表示如下：

外购材料实际成本＝买价＋运杂费＋合理的途中损耗＋入库前的挑选整理费＋应负担的税金

自制材料实际成本＝直接材料费用＋直接人工费用＋应当负担的制造费用

委托加工材料实际成本＝加工中消耗的材料成本＋支付的加工费＋往返运费＋应负担的有关税金

接受捐赠材料实际成本＝发票或报关单所列金额＋支付的运输费＋保险费＋应缴纳的税金(不包括一般纳税人企业取得的增值税专用发票中列示的增值税)或按同类物资的市价入账

投入材料实际成本＝投资合同或协议确认的公允价值

非货币性资产交换取得材料的成本和债务重组取得材料的成本，一般按照材料的公允价值计价。

(2) 材料按实际成本计价进行核算的账户设置。材料按实际成本核算时需要设置下列账户：

❶“在途物资”账户。该账户用来核算企业已经支付价款或已经签发商业汇票，尚未运达或尚未入库材料的实际成本。该账户的借方登记支付价款或签发商业汇票的材料实际成本；贷方登记验收入库材料的实际成本；期末余额在借方，表示已经付款或已经签发商业汇票而尚未验收入库的在途物资的实际成本。为了反映在途物资的详细情况，可在“在途物资”账户下按材料类别或供货单位分户设置“在途物资明细分类账”。

❷“原材料”账户。该账户用来核算企业库存的各种材料的实际成本。该账户的借方登记收入材料的实际成本；贷方登记发出材料的实际成本；期末余额在借方，表示库存材料的实际成本。为了反映原材料的详细情况，可在“原材料”总账户下按各种原材料的品名、规格分户设置“原材料数量金额明细账”。

(3) 材料收入的核算。采用不同方式收入材料，在核算上有所区别，本书不一一列举。下面仅以购进业务为例，简要说明收入材料的核算过程。

[例 2-2] 长江公司为一般纳税人企业，2023 年 5 月 25 日购入材料一批，买价 10 000 元，增值税 1 300 元，供方垫付运费 300 元，增值税 27 元。

针对材料购入过程中付款与到货的三种情况，列示核算结果，具体如图 2-1 所示。

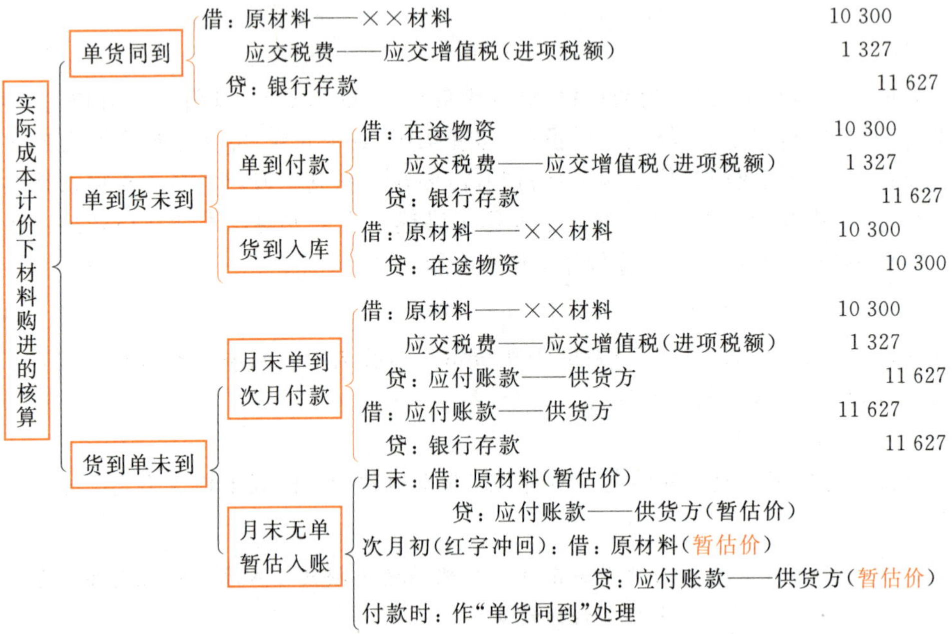

图 2-1 材料购进核算(按实际成本核算)

2. 按计划成本计价

(1) 收入材料计划成本的确定。企业对材料采用计划成本计价时,应当在每一会计年度开始之前就确定各种材料的计划成本。制订材料计划成本时,通常要考虑各种材料基期年度的实际平均成本,计划年度材料价格及运输费用的变化趋势,以及计划成本计算的便捷等因素后进行核定。计划成本一经确定,在一个会计年度内原则上不作变动。

(2) 材料按计划成本计价进行核算的账户设置。材料按计划成本计价需要设置下列账户:

❶“材料采购”账户。该账户用来核算企业购入材料的采购成本。该账户的借方登记购入材料的实际成本及月末结转的材料节约差异(实际成本低于计划成本的差异);贷方登记验收入库材料的计划成本及月末结转的材料超支差异(实际成本高于计划成本的差异);期末余额在借方,表示已经付款或开出商业汇票但尚未验收入库的在途材料的实际采购成本。为了反映材料采购的详细情况,便于加强对材料采购业务的管理,应当以供货单位为户名设置“材料采购明细账”。

❷“原材料”账户。该账户用来核算企业库存的各种材料的计划成本。该账户的借方登记收入材料的计划成本;贷方登记发出材料的计划成本;期末余额在借方,表示库存材料的计划成本。为了反映原材料的详细情况,应当在“原材料”账户下按各种原材料的品名、规格分户设置“原材料数量金额明细账”。

❸“材料成本差异”账户。该账户用来核算库存材料计划成本与实际成本之间的差异。该账户的借方登记从“材料采购”账户转入的超支差异及本期发出材料应负担的节约差异;贷方登记从“材料采购”账户转入的节约差异和本期发出材料应负担的超支差异。期末该账户如为借方余额,表示超支净差异;如为贷方余额,表示节约净差异。

会计期末,“原材料”账户余额加上“材料成本差异”账户的借方余额或减去“材料成本差异”账户的贷方余额后,为企业库存材料的实际成本。

(3) 材料收入的核算。以购进材料为例,企业对材料采用计划成本计价进行核算时,必须设置“材料采购”账户,用以反映采购材料的实际成本和入库材料的计划成本,确定材料成本差异。

[例 2-3] 长江公司为一般纳税人企业,2023 年 5 月 25 日购入材料一批,买价 10 000 元,增值税 1 300 元,供方垫付运杂费 300 元,增值税 27 元。假定该批材料的计划成本为10 000 元。针对材料购入过程中付款与到货的三种情况,列示核算结果,具体如图 2-2 所示。

(二) 材料的发出与计价

收入材料的计价方式,决定了发出材料的计价方法。

1. 按实际成本计价发出材料

企业对原材料按实际成本计价时,进货地点、供货价格、运输方式、进货批量的不同,使同一品种、同一规格材料的实际采购单位成本会有所差异。因此在确定发出材料的实际成本时,可以采用不同的计价方法,通常有先进先出法、加权平均法、个别计价法等。本项目中仅对先进先出法和加权平均法作简略的介绍,个别计价法在实际工作中应用相对较少,从略。

(1) 先进先出法。先进先出法就是假定先收入的材料先发出,并按这种假定的成本流程确定发出材料成本与期末结存材料成本的一种方法。使用这种方法的前提是假设先收入的材料总是被先发出的,不考虑实际上是否存在先进先出的问题。采用先进先出法的具体做法是:先确定期末结存材料的实际成本,然后采用“期初结存金额+本期收入金额-期末

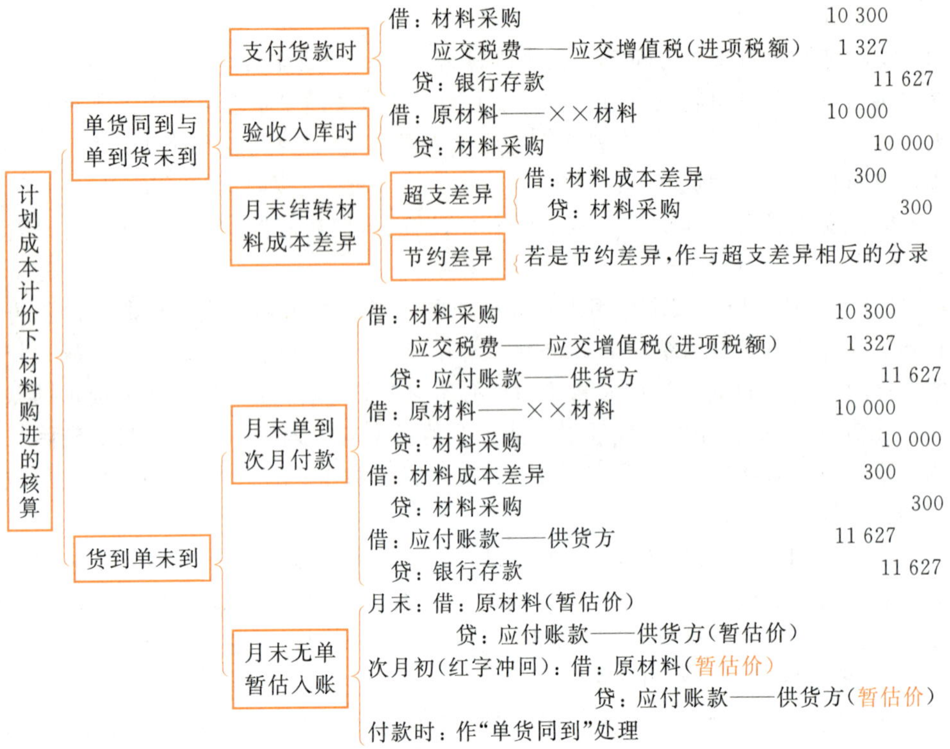

图 2-2 材料购进核算（按计划成本核算）

结存金额＝本期发出材料成本”的公式，确认发出材料的实际成本。因此，采用先进先出法的关键在于正确确定期末结存材料的实际成本。

在正确登记原材料数量金额明细账的条件下，用下列方法确认期末结存材料的实际成本：将期末结存数量与最后一次收入数量相比较，若期末结存数量小于或等于最后一次收入数量，则以最后一次收入材料的单位成本作为期末结存材料的单价，据以计算期末结存材料的成本；若期末结存数量大于最后一次收入数量，则向前追溯，直至使收入数量等于或大于期末结存数量，再分段计算确定期末结存材料的成本。

［例 2-4］ 长江公司对收入材料按实际成本核算，发出材料采用先进先出法计价，2023 年 5 月份 A 材料的收入、发出和结存情况如表 2-4 所示。

表 2-4 原材料数量金额明细账

第×页

品名：A 材料　　规格：　　最高存量：　　存放地点：一号仓库

2023 年		凭证		摘要	收入			付出			结存		
月	日	字	号		数量	单价	金额	数量	单价	金额	数量	单价	金额
5	1			承上页							400	5	2 000
	6		15	购进	1 000	4.80	4 800				1 400		
	8		20	领用				600			800		
	14		36	领用				500			300		

续 表

2023年		凭证		摘 要	收 入			付 出			结 存		
月	日	字	号		数量	单价	金额	数量	单价	金额	数量	单价	金额
	20		51	购进	500	4.90	2 450				800		
	25		65	领用				200			600		

表2-4中，A材料期末结存数量为600件，大于最后一次购入的数量500件，则A材料期末结存成本与本期发出材料成本计算如下：

期末A材料结存实际成本＝500×4.9＋(600－500)×4.8＝2 930(元)

本期发出A材料实际成本＝2 000＋4 800＋2 450－2 930＝6 320(元)

请思考：

如果A材料期末结存数量为450件，则期末结存A材料的实际成本和本期发出A材料成本应当如何计算。

(2) 加权平均法。加权平均法是以总数量为权数计算出材料的加权平均单价，据以确定期末结存材料成本和本期发出材料成本的方法。采用加权平均法，要先计算加权平均单价，再计算期末结存材料的成本，最后确定发出材料的成本。其计算公式如下：

$$\text{某材料加权平均单价}=\frac{\text{该材料期初结存金额}+\text{本期收入金额}}{\text{该材料期初结存数量}+\text{本期收入数量}}$$

期末结存材料成本＝该材料期末结存数量×该材料加权平均单价

本期发出材料成本＝该材料期初结存金额＋本期收入金额－期末结存金额

[例2-5] 按[例2-4]的资料，运用加权平均法计算A材料期末结存成本和本期发出成本，计算如下：

$$\text{A材料加权平均单价}=\frac{2\ 000+4\ 800+2\ 450}{400+1\ 000+500}=4.868\ 4(\text{元})$$

A材料期末结存成本＝600×4.868 4＝2 921(元)

A材料本期发出成本＝2 000＋4 800＋2 450－2 921＝6 329(元)

2. 按计划成本计价发出材料

企业对原材料采用计划成本核算时，发出材料的成本均应按计划单位成本计算。由于计划成本与实际成本之间通常会存在差异，要正确核算产品成本，就必须按月分配材料成本差异，将发出材料的计划成本调整为实际成本。按计划成本计价时，发出材料实际成本的确定程序是：

(1) 发出材料时，按材料的计划单价计算发出材料的计划成本。

(2) 月末计算出材料成本差异率，并确定发出材料应负担的材料成本差异额。其计算公式如下：

$$\text{本月材料成本差异率}=\frac{\text{月初材料成本差异}+\text{本期收入材料差异}}{\text{月初结存材料计划成本}+\text{本月收入材料计划成本}}\times 100\%$$

注：如为节约差异，用"－"号表示。

发出材料应负担的材料成本差异额＝发出材料计划成本×本月材料成本差异率

(3) 将发出材料的计划成本调整为实际成本。计算公式如下：

发出材料的实际成本＝发出材料的计划成本＋应负担的材料成本差异额

2

［例 2－6］ 黄河公司对材料采用计划成本计价核算。该企业 2023 年 4 月份有关资料如下：❶ 月初材料计划成本 300 000 元，材料成本差异率为－1％；❷ 本月购入材料的计划成本为 500 000 元，材料成本差异额为超支 7 000 元；❸ 本月生产领用材料的计划成本为 550 000 元；❹ 月末库存材料的计划成本为 250 000 元。确定黄河公司 2023 年 4 月份发出材料的实际成本。

计算过程如下：

$$本月材料成本差异率=\frac{300\,000\times(-1\%)+7\,000}{300\,000+500\,000}\times100\%=0.5\%$$

发出材料应负担的材料成本差异额＝550 000×0.5％＝2 750(元)

发出材料的实际成本＝550 000＋2 750＝552 750(元)

二、材料费用的分配与核算

材料费用包括企业在生产经营过程中因耗费原材料、辅助材料、修理用备件、外购半成品、包装物、低值易耗品等形成的费用。少量发生的燃料费用，也可作为材料费用核算。

(一) 原材料费用的分配与核算

原材料费用是企业在生产经营过程中消耗原料及主要材料、辅助材料、外购半成品等所发生的费用。原材料费用的分配与核算要解决的主要问题，是如何将发生的原材料费用计入各个受益对象的成本费用之中。

1. 分配程序

原材料费用的分配程序是指对发生的原材料费用分配计入各个受益对象的会计处理顺序。通常为：确定被分配的原材料费用数额；确定各个原材料费用受益对象的分配标准；计算原材料费用的分配率；计算每一受益对象应负担的原材料费用；编制材料费用分配表；根据分配结果进行账务处理。

在原材料费用分配程序中，被分配的原材料费用是指本期消耗原材料的实际成本。在采用实际成本计价核算时，要运用先进先出法、加权平均法、个别计价法等方法确认材料消耗价值；在按计划成本计价核算时，应将计划成本调整为实际成本后的材料消耗价值。各个原材料费用受益对象的分配标准是用来分配材料费用时有效的分配依据，如各种产品的实际材料消耗量、定额材料消耗量等，已在本项目的任务一中作了介绍，不再赘述。

2. 分配方法

原材料费用的分配方法是费用分配基本方法在原材料费用分配中的具体运用。在多种产品共同消耗原材料的情况下，必须按一定的分配标准分配原材料费用。根据不同的分配标准，原材料费用的分配方法有定额耗用量分配法、定额费用分配法和实际耗用量分配法等。

(1) 原材料定额耗用量分配法。原材料定额耗用量是指一定数量产品按事先核定的单位产品定额耗用量计算确定的原材料理论耗用数量。原材料定额耗用量分配法是指以各受益产品的原材料定额耗用量为分配标准，以定额耗用量平均应负担的原材料费用为分配率，据以分配原材料费用的一种方法。这种方法适用于原材料消耗比较单一、单位产品定额耗用量比较准确的产品。

采用原材料定额耗用量分配法分配原材料费用时，有关计算公式如下：

$$受益产品定额耗用量=受益产品产量\times单位产品定额耗用量$$

$$原材料费用分配率=\frac{被分配的原材料费用}{各受益产品定额耗用量之和}$$

$$某受益产品应负担原材料费用=该受益产品定额耗用量\times原材料费用分配率$$

［例 2-7］　长江公司一车间生产 A、B 两种产品，2023 年 5 月份共同消耗甲材料 7 560 千克，每千克实际成本 30 元。本月 A、B 产品的产量分别为 500 件和 800 件，单位产品定额耗用量分别为 8 千克和 4 千克。甲材料费用分配如下：

$$被分配的甲材料费用=7\ 560\times30=226\ 800(元)$$

$$A 产品定额耗用量=500\times8=4\ 000(千克)$$

$$B 产品定额耗用量=800\times4=3\ 200(千克)$$

$$甲材料费用分配率=\frac{226\ 800}{4\ 000+3\ 200}=31.5$$

$$A 产品应负担甲材料费用=4\ 000\times31.5=126\ 000(元)$$

$$B 产品应负担甲材料费用=3\ 200\times31.5=100\ 800(元)$$

（2）原材料定额费用分配法。原材料定额费用是指企业为生产一定数量的产品按事先核定的单位产品定额费用计算确定的理论原材料费用。原材料定额费用分配法是指以各受益产品的原材料定额费用为分配标准，以实际消耗的原材料费用占各受益产品定额费用之和的比例为分配率，据以分配原材料费用的方法。该方法适用于产品生产过程中消耗的原材料品种较多，不宜按品种确定原材料消耗定量，但有比较合理的材料费用消耗定额的产品。

采用原材料定额费用分配法分配原材料费用时，有关计算公式如下：

$$受益产品材料定额费用=受益产品产量\times单位产品材料定额费用$$

$$原材料费用分配率=\frac{被分配的原材料费用}{各受益产品材料定额费用之和}$$

$$某受益产品应负担材料费用=该受益产品材料定额费用\times原材料费用分配率$$

［例 2-8］　黄河公司生产甲、乙两种产品，因消耗的原材料品种较多，分别核定甲、乙产品单位材料定额费用为 180 元、150 元；本月甲、乙产品共同消耗各种原材料的实际成本为 331 200 元；本月完工甲产品 1 000 件，完工乙产品 1 100 件。本月原材料费用分配如下：

$$甲产品定额费用=1\ 000\times180=180\ 000(元)$$

$$乙产品定额费用=1\ 100\times150=165\ 000(元)$$

$$原材料费用分配率=\frac{331\ 200}{180\ 000+165\ 000}=0.96$$

$$甲产品应负担材料费用=180\ 000\times0.96=172\ 800(元)$$

$$乙产品应负担材料费用=165\ 000\times0.96=158\ 400(元)$$

（3）原材料实际耗用量分配法。原材料实际耗用量是指企业在生产产品过程中所记录的各种产品的原材料消耗数量。原材料实际耗用量分配法是以各种产品的原材料实际耗用量为分配标准，以实际发生的原材料费用占各受益产品原材料实际耗用量之和计算的比例为分配率，据以分配原材料费用的方法。该方法适用于能分清原材料消耗对象，并有健全的原材料消耗记录的产品。

采用原材料实际耗用量分配法分配原材料费用时，有关计算公式如下：

$$原材料费用分配率=\frac{被分配的原材料费用}{各受益产品材料实际耗用量之和}$$

$$某受益产品应负担原材料费用=该受益产品原材料实际耗用量\times原材料费用分配率$$

［例 2－9］ 钱江公司生产 C、D、E 三种产品。本月共消耗丙材料 56 000 千克，实际成本为 156 800 元；根据原材料消耗记录，C、D、E 产品消耗丙材料的数量分别为 15 000 千克、28 000 千克和 13 000 千克。丙材料费用分配情况如下：

$$丙材料费用分配率=\frac{156\ 800}{56\ 000}=2.8$$

$$C产品应负担甲材料费用=15\ 000\times2.8=42\ 000(元)$$

$$D产品应负担甲材料费用=28\ 000\times2.8=78\ 400(元)$$

$$E产品应负担甲材料费用=13\ 000\times2.8=36\ 400(元)$$

上述的原材料费用分配方法，在实际操作中可以作不同的变换。如“原材料定额耗用量分配法”可以作如下变换：

$$受益产品定额耗用量=受益产品产量\times单位产品定额耗用量$$

$$某受益产品定额耗用量分配比例=\frac{该受益产品定额耗用量}{各受益产品定额耗用量之和}\times100\%$$

$$某受益产品应负担原材料费用=被分配原材料费用\times该受益产品定额耗用量分配比例$$

还可以有其他变换方式，实际操作中可以自行思考。但不论如何变换，其原材料费用分配的结果应当一致。

3. 账务处理

原材料费用的分配是通过编制原材料费用分配表进行的，该表也是进行会计核算的依据。实务操作中，一般先由仓库保管人员依据原材料发料凭证（领料单、限额领料单、领料登记簿等）及余料退回凭证、废料交库凭证等确定实际的原材料发出数量，填制发出材料明细表；财会部门根据仓库部门提供的发出材料明细表，结合产量记录、定额资料或投料记录等分配原材料费用，编制原材料费用分配表；根据原材料费用分配表和发出材料明细表等原始凭证编制记账凭证，登记有关账簿。

［例 2－10］ 长江公司 2023 年 5 月的发出材料明细表如表 2－5 所示。

表 2－5 长江公司发出材料明细表

2023 年 5 月 附领料单×张

材料类别	品　　名	发出数量	单位成本/元	金额/元	用　　途
原材料	甲材料	7 560 千克	30.00	226 800	A、B 产品耗用
原材料	乙材料	3 500 千克	36.00	126 000	B 产品领用

续 表

材料类别	品　　名	发出数量	单位成本/元	金额/元	用　　途
原材料	丙材料	3 000 千克	55.00	165 000	A 产品领用
原材料	丙材料	100 千克	55.00	5 500	公司办公室领用
燃料	大同煤	30 吨	520.00	15 600	供汽车间领用
辅助材料	润滑剂	10 千克	130.00	1 300	机修车间领用
辅助材料	101 材料	500 千克	28.00	14 000	机修车间领用
辅助材料	102 材料	50 千克	42.00	2 100	一车间消耗
合　计				556 300	

仓库主任：李一天　　　　复核：张　帆　　　　制单：郑　梅

表 2-5 中所列的甲材料 7 560 千克由 A、B 产品共同消耗，本月 A、B 产品的产量分别为 500 件和 800 件，单位产品定额耗用量分别为 8 千克和 4 千克。采用原材料定额耗用量分配法对此项原材料费用进行分配的过程及结果见[例 2-7]。

根据发出材料明细表编制原材料费用分配表，如表 2-6 所示。

表 2-6　　**长江公司原材料费用分配表**

2023 年 5 月 31 日　　　　金额单位：元

应借账户			成本或费用项目	间接计入费用			直接计入费用	合　计
总账账户	二级账户	明细账户		定额耗用量	分配率	分配额		
生产成本	基本生产成本	A 产品	直接材料	4 000		126 000	165 000	291 000
		B 产品	直接材料	3 200		100 800	126 000	226 800
		小计		7 200	31.50	226 800	291 000	517 800
生产成本	辅助生产成本	供汽车间	直接材料				15 600	15 600
		机修车间	直接材料				15 300	15 300
		小计					30 900	30 900
制造费用		一车间	物料消耗				2 100	2 100
管理费用			物料消耗				5 500	5 500
合　计						226 800	329 500	556 300

会计主管：徐志新　　　　复核：陈　明　　　　制单：张　帆

根据原材料费用分配表及其附件，编制会计分录如下：

借：生产成本——基本生产成本——A 产品　　291 000
　　　　　　　　　　　　　　——B 产品　　226 800
　　　　　　——辅助生产成本——供汽车间　　15 600
　　　　　　　　　　　　　　——机修车间　　15 300
　　制造费用——一车间　　2 100
　　管理费用　　5 500
　　贷：原材料　　556 300

如果公司上述原材料是按计划成本计价的，月末还应当计算发出材料应负担的材料成本差异额并进行结转，将计划成本调整为实际成本。

[例 2-11] 承[例 2-10]资料，长江公司对原材料采用计划成本计价，经计算，2023 年 5 月的材料成本差异率为－1%（节约差异）。则发出材料的计划成本应负担的材料成本差异额的计算及会计分录如下：

（1）各受益产品或部门应负担的材料成本差异：

A 产品应负担的材料成本差异额＝291 000×(－1%)＝－2 910(元)

B 产品应负担的材料成本差异额＝226 800×(－1%)＝－2 268(元)

供汽车间应负担的材料成本差异额＝15 600×(－1%)＝－156(元)

机修车间应负担的材料成本差异额＝15 300×(－1%)＝－153(元)

一车间应负担的材料成本差异额＝2 100×(－1%)＝－21(元)

管理部门应负担的材料成本差异额＝5 500×(－1%)＝－55(元)

（2）编制会计分录如下：

借：材料成本差异　　5 563

　贷：生产成本——基本生产成本——A 产品　　2 910

　　　　　　　　　　　　　　——B 产品　　2 268

　　　　　　——辅助生产成本——供汽车间　　156

　　　　　　　　　　　　　　——机修车间　　153

　　制造费用——一车间　　21

　　管理费用　　55

根据会计分录（记账凭证），将发生的原材料费用分别记入“生产成本”“制造费用”“管理费用”等账户。

“生产成本——基本生产成本”账户：将发生的材料费用计入 A、B 两个产品“生产成本”明细账户（或产品成本计算单）的“直接材料”成本项目，应负担的材料成本差异也计入该成本项目。如果是节约差异，则用红字记入相同的栏目中，同时结出“合计数”。登记后的结果如表 2-7、表 2-8 所示。

表 2-7　**基本生产成本明细账**　　总第　页

成本对象：A 产品　　生产车间：一车间　　投产时间：　　字第　页

2023 年		凭证		摘　要	成本项目				合　计
月	日	字	号		直接材料	燃料和动力	直接人工	制造费用	
5	31		×	原材料费用	291 000				291 000
			×	材料成本差异	2 910				2 910

表 2－8　基本生产成本明细账

总第　页
字第　页

成本对象：B 产品　　生产车间：一车间　　投产时间：

2023 年		凭证		摘　要	成　本　项　目				合　计
月	日	字	号		直接材料	燃料和动力	直接人工	制造费用	
5	31		×	原材料费用	226 800				226 800
			×	材料成本差异	2 268				2 268

“生产成本——辅助生产成本”账户：将发生的材料费用分别记入供汽车间、机修车间两个车间的“生产成本”明细账户（或产品成本计算单），登记方法同上。登记结果如表 2－9、表 2－10 所示。

表 2－9　辅助生产成本明细账

总第　页
字第　页

辅助生产车间：供汽车间　　产品或劳务：蒸汽

2023 年		凭证		摘　要	成　本　项　目			合　计
月	日	字	号		直接材料	直接人工	制造费用	
5	31		×	原材料费用	15 600			15 600
			×	材料成本差异	156			156

表 2－10　辅助生产成本明细账

总第　页
字第　页

辅助生产车间：机修车间　　产品或劳务：修理

2023 年		凭证		摘　要	成　本　项　目			合　计
月	日	字	号		直接材料	直接人工	制造费用	
5	31		×	辅助材料	15 300			15 300
			×	材料成本差异	153			153

“制造费用”账户与“管理费用”账户：将发生的材料费用记入各该账户的借方发生额栏，结出余额，同时将发生额记入有关的明细栏目内。制造费用明细账的登记结果如表 2-11 所示，管理费用明细账的登记方法与制造费用明细账相同。

表 2-11　制造费用明细账

生产车间：一车间　　　　总第　页　字第　页

2023 年		凭证号	摘　要	借方	贷方	借或贷	余额	(借)方项目					
月	日							人工	电费	折旧	物料	辅助	其他
5	31	×	材料费	2 100		借	2 100				2 100		
		×	材料成本差异	21		借	2 079				21		

从本项目开始到项目三，所有涉及长江公司 2023 年 5 月份的业务都是相互联系的，A 产品和 B 产品的基本生产成本明细账将进行连续登记，以说明产品成本计算和核算的全过程。辅助生产成本明细账和制造费用明细账的登记分别在本项目任务四和任务六中列示。

（二）燃料费用的分配与核算

燃料费用的分配与核算，与原材料费用的分配与核算基本相同。企业对发生的燃料费用是否需要单独进行分配与核算，取决于企业燃料费用额的大小和企业对燃料费用进行管理的要求。对于燃料费用发生较少的企业，其燃料费用可以并入原材料费用统一核算，发生的燃料费用连同原材料费用经分配后一并计入“基本生产成本”或“辅助生产成本”的“直接材料”成本项目即可。如果燃料费用发生额较大，企业则需要对其加强管理，对购进的燃料可以单设“燃料”账户进行核算，可以将发生并由基本生产成本承担的燃料费用与动力费用一起，在基本生产成本明细账中单设“燃料和动力”成本项目予以反映。

在单设“燃料”账户进行核算时，对领用燃料而发生的燃料费用，比照原材料费用的分配方法进行处理：能分清受益对象的燃料费用，可以直接计入有关受益对象的成本费用项目；不能分清受益对象的燃料费用，按一定的分配标准分配后，计入有关受益对象的成本费用项目。

[例 2-12]　长江公司因生产产品过程中消耗的燃料动力费用较多，对购入的燃料单设“燃料”账户进行核算，对发生的燃料动力费用在产品成本计算单中单设“燃料和动力”成本项目。2023 年 8 月，该公司生产 C、D 两种产品，共同消耗燃料费用 31 040 元，按燃料消耗定额计算，C、D 产品的定额燃料费用分别为 18 000 元和 14 000 元。燃料费用分配的计算如下：

$$燃料费用分配率=\frac{31\ 040}{18\ 000+14\ 000}=0.97$$

C 产品应负担燃料费用＝18 000×0.97＝17 460(元)

D 产品应负担燃料费用＝14 000×0.97＝13 580(元)

根据分配结果，编制燃料费用分配表，如表 2－12 所示。

表 2－12　　燃料费用分配表

2023 年 8 月 31 日　　金额单位：元

应借账户			成本项目	定额燃料费用	分配率	分配金额
总账账户	二级账户	明细账户				
生产成本	基本生产成本	C 产品	燃料和动力	18 000		17 460
		D 产品	燃料和动力	14 000		13 580
合　　计				32 000	0.97	31 040

会计主管：钱　志　　复核：李一深　　制单：陈　立

根据燃料费用分配表，编制会计分录如下：

借：生产成本——基本生产成本——C 产品　　17 460
　　　　　　　　　　　　　——D 产品　　13 580
　贷：燃料　　31 040

(三) 包装物费用的分配与核算

企业在生产经营过程中因使用包装物品形成包装物费用。根据包装物品领用的发生环节及价值确认方式的不同，包装物费用的分配与核算也有所不同：将生产过程中领用的包装物品，作为产品成本的构成部分，直接计入“生产成本——基本生产成本”明细账户的“直接材料”成本项目。将产品销售时领用的随同产品出售的包装物，按其是否单独计价作不同的处理：将不单独计价的包装物品，作为产品销售费用，计入“销售费用”账户的“包装费”费用项目；对于单独计价的包装物品，将取得的销售收入作为企业的“其他业务收入”，结转的包装物成本作为“其他业务成本”处理。包装物的核算方法，在《中级财务会计》一书中已作详细讲述，本书从简。

(四) 低值易耗品费用的分配与核算

低值易耗品费用是低值易耗品在使用过程中磨损的价值。由于低值易耗品的价值较低且容易磨损，使用期相对较短，因此，低值易耗品费用可以按规定的摊销方法进行分配与核算。现行的低值易耗品摊销方法有两种：一次转销法和五五摊销法。企业可根据各种低值易耗品的实际情况，确定适用的摊销方法。采用一次转销法时，将领用的低值易耗品价值一次计入有关的成本费用，报废低值易耗品的残料价值作为当月低值易耗品摊销额的减少，冲减有关的成本费用。采用五五摊销法时，在领用低值易耗品时，先将一半的价值计入当月的成本费用；报废时，再将另一半价值扣除残值后计入报废当月的成本费用。

当期发生的低值易耗品费用，按低值易耗品的用途确定应计入的成本费用项目。为生产产品而直接耗用的，计入“生产成本——基本生产成本”明细账户的“直接材料”成本项目；属于辅助生产车间耗用的，计入“生产成本——辅助生产成本”明细账户的“直接材料”成本项目；属于车间管理部门耗用的，先记入“制造费用”账户，再分配计入有关产品的成本项目。

［例 2－13］ 长江公司 2023 年 5 月份生产 B 产品直接领用专用工具一批，实际成本 900 元，一车间领用通用工具一批，实际成本 200 元，采用一次转销法摊销。公司办公室以前领用文件柜 5 只，实际成本 2 200 元，采用五五摊销法摊销，本月报废，残料出售，收回库存现金 80 元。本月低值易耗品费用的分配如表 2－13 所示。

2

表 2－13 低值易耗品费用分配表

2023 年 5 月 31 日 金额单位：元

应借账户			成本或费用项目	摊销方法	摊销金额	残料收回	分配金额
总账账户	二级账户	明细账户					
生产成本	基本生产成本	B 产品	直接材料	一次法	900		900
制造费用		一车间	低耗品摊销	一次法	200		200
管理费用			低耗品摊销	五五法	1 100	80	1 020
合　计					2 200	80	2 120

会计主管：徐志新 复核：陈　明 制单：张　帆

根据低值易耗品费用分配表，编制会计分录如下：

借：生产成本——基本生产成本——B 产品 900
　　贷：周转材料——低值易耗品 900
借：制造费用——一车间 200
　　贷：周转材料——低值易耗品 200
借：管理费用 1 020
　　库存现金 80
　　周转材料——低值易耗品(低值易耗品摊销) 1 100
　　贷：周转材料——低值易耗品(在用低值易耗品) 2 200

根据会计分录(记账凭证)登记基本生产成本明细账，如表 2－14 所示。

表 2－14 基本生产成本明细账 总第　页

成本对象：B 产品 生产车间：一车间 投产时间： 字第　页

2023 年		凭证		摘　要	成　本　项　目				合　计
月	日	字	号		直接材料	燃料和动力	直接人工	制造费用	
5	31		×	原材料费用	226 800				226 800
			×	材料成本差异	2 268				2 268
			×	低值易耗品摊销	900				900

三、动力费用的分配与核算

动力费用是企业在生产经营过程中消耗电力、热力等而发生的费用。企业消耗的动力可以通过外购取得，也可以由本企业辅助生产车间提供。通过辅助生产车间提供动力费用的分配与核算在本项目任务四中说明，本任务中讲述的动力费用的分配与核算仅指外购动力的会计处理。

（一）动力费用分配的特殊性

外购动力类似于外购原材料，不同之处是动力没有实物形态，因而动力费用分配与原材料费用分配相比较，具有其特殊性。其主要表现在四个方面：

（1）核算比较简单，不存在收、付、存业务，没有领、发料过程。

（2）动力消耗通常采用仪表记录，分配标准明确。

（3）费用分配期与外购动力付款期不一致，通常是先使用动力，后支付价款，因此动力费用分配在月末进行，而外购动力款在次月初支付，对当月应付的外购动力款项，通过“应付账款”账户核算。

（4）动力费用的分配率通常高于外购动力的单价，其原因是分配动力费用的依据为分仪表记录，而支付动力款则应依据总仪表记录，由于动力的使用存在正常损耗或其他消耗，因此，分仪表记录数额之和往往会小于总仪表记录的数额。

（二）动力费用的分配方法

对动力费用进行分配的方法，与多种产品共同消耗原材料费用的分配方法基本相同，即在明确被分配的动力费用额与分配标准的基础上，确定动力费用分配率，进而确定每一受益对象应负担的动力费用。动力费用的分配标准通常为仪表记录。如果没有仪表记录，可以用产品实际或定额消耗工时、机器工时（机器功率×机器运转小时数）、定额动力耗用量等作为分配标准。

分配后直接由产品成本负担的动力费用，计入“燃料和动力”成本项目，在不单设“燃料和动力”成本项目的企业，可将各生产车间负担的动力费用直接记入“制造费用”账户，再分配计入各产品成本计算单中的“制造费用”成本项目。

［例 2－14］　长江公司 2023 年 5 月份总电表记录的用电量为 81 804 度，每度 1.05 元。分电表的记录为：一车间用电 52 000 度，用于 A、B 两种产品生产，其中：A 产品实际消耗工时 24 000 小时，B 产品实际消耗工时 16 000 小时；一车间照明用电 1 300 度；供汽车间用电 20 000 度；机修车间用电 5 000 度；公司管理部门用电1 900度。分电表记录合计 80 200 度，与总电表记录不符，差额 1 604 度为本月电损。根据上述资料分配动力费用，编制外购动力费用分配表，如表 2－15 所示。

表 2－15　　长江公司外购动力费用分配表

2023 年 5 月　　金额单位：元

应借账户			成本或费用项目	电力耗用量			费　用分配率	合　计
总账账户	二级账户	明细账户		实际工时/小时	分配率	仪表记录		
生产成本	基本生产成本	A 产品	燃料动力	24 000		31 200		33 415.20
		B 产品	燃料动力	16 000		20 800		22 276.80
		小计		40 000	1.30	52 000		55 692.00

2

续 表

应借账户			成本或费用项目	电力耗用量			费用分配率	合计
总账账户	二级账户	明细账户		实际工时/小时	分配率	仪表记录		
生产成本	辅助生产成本	供汽车间	制造费用			20 000		21 420.00
		机修车间	制造费用			5 000		5 355.00
		小计				25 000		26 775.00
制造费用		一车间	电费			1 300		1 392.30
		小计				1 300		1 392.30
管理费用			电费			1 900		2 034.90
合计						80 200	1.071	85 894.20

会计主管：徐志新　　　　复核：陈　明　　　　制单：张　帆

$$电力耗用量分配率=\frac{52\ 000}{24\ 000+16\ 000}=1.3$$

$$动力费用分配率=\frac{81\ 804\times 1.05}{80\ 200}=1.071$$

根据动力费用分配表，编制会计分录如下：

借：生产成本——基本生产成本——A 产品　　33 415.20
　　　　　　　　　　　　　　——B 产品　　22 276.80
　　　　　——辅助生产成本——供汽车间　　21 420.00
　　　　　　　　　　　　　　——机修车间　　5 355.00
　　制造费用——一车间　　1 392.30
　　管理费用　　2 034.90
　　贷：应付账款——某电力公司　　85 894.20

根据会计分录（记账凭证），登记基本生产成本明细账，如表 2-16、表 2-17 所示。

表 2-16　基本生产成本明细账　　　　总第　页

成本对象：A 产品　　生产车间：一车间　　投产时间：　　字第　页

2023 年		凭证		摘要	成本项目				合计
月	日	字	号		直接材料	燃料和动力	直接人工	制造费用	
5	31		×	原材料费用	291 000				291 000
			×	材料成本差异	[2 910]				[2 910]
			×	分配动力费用		33 415.20			33 415.20

表 2-17 基本生产成本明细账

总第 页

成本对象：B产品 生产车间：一车间 投产时间： 字第 页

2023年		凭证		摘要	成本项目				合计
月	日	字	号		直接材料	燃料和动力	直接人工	制造费用	
5	31		×	原材料费用	226 800				226 800
			×	材料成本差异	2 268				2 268
			×	低值易耗品摊销	900				900
			×	分配动力费用		22 276.80			22 276.80

任务三 人工费用的核算

【引言】

人工费用是企业在生产产品过程中的活劳动的耗费，包括《企业会计准则第9号——职工薪酬》所规定的生产工人的工资、奖金、津贴、补贴及按生产工人工资总额一定比例缴纳的医疗保险费、养老保险费、失业保险费、工伤保险费、生育保险费和住房公积金等费用，是产品成本的重要组成部分。

【知识准备与业务操作】

一、人工费用的构成与确认

人工费用包括职工工资和企业为职工支付的社会保险费等支出。工资是企业支付给职工的劳动报酬，是企业对职工在工作中使用知识、技能、消耗时间、消耗精力等而给予的一种补偿。企业在一定时期内支付给全体职工的劳动报酬总额称为工资总额，包括计时工资、计件工资、奖金、津贴与补贴、加班加点工资和特殊情况下支付的工资。企业为职工支付的社会保险费，则是企业为了保障员工在年老、疾病、工伤、失业、生育等情况下依法能从国家和社会获得物质帮助的权利而承担的社会责任。人工费用往往与企业的生产经营相关，需要进行计算和确认。

(一) 应付工资的计算

应付工资是企业根据权责发生制计算并确认的当期应当支付给职工的工资。由于工资制度的不同，应付工资的计算也有所区别。

1. 计时工资的计算

计时工资是指按计时工资标准和职工工作时间支付的劳动报酬。计算计时工资的依据

2

是企业劳动部门提供的反映职工工资级别及工资标准的“工资卡”和反映职工出勤情况的“考勤记录”。计算计时工资的方法有月薪制和日薪制两种。

(1) 月薪制。按月薪制计算计时工资，不考虑当月的实际日历天数，职工只要出全勤，就可以得到固定的月标准工资。如有缺勤，按规定标准扣薪，故称为“扣缺勤法”，又叫“倒扣法”。其计算公式如下：

$$应付计时工资=月标准工资-缺勤应扣工资$$

$$缺勤应扣工资=缺勤天数\times日工资\times应扣比例$$

$$日工资=\frac{月标准工资}{月工作天数}$$

月工作天数通常有两种确定方法：❶ 按月平均日历天数计算，即每月 30 天。按 30 天计算日工资时，对出勤期间的双休日和节假日均视作出勤处理；对缺勤期间的双休日和节假日均视作缺勤处理。❷ 按月平均实际工作日数计算，即每月 20.8 天[(365－104－11)/12=20.8]。按 20.8 天计算日工资时，无论出勤或是缺勤，均不考虑双休日与节假日。

缺勤包括旷工、事假、连续请假在 6 个月以内的短期病假和连续请假超过 6 个月的长期病假。缺勤应扣发工资的比例通常规定为：旷工扣发比例由企业根据管理需要自行确定；事假工资按日工资的 100%扣发；病假工资扣发比例如表 2-18 所示。

表 2-18　企业职工病假工资扣发比例一览表

	连续病假在 6 个月以内(短病假)					连续病假在 6 个月以上(长病假)		
工　龄	2 年以下	2～4 年	4～6 年	6～8 年	8 年及以上	不满 1 年	1～3 年	3 年及以上
扣发比例/%	40	30	20	10	0	60	50	40
应发比例/%	60	70	80	90	100	40	50	60

注：上表中的工龄按周年计算，确认时，包括下限，不包括上限。如 2～4 年表示包括 2 年，不包括 4 年

对病假工资扣发比例的规定，可按下列方法记忆：短病假，2、4、6、8；1、2、3、4；长病假，1、2、3；4、5、6。具体说明如下：

短病假：2、4、6、8；1、2、3、4。即按工龄长短顺序排列：工龄在 0～2 年者为 2，工龄在 2～4 年者为 4，工龄在 4～6 年者为 6，工龄在 6～8 年者为 8；工资扣发比例按逆向排列：即工龄在 6～8 年者扣 10%为 1，工龄在 4～6 年者扣 20%为 2，工龄在 2～4 年者扣 30%为 3，工龄在 0～2 年者扣 40%为 4。

长病假：1、2、3；4、5、6。同样将工龄按顺序排列，扣发比例按逆向排列。即工龄在 1 年内者为 1，工龄在 1～3 年者为 2，工龄在 3 年及以上者为 3；工龄在 3 年及以上者扣 40%为 4，工龄在 1～3 年者扣 50%为 5，工龄在 1 年以内者扣 60%为 6。

[例 2-15]　职工李军工龄 7 周年，月标准工资为 4 680 元，本月请事假 6 天(其中双休日 2 天)，病假 2 天(其中节假日 1 天)，计算应付李军的计时工资。

❶ 按月工作日 30 天计算：

$$日工资=\frac{4\,680}{30}=156(元)$$

$$应付计时工资=4\,680-6\times156-2\times156\times10\%=3\,712.80(元)$$

❷ 按月工作日 20.8 天计算：

$$日工资=\frac{4\ 680}{20.8}=225(元)$$

$$应付计时工资=4\ 680-(6-2)\times 225-(2-1)\times 225\times 10\%=3\ 757.50(元)$$

(2) 日薪制。采用日薪制计算计时工资时，按职工的出勤天数和日标准工资计算应付工资，如有病假，按病假期间应发工资比例加计应付工资，故称为“出勤工资累计法”，又称“顺算法”。其计算公式如下：

$$应付计时工资=出勤天数\times 日工资+病假应发工资$$
$$病假应发工资=病假天数\times 日工资\times 病假应发比例$$

[例 2-16]　按[例 2-15]的资料，假定当月日历天数为 31 天，其中有 8 个双休日和 1 天节假日，考勤记录表明，李军本月出勤天数为 17 天，另有 6 天事假(其中双休日 2 天)，2 天病假(其中节假日 1 天)。采用日薪制计算应付李军的计时工资。

❶ 按月工作日 30 天计算：

$$应付计时工资=[17+(8-2)]\times 156+2\times 156\times 90\%=3\ 868.80(元)$$

❷ 按月工作日 20.8 天计算：

$$应付计时工资=17\times 225+1\times 225\times 90\%=4\ 027.50(元)$$

由于每月日历天数的差异和实际工作天数的不同，计时工资采用不同的计算方法进行计算，可能会出现不同的结果，但就全年而言，其最终结果是相同的。企业可以根据本企业实际情况，确定计时工资的计算方法。工资计算方法一经确定，不得随意变更。

2. 计件工资的计算

计件工资是按照工人生产的产品数量、产品质量和单位计件工资标准计算的劳动报酬。企业计算计件工资的依据是产量记录和单位计件工资标准。计算计件工资的产品数量包括合格品数量和生产中因材料质量问题形成的废品(料废品)数量，不包括产品生产中因工人过失而产生的废品(工废品)的数量。计件工资的计算包括个人计件工资的计算和集体计件工资的计算两种情况。

(1) 个人计件工资的计算。个人计件工资是按个人完成的计件产品数量和单位计件工资标准计算的工资。个人计件工资的计算公式为：

$$个人计件工资=\sum[(合格品数量+料废品数量)\times 单位计件工资]$$

[例 2-17]　工人江波本月生产 A 零件 800 件，其中：合格品 795 件，工废品 2 件，料废品 3 件。A 零件的单位计件工资为 9 元。应付江波的计件工资计算如下：

$$应付计件工资=(795+3)\times 9=7\ 182(元)$$

(2) 集体计件工资的计算。需要两人或两人以上共同生产的产品，必定要先针对全体参与该产品生产的人员确认计件工资，再按一定的标准计算每一个参加该产品生产的人员的计件工资，这就是集体计件工资的计算。集体计件工资的计算程序及相关公式如下：

❶ 集体计件工资的计算公式与个人计件工资的计算公式相同。

❷ 计算集体计时工资的总额，其计时工资计算公式如前所述。

2

❸ 计算计件工资分配率：

$$计件工资分配率=\frac{集体计件工资}{集体计时工资总额}$$

❹ 计算某人应得计件工资：

$$某人应得计件工资=该人计时工资\times计件工资分配率$$

［例 2－18］ 王仁、李义、洪伟三人共同生产甲零件 3 000 只，全部为合格品，生产乙零件 1 200 只，其中：合格品 1 175 只，料废品 15 只，工废品 10 只。核定的单位计件工资为甲零件 6.0 元，乙零件 8.4 元。三人的计时工资经计算为：王仁 4 485 元，李义 4 680 元，洪伟 4 833 元。

每人应得计件工资计算如下：

$$集体计件工资=3\,000\times6+(1\,175+15)\times8.4=27\,996(元)$$

$$集体计时工资=4\,485+4\,680+4\,833=13\,998(元)$$

$$计件工资分配率=\frac{27\,996}{13\,998}=2$$

$$王仁应得计件工资=4\,485\times2=8\,970(元)$$

$$李义应得计件工资=4\,680\times2=9\,360(元)$$

$$洪伟应得计件工资=4\,833\times2=9\,666(元)$$

注：若计件工资分配率不能被除尽，则对最后一人的计件工资可采用倒挤方法确定，如下：

$$洪伟应得计件工资=27\,996-8\,970-9\,360=9\,666(元)$$

3. 其他应付工资的计算

其他应付工资包括奖金、津贴与补贴、加班加点工资和特殊情况下支付的工资。奖金的计算每个企业都各不相同，通常采用奖分制计奖或通过一定标准评定奖金。津贴与补贴按国家或企业制定的标准确定。双休日或节假日加班，按国务院规定标准计算加班工资。其他时间加班，不足 8 小时为加点，采用计件工资制企业的工人加点，其加点工资仍按计件工资计算；采用计时工资制企业的职工加点，按下列公式计算：

$$加点工资=加点时数\times小时工资率$$

$$小时工资率=\frac{日工资}{8}$$

日工资的计算如前所述。

小资料：

用人单位在国家法定节假日安排加班的，应按照不低于劳动者本人日或小时工资的 300% 支付加班工资；用人单位在休息日安排劳动者加班的，可以安排补休而不支付加班工资，如果不给补休，则应当按照不低于劳动者本人日或小时工资的 200% 支付加班工资。每小时的加班工资，按日工资标准除以8小时确定。在确定加班工资的计算基数时，劳动合同对工资有明确约定的，按不低于劳动者所在岗位相对应的工资标准确定。劳动合同对工资没有明确约定的，按集体合同约定执行。用人单位与劳动者无任何约定的，按劳动者本人所在岗位正常出勤的月工资确定。如按上述规定计算出的基数低于本市最低工资标准的，按本市最低工资标准计算。

特殊情况下支付的工资是指对职工的非劳动时间所支付的工资，如职工享受国家规定的休假期间，女职工的产假期间，因工受伤治疗休养期间，职工外出学习、参观、进修、开会期间等所支付的工资，可视同出勤处理。

对于职工个人而言，上述各项应付工资额相加之和，即为应付给该职工的工资总额。对于整个企业而言，每个职工的应付工资总额相加之和，即为应付工资总额。

(二) 实发工资的计算

计算确认的应付工资表明企业在一定时期内（通常为一个月）应当支付给职工的劳动报酬。企业通常是将本月工资计算出来后，在次月约定的时间支付给每个职工。在实际发放工资时，往往会扣除应当由职工承担或支付的款项，如个人所得税、房租费、水电费、工会费、伙食费等，应付工资扣除应扣款项后，形成实发工资。

实发工资＝应付工资－代扣款项（个人所得税、房租费、水电费、工会费、伙食费等）

实发工资的具体计算，在《中级财务会计》教材中说明，本书从略。

(三) 社会保险费及住房公积金的计算

企业为职工缴纳的医疗保险金、养老保险金、失业保险金、工伤保险金、生育保险金等社会保险金和职工住房公积金，以及工会经费，均由企业按国家规定的比例计算提取。社会保险金和住房公积金要按规定缴纳给社会劳动保障机构（或由税务机关代征收）及住房公积金管理部门，工会经费按规定缴纳给上级工会或留存使用。上述各项费用的计算比较简单，只要以工资总额乘以规定比例即可。具体计算见《中级财务会计》教材。

二、人工费用的分配与核算

人工费用的分配与核算，包括工资费用的分配与核算、社会保险费及住房公积金的核算。

(一) 工资费用的分配与核算

月份终了时，要计算出全体职工的应付工资，根据职工的工作岗位，按照受益原则，在工资费用的受益对象中进行分配：直接从事产品生产的工人工资，由各种产品负担；辅助生产车间人员的工资，由各辅助车间的劳务或产品负担；各生产车间管理人员的工资，由制造费用负担；从事基本建设工作人员的工资，由在建工程负担；销售人员的工资，由销售费用负担；企业行政管理人员以及企业福利机构（如幼儿园、托儿所等）工作人员的工资，由管理费用负担。对工资费用进行分配，主要是解决生产工人的工资由何种产品负担的问题。工资费用分配关系如图2-3所示。

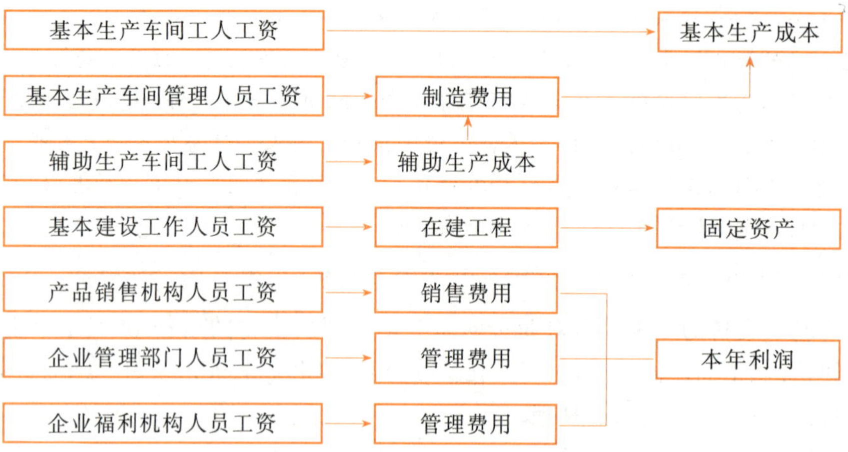

图 2－3 工资费用分配关系

1. 计时工资的分配与核算

在实行计时工资制的企业中，发生在基本生产车间的生产工人工资计入产品成本的方法有两种：只生产单一产品的车间，将生产工人工资直接计入该产品成本计算单中的“直接人工”成本项目；同时生产两种或两种以上产品的车间，将生产工人的工资分配后计入各产品成本计算单中的“直接人工”成本项目。工资费用的分配标准可以是定额工时，也可以是实际工时。以实际工时为标准分配的工资费用，可以将产品负担的工资费用与劳动生产率联系在一起，劳动生产率提高，实际工时下降，负担的工资费用相对减少；劳动生产率下降，实际工时增多，负担的工资费用相对增加，因而，分配结果比较合理。在同时生产几种产品时，准确记录实际工时比较困难，也可以按产品的定额工时分配工资费用。

分配工资费用的公式如下：

$$工资费用分配率=\frac{被分配的生产工人工资费用}{各种产品实际工时(或定额工时)之和}$$

$$某产品应负担工资费用=该产品实际(定额)工时\times工资费用分配率$$

［例 2－19］ 长江公司采用计时工资制计算工资。2023 年 5 月份发生工资费用387 900 元，其中：一车间生产 A、B 产品的工人工资 194 400 元；一车间管理人员工资 13 500 元；供汽车间人员工资 24 000 元；机修车间人员工资 33 000 元；销售人员工资 45 000 元；公司管理人员工资 78 000 元。一车间生产工人工资按产品生产的实际工时分配，本月 A、B 产品的实际工时分别为 9 000 小时与 7 200 小时。编制工资费用分配表，如表 2－19 所示。

表 2－19 工资费用分配表

2023 年 5 月 31 日 金额单位：元

应借账户			成本项目或费用项目	实际工时/小时	分配率	分配金额
总账账户	二级账户	明细账户				
生产成本	基本生产成本	A 产品	直接人工	9 000		108 000
		B 产品	直接人工	7 200		86 400
		小计		16 200	12	194 400

续 表

应借账户			成本项目或费用项目	实际工时/小时	分配率	分配金额
总账账户	二级账户	明细账户				
生产成本	辅助生产成本	供汽车间	直接人工			24 000
		机修车间	直接人工			33 000
		小计				57 000
制造费用		一车间	工资			13 500
销售费用			工资			45 000
管理费用			工资			78 000
合 计						387 900

会计主管：徐志新　　复核：陈 明　　制单：张 帆

根据工资费用分配表，编制会计分录如下：

借：生产成本——基本生产成本——A 产品　　108 000
　　　　　　　　　　　　　——B 产品　　86 400
　　　　　——辅助生产成本——供汽车间　　24 000
　　　　　　　　　　　　　——机修车间　　33 000
　　制造费用——一车间　　13 500
　　销售费用　　45 000
　　管理费用　　78 000
　　贷：应付职工薪酬　　387 900

根据会计分录(记账凭证)登记基本生产成本明细账，如表 2-20、表 2-21 所示。

表 2-20　基本生产成本明细账　　总第 页

成本对象：A 产品　　生产车间：一车间　　投产时间：　　字第 页

2023 年		凭证		摘 要	成本项目				合 计
月	日	字	号		直接材料	燃料和动力	直接人工	制造费用	
5	31		×	原材料费用	291 000				291 000
			×	材料成本差异	2 910				2 910
			×	分配动力费用		33 415.20			33 415.20
			×	分配工人工资			108 000		108 000

表 2-21　基本生产成本明细账　　总第 页

成本对象：B 产品　　生产车间：一车间　　投产时间：　　字第 页

2023 年		凭证		摘 要	成本项目				合 计
月	日	字	号		直接材料	燃料和动力	直接人工	制造费用	
5	31		×	原材料费用	226 800				226 800

续 表

2023年		凭证		摘　要	成 本 项 目				合 计
月	日	字	号		直接材料	燃料和动力	直接人工	制造费用	
			×	材料成本差异	2 268				2 268
			×	低值易耗品摊销	900				900
			×	分配动力费用		22 276.80			22 276.80
			×	分配工人工资			86 400		86 400

工资发放的核算在《中级财务会计》一书中讲解，本书从略。

2. 计件工资的分配与核算

由于计件工资制只适用于产品生产工人工资的计算，因此，计件工资的分配只涉及基本生产车间生产工人的工资分配。无论是个人计件工资还是集体计件工资，都能够分清受益产品，可以将计件工资计算结果直接计入各该产品成本计算单的“直接人工”成本项目。将生产工人的奖金、补贴、津贴及特殊情况下支付的工资，比照计时工资分配方法进行分配后，再计入各产品的成本之中。计件工资制下工资费用的分配及会计处理类同于计时工资制下的工资分配及核算，同样要编制工资费用分配表，并根据分配结果编制会计分录，记入相关的成本费用账户。

（二）社会保险费及住房公积金的核算

社会保险费及住房公积金的核算包括计提与缴纳两个方面，本书只说明社会保险费及住房公积金计提的核算，因为社会保险费及住房公积金的计提与成本费用的处理相关。社会保险费用缴纳及其他费用处置核算参见《中级财务会计》教材相关内容。

小资料：

根据《中华人民共和国社会保险法》及其他有关规定，社会保险费及住房公积金缴纳比例一般以本地区市一级上年度职工社会平均工资或上年度个人平均工资等为基数，按一定比例计算缴纳的。通常是：基本养老保险，企业缴20%，个人缴8%；失业保险，企业缴2%，个人缴1%；基本医疗保险，企业缴6%，个人缴2%；工伤保险，企业缴1%，个人不缴；生育保险，企业缴1%，个人不缴。住房公积金，企业缴5%～20%，个人缴5%～20%。各省市根据当地实际情况另有具体规定。

企业按规定标准计提的社会保险费用、住房公积金及工会经费等，计提后要由各个工资费用受益对象承担，计入相关的成本费用。

［例2-20］ 承［例2-19］，假设长江公司按职工工资总额的36%计提当月社会保险费及其他费用，编制社保及其他费用分配表，如表2-22所示。

表 2－22　　社保及其他费用分配表

2023 年 5 月 31 日　　金额单位：元

应借账户			成本项目或费用项目	工资总额	提取率	提取金额
总账账户	二级账户	明细账户				
生产成本	基本生产成本	A 产品	直接人工	108 000	36%	38 880
		B 产品	直接人工	86 400	36%	31 104
		小计		194 400	36%	69 984
生产成本	辅助生产成本	供汽车间	直接人工	24 000	36%	8 640
		机修车间	直接人工	33 000	36%	11 880
		小计		57 000	36%	20 520
制造费用		一车间	社保及其他	13 500	36%	4 860
销售费用			社保及其他	45 000	36%	16 200
管理费用			社保及其他	78 000	36%	28 080
合　计				387 900		139 644

会计主管：徐志新　　复核：陈　明　　制单：张　帆

根据社保及其他费用分配表，编制会计分录如下：

借：生产成本——基本生产成本——A 产品　　38 880
　　　　　　　　　　　　　　——B 产品　　31 104
　　　　　　——辅助生产成本——供汽车间　　8 640
　　　　　　　　　　　　　　——机修车间　　11 880
　　制造费用——一车间　　4 860
　　销售费用　　16 200
　　管理费用　　28 080
　　贷：应付职工薪酬　　139 644

根据会计分录（记账凭证）登记基本生产成本明细账，如表 2－23 和表 2－24 所示。

表 2－23　　基本生产成本明细账　　总第　页

成本对象：A 产品　　生产车间：一车间　　投产时间：　　字第　页

2023 年		凭证		摘　要	成　本　项　目				合　计
月	日	字	号		直接材料	燃料和动力	直接人工	制造费用	
5	31		×	原材料费用	291 000				291 000
			×	材料成本差异	2 910				2 910
			×	分配动力费用		33 415.20			33 415.20
			×	分配工人工资			108 000		108 000
			×	计提社保费等			38 880		38 880

2

表 2－24 基本生产成本明细账

成本对象：B 产品 生产车间：一车间 投产时间： 总第 页 字第 页

2023 年		凭证		摘要	成本项目				合计
月	日	字	号		直接材料	燃料和动力	直接人工	制造费用	
5	31		×	原材料费用	226 800				226 800
			×	材料成本差异	2 268				2 268
			×	低值易耗品摊销	900				900
			×	分配动力费用		22 276.80			22 276.80
			×	分配工人工资			86 400		86 400
			×	计提社保费等			31 104		31 104

在实际工作中，也可以将工资费用分配表与社保及其他费用分配表合并，编制人工费用分配表，其格式请自行思考，在此不作介绍。

任务四　辅助生产费用的核算

【引言】

在产品生产过程中，除了从事产品生产的基本生产车间外，制造企业还要设置辅助生产车间，为基本生产提供服务，以保证产品生产活动的顺利进行。

【知识准备与业务操作】

一、辅助生产费用的确认与归集

制造企业的辅助生产指为基本生产提供劳务或产品而进行的生产活动。从事辅助生产活动的车间称为辅助生产车间，一般包括供电、供水、供汽、供风、机修、运输和工具模具生产等车间。辅助生产与基本生产的最大区别是生产产品的目的不同。基本生产车间生产的产品主要是对外销售的，而辅助生产车间生产的产品或劳务主要是对内服务的。基本生产车间接受辅助生产车间提供的产品或劳务，成为基本生产车间生产产品成本的组成部分，有关部门接受辅助生产车间提供的产品或劳务，形成其他成本费用。

（一）辅助生产费用的构成

辅助生产车间所生产的产品可能同时为若干个基本生产车间及管理部门提供劳务，为了正确计算辅助生产车间的产品或劳务成本，以便在受益产品或部门间进行合理分配，需要明确辅助生产费用的构成。辅助生产车间在生产产品或提供劳务过程中发生的生产费用，构成这些产品或劳务的成本。因此，辅助生产车间在生产过程中发生的材料费用、燃料和动力费用、人工费用、制造费用等，构成了企业的辅助生产费用。

（二）辅助生产费用核算账户的设置

对辅助生产费用进行核算需要设置的账户，在项目一中已经提及。对辅助生产车间发生的各种生产费用，首先要设置“生产成本——辅助生产成本”账户，通过该账户归集分配辅助生产费用，计算辅助生产产品或劳务的成本。为了反映各个辅助生产车间费用的发生情况，在“生产成本——辅助生产成本”账户下，按不同的辅助生产车间分户，进行辅助生产的明细分类核算。对辅助生产车间发生的制造费用是否通过“制造费用”账户核算，没有统一要求，企业可以按照辅助生产车间规模的大小，制造费用的多少，以及辅助生产车间提供的产品或劳务是否单一等情况自行确定。通常情况下，对于规模较大、制造费用发生较多、提供多种产品或劳务的辅助生产车间，其制造费用应当通过“制造费用”账户核算，先在该账户中归集，在月末分配后再计入辅助生产成本。反之，则不通过“制造费用”账户核算，而是将发生的制造费用直接计入辅助生产成本明细账户的“制造费用”成本项目。

（三）辅助生产费用的归集

辅助生产费用归集的核算比较简单，对不设置“制造费用”账户的辅助生产车间，只要将发生在某个辅助生产车间的全部生产费用记入“生产成本——辅助生产成本——××辅助生产车间”账户即可。对制造费用进行单独核算的辅助生产车间，将制造费用以外的生产费用直接记入“生产成本——辅助生产成本——××辅助生产车间”账户，将制造费用归集并分配后记入“生产成本——辅助生产成本——××辅助生产车间”账户。

在本书中，辅助生产车间发生的制造费用均按不通过“制造费用”账户核算的方式处理。

［例 2－21］ 长江公司设有供汽和机修两个辅助生产车间，上述两个车间在 2023 年 5 月份发生下列各项生产费用：

供汽车间发生材料费用 15 600 元（表 2－6）；负担材料成本节约差异 156 元（本项目任务二的［例 2－11］）；分配动力费用 21 420 元（表 2－15）；分配工资费用 24 000 元（表 2－19）；计提社会保险费及其他费用 8 640 元（表 2－22）。

机修车间发生材料费用 15 300 元（表 2－6）；负担材料成本节约差异 153 元（本项目任务二［例 2－11］）；分配动力费用 5 355 元（表 2－15）；分配工资费用 33 000 元（表 2－19）；计提社会保险费及其他费用 11 880 元（表 2－22）。

两个辅助生产车间当月还发生下列有关生产费用：

（1）计提固定资产折旧 2 800 元，其中：供汽车间 1 000 元，机修车间 1 800 元。

（2）从仓库领取劳动保护用品，实际成本 750 元，其中：供汽车间 300 元，机修车间 450 元。

（3）以库存现金支付其他费用 559 元，其中：供汽车间 286 元，机修车间 273 元。

上述业务中，发生材料费用、分配材料成本差异、分配动力费用、分配工资费用及计提社会保险费等业务已在前面各节中分别作了处理，这里不再重述。现列示计提固定资产折旧、领取劳保用品和支付其他费用业务的会计分录如下：

❶ 借：生产成本——辅助生产成本——供汽车间	1 000	
——机修车间	1 800	
贷：累计折旧		2 800

2

❷ 借：生产成本——辅助生产成本——供汽车间 300
——机修车间 450
贷：周转材料 750

❸ 借：生产成本——辅助生产成本——供汽车间 286
——机修车间 273
贷：库存现金 559

根据涉及辅助生产成本的有关会计分录（记账凭证）登记辅助生产成本明细账，如表 2 - 25和表 2 - 26 所示。

表 2 - 25 辅助生产成本明细账 总第 页

辅助生产车间：供汽车间 产品或劳务：蒸汽 字第 页

2023 年		凭证		摘 要	成 本 项 目			合 计
月	日	字	号		直接材料	直接人工	制造费用	
5	31		×	燃料费用	15 600			15 600
			×	材料成本差异	[156]			[156]
			×	动力费用			21 420	21 420
			×	工资费用		24 000		24 000
			×	社保及其他费用		8 640		8 640
			×	固定资产折旧			1 000	1 000
			×	劳动保护费用			300	300
			×	其他费用			286	286
				本月生产费用合计	15 444	32 640	23 006	71 090

表 2 - 26 辅助生产成本明细账 总第 页

辅助生产车间：机修车间 产品或劳务：修理 字第 页

2023 年		凭证		摘 要	成 本 项 目			合 计
月	日	字	号		直接材料	直接人工	制造费用	
5	31		×	辅助材料	15 300			15 300
			×	材料成本差异	[153]			[153]
			×	动力费用			5 355	5 355
			×	工资费用		33 000		33 000
			×	社保及其他费用		11 880		11 880
			×	固定资产折旧			1 800	1 800
			×	劳动保护费用			450	450

续　表

2023年		凭证		摘　要	成　本　项　目			合　计
月	日	字	号		直接材料	直接人工	制造费用	
			×	其他费用			273	273
				本月生产费用合计	15 147	44 880	7 878	67 905

表2-25中，本月生产费用合计数71 090元，即为当月供汽车间归集的辅助生产费用；表2-26中，本月生产费用合计数67 905元，即为当月机修车间归集的辅助生产费用。

二、辅助生产费用的分配

辅助生产车间归集的辅助生产费用，构成了辅助生产车间产品或劳务的成本，应当由接受辅助生产产品或劳务的受益对象来承担。如果辅助生产车间的产品或劳务是由单一受益对象消耗的，则相关的辅助生产费用可直接计入该受益对象的成本费用项目。如果辅助生产车间的产品或劳务是由多种产品或多个部门共同消耗的，则要采用一定的方法对辅助生产费用进行分配后，再计入各受益对象的成本费用项目之中。辅助生产费用的分配方法通常有：直接分配法、交互分配法、顺序分配法、代数分配法和计划分配率分配法五种，其中，最常用的分配方法是直接分配法和交互分配法。

（一）直接分配法

直接分配法是一种“团结一致，共同对外”的分配方法，即将归集的辅助生产费用只对辅助生产车间以外的受益对象进行分配。其特点是：辅助生产车间互相消耗的辅助生产产品或劳务不承担费用，所归集的辅助生产费用全部由辅助生产车间以外的受益对象承担。分配公式如下：

$$\text{某辅助车间费用分配率}=\frac{\text{该辅助生产车间归集的辅助生产费用}}{\text{该辅助车间以外的受益对象接受该辅助车间的劳务总量}}$$

$$\text{某受益对象应负担的辅助生产费用}=\text{该受益对象接受劳务数量}\times\text{该辅助车间费用分配率}$$

［例2-22］　长江公司设有供汽和机修两个辅助生产车间，2023年5月份，供汽车间和机修车间分别发生生产费用71 090元和67 905元。两个车间提供的劳务总量及受益情况如表2-27所示。

表2-27　　辅助生产车间提供劳务汇总表

2023年5月31日

受益对象		供汽数量/立方米	机修工时/小时
辅助生产车间	供汽车间		40
	机修车间	600	
一车间		5 000	1 800
公司管理部门		2 300	500
合　计		7 900	2 340

会计主管：徐志新　　复核：陈　明　　制单：张　帆

根据上述资料，采用直接分配法分配供汽车间和机修车间的辅助生产费用如下(为了简化计算手续，计算的分配率保留至四位小数，计算结果均四舍五入精确到元，下同)：

$$供汽车间费用分配率=\frac{71\ 090}{5\ 000+2\ 300}=9.738\ 4$$

$$机修车间费用分配率=\frac{67\ 905}{1\ 800+500}=29.523\ 9$$

编制辅助生产费用分配表，如表 2－28 所示。

表 2－28 辅助生产费用分配表(直接分配法)

2023 年 5 月 31 日 金额单位：元

项目				供汽车间	机修车间	金额合计
归集的辅助生产费用				71 090	67 905	138 995
分配给辅助生产车间以外的劳务数量				7 300	2 300	
辅助生产费用分配率				9.738 4	29.523 9	
应借账户	制造费用	一车间	接受劳务量	5 000	1 800	
			应负担费用	48 692	53 143	101 835
	管理费用		接受劳务量	2 300	500	
			应负担费用	22 398	14 762	37 160
分配费用合计				71 090	67 905	138 995

会计主管：徐志新 复核：陈 明 制单：张 帆

表 2－28 中，管理费用金额采用倒挤法计算。

根据表 2－28，编制会计分录如下：

借：制造费用——一车间 101 835

管理费用 37 160

贷：生产成本——辅助生产成本——供汽车间 71 090

——机修车间 67 905

根据会计分录(记账凭证)登记辅助生产成本明细账，最后结平辅助生产成本明细账户。供汽车间和机修车间的辅助生产成本明细账如表 2－30 和表 2－31 所示。

采用直接分配法分配辅助生产费用比较简单，但分配结果不够正确。这种方法适用于辅助生产车间之间互相提供劳务量较少的企业。

(二) 交互分配法

交互分配法是一种“亲兄弟，明算账；算账后，再对外”的分配方法。即将归集的辅助生产费用先在辅助生产车间之间进行交互分配，计算出交互分配后的辅助生产费用，再在辅助生产车间以外的受益对象之间进行分配。其特点是：发生的辅助生产费用要经过两次分配，第一次分配是在辅助生产车间之间，按照互相提供的劳务量进行交互分配；第二次分配是将交互分配后形成的实际辅助生产费用，在外部受益对象之间按受益情况进行分配。

交互分配法的分配程序及有关计算公式如下：

(1) 计算交互分配率：

$$交互分配率=\frac{某辅助生产车间归集的生产费用}{该辅助生产车间提供的劳务总量}$$

(2) 计算交互分配的费用额：

$$\begin{matrix}某辅助生产车间\\应负担交互费用\end{matrix}=\begin{matrix}该辅助生产车间消耗\\某辅助车间的劳务量\end{matrix}\times\begin{matrix}提供辅助生产劳务\\车间的交互分配率\end{matrix}$$

(3) 计算交互分配后的实际辅助生产费用：

$$\begin{matrix}某辅助生产车间交互\\分配后的实际辅助生产费用\end{matrix}=\begin{matrix}该辅助生产车间\\交互前生产费用\end{matrix}-\begin{matrix}该辅助生产车间\\交互转出的费用\end{matrix}+\begin{matrix}该辅助生产车间\\交互转入的费用\end{matrix}$$

(4) 计算对外分配的费用分配率：

$$对外分配率=\frac{某辅助生产车间交互分配后归集的实际生产费用}{该辅助生产车间对外提供的劳务量}$$

(5) 计算辅助生产车间以外的受益对象应负担的辅助生产费用：

$$\begin{matrix}某受益对象应负\\担的辅助生产费用\end{matrix}=\begin{matrix}该受益对象接受该\\辅助车间的劳务量\end{matrix}\times\begin{matrix}该辅助生产车\\间对外分配率\end{matrix}$$

[例 2-23] 根据[例 2-22]的资料，用交互分配法进行辅助生产费用的分配，并编制会计分录。

$$供汽车间交互分配率=\frac{71\,090}{7\,900}=8.998\,7$$

$$机修车间交互分配率=\frac{67\,905}{2\,340}=29.019\,2$$

供汽车间应负担的机修车间费用 $=40\times29.019\,2=1\,161$(元)

机修车间应负担的供汽车间费用 $=600\times8.998\,7=5\,399$(元)

交互后供汽车间实际生产费用 $=71\,090+1\,161-5\,399=66\,852$(元)

交互后机修车间实际生产费用 $=67\,905+5\,399-1\,161=72\,143$(元)

$$供汽车间对外分配率=\frac{66\,852}{5\,000+2\,300}=9.157\,8$$

$$机修车间对外分配率=\frac{72\,143}{1\,800+500}=31.366\,5$$

编制辅助生产费用分配表，如表 2-29 所示。

表 2-29 辅助生产费用分配表(交互分配法)

2023 年 5 月 31 日 金额单位：元

项目	交互分配			对外分配		
辅助生产车间	供汽	机修	合计	供汽	机修	合计
归集的辅助生产费用	71 090	67 905	138 995	66 852	72 143	138 995
提供的劳务量	7 900	2 340		7 300	2 300	

续 表

项目				交互分配			对外分配		
辅助生产车间				供汽	机修	合计	供汽	机修	合计
辅助生产费用分配率				8.998 7	29.019 2		9.157 8	31.366 5	
应借账户	生产成本——辅助生产成本	供汽车间	劳务量		40				
			金　额		1 161	1 161			
		机修车间	劳务量	600					
			金　额	5 399		5 399			
		交互分配金额		5 399	1 161	6 560			
	制造费用	一车间	劳务量				5 000	1 800	
			金　额				45 789	56 460	102 249
	管理费用		劳务量				2 300	500	
			金　额				21 063	15 683	36 746
	对外分配金额合计						66 852	72 143	138 995

会计主管：徐志新　　　　复核：陈　明　　　　制单：张　帆

表 2－29 中，管理费用采用倒挤法计算。

根据表 2－29，编制会计分录如下：

（1）交互分配：

借：生产成本——辅助生产成本——供汽车间　　1 161
　　贷：生产成本——辅助生产成本——机修车间　　1 161
借：生产成本——辅助生产成本——机修车间　　5 399
　　贷：生产成本——辅助生产成本——供汽车间　　5 399

（2）对外分配：

借：制造费用——一车间　　102 249
　　管理费用　　36 746
　　贷：生产成本——辅助生产成本——供汽车间　　66 852
　　　　　　　　　　　　　　　　——机修车间　　72 143

根据上述会计分录（记账凭证），登记辅助生产成本明细账，如表 2－30 和表 2－31 所示。

表 2－30　辅助生产成本明细账　　　　总第　页

辅助生产车间：供汽车间　　　　产品或劳务：蒸汽　　　　字第　页

2023 年		凭证		摘　要	成本项目			合　计
月	日	字	号		直接材料	直接人工	制造费用	
5	31		×	燃料费用	15 600			15 600
			×	材料成本差异	156			156
			×	动力费用			21 420	21 420
			×	工资费用		24 000		24 000

续 表

2023 年		凭证		摘　　要	成　本　项　目			合　计
月	日	字	号		直接材料	直接人工	制造费用	
			×	社保及其他费用		8 640		8 640
			×	固定资产折旧			1 000	1 000
			×	劳动保护费用			300	300
			×	其他费用			286	286
			×	机修车间转入			1 161	1 161
			×	分配给机修车间	[1 154]	[2 439]	[1 806]	[5 399]
				本月生产费用合计	14 290	30 201	22 361	66 852
			×	分配供汽费用	[14 290]	[30 201]	[22 361]	[66 852]

注：将分配给机修车间的辅助生产费用，按交互分配前各成本项目生产费用发生额占归集全部生产费用的比例计算后，再冲减各成本项目（下同）

表 2－31　　**辅助生产成本明细账**　　总第　页

辅助生产车间：机修车间　　产品或劳务：修理　　字第　页

2023 年		凭证		摘　　要	成　本　项　目			合　计
月	日	字	号		直接材料	直接人工	制造费用	
5	31		×	辅助费用	15 300			15 300
			×	材料成本差异	[153]			[153]
			×	动力费用			5 355	5 355
			×	工资费用		33 000		33 000
			×	社保及其他费用		11 880		11 880
			×	固定资产折旧			1 800	1 800
			×	劳动保护费用			450	450
			×	其他费用			273	273
			×	供汽车间转入			5 399	5 399
			×	分配给供汽车间	[240]	[711]	[210]	[1 161]
				本月生产费用合计	14 907	44 169	13 067	72 143
			×	分配机修费用	[14 907]	[44 169]	[13 067]	[72 143]

采用交互分配法分配的结果较直接分配法分配的结果更符合实际，也比较正确，但增加了分配的工作量。同时，在进行交互分配时，计算的交互分配率并非辅助生产车间提供劳务的实际单位成本，因而分配的结果也不可能完全正确。交互分配法通常适用于辅助生产车

间之间相互耗用劳务较多的企业。

(三) 顺序分配法

顺序分配法又叫阶梯分配法，是一种"排列小到大，顾后不顾前"的分配方法。即先按各辅助生产车间相互受益额的多少进行排列，受益少的辅助生产车间排列在前，受益多的辅助生产车间排列在后。在分配时，只对尚未分配的辅助生产车间进行分配，不再对已经作出分配的辅助生产车间进行分配。其特点是：分配顺序按受益的劳务金额从小到大排列，分配的过程是前者分配给后者，后者不分配给前者，每一辅助生产车间被分配的辅助生产费用是本车间归集的辅助生产费用加上其他辅助生产车间分来的生产费用。这种方法适用于辅助生产车间较多，相互耗用的劳务金额相差较大的企业。

[例 2－24] 根据[例 2－22]的资料，在采用顺序分配法分配辅助生产费用时，应当先分配供汽车间（受益 1 161 元，受益少在前），再分配机修车间（受益 5 399 元，受益多在后）。分配过程和结果如表 2－32 所示。

表 2－32 辅助生产费用分配表（顺序分配法）

2023 年 5 月 31 日 金额单位：元

项目			供汽车间			机修车间		
分配顺序			一			二		
归集的辅助生产费用			71 090			67 905		
顺序分配分入费用						5 399		
被分配辅助生产费用			71 090			73 304		
提供的劳务总量			7 900			2 340		
用于分配的劳务总量			7 900			2 300		
项目			劳务量	分配率	金额	劳务量	分配率	金额
应借账户	生产成本——辅助生产成本	机修车间	600		5 399			
	制造费用	一车间	5 000		44 994	1 800		57 368
	管理费用		2 300		20 697	500		15 936
	合计		7 900	8.998 7	71 090	2 300	31.871 3	73 304

会计主管：徐志新 复核：陈 明 制单：张 帆

$$机修车间分配率=\frac{67\ 905+5\ 399}{2\ 300}=31.871\ 3$$

根据分配结果，编制会计分录如下：

(1) 分配供汽车间费用：

借：生产成本——辅助生产成本——机修车间 5 399

制造费用——一车间 44 994

管理费用 20 697

贷：生产成本——辅助生产成本——供汽车间 71 090

（2）分配机修车间费用：

借：制造费用——一车间　　57 368

　　管理费用　　15 936

　　贷：生产成本——辅助生产成本——机修车间　　73 304

根据上述会计分录，登记有关成本费用账户。（略）

（四）代数分配法

代数分配法是一种“运用数学方法，准确分配费用”的分配方法。即设分配率为未知数，根据辅助生产车间的交互服务关系建立联立方程式求解，再按各辅助生产车间提供的劳务量分配辅助生产费用。其特点是：运用数学方法求得辅助生产费用的分配率，计算结果最准确，但计算过程比较复杂。这种方法适用于实现会计电算化的企业。

[例 2－25]　现以[例 2－22]资料，运用代数分配法分配辅助生产费用。

将供汽车间和机修车间的辅助生产费用分配率分别设为 X、Y，设立联立方程式为：

$$71\ 090 + 40Y = 7\ 900X \qquad (2-1)$$

$$67\ 905 + 600X = 2\ 340Y \qquad (2-2)$$

将(2－2)式移项，得：

$$600X = 2\ 340Y - 67\ 905$$

$$X = 2\ 340Y/600 - 67\ 905/600 = 3.9Y - 113.175 \qquad (2-3)$$

将(2－3)式代入(2－1)式，得：

$$71\ 090 + 40Y = 7\ 900 \times (3.9Y - 113.175)$$

$$40Y - 30\ 810Y = -71\ 090 - 894\ 082.5$$

$$Y = (71\ 090 + 894\ 082.5)/30\ 770 = 31.367\ 3 \qquad (2-4)$$

将 $Y = 31.367\ 3$ 代入(2－3)式，得：

$$X = 3.9Y - 113.175 = 3.9 \times 31.367\ 3 - 113.175 = 9.157\ 5$$

根据计算结果，编制辅助生产费用分配表，如表 2－33 所示。

表 2－33　　辅助生产费用分配表（代数分配法）

2023 年 5 月 31 日　　金额单位：元

项目					供汽车间	机修车间	合计
归集的辅助生产费用					71 090	67 905	138 995
提供的劳务总量					7 900	2 340	
用代数分配法确定的分配率					9.157 5	31.367 3	
应借账户	生产成本	辅助生产成本	供汽车间	耗用劳务		40	
				分配金额		1 254.69	1 254.69
			机修车间	耗用劳务	600		
				分配金额	5 494.5		5 494.5
			分配金额小计		5 494.5	1 254.69	6 749.19

续 表

项 目					供汽车间	机修车间	合 计
应借账户	制造费用	一车间		耗用劳务	5 000	1 800	
				分配金额	45 787.5	56 461.14	102 248.64
	管理费用			耗用劳务	2 300	500	
				分配金额	21 062.25	15 683.65	36 745.9
	分配金额合计				72 344.25	73 399.48	145 743.73

会计主管：徐志新　　复核：陈　明　　制单：张　帆

表 2-33 中，分配金额 145 743.73 元与归集的辅助生产费用合计数 138 995 元之间的差额6 748.73元，是辅助生产车间之间互相耗用劳务的分配金额。

根据分配结果，编制会计分录如下：

（1）分配供汽车间的辅助生产费用：

借：生产成本——辅助生产成本——机修车间　　5 494.50
　　制造费用——一车间　　45 787.50
　　管理费用　　21 062.25
　　贷：生产成本——辅助生产成本——供汽车间　　72 344.25

（2）分配机修车间的辅助生产费用：

借：生产成本——辅助生产成本——供汽车间　　1 254.69
　　制造费用——一车间　　56 461.14
　　管理费用　　15 683.65
　　贷：生产成本——辅助生产成本——机修车间　　73 399.48

根据会计分录（记账凭证），登记有关成本费用账户。（略）

（五）计划分配率分配法

计划分配率分配法是一种“先分配费用、再调整差额”的分配方法。即对归集的辅助生产费用，根据各辅助生产车间提供的劳务总量，运用事先确定的计划分配率先在各受益部门间分配，再将计划分配率分配的辅助生产费用与实际发生的辅助生产费用之间的差额（劳务成本差异），在辅助车间以外的受益部门中进行分配。实际工作中，为了简化核算手续，可以将上述劳务成本差异全部列为当月的管理费用。其特点是：对辅助生产费用进行两次分配，第一次根据辅助生产车间的提供劳务总量，按计划分配率进行分配；第二次对劳务成本差异采用直接分配法，在辅助生产车间以外的受益部门中进行分配，或全部列为管理费用。这种方法适用于计划分配率比较正确的企业。

[例 2-26]　仍以[例 2-22]的资料为例，假定长江公司事先确定供汽车间的计划分配率为 8.50，机修车间的计划分配率为 30.50，分配过程中产生的劳务成本差异全部列为当月的管理费用，则辅助生产费用分配情况如表 2-34 所示。

表 2-34　　辅助生产费用分配表（计划分配率法）

2023 年 5 月 31 日　　金额单位：元

项 目	供汽车间	机修车间	合 计
归集的辅助生产费用	71 090	67 905	138 995

续 表

项目					供汽车间	机修车间	合计
计提的劳务总量					7 900	2 340	
计划分配率					8.5	30.5	
应借账户	生产成本	辅助生产成本	供汽车间	耗用劳务		40	
				分配金额		1 220	1 220
			机修车间	耗用劳务	600		
				分配金额	5 100		5 100
			分配金额小计		5 100	1 220	6 320
	制造费用	一车间		耗用劳务	5 000	1 800	
				分配金额	42 500	54 900	97 400
	管理费用			耗用劳务	2 300	500	
				分配金额	19 550	15 250	34 800
计划分配金额合计					67 150	71 370	138 520
辅助生产实际成本					67 210	71 785	138 995
实际较计划产生劳务成本分配差异					60	415	475

会计主管：徐志新　　　　复核：陈　明　　　　制单：张　帆

注：供汽车间实际成本＝71 090－5 100＋1 220＝67 210(元)

机修车间实际成本＝67 905－1 220＋5 100＝71 785(元)

表 2-34 中，对劳务成本差异未作进一步分配，若再作分配，可以比照直接分配法处理。如供汽车间实际较计划产生的劳务成本差异 60 元，以该车间对外提供的劳务总量 7 300 m^3 蒸汽为分配依据再进行一次分配，计算出分配率为 0.008 22(60/7 300)，所以一车间应当再负担供汽车间生产费用 41.10 元(0.008 22×5 000)，管理部门应当再负担供汽车间生产费用 18.90 元(60－41.10)。一般情况下，企业为简化成本计算手续，往往将劳务成本差异直接计入当期管理费用，不再作进一步分配。

根据表 2-34，编制会计分录如下：

(1) 按计划成本分配率分配供汽车间生产费用：

借：生产成本——辅助生产成本——机修车间　　5 100

　　制造费用——一车间　　42 500

　　管理费用　　19 550

　　贷：生产成本——辅助生产成本——供汽车间　　67 150

(2) 按计划成本分配率分配机修车间生产费用：

借：生产成本——辅助生产成本——供汽车间　　1 220

　　制造费用——一车间　　54 900

　　管理费用　　15 250

　　贷：生产成本——辅助生产成本——机修车间　　71 370

（3）将劳务成本差异调整当月管理费用：

借：管理费用	475	
贷：生产成本——辅助生产成本——供汽车间		60
——机修车间		415

根据上述会计分录(记账凭证)，再登记有关成本费用明细账。（略）

任务五 生产损失的核算

【引言】

生产损失是指企业在生产产品过程中因不能正常生产产品而发生的耗费，包括产品生产过程中发生的正常损耗、产生的边角废料、不符合产品质量标准的废品损失、因各种原因停工而造成的损失等。生产过程中发生的正常损耗及边角废料，在产品成本计算中一并考虑，这里所讲的生产损失主要是指废品损失和停工损失。

【知识准备与业务操作】

一、废品损失的核算

废品是指不符合规定的技术标准，不能按原定用途使用，或需要加工修理后才能正常使用的产品，包括在生产过程中发现的不合格的在产品，入库时发现的不合格的半成品或完工产品。但不包括可以降价销售的次品或等外品、合格品入库后因保管不善发生损坏变质的产品以及在产品销售时发现的废品。

废品按照是否可以修复，分为可修复废品与不可修复废品两类。可修复废品是指经过加工修理后可以按原定用途使用，而且在经济上是合算的废品；不可修复废品是指在技术上无法修复，或修复成本过大，在经济上不合算而放弃修复的废品。

废品损失是指在产品生产过程中因出现废品而发生的耗费。对于可修复废品，废品损失是追加的修复成本扣除收回的废品残值及责任人赔款后的差额。对于不可修复的废品，废品损失是废品成本扣除收回的废品残值及责任人赔款后的差额。

废品损失原则上由本期的完工产品负担，月末在产品通常不承担废品损失。企业对废品损失的具体处理方法有两种：废品损失数额如果不大，可在“制造费用”账户中核算；废品损失数额如果较大，为了加强对废品损失的管理，可以增设“废品损失”账户，单独核算废品损失。“废品损失”账户的借方登记不可修复废品的生产成本和可修复废品的修复成本，贷方登记废品残料收回价值、责任人赔款及分配转出的废品净损失，月末转出后该账户无余额。“废品损失”账户按生产车间或产品品种设置明细账，进行明细分类核算。

（一）可修复废品损失的核算

可修复废品损失主要是指对废品进行修复所支付的修复费用。经修复后，其产品成本由原生产成本和修复费用构成。如果有废品收回残值或赔偿收入，冲减可修复废品的损失。可修复废品损失在废品进行修复时归集。其计算公式如下：

$$\frac{\text{可修复}}{\text{废品损失}}=\frac{\text{修复废品}}{\text{材料费用}}+\frac{\text{修复废品}}{\text{人工费用}}+\frac{\text{修复废品}}{\text{制造费用}}-\frac{\text{收回的残值}}{\text{及赔偿收入}}$$

2

修复废品时发生的修复费用，从各种费用分配表中取得，并据以编制如下会计分录：

(1) 发生修复废品的材料费用(人工费用、制造费用)时：

借：废品损失——××产品

　　贷：原材料(应付职工薪酬、制造费用等)

(2) 收回废品残值或确定责任人赔偿款时：

借：原材料(其他应收款)

　　贷：废品损失——××产品

(3) 结转可修复废品损失时：

借：生产成本——基本生产成本——××产品

　　贷：废品损失——××产品

企业对发生的废品损失，若不单独设置“废品损失”账户进行核算，则在“生产成本——基本生产成本”明细账户中也不必单设“废品损失”成本项目。此时，对发生的不可修复废品损失可先记入“制造费用”账户，连同其他制造费用对受益产品进行分配。发生的可修复废品损失的核算与正常发生的生产费用的处理方法一样。对收回的废品残值及赔偿款，作冲减“生产成本——基本生产成本”账户处理。

(二) 不可修复废品损失的核算

不可修复废品损失的核算需要解决两个问题：一是确定不可修复废品的损失；二是计算废品净损失。

计算不可修复废品的损失，就是要将废品应负担的生产费用从全部生产费用中分离出来。具体有两种方法：按实际成本计算和按定额成本计算。

1. 按实际成本计算废品损失的核算

通常采用的方法是将全部生产费用在合格品与废品之间进行分配，分配公式如下：

$$\text{废品应负担的材料(人工、制造)费用}=\frac{\text{某产品的全部材料(人工、制造)费用}}{\text{合格品产量}+\text{废品约当产量}}\times\text{废品约当产量}$$

不可修复废品的生产成本按成本项目分别计算。约当产量的计算方法，可参见本书项目三任务二中“按约当产量计算在产品成本法的运用”部分。值得注意的是，如果期末存在未完工产品(月末在产品)，则上述公式的分母中还应包括月末在产品的约当产量。

[例 2-27]　2023 年 4 月，东方公司的第一基本生产车间生产甲产品 1 000 件，生产过程中发现不可修复废品 20 件。本月生产甲产品耗费生产费用为：材料费用 200 000 元，人工费用 49 500 元，制造费用 29 700 元，合计 279 200 元。废品残料作价 1 000 元回收入库。分配材料费用时，废品按完工产品计算；分配其他生产费用时，废品折合为约当产量 10 件。

根据上述资料，编制不可修复废品损失计算表，如表 2-35 所示。

2

表 2－35 不可修复废品损失计算表

生产车间：第一基本生产车间

产品名称：甲产品 2023 年 4 月 30 日 金额单位：元

项目	产量/件	直接材料	约当产量/件	直接人工	制造费用	成本合计
生产费用	1 000	200 000	990	49 500	29 700	279 200
分配率		200		50	30	
废品生产成本	20	4 000	10	500	300	4 800
残料价值		1 000				1 000
废品损失		3 000		500	300	3 800

会计主管：金伟民 复核：陈志生 制单：楼 军

根据表 2－35，编制会计分录如下：

❶ 借：废品损失——甲产品 4 800

贷：生产成本——基本生产成本——甲产品 4 800

❷ 借：原材料 1 000

贷：废品损失——甲产品 1 000

❸ 借：生产成本——基本生产成本——甲产品 3 800

贷：废品损失——甲产品 3 800

根据上述资料及会计分录（记账凭证），登记“生产成本——基本生产成本——甲产品”明细账，如表 2－36 所示。

表 2－36 基本生产成本明细账 总第 页

产品名称：甲产品 生产车间：第一基本生产车间 字第 页

2023 年		凭证		摘要	产量	成本项目				合计
月	日	字	号			直接材料	直接人工	制造费用	废品损失	
4	30		×	材料费用	1 000	200 000				200 000
			×	人工费用			49 500			49 500
			×	制造费用				29 700		29 700
			×	转出废品损失	20	4 000	500	300		4 800
			×	转入废品净损失					3 800	3 800
				生产费用合计	980	196 000	49 000	29 400	3 800	278 200

2. 按定额成本计算废品损失的核算

这种方法是按废品数量和事先核定的各项定额费用计算出废品的定额成本，再扣除废品残值及责任人赔偿款后确定废品净损失的方法。其特点是不考虑废品实际发生的生产成本。

［例 2－28］ 南方公司第二基本生产车间生产 A 产品，2023 年 4 月发生不可修复废品 20 件。按定额成本计算废品损失。该公司核定 A 产品单位直接材料成本 300 元；单位定额工时 20 小时，每小时定额人工费用 18 元、每小时定额制造费用 15 元。该产品所耗材料在生产开始时一次投入，废品的平均完工率为 50%。废品残值共计 500 元，责任人应付赔偿款 1 000元。计算该企业的废品损失，编制不可修复废品损失计算表，如表 2－37 所示。

表 2－37　　不可修复废品损失计算表

生产车间：第二基本生产车间

产品名称：A 产品　　2023 年 4 月 30 日　　金额单位：元

项　目	废品数量	直接材料	工　时			直接人工	制造费用	合计
			定额工时	完工率	已耗工时			
单位定额	20	300	20	50%	10	18	15	
废品定额成本		6 000				3 600	3 000	12 600
减：残值收回		500						500
赔偿款		1 000						1 000
废品损失金额		4 500				3 600	3 000	11 100

会计主管：金　明　　复核：王　辉　　制单：李　华

按定额成本计算废品损失的会计处理，与按实际成本计算废品损失的会计处理相同。

二、停工损失的核算

停工损失是企业发生非季节性停工所造成的损失，造成停工的主要原因是停电、待料、机器故障或大修、灾害或事故、计划减产等。停工损失由停工期间消耗的燃料和动力、职工薪酬和制造费用等构成。由过失方或者保险公司支付的赔偿款冲减停工损失。为了简化核算工作，停工不足 1 个工作日的，通常不计算停工损失。

企业发生停工，由生产车间相关人员将停工范围、起止时间、停工原因、过失方等情况在“停工单”中加以记录，送财会部门审核后，作为计算停工损失的原始依据。

为了单独核算停工损失，可以专设“停工损失”账户，并在产品成本计算单中增设“停工损失”成本项目。“停工损失”账户的借方归集本月发生的停工损失，贷方登记分配结转的停工损失，月末分配后该账户一般无余额。该账户按生产车间分户进行明细分类核算。

不同原因产生的停工损失，采用不同的分配结转方法。由过失方或保险公司赔偿的停工损失，转作“其他应收款”；属于非常损失引起的停工损失，列为“营业外支出”；对于其他原因引起的停工损失，计入产品成本。

停工损失归集与分配的会计处理如下：

（1）发生各种停工损失时：

借：停工损失——×车间

　　贷：生产成本（应付职工薪酬、制造费用等）

（2）分配结转停工损失时：

借：生产成本——基本生产成本——×产品（其他应收款、营业外支出）

　　贷：停工损失——×车间

企业也可以不单设“停工损失”账户，而将发生的停工损失直接列入“制造费用”“其他应收款”和“营业外支出”账户。

季节性生产企业在季节性停工期间所发生的费用，不作为停工损失，可以直接计入制造费用，由生产期间的产品成本负担。

任务六 制造费用的核算

【引言】

产品生产过程中所使用的机器设备等固定资产会发生磨损，需要计提折旧费用，生产过程需要有专人进行管理，会发生薪酬和相关的管理费用等，这些费用通常称为制造费用，也需要进行确认、归集、分配，并最终计入产品成本。

【知识准备与业务操作】

一、制造费用的确认

企业在生产产品的过程中，除了消耗原材料、燃料和动力、人工费用、接受辅助生产车间提供的产品或劳务外，还会发生其他有关费用。如车间管理人员的薪酬，厂房、机器、设备的折旧，车间管理部门为管理产品生产而发生的其他管理费用等。在组织产品生产过程中所发生的管理费用，以及在产品生产过程中发生的但不能直接归属到所制造产品成本中的各种生产费用，被称为制造费用。

制造费用是为保证产品生产的顺利进行而发生的，因而是产品成本的组成部分。随着整个社会科学技术的不断进步，企业生产自动化程度的不断提高，生产管理手段的不断更新，企业的制造费用在产品成本中所占的比重也会不断上升，对制造费用的管理和核算也显得越来越重要。

（一）制造费用的范围

制造费用的范围广、内容多、情况比较复杂，通常可以分为三类：

1. 直接用于产品生产未单独设置成本项目的费用

这类制造费用主要有：未单独设置“燃料和动力”成本项目的企业所发生的、用于产品生产的动力费用；专门用于某产品生产的机器设备的折旧费、租赁费、保险费；生产车间的低值易耗品摊销费；图纸设计费和产品试验检验费用等。

2. 间接用于产品生产不能单独设置成本项目的费用

这是企业在生产过程中经常发生的费用，内容比较多，通常包括生产用的房屋、建筑物、通用机器、设备的折旧费用，保险费用及租赁费用；机物料消耗费用；车间的照明、取暖、降温、通风、除尘等费用；工人的劳动保护费用；季节性停工或固定资产大修理期间停工所造成的损失等。

3. 为组织和管理产品生产而发生的费用

这是车间（分厂）管理机构及人员在日常生产管理过程中发生的费用，主要有生产管理人员的薪酬、按规定提取并缴纳的社会保险费用及其他相关费用；生产管理部门使用的固定资产折旧费用、保险费用及租赁费用；生产管理过程中使用低值易耗品的摊销费用；管理部门发生的照明、取暖、降温、通信、出差、办公费用等。

上述发生在生产过程中的费用，构成制造费用的主要内容。为了统一核算口径，便于资料对比，可以根据企业的实际情况设置制造费用的费用项目，归类反映制造费用的构成。制造费用的明细项目一般设置为：职工薪酬、折旧费、保险费、租赁费、低值易耗品摊销、水电费、取暖费、运输费、差旅费、办公费、机物料消耗、劳动保护费、设计制图费、试验检验费、在产品损耗、废品损失、停工损失等。

（二）制造费用核算账户的设置

为了核算制造费用的发生和分配情况，企业一般要设置“制造费用”账户。该账户的借方登记发生的各项制造费用；贷方登记分配转销的制造费用；分配结转后，该账户期末一般无余额。为了反映不同生产车间发生的制造费用，要按车间分设明细分类账户，采用多栏式账页进行明细分类核算。账页格式可参见项目一的表 1－3 和表 1－4。

二、制造费用的归集与核算

制造费用内容复杂，项目较多，本书以折旧费用和其他费用为例，说明制造费用的归集与核算的方法。

（一）折旧费用的归集与核算

折旧费用是固定资产在使用过程中因磨损而转移到成本费用中去的价值。计提固定资产折旧的方法通常有年限平均法、工作量法、双倍余额递减法和年数总和法等，折旧费用的计算已经在《中级财务会计》书中讲述。对计提的固定资产折旧费用，通过编制固定资产折旧费用分配表进行归集并分配，记入有关的成本费用账户。

［例 2－29］　长江公司 2023 年 5 月份固定资产折旧计提情况如表 2－38 所示，据以编制固定资产折旧费用分配表，并进行会计处理。

表 2－38　　固定资产折旧计提明细表

2023 年 5 月 31 日　　金额单位：元

使用部门	固定资产类别	固定资产月初余额	月折旧率	月折旧额
一车间	房屋建筑物	1 200 000	0.25%	3 000
	机器、设备	2 000 000	0.60%	12 000
	折旧额小计			15 000
供汽车间	房屋建筑物	160 000	0.25%	400
	机器、设备	100 000	0.60%	600
	折旧额小计			1 000
机修车间	房屋建筑物	240 000	0.25%	600
	机器、设备	200 000	0.60%	1 200
	折旧额小计			1 800

续 表

使用部门	固定资产类别	固定资产月初余额	月折旧率	月折旧额
公司管理部门	房屋建筑物	960 000	0.25%	2 400
	机器、设备	100 000	0.60%	600
	折旧额小计			3 000
销售部门	房屋建筑物	624 000	0.25%	1 560
	机器、设备	40 000	0.60%	240
	折旧额合计			1 800
折旧额合计				22 600

会计主管：徐志新　　　　复核：陈　明　　　　制单：张　帆

根据表 2-38，编制固定资产折旧费用分配表，如表 2-39 所示。

表 2-39　　固定资产折旧费用分配表

2023 年 5 月 31 日　　　　金额单位：元

应借账户			成本项目或费用项目	费用金额
总账账户	二级账户	明细账户		
制造费用		一车间	折旧费	15 000
生产成本	辅助生产成本	供汽车间	制造费用	1 000
	辅助生产成本	机修车间	制造费用	1 800
管理费用			折旧费	3 000
销售费用			折旧费	1 800
折旧费用合计				22 600

会计主管：徐志新　　　　复核：陈　明　　　　制单：张　帆

根据表 2-39，编制会计分录如下：

借：生产成本——辅助生产成本——供汽车间　　1 000
　　　　　　　　　　　　　　——机修车间　　1 800
　　制造费用——一车间　　15 000
　　管理费用　　3 000
　　销售费用　　1 800
　　贷：累计折旧　　22 600

（二）其他费用的归集与核算

其他费用是指上述各种生产费用以外的各项费用，如邮电费、办公费、保险费、差旅费、租赁费、排污费、绿化费、报纸杂志费、交通补助费、误餐费、利息、费用性税金等。根据其他费用的发生地点、费用性质及费用受益对象的不同，应分别记入“制造费用”“管理费用”“销售费用”和“财务费用”等账户。由于费用的发生有直接支付、转账核销、预提待付、已付待摊等不同方式，因此在核算上也不尽一致。

直接支付方式是企业发生费用的主要形式，如支付日常的办公费、邮电费、绿化费、交通补贴费、误餐费、购买办公用品、报销出差费用等；发生时，借记有关成本费用账户，贷记“银行存款”或“库存现金”等账户。转账核销方式是通过转账形式确定当期费用的方式，如提取固定资产折旧费用、摊销无形资产价值等；每月月终时进行会计处理，借记有关成本费用账户，贷记“累计折旧”“累计摊销”等账户。预提待付方式是每月均按照权责发生制原则确定当期应负担的费用，到约定付款期再支付费用款的方式，如每月预提的借款利息费用等；预提时，借记“财务费用”账户，贷记“应付利息”账户，到期支付时再冲减应付利息。已付待摊方式是在支付受益期较长的费用后，通过分期摊销计入各期成本费用的方式，如支付经营租入固定资产的改良支出等；支付费用款时，借记“长期待摊费用”账户，贷记“银行存款”等账户，按受益期均衡摊销时，再列入当期的成本费用账户。其他费用的具体核算方法在《中级财务会计》书中讲述。

[例 2-30]　长江公司 2023 年 5 月，以库存现金支付公司日常管理费用 8 656 元；支付一车间办公费用 778.70 元；支付供汽车间办公费用 286 元；支付机修车间办公费用 273 元（实际工作中日常费用是分次支付的，并在支付后立即进行会计核算，本书为了简化核算过程，按一次支付进行会计处理）。

借：生产成本——辅助生产成本——供汽车间　　286.00
　　　　　　　　　　　　　　——机修车间　　273.00
　　制造费用——一车间　　778.70
　　管理费用　　8 656.00
　　贷：库存现金　　9 993.70

现将长江公司 2023 年 5 月份一车间的制造费用进行归集，如表 2-40 所示（辅助生产费用数据采用[例 2-23]中交互分配法的分配结果）。

表 2-40　　制造费用明细账　　总第　页

生产车间：一车间　　字第　页

2023 年		凭证号	摘要	借方	贷方	借或贷	余额	(借)方项目					
月	日							人工	电费	折旧	物料	辅助	其他
5	31	×	材料费	2 100		借	2 100				2 100		
		×	材料成本差异	[21]		借	2 079				[21]		
		×	办公用具	200		借	2 279						200
		×	电费	1 392.3		借	3 671.30		1 392.30				
		×	工资	13 500		借	17 171.30	13 500					
		×	社保费等	4 860		借	22 031.30	4 860					
		×	辅助生产	102 249		借	124 280.30					102 249	
		×	折旧	15 000		借	139 280.30			15 000			
		×	办公费	778.70		借	140 059						778.70

三、制造费用的分配与核算

企业对按生产车间归集的制造费用，要根据受益原则进行分配，计入本车间生产的产品成本之中。制造费用分配的方法很多，主要有工时比例法、工资比例法、机时比例法、年度计划分配率法等，企业可以根据实际情况选择使用，分配方法一经选定，不得随意变更。

2

（一）工时比例法

动画视频：制造费用分配方法的选择与判断

工时比例法是按照各种产品所耗生产工人工时的比例分配制造费用的方法。分配公式如下：

$$\text{某车间制造费用分配率}=\frac{\text{该车间制造费用总额}}{\text{该车间实际生产工时总量}}$$

$$\text{某产品应负担的制造费用}=\text{该产品所耗工时}\times\text{该车间制造费用分配率}$$

［例 2－31］ 根据表 2－40，长江公司一车间 2023 年 5 月份归集制造费用 140 059 元。该车间当月生产 A、B 两种产品，实际消耗的生产工时分别为 9 000 工时与 7 200 工时。分配制造费用如下：

$$\text{一车间制造费用分配率}=\frac{140\ 059}{9\ 000+7\ 200}=8.645\ 6$$

$$\text{A 产品应负担制造费用}=9\ 000\times 8.645\ 6=77\ 810(\text{元})$$

$$\text{B 产品应负担制造费用}=140\ 059-77\ 810=62\ 249(\text{元})$$

采用工时比例法分配制造费用，使制造费用的分配与劳动生产率相结合，分配结果比较合理，在实际工作中应用较广泛。为了保证分配结果的正确，分配公式中的工时，应按实际消耗工时计算。在没有实际工时记录时，也可以按定额工时分配制造费用。

（二）工资比例法

工资比例法是按照计入各种产品成本的生产工人工资比例分配制造费用的方法。分配公式如下：

$$\text{某车间制造费用分配率}=\frac{\text{该车间制造费用总额}}{\text{该车间生产工人工资总额}}$$

$$\text{某产品应负担制造费用}=\text{该产品负担的生产工人工资}\times\text{该车间制造费用分配率}$$

［例 2－32］ 根据表 2－40，长江公司一车间 2023 年 5 月份归集制造费用 140 059 元。该车间当月生产 A、B 两种产品，实际负担的生产工人工资分别为 108 000 元与 86 400 元。据以分配制造费用如下：

$$\text{一车间制造费用分配率}=\frac{140\ 059}{108\ 000+86\ 400}=0.720\ 5$$

$$\text{A 产品应负担制造费用}=108\ 000\times 0.720\ 5=77\ 814(\text{元})$$

$$\text{B 产品应负担制造费用}=140\ 059-77\ 814=62\ 245(\text{元})$$

采用工资比例法分配制造费用，分配依据容易取得，但其正确性受机械化程度的影响较大。机械化程度高的产品，负担的生产工人工资额相对较少，负担的制造费用就少；反之，负担的制造费用就多。因此，使用工资比例法时，要注意各种产品的机械化程度应当基本相近。需要说明的是，如果计入产品成本的生产工人工资是按工时比例分配的，则工资比例分配法与工时比例分配法的分配结果是相同的(本教材[例 2－31]与[例 2－32]计算结果有差异的原因是分配率小数取舍所致)。

(三) 机时比例法

机时比例法是按照各种产品所消耗的机器工时比例分配制造费用的方法。分配公式如下：

$$某车间制造费用分配率=\frac{该车间制造费用总额}{该车间所耗机时总额}$$

$$某产品应负担制造费用=该产品耗用的机时\times该车间制造费用分配率$$

[例 2－33]　根据表 2－40,长江公司一车间 2023 年 5 月份归集制造费用 140 059 元。若该车间当月生产 A 产品所耗机时为 20 000 台小时,B 产品所耗机时为 11 000 台小时,则制造费用分配如下：

$$一车间制造费用分配率=\frac{140\ 059}{20\ 000+11\ 000}=4.518\ 0$$

$$A 产品应负担制造费用=20\ 000\times4.518\ 0=90\ 360(元)$$

$$B 产品应负担制造费用=140\ 059-90\ 360=49\ 699(元)$$

在机械化程度较高的企业中,机器设备成为生产的主要因素,按照机器工时比例分配制造费用就显得更为合理。采用机时比例法,要求有完整的机器工时原始记录,否则就不能正确分配制造费用。

(四) 年度计划分配率法

年度计划分配率法是企业在正常生产经营条件下,依据年度制造费用预算数与各种产品预计产量的相关定额标准(如工时、机时等)确定计划分配率,并以此分配制造费用的方法。分配公式如下：

$$某车间制造费用计划分配率=\frac{该车间制造费用总额}{\sum(该车间每种产品计划产量\times单位定额标准)}$$

$$某产品应负担制造费用=该产品实际产量\times单位定额标准\times车间制造费用计划分配率$$

采用年度计划分配率法分配制造费用后,通常实际归集的制造费用与按计划分配率分配的制造费用之间会产生差异。对两者之间的差异,可在年末按 12 月份制造费用计划分配额为标准再进行一次分配。对实际制造费用大于已分配的计划制造费用的差异,补计入各产品的生产成本;对实际制造费用小于已分配的计划制造费用的差异,用红字冲回多记的产品生产成本。

制造费用差异额的分配公式如下：

$$制造费用差异分配率=\frac{年度制造费用差异额}{当年 12 月份制造费用计划分配额}$$

$$\begin{matrix}某产品应负担的\\制造费用差异额\end{matrix}=\begin{matrix}该产品 12 月份负\\担的制造费用额\end{matrix}\times\begin{matrix}制造费用\\差异分配率\end{matrix}$$

[例 2－34]　江南公司对制造费用采用年度计划分配率法进行分配。2023 年,该公司一车间计划发生制造费用 180 000 元,该车间生产的 A、B 产品的年度计划产量分别为 20 000件和 5 000 件。A、B 产品的定额工时分别为 5 小时和 10 小时。假定该车间当年 12

月份实际发生制造费用 16 580 元，当月的产品实际产量为：A 产品 2 000 件，B 产品 400 件。按计划分配率法分配后，全年累计出现借方差异（实际数大于计划分配数的差异）423.50 元。则该车间的制造费用分配情况如下：

2

$$\text{制造费用计划分配率}=\frac{180\,000}{20\,000\times5+5\,000\times10}=1.2$$

A 产品 12 月份应负担制造费用 $=2\,000\times5\times1.2=12\,000$（元）

B 产品 12 月份应负担制造费用 $=400\times10\times1.2=4\,800$（元）

$$\text{制造费用差异分配率}=\frac{423.50}{12\,000+4\,800}=0.025\,2$$

A 产品年末应负担制造费用差异额 $=12\,000\times0.025\,2=302.40$（元）

B 产品年末应负担制造费用差异额 $=423.50-302.40=121.10$（元）

采用年度计划分配率法分配制造费用，分配手续简便，有利于及时计算产品成本，使单位产品负担的制造费用相对均衡。这种方法比较适用于季节性生产企业。为了保证产品成本计算的正确性，要求采用年度计划分配率法的企业有比较准确的定额标准和较高的计划管理水平。

无论采用何种方法分配制造费用，都要根据分配结果编制制造费用分配表。现根据[例 2-32]的分配结果编制制造费用分配表，如表 2-41 所示。

表 2-41　制造费用分配表

生产车间：一车间　　2023 年 5 月 31 日　　金额单位：元

借方账户			生产工人工资	分配率	制造费用额
总账账户	二级账户	明细账户			
生产成本	基本生产成本	A 产品	108 000		77 814
		B 产品	86 400		62 245
合　计			194 400	0.720 5	140 059

会计主管：徐志新　　复核：陈　明　　制单：张　帆

根据表 2-41，编制会计分录如下：

借：生产成本——基本生产成本——A 产品　　77 814

　　　　　　　　　　　　　——B 产品　　62 245

　贷：制造费用——一车间　　140 059

根据会计分录（记账凭证）登记基本生产成本明细账，如表 2-42 和表 2-43 所示。登记制造费用明细账，如表 2-44 所示。

表 2-42　基本生产成本明细账

总第　页

成本对象：A 产品　　生产车间：一车间　　投产时间：　　字第　页

2023 年		凭证		摘　要	成本项目				合　计
月	日	字	号		直接材料	燃料和动力	直接人工	制造费用	
5	31		×	原材料费用	291 000.00				291 000.00

续 表

2023年		凭证		摘要	成本项目				合计
月	日	字	号		直接材料	燃料和动力	直接人工	制造费用	
			×	材料成本差异	2 910.00				2 910.00
			×	分配动力费用		33 415.20			33 415.20
			×	分配工人工资			108 000.00		108 000.00
			×	计提社保费等			38 880.00		38 880.00
			×	分配制造费用				77 814.00	77 814.00

表 2－43 基本生产成本明细账

总第 页
字第 页

成本对象：B产品　　生产车间：一车间　　投产时间：

2023年		凭证		摘要	成本项目				合计
月	日	字	号		直接材料	燃料和动力	直接人工	制造费用	
5	31		×	原材料费用	226 800.00				226 800.00
			×	材料成本差异	2 268.00				2 268.00
			×	低值易耗品摊销	900.00				900.00
			×	分配动力费用		22 276.80			22 276.80
			×	分配工人工资			86 400.00		86 400.00
			×	计提社保费等			31 104.00		31 104.00
			×	分配制造费用				62 245.00	62 245.00

表 2－44 制造费用明细账

总第 页
字第 页

生产车间：一车间

2023年		凭证号	摘要	借方	贷方	借或贷	余额	(借)方项目					
月	日							人工	电费	折旧	物料	辅助	其他
5	31	×	材料费	2 100		借	2 100				2 100		
		×	材料成本差异	21		借	2 079				21		
		×	办公用具	200		借	2 279						200
		×	电 费	1 392.30		借	3 671.30		1 392.30				
		×	工 资	13 500		借	17 171.30	13 500					
		×	社保费等	4 860		借	22 031.30	4 860					

续 表

2023年		凭证号	摘 要	借方	贷方	借或贷	余额	(借)方项目					
月	日							人工	电费	折旧	物料	辅助	其他
		×	辅助生产	102 249		借	124 280.30					102 249	
		×	折 旧	15 000		借	139 280.30			15 000			
		×	办公费	778.70		借	140 059						778.70
		×	分 配		140 059	平	0	18 360	1 392.30	15 000	2 079	102 249	978.70

根据结转制造费用的会计分录(记账凭证)登记制造费用明细账后,一般会结平各制造费用明细账(表2-44)。但在采用年度计划分配率法分配制造费用的企业中,由于存在制造费用分配差异,在月末分配制造费用后,很可能会有余额存在,只有在年末分配结转制造费用差异并将差异分配结果记入各"基本生产成本"明细账后,才能结平各制造费用明细账户。

【工作任务——要素费用的处理】

业务单据:要素费用的处理

操作录屏:要素费用的处理

微课视频:外购动力费用的分配与核算

实例解析:

大华公司是一家机械制造企业,下设基本生产车间一个,从事甲、乙两种机械产品的生产。另设有机修车间一个,负责对设备进行维修。该公司对产品生产所需的共同材料按消耗定额分配,核定甲、乙产品的单耗定额分别为200元和150元。动力费用按仪表记录分配,人工费用按实际工时分配,辅助生产费用按直接分配法分配,制造费用按生产工人的工资分配。该公司2023年5月发生下列与产品生产有关的经济业务:

(1) 本月生产甲产品5 000件,乙产品4 000件,共同消耗原材料1 632 000元。机修车间直接领用并消耗材料20 000元。

(2) 本月总电表显示用电量为51 200度。分电表显示为:基本生产车间44 000度;机修车间5 000度;办公用电2 000度。当地工业用电价格为每度1.00元。

(3) 本月计算出应付工资850 000元。其中基本生产车间工人工资750 000元;基本生产车间管理人员工资15 000元;机修车间人员工资12 000元;销售人员工资13 000元;公司管理人员工资60 000元。根据工资记录,本月甲产品实际工时60 000小时,乙产品实际工时40 000小时。该公司的社保费用按工资总额的36%计提。

(4) 本月计提固定资产折旧45 000元。其中:基本生产车间折旧28 000元;机修车间折旧4 000元;管理部门折旧13 000元。

(5) 本月以库存现金直接支付各种办公费用23 500元。其中:基本生产车间3 500元;机修车间400元;公司管理部门19 600元。

(6) 本月机修车间共提供机修劳务1 800小时。其中基本生产车间1 780小时;行政办公设备维护20小时。

操作步骤:

(1) 计算本月材料费用分配率,确认甲、乙产品应负担的原材料费用,编制材料费用分配表。

（2）计算本月外购动力费用分配表，编制外购动力费用分配表。

（3）计算工资费用分配率，确认甲、乙产品应负担的工资费用，编制工资及社保费用分配表。

（4）编制固定资产折旧费用分配表。

（5）编制其他费用分配表。

（6）根据各种费用分配表编制记账凭证。

（7）设置“生产成本——基本生产成本——甲产品”“生产成本——基本生产成本——乙产品”“生产成本——辅助生产成本——机修车间”和“制造费用”明细账，根据记账凭证在上述明细账中进行登记。

（8）根据“生产成本——辅助生产成本——机修车间”归集的生产费用，计算辅助生产费用分配率并进行分配，编制辅助生产费用分配表，编制记账凭证，并在“制造费用”明细账户中进行登记。

（9）根据“制造费用”明细账归集的制造费用，计算制造费用分配率，确认甲、乙产品应负担的制造费用，编制制造费用分配表，编制记账凭证，并在“生产成本——基本生产成本”的有关账户进行登记。最终确认甲、乙产品所归集的生产费用。

【项目小结】

项目二自测题

本项目知识结构如图 2－4 所示。

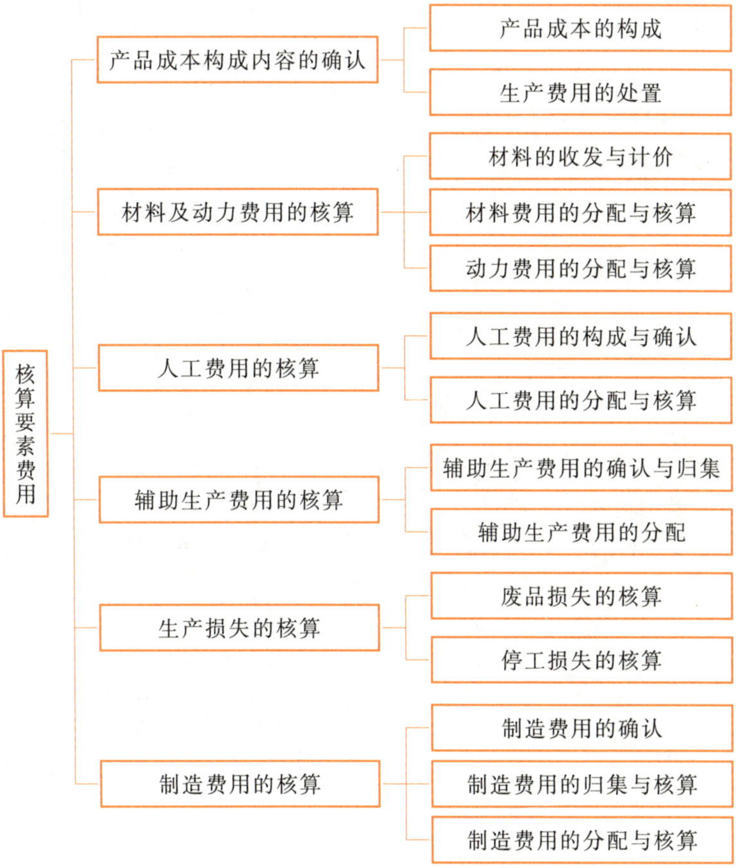

图 2－4　项目二知识结构

项目三　分配生产费用

◇ 职业能力目标

能设置在产品台账，对在产品进行实地盘点。

能对生产费用在完工产品与月末在产品之间进行分配。

能正确确认月末在产品数量。

能运用各种分配方法将归集的生产费用在完工产品与月末在产品之间进行正确分配。

◇ 典型工作任务

在产品的确认；生产费用的分配。

智能工厂的
无人车间

任务一 在产品的确认

3

【引言】

制造企业在产品生产过程中所发生的各种要素费用，经过分配，最终归集到“生产成本——基本生产成本”账户所属的各明细账户中。如果某个产品成本计算对象期初与期末均无在产品，则该产品成本计算对象在一定期间所归集的生产费用就是当期完工产品的总成本。如果期末存在未完工产品，则需要将归集的生产费用在当期完工产品与月末在产品之间进行分配后，才能确定本期完工产品的总成本及单位成本。为此首先需要对月末在产品进行确认。

【知识准备与业务操作】

一、在产品的描述

在产品就是尚未最终完工的产品，包括广义在产品与狭义在产品。广义在产品是指从投产开始至尚未制成最终产品入库的产品，包括正在加工过程中的在制品、正在返修过程中的废品、已完成一个或几个生产步骤还需继续加工的半成品、已完工但尚未入库的完工产品、等待返修的可修复废品等。狭义在产品仅指正在各个生产车间加工中的在制品。本项目中所讲的在产品是指狭义在产品。

二、在产品的形成

任何产品的生产，都要经历或长或短的加工过程。除了简单的单步骤生产以外，企业在连续生产产品的每一个时点上，都会存在正处于加工过程中的在产品。在产品已经消耗了一定数量的材料费用、人工费用和制造费用。因此，存在月末在产品的制造企业，所归集的生产费用应当由本期完工产品与月末在产品共同负担。

完工产品成本与月末在产品成本之间的关系如下：

期初在产品成本＋本期生产费用－期末在产品成本＝本期完工产品成本

上述关系式中的期初在产品成本就是上期期末的在产品成本，是已知的；本期生产费用可以通过要素费用的分配与归集得到确定。因此，只要确定期末在产品成本，就能计算出本期完工产品成本。由于通常在月末计算产品成本，因此，期末在产品通常指月末在产品，期初在产品通常指月初在产品。

三、在产品数量的确认

要确定月末在产品成本，必须先确定月末在产品的数量。对在产品数量进行确认的方法一般有两种：一是设置“在产品收、付、存账簿”，进行台账记录，反映在产品的结存数量；二是通过实地盘点方式确定月末在产品数量。在实际工作中，往往将两种方法结合使用，通过在产品收、付、存账簿反映在产品的账面结存数量，通过实地盘点确定在产品的实际结存数量，两者之间的差额则为在产品溢余或短缺的数量。

在产品收、付、存账簿的格式如表 3－1 所示。

表 3－1　　在产品收、付、存账簿

生产车间：　　工序：　　在产品名称：　　计量单位：

日期	凭证号数	摘　要	收入数量	转出数量		结存数量			备注
				合格品	废品	已完工	未完工	废品	

四、在产品的清查

在产品清查应当在每月月末进行，通过实地盘点确定在产品的实际结存数量，与在产品收、付、存账簿记录的结存数量进行核对；如有不符，则需要编制在产品盘点溢缺报告单，填明在产品名称、溢缺数量、溢缺金额、溢缺原因等，经有关领导批准后进行账务处理。

在产品发生盘点溢缺，原因不明时，先记入“待处理财产损溢”账户。根据企业领导的批准意见，通常将在产品盘盈作冲减“管理费用”处理，而将在产品盘亏的由责任人赔偿部分转作“其他应收款”挂账，将批准核销部分列为企业的“管理费用”。

［例 3－1］　洁达公司 2023 年 5 月，对基本生产车间的月末在产品进行盘点清查，盘点结果如表 3－2 所示。

表 3－2　　在产品盘点溢缺报告单

填制单位：×车间　　2023 年 5 月 31 日　　金额单位：元

产品名称	单位	账存数量	盘存数量	溢缺数量		定额成本	溢缺金额	
				盘盈	盘亏		盘盈	盘亏
甲产品	件	98	100	2		35	70	
乙产品	件	150	145		5	23		115
车间意见	收发差错，请领导批示		公司意见	盘亏部分由保管人员赔偿 50 元，其他核销		溢缺原因	收发差错	

会计主管：李达志　　车间主任：王一宏　　班组长：张　辉　　制单：陈　志

若乙产品定额成本中的材料成本为 12 元，原材料适用的增值税税率为 13%，根据在产品盘点溢缺报告单（表 3－2），编制会计分录如下：

（1）盘盈的处理：

借：生产成本——基本生产成本——甲产品　　70.00

　　贷：管理费用　　70.00

（2）盘亏的处理：

进项税额转出金额＝12×5×13%＝7.80（元）

借：其他应收款——××（责任人员） 50.00
　　管理费用 72.80
　　贷：生产成本——基本生产成本——乙产品 115.00
　　　　应交税费——应交增值税（进项税额转出） 7.80

任务二 生产费用的分配

3

【引言】

当企业所生产的产品存在月末在产品，为了正确计算本期完工产品成本，就需要根据确认的月末在产品数量，将其应当负担的生产费用从归集的生产费用总额中分离出来，然后确认本月完工产品应当负担的生产费用。这就是生产费用在完工产品与月末在产品之间的分配。

【知识准备与业务操作】

一、生产费用分配程序的确定

制造企业在存在月末在产品的情况下，为了正确计算完工产品成本，必须将各个基本生产车间归集的生产费用在完工产品与月末在产品之间进行分配。其分配程序如下：

（1）确定月末在产品成本。即根据月末在产品结存数量，运用一定的计算方法，确定月末在产品应负担的生产费用。

（2）确定本月完工产品总成本。运用在产品与完工产品之间的关系式进行计算：

$$\text{本月完工产品总成本}=\text{月初在产品成本}+\text{本月生产费用}-\text{月末在产品成本}$$

（3）计算完工产品单位成本。其计算公式为：

$$\text{某产品单位成本}=\frac{\text{该完工产品总成本}}{\text{该完工产品数量}}$$

二、生产费用分配方法的设定

从生产费用分配程序可以看出，确定本期完工产品成本的关键在于正确确定月末在产品成本。由于各制造企业的生产规模、工艺流程、成本构成、管理水平、核算要求各不相同，月末在产品的数量也有多有少，因此，在产品成本的确定方法也各不相同。目前常用的在产品成本计算方法有：不计在产品成本法、固定计算在产品成本法、按所耗材料计算在产品成本法、按约当产量计算在产品成本法、按完工产品成本计算在产品成本法、按定额成本计算在产品成本法和按定额比例计算在产品成本法。企业可以根据实际情况选择使用，在产品成本计算方法一经确定，不得随意变更，以保证产品成本资料的可比性。

（一）不计在产品成本法

不计在产品成本法，简称“不计成本法”，是指月末在产品不计算成本，本期归集的生产费用全部由本期完工产品承担的方法。它的特点是：虽然存在月末在产品，但不计算其应负担的生产费用。采用这种方法的前提条件是：月末在产品数量很少，是否计算其成本对完工产品成本的影响很小，如采矿企业。这种方法的处理结果是本期完工产品总成本就是本期该产品所归集的生产费用。即：

$$\text{本期某完工产品总成本}=\text{该产品本期归集的全部生产费用}$$

$$\text{该完工产品单位成本}=\frac{\text{本期该产品总成本}}{\text{本期该产品完工数量}}$$

（二）固定计算在产品成本法

固定计算在产品成本法，简称“固定成本法”，是指年内各月都固定地以上年末计算的在产品成本作为各月的月末在产品成本，并以此确定当月完工产品成本的方法。它的特点是：每年只在年末采用其他方法计算确定12月末的在产品成本，在次年1—11月份，不论在产品数量是否发生变化，都固定地以上年12月末的在产品成本作为各月在产品成本。采用这种方法的前提条件是：各月的在产品数量是基本均衡的，而且单位产品成本变化很小，将固定成本作为月末在产品成本对完工产品成本的正确性影响不大，如钢铁企业与化工企业。这种方法计算在产品成本的结果，也使当月完工产品总成本与当月发生的生产费用相同。

（三）按所耗材料计算在产品成本法

按所耗材料计算在产品成本法，简称“只计材料法”，是指在确定月末在产品成本时，只计算在产品所消耗的材料费用，将人工费用与制造费用全部由当期完工产品负担的方法。它的特点是：用月末在产品所消耗的材料费用来代替月末在产品成本。采用这种方法的前提条件是：在产品的成本构成中，材料费用占绝大比重，不计算在产品应负担的人工费用与制造费用，对完工产品成本的正确性影响不大，如酿酒企业与纺织企业。由于不同企业在投料方式、投料时间上的不一致，因此计算月末在产品所消耗材料费用的方法也不同，可以比照约当产量法进行处理。如果材料是在生产开始时一次投入，月末在产品成本和完工产品成本的计算公式如下：

$$\text{某产品单位材料成本}=\frac{\text{该产品所耗材料费用总额}}{\text{该产品完工数量}+\text{月末在产品数量}}$$

$$\text{月末在产品成本}=\text{月末在产品数量}\times\text{该产品单位材料成本}$$

$$\text{本期完工产品总成本}=\text{月初在产品成本}+\text{本期生产费用}-\text{月末在产品成本}$$

这种方法计算出来的当月完工产品总成本中包含着月末在产品的人工费用与制造费用。

（四）按约当产量计算在产品成本法

按约当产量计算在产品成本法，简称“约当产量法”，是将月末在产品数量折合成相当于完工产品的数量参与生产费用的分配，同时确定月末在产品成本与本期完工产品成本的方法。这种方法的特点是：先将在产品按照成本项目区分为材料费用和其他费用，并按材料消耗比例或完工程度把月末在产品数量折合成完工产品数量，再将归集的生产费用在月末在产品约当产量和完工产品产量之间进行分配，分别确定其成本。这种方法适用于期末在产品数量较多，各月月末的在产品数量变化较大，产品中各成本项目所占比重相差不大的产品。

1. 约当产量法的成本计算程序

(1) 计算在产品约当产量:

$$在产品约当产量=月末在产品数量\times月末在产品完工程度(或投料比例)$$

(2) 计算约当总产量:

$$约当总产量=本月完工产品数量+月末在产品约当产量$$

(3) 计算费用分配率:

$$某项费用分配率=\frac{该项费用总额}{约当总产量}$$

(4) 计算月末在产品应负担的生产费用:

$$月末在产品应负担某项费用=在产品约当产量\times该项费用分配率$$

(5) 计算本月完工产品应负担的生产费用:

$$本月完工产品应负担的某项费用=该项费用总额-月末在产品应负担的该项费用额$$

(6) 计算本月完工产品总成本:

$$本月完工产品总成本=\sum(本月该完工产品应负担的各项生产费用)$$

(7) 计算本月完工产品单位成本:

$$本月完工某产品单位成本=\frac{本月该完工产品总成本}{本月该产品完工数量}$$

由于原材料的投料方式不一定与产品的完工程度同步,因而运用约当产量法计算在产品成本时,要分别计算材料费用与其他生产费用。

2. 运用约当产量法计算在产品的材料费用

月末在产品应负担的材料费用与投料方式相关。采用约当产量法时,需要将月末在产品数量按投料程度折合为完工产品数量。在实际工作中,原材料的投料方式有三种情况:生产开始时,一次投入全部所需材料;每道工序开始时,一次投入该工序所需的全部材料;在产品生产过程中,均衡投入所需材料。针对不同的投料方式,月末在产品约当产量的计算方式也有所区别。

(1) 在产品生产开始时一次投入该产品所需的全部材料,则月末在产品应负担的材料费用与完工产品所耗材料费用相同,即一件月末在产品所耗材料与一件完工产品所耗材料相同。

(2) 在产品生产的每道生产工序开始时投入本工序所需的全部材料,则每道工序的月末在产品应负担的材料费用为截至该工序的累计投料额,月末在产品可按投料比例折合为完工产品。确定月末在产品约当产量的公式为:

$$某工序月末在产品约当产量=该工序在产品数量\times截至该工序投料比例$$

$$某工序期末在产品投料比例=\frac{截至该工序累计投料额(数量)}{该产品应投料额(数量)}\times100\%$$

[例 3-2] 大华公司 A 车间生产甲产品需经过三道工序,每道工序所需材料均在开始

时一次投入，投料比例分别为：第一工序 50%、第二工序 30%、第三工序 20%。2023 年 6 月 30 日，各工序的月末在产品数量分别是 100 件、80 件和 120 件。则月末在产品约当产量的计算，如表 3－3 所示。

表 3－3 甲产品月末在产品约当产量计算表

2023 年 6 月 30 日

项　　目	第一工序	第二工序	第三工序	合　　计
产品投料比例	50%	30%	20%	100%
各工序月末在产品数量/件	100	80	120	300
各工序累计投料比例	50%	80%	100%	
月末在产品约当产量/件	50	64	120	234

会计主管：陈志华　　复核：张　明　　制单：叶　枫

从表 3－3 中可见，就材料消耗而言，第一工序的 100 件在产品所消耗的材料相当于 50 件完工产品所消耗的材料；第二工序的 80 件在产品所消耗的材料相当于 64 件完工产品所消耗的材料；第三工序的 120 件在产品所消耗的材料相当于 120 件完工产品所消耗的材料。

请思考：

如果一件甲产品全部完工所需要材料为 50 千克，第一工序开始时投料 30 千克，第二工序开始时投料 15 千克，第三工序开始时投料 5 千克。则每一工序的投料比例是多少？每道工序的累计投料比例又是多少？月末在产品的材料费用约当产量是多少件？

（3）如果在产品生产过程中均衡投入所需材料，需要区分两种情况：

一是单步骤生产的产品，假定产品均衡生产，在产品也必定均衡地分布在整个生产过程中，因而在产品平均消耗材料的比例通常为完工产品所耗材料的 50%。月末在产品可按材料消耗比例折合成完工产品数量。其计算公式为：

月末在产品约当产量＝月末在产品数量×在产品材料消耗比例（50%）

二是多步骤生产的产品，虽然在产品生产过程中均衡投入所需材料，但各道工序的材料消耗量是不同的，因此各工序在产品的材料耗用比例，均由前面各工序累计材料消耗比例加本道工序材料消耗比例的 50%构成，并据以计算各工序月末在产品的约当产量。每道工序的材料消耗比例按下列公式计算：

$$\text{某工序月末在产品材料消耗比例}=\frac{\text{前面工序累计投料额（数量）}+\text{本工序投料额（数量）}\times 50\%}{\text{该产品应投料额（数量）}}\times 100\%$$

某工序在产品约当产量＝该工序在产品数量×该工序在产品材料消耗比例

［例 3－3］ 根据［例 3－2］的资料，假定甲产品所耗材料是在每道工序中均衡投入的，则月末在产品约当产量的计算结果如表 3－4 所示。

表 3－4 甲产品月末在产品约当产量计算表

2023 年 6 月 30 日

项　　目	第一工序	第二工序	第三工序	合　计
产品投料比例	50%	30%	20%	100%
各工序月末在产品数量/件	100	80	120	300
各工序累计投料比例	25%	65%	90%	
月末在产品约当产量/件	25	52	108	185

会计主管：陈志华　　复核：张　明　　制单：叶　枫

注：第一工序累计投料比例＝50%×50%＝25%

第二工序累计投料比例＝50%＋30%×50%＝65%

第三工序累计投料比例＝50%＋30%＋20%×50%＝90%

3

微课视频：多工序在产品约当产量的计算

计算出月末在产品约当产量后，再按照约当产量计算在产品成本法的程序确定本期完工产品与月末在产品应负担的材料费用。

［例 3－4］ 长江公司一车间生产 A、B 两种产品，均需经过三道工序。A 产品所需材料在投产时一次投入，本月共投入材料 288 090 元（见项目二表 2－7）；B 产品所需材料在每道工序中均衡投入，其中：第一工序 60%、第二工序 30%、第三工序 10%，本月共投入材料 225 432元（见项目二表 2－14）。2023 年 5 月份，该车间生产 A 产品，完工 450 件；生产 B 产品，完工 742 件。月末在产品数量分布情况如表 3－5 所示。

表 3－5 月末在产品数量分布情况表

生产车间：一车间　　2023 年 5 月 31 日

产品名称	单　位	第一工序	第二工序	第三工序	合　计
A 产品的月末在产品	件	20	15	15	50
B 产品的月末在产品	件	30	40	20	90

运用约当产量计算在产品成本法，分配材料费用如下：

❶ 计算月末在产品约当产量，如表 3－6 所示。

表 3－6 月末在产品约当产量计算表

生产车间：一车间　　2023 年 5 月 31 日

项　　目	A 产品				B 产品			
	一工序	二工序	三工序	合　计	一工序	二工序	三工序	合　计
投料比例	100%	—	—	100%	60%	30%	10%	100%
在产品数量/件	20	15	15	50	30	40	20	90
材料消耗比例	100%	100%	100%	100%	30%	75%	95%	
在产品约当产量/件	20	15	15	50	9	30	19	58

会计主管：徐志新　　复核：陈　明　　制单：张　帆

注：A 产品月末在产品约当产量＝(20＋15＋15)×100%＝50(件)

B 产品月末在产品约当产量＝30×60%×50%＋40×(60%＋30%×50%)＋20×(60%＋30%＋10%×50%)＝58(件)

❷ 计算约当总产量：

$$A产品约当总产量=450+50=500(件)$$

$$B产品约当总产量=742+58=800(件)$$

❸ 计算分配材料费用：

$$A产品材料费用分配率=\frac{288\ 090}{500}=576.18$$

$$A产品月末在产品应负担材料费用=50\times576.18=28\ 809(元)$$

$$A产品完工产品应负担材料费用=288\ 090-28\ 809=259\ 281(元)$$

$$B产品材料费用分配率=\frac{225\ 432}{800}=281.79$$

$$B产品月末在产品应负担材料费用=58\times281.79=16\ 343.82(元)$$

$$B产品完工产品应负担材料费用=225\ 432-16\ 343.82=209\ 088.18(元)$$

3. 运用约当产量法计算在产品的其他费用

这里所指的其他费用是指月末在产品应负担的人工费用、制造费用以及燃料和动力费用。月末在产品应负担的其他费用与产品的完工程度有关。产品完工程度是指某产品已消耗工时占生产该产品所需全部工时的比例。在正常的生产条件下，产品生产过程一般是均衡进行的。对单步骤均衡生产的产品而言，月末在产品会均衡地分布在生产线上，因此月末在产品的平均完工程度通常为 50%。月末在产品约当产量的计算公式如下：

$$月末在产品约当产量=月末在产品数量\times完工程度(通常为50\%)$$

多步骤连续生产的产品，由于各工序所耗工时不一定相同，因而各道工序的月末在产品的完工程度也不同。但就各工序而言，产品在该工序的生产过程中，仍然是均衡的。因此，各工序月末在产品完工程度和月末在产品约当产量可按下列公式计算：

$$某工序月末在产品完工程度=\frac{前面各工序已耗工时+本工序消耗工时\times50\%}{该产品应消耗总工时}\times100\%$$

$$月末在产品约当产量=\sum(各工序月末在产品数量\times该工序完工程度)$$

确定在产品约当产量后，再以月末在产品约当产量和完工产品产量为分配依据，计算出各项费用的分配率分配其他生产费用。

［例 3-5］ 承［例 3-4］的资料，长江公司一车间生产 A、B 两种产品，均需经过三道工序，各工序的工时定额如表 3-7 所示。月末在产品数量如表 3-5 所示。该公司 2023 年 5 月份生产的 A 产品已归集动力费用 33 415.20 元，人工费用 146 880 元，制造费用 77 814 元（数据见表 2-42）。生产的 B 产品已归集动力费用 22 276.80 元，人工费用 117 504 元，制造费用 62 245 元（数据见表 2-43）。

根据上述资料，运用约当产量法计算在产品成本，分配其他费用如下：

❶ 计算月末在产品约当产量，如表 3-7 所示。

3

3

微课视频：约当产量法下的成本计算单编制

表 3－7　　　　月末在产品约当产量计算表

生产车间：一车间　　　　2023 年 5 月 31 日

项　目	A 产品				B 产品			
	一工序	二工序	三工序	合　计	一工序	二工序	三工序	合　计
定额工时/小时	20	20	10	50	10	6	4	20
在产品数量/件	20	15	15	50	30	40	20	90
各工序完工程度	20%	60%	90%		25%	65%	90%	
约当产量/件	4	9	13.50	26.50	7.50	26	18	51.50

会计主管：徐志新　　　　复核：陈　明　　　　制单：张　帆

表 3－7 中，月末在产品完工程序和在产品约当产量均按上述公式计算，现以 A 产品为例说明计算方法：

$$A\text{产品第一道工序在产品完工程度}=\frac{20\times50\%}{50}\times100\%=20\%$$

$$A\text{产品第二道工序在产品完工程度}=\frac{20+20\times50\%}{50}\times100\%=60\%$$

$$A\text{产品第三道工序在产品完工程度}=\frac{20+20+10\times50\%}{50}\times100\%=90\%$$

A 产品月末在产品约当产量＝20×20%＋15×60%＋15×90%＝4＋9＋13.5＝26.5（件）

B 产品月末在产品的完工程度和在产品约当产量，由学习者自行计算。

❷ 计算约当总产量：

A 产品约当总产量＝450＋26.5＝476.5（件）

B 产品约当总产量＝742＋51.5＝793.5（件）

❸ 计算分配动力费用：

$$A\text{产品动力费用分配率}=\frac{33\,415.20}{476.5}=70.126\,3$$

A 产品月末在产品应负担动力费用＝26.5×70.126 3＝1 858.35（元）

A 产品完工产品应负担动力费用＝33 415.20－1 858.35＝31 556.85（元）

$$B\text{产品动力费用分配率}=\frac{22\,276.80}{793.5}=28.074\,1$$

B 产品月末在产品应负担动力费用＝51.5×28.074 1＝1 445.82（元）

B 产品完工产品应负担动力费用＝22 276.80－1 445.82＝20 830.98（元）

❹ 计算分配人工费用：

$$A\text{产品人工费用分配率}=\frac{146\,880}{476.5}=308.247\,6$$

A 产品月末在产品应负担人工费用＝26.5×308.247 6＝8 168.56（元）

A 产品完工产品应负担人工费用＝146 880－8 168.56＝138 711.44（元）

$$B产品人工费用分配率=\frac{117\ 504}{793.5}=148.083\ 2$$

B 产品月末在产品应负担人工费用＝51.5×148.083 2＝7 626.28(元)

B 产品完工产品应负担人工费用＝117 504－7 626.28＝109 877.72(元)

❺ 计算分配制造费用：

$$A产品制造费用分配率=\frac{77\ 814}{476.5}=163.303\ 3$$

A 产品月末在产品应负担制造费用＝26.5×163.303 3＝4 327.54(元)

A 产品完工产品应负担制造费用＝77 814－4 327.54＝73 486.46(元)

$$B产品制造费用分配率=\frac{62\ 245}{793.5}=78.443\ 6$$

B 产品月末在产品应负担制造费用＝51.5×78.443 6＝4 039.85(元)

B 产品完工产品应负担制造费用＝62 245－4 039.85＝58 205.15(元)

❻ 根据计算结果，编制本期完工产品与月末在产品生产费用分配表，如表 3－8 和表 3－9 所示。

表 3－8　　A 产品生产费用分配表

生产车间：一车间　　2023 年 5 月 31 日　　金额单位：元

项　目	成本项目				合　计
	直接材料	燃料和动力	直接人工	制造费用	
月初在产品成本	—	—	—	—	—
本月生产费用	288 090.00	33 415.20	146 880.00	77 814.00	546 199.20
生产费用累计	288 090.00	33 415.20	146 880.00	77 814.00	546 199.20
本月完工产品数量/件	450.00	450.00	450.00	450.00	
月末在产品数量/件	50.00	50.00	50.00	50.00	
在产品约当产量/件	50.00	26.50	26.50	26.50	
约当总产量/件	500.00	476.50	476.50	476.50	
费用分配率	576.18	70.126 3	308.247 6	163.303 3	
月末在产品成本	28 809.00	1 858.35	8 168.56	4 327.54	43 163.45
完工产品总成本	259 281.00	31 556.85	138 711.44	73 486.46	503 035.75
完工产品单位成本	576.18	70.13	308.25	163.30	1 117.86

会计主管：徐志新　　复核：陈　明　　制单：张　帆

表 3－9　　B 产品生产费用分配表

生产车间：一车间　　2023 年 5 月 31 日　　金额单位：元

项　目	成本项目				合　计
	直接材料	燃料和动力	直接人工	制造费用	
月初在产品成本	—	—	—	—	—

续 表

项 目	成 本 项 目				合 计
	直接材料	燃料和动力	直接人工	制造费用	
本月生产费用	225 432.00	22 276.80	117 504.00	62 245.00	427 457.80
生产费用累计	225 432.00	22 276.80	117 504.00	62 245.00	427 457.80
本月完工产品数量/件	742.00	742.00	742.00	742.00	
月末在产品数量/件	90.00	90.00	90.00	90.00	
在产品约当产量/件	58.00	51.50	51.50	51.50	
约当总产量/件	800.00	793.50	793.50	793.50	
费用分配率	281.79	28.074 1	148.083 2	78.443 6	
月末在产品成本	16 343.82	1 445.82	7 626.28	4 039.85	29 455.77
完工产品总成本	209 088.18	20 830.98	109 877.72	58 205.15	398 002.03
完工产品单位成本	281.79	28.07	148.08	78.44	536.38

会计主管：徐志新　　复核：陈　明　　制单：张　帆

（五）按完工产品成本计算在产品成本法

按完工产品成本计算在产品成本法，简称"完工产品法"，指将月末在产品视同完工产品分配生产费用的方法。其特点是一件在产品与一件完工产品承担相同的生产费用。这种方法适用于月末在产品已基本完工，只是尚未包装或尚未验收入库的产品。月末，可按完工产品与月末在产品的数量比例直接分配生产费用。

（六）按定额成本计算在产品成本法

按定额成本计算在产品成本法，简称"定额计算法"，指根据月末在产品数量和单位定额成本计算月末在产品成本，倒挤确定本期完工产品成本的方法。其特点是在产品只按定额成本计算，月末在产品的实际成本与定额成本之间的差额由本期完工产品负担。这种方法适用于在产品定额成本比较准确，消耗定额相对比较稳定，各期月末在产品数量较少的产品。采用定额计算法计算产品成本的基本计算公式如下：

$$月末在产品定额成本=月末在产品数量\times单位定额成本$$

$$本期完工产品总成本=月初在产品定额成本+本期生产费用-月末在产品定额成本$$

$$本期完工产品单位成本=\frac{本期完工产品总成本}{本期完工产品数量}$$

上述计算公式中，月末在产品的单位定额成本通常是按产品成本项目确定的，因此在具体计算月末在产品定额成本时，要按不同的定额标准分别计算月末在产品各个成本项目的定额成本，再加总确定月末在产品定额成本。

（七）按定额比例计算在产品成本法

按定额比例计算在产品成本法，简称"定额比例法"，是指在确定月末在产品与本期完工产品定额成本的基础上，按实际生产费用与定额总成本的比例分别确定月末在产品与本期完工产品实际成本的方法。其特点是按照生产费用占月末在产品和本期完工产品的定额成本的比例进行分配后，确定各自应负担的生产费用。这种方法适用于各种产品成本定额标准比较准确，各项消耗定额比较稳定，月末在产品数量较多的产品。这种方法克服了定额计算法中将在产品实际成本与定额成本之间的差额计入完工产品成本，可能造成完工产品成本计算不够准确的缺点。采用定额比例法计算产品成本的程序及相关公式如下：

（1）计算月末在产品与本期完工产品的定额成本：

$$\text{月末在产品原材料(人工、制造)费用定额成本}=\text{月末在产品数量}\times\text{单位在产品定额原材料(人工、制造)费用}$$

$$\text{本期完工产品原材料(人工、制造)费用定额成本}=\text{本期完工产品数量}\times\text{单位完工产品定额原材料(人工、制造)费用}$$

（2）计算定额成本分配率：

$$\text{原材料(人工、制造)费用定额分配率}=\frac{\text{月初在产品的原材料(人工、制造)费用}+\text{本期发生的原材料(人工、制造)费用}}{\text{月末在产品原材料(人工、制造)费用定额成本}+\text{本期完工产品原材料(人工、制造)费用定额成本}}$$

（3）计算月末在产品实际成本：

$$\text{月末在产品原材料(人工、制造)费用实际成本}=\text{月末在产品原材料(人工、制造)费用定额成本}\times\text{原材料(人工、制造)费用定额分配率}$$

$$\text{月末在产品的实际成本}=\text{月末在产品的材料费用}+\text{月末在产品的人工费用}+\text{月末在产品的制造费用}$$

（4）计算本期完工产品的实际总成本和单位成本：

$$\text{本期完工产品原材料(人工、制造)费用实际成本}=\text{本期完工产品原材料(人工、制造)费用定额成本}\times\text{原材料(人工、制造)费用定额分配率}$$

$$\text{或}=\text{月初在产品的原材料(人工、制造)费用}+\text{本期发生的原材料(人工、制造)费用}-\text{月末在产品负担的原材料(人工、制造)费用}$$

$$\text{本期完工产品的实际总成本}=\text{本期完工产品的材料费用}+\text{本期完工产品的人工费用}+\text{本期完工产品的制造费用}$$

$$\text{本期完工产品单位成本}=\frac{\text{本期完工产品的实际总成本}}{\text{本期完工产品数量}}$$

三、完工产品入库的核算

（一）账户设置

完工产品是指完成全部生产过程，符合技术与质量要求，验收入库，具备对外销售条件的产品。为了反映入库完工产品的增减变动情况，需要设置“库存商品”账户进行核算。“库存商品”是资产类账户，用来核算企业自行生产完工并入库的完工产品和从企业外部购进直接用于对外销售商品的增减变动和结余情况。在制造企业中，该账户的借方登记验收入库的外购商品或完工产品的实际成本；贷方登记结转的商品销售成本和因其他原因减少商品的实际成本；期末余额在借方，表示企业在库商品的实际成本。企业应当按照商品的品名、规格分户设置“库存商品数量金额明细账”，对库存商品进行明细分类核算。库存商品的核算在《中级财务会计》一书中讲述。

（二）会计处理

制造企业无论采用何种方法确定月末在产品成本，并计算出本期完工产品的总成本和单位成本后，都要根据编制的产品生产费用分配表或产品成本计算表，结合产品入库单进行会计处理。

［例 3－6］ 承［例 3－4］和［例 3－5］的资料，依据表 3－8、表 3－9 列示的分配结果，编制会计分录如下：

借：库存商品——A 产品　　503 035.75

　　　　　　——B 产品　　398 002.03

　贷：生产成本——基本生产成本——A 产品　　503 035.75

　　　　　　　　　　　　　　　——B 产品　　398 002.03

根据会计分录（记账凭证）登记基本生产成本明细账，转出完工产品成本，结出月末在产品成本。基本生产成本明细账如表 3－10 和表 3－11 所示。

表 3－10　基本生产成本明细账　总第　页

成本对象：A 产品　生产车间：一车间　投产时间：　字第　页

2023 年		凭证		摘要	成本项目				合计
月	日	字	号		直接材料	燃料和动力	直接人工	制造费用	
5	31		×	原材料费用	291 000.00				291 000.00
			×	材料成本差异	2 910.00				2 910.00
			×	分配动力费用		33 415.20			33 415.20
			×	分配工人工资			108 000.00		108 000.00
			×	计提社保费等			38 880.00		38 880.00
			×	分配制造费用				77 814.00	77 814.00
				本月生产费用合计	288 090.00	33 415.20	146 880.00	77 814.00	546 199.20
			×	本月完工产品成本	259 281.00	31 556.85	138 711.44	73 486.46	503 035.75
				月末在产品成本	28 809.00	1 858.35	8 168.56	4 327.54	43 163.45

表 3－11　基本生产成本明细账　总第　页

成本对象：B 产品　生产车间：一车间　投产时间：　字第　页

2023 年		凭证		摘要	成本项目				合计
月	日	字	号		直接材料	燃料和动力	直接人工	制造费用	
5	31		×	原材料费用	226 800.00				226 800.00
			×	材料成本差异	2 268.00				2 268.00
			×	低值易耗品摊销	900.00				900.00

续 表

2023 年		凭证		摘 要	成 本 项 目				合 计
月	日	字	号		直接材料	燃料和动力	直接人工	制造费用	
			×	分配动力费用		22 276.80			22 276.80
			×	分配工人工资			86 400.00		86 400.00
			×	计提社保费等			31 104.00		31 104.00
			×	分配制造费用				62 245.00	62 245.00
				本月生产费用合计	225 432.00	22 276.80	117 504.00	62 245.00	427 457.80
			×	本月完工产品成本	209 088.18	20 830.98	109 877.72	58 205.15	398 002.03
				月末在产品成本	16 343.82	1 445.82	7 626.28	4 039.85	29 455.77

【工作任务——运用约当产量法进行生产费用的分配】

业务单据：运用约当产量法进行生产费用的分配

操作录屏：运用约当产量法进行生产费用的分配

实例解析：

英伦机械制造有限公司生产的甲产品，需要经历三道工序。2023 年 6 月份，甲产品的相关资料如下：

（1）月初无期初在产品，本月发生的生产费用为：材料费用 560 000 元；燃料和动力费用 44 000 元；人工费用 156 000 元；制造费用 52 000 元。

（2）甲产品在三道工序的投料比例为：第一工序 50%；第二工序 30%；第三工序 20%。投料方式为：第一工序在生产开始时一次性投入，第二、第三工序在生产过程中均衡投料。

（3）甲产品定额工时 50 小时，其中第一工序 30 小时，第二工序 12 小时，第三工序 8 小时。各工序的在产品在所在工序的完工程度均为 50%。

（4）本月完工甲产品 800 件。

（5）月末在产品 200 件，其中第一工序 100 件，第二工序 60 件，第三工序 40 件。

操作步骤：

微课视频：在产品原材料费用约当产量计算

微课视频：在产品直接人工约当产量计算

（1）开设“生产成本——基本生产成本——甲产品”的明细分类账，并将本月发生的生产费用登记在该明细账户中。

（2）计算月末在产品材料费用的约当产量，确认当月甲产品材料费用的约当总产量，并据以分配材料费用，计算出月末在产品和本月完工产品的原材料费用。

（3）计算月末在产品其他费用的约当产量，确认当月甲产品其他费用的约当总产量，并据以分配燃料和动力费用、人工费用和制造费用，计算出月末在产品和本月完工产品各自承担的燃料和动力费用、人工费用和制造费用。

（4）根据计算结果，编制甲产品的生产费用分配表。

（5）根据甲产品生产费用分配表，编制完工产品入库的会计分录。

（6）参照表 3 - 10，根据甲产品生产费用分配表，完成“生产成本——基本生产成本——甲产品”明细分类账的登记工作，并结出甲产品期末在产品成本。

【项目小结】

本项目知识结构如图 3－1 所示。

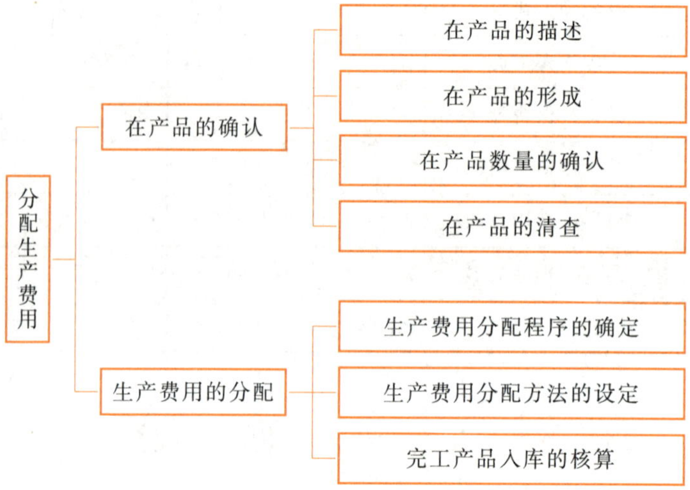

图 3－1 项目三知识结构

项目三自测题

项目四 运用成本计算的基本方法

◇ 职业能力目标

能根据企业的生产类型、工艺特点和管理要求，正确确定产品成本计算对象和产品成本计算期，明确各种产品成本计算基本方法的适用范围与操作步骤。

能运用品种法、分步法、分批法等产品成本计算的基本方法归集产品生产费用，在完工产品与期末在产品之间分配生产费用，确定完工产品的总成本与单位成本，并进行相应的会计处理。

◇ 典型工作任务

品种法的运用；分步法的运用；分批法的运用。

C919大型客机圆满完成首次商业飞行

任务一 品种法的运用

【引言】

产品成本计算方法，是指将一定会计期间发生的生产费用归集到一定的产品成本计算对象上，据以确定各种产品总成本与单位成本的方法。确定产品成本计算对象是进行产品成本计算的前提。决定产品成本计算对象的因素主要是企业的生产类型和管理要求，它们影响产品成本计算对象的确定、生产费用归集的程序、成本计算期的确定和生产费用在完工产品与期末在产品之间的分配。由于上述影响，形成了不同的产品成本计算方法。常用的成本计算方法主要有品种法、分批法、分步法、分类法和定额法。前三种方法可独立运用，被称为基本方法；后两种方法必须与基本方法结合方可使用，被称为辅助方法。在产品成本计算的基本方法中，最基本的就是品种法。

【知识准备与业务操作】

一、品种法的描述

计算产品成本的目的，在于确定企业生产的每一种产品所耗费的生产费用，从而了解产品成本的具体构成，一则可以作为确定产品售价的依据，二则可以寻找降低生产成本的途径。品种法是计算每一种产品成本构成的最基本的方法。

（一）品种法的概念

产品成本计算的品种法是以产品的品种作为成本计算对象，归集生产费用，计算产品成本的方法。品种法是最基本的产品成本计算方法。不论是何种生产类型、采用何种生产工艺、实行何种成本管理要求，最终都必须计算出每种产品的成本。因此，按产品品种计算产品成本是进行产品成本核算最基本的要求。

（二）品种法的特点

品种法作为最基本的成本计算方法，具有以下几个方面的特点。

1. 以产品品种作为成本计算对象

动画视频：品种法的特点与适用范围

以产品品种作为成本计算对象进行产品成本核算的企业，通常会大量大批连续地重复生产一种或几种产品。其工艺特点一般是单步骤生产，如果是多步骤生产，在成本管理上必定不要求分步骤计算各步骤的半成品成本。为此，要按产品品种开设基本生产成本明细账（或产品成本计算单），并按成本项目分专栏登记发生的生产费用。一个生产车间只生产一种产品时，为生产该种产品而发生的所有生产费用都是直接计入费用，可以直接计入该产品成本计算单的各个成本项目中。若同时生产几种产品，对各种产品的直接费用可采用直接认定方式记入各产品成本计算单的有关成本项目栏内；对几种产品共同消耗的间接费用，要采用一定的方法分配后再计入各产品成本计算单的相关成本项目中。

2. 以会计期间作为产品成本计算期

大量大批连续生产产品的企业，不可能等到所有产品全部完工以后再来计算完工产品成本，只能根据成本管理的要求，定期在月末计算出当月完工产品的总成本与单位成本。因此，采用品种法计算产品成本的企业，其成本计算期与会计报告期一致，而与产品的生产周期不一致。

3. 月末一般要在完工产品与月末在产品之间分配生产费用

由于产品生产周期与产品成本计算期不一致，用品种法在月末计算产品成本时，就会出现没有月末在产品或存在月末在产品两种情况。显然，在大量大批连续生产产品的企业中，特别是多步骤生产的企业里，月末通常会存在在产品。为此，必须将当月归集的生产费用在本月完工产品与月末在产品之间进行分配。当然，如果企业的产品生产工艺采用单步骤生产，且生产过程很短，月末也可能没有在产品或很少有在产品。在这种情况下，就不需要计算或不必计算月末在产品成本，将当期归集的生产费用全部计入本月完工产品成本。这种不必计算月末在产品成本的品种法是一种特例，被称为单一法、简单法或简化的品种法。

(三) 品种法的适用范围

1. 大量大批单步骤生产的产品

凡是大量大批生产一种或几种产品，如粮食加工、发电、采掘、供水、供汽、磨粉、铸造、加工等企业，均可以用品种法计算产品的成本。

2. 不要求分步骤计算半成品成本的大量大批多步骤生产的产品

对于小规模生产企业或车间所生产的产品，或者是封闭式的车间（按产品设立的车间，从投料到产品生产的全部过程都在一个车间内进行）所生产的产品，或者是按流水线组织生产的产品，在管理上不要求提供各步骤的成本资料时，可以用品种法计算产品的成本，如糖果厂、小砖瓦厂、小水泥厂、小瓷器厂、造纸厂等。

3. 企业内部辅助生产车间生产的劳务产品

企业设置的供水、供电、供汽等辅助生产车间是为基本生产车间、企业管理部门与其他辅助生产车间提供水、电、汽等劳务或产品的，产品品种单一，生产过程比较简单，可以采用品种法计算其成本。

二、品种法的应用

品种法的应用包括确定成本计算程序和运用品种法进行产品成本的计算。

(一) 品种法的成本计算程序

1. 开设基本生产成本明细账（或产品成本计算单）

以产品品种作为成本计算对象，开设基本生产成本明细账（或产品成本计算单），并根据企业成本管理的要求设置成本项目专栏。如果有月初在产品，应先在基本生产成本明细账中过入月初在产品成本。

2. 分配本月发生的各种生产费用

依据当月生产费用发生的原始凭证和其他有关资料，运用一定的方法分配要素费用，编制各种费用分配表或汇总表。对发生的各种直接计入费用，直接列入有关的费用分配表；对发生的各种间接计入费用，按一定标准分配后再列入有关的费用分配表。然后依据费用分配表所列的生产费用，记入各产品的基本生产成本明细账（或产品成本计算单）。

3. 分配辅助生产费用

按照受益原则，将归集在辅助生产成本明细账中的各种辅助生产费用，采用适当的方法在各个受益对象之间进行分配，编制辅助生产费用分配表，并据以登记有关的成本费用明细账。

4. 分配基本生产车间制造费用

将基本生产车间归集的制造费用，按一定的方法在该车间生产的各种产品之间进行分配，编制制造费用分配表，并记入各种产品的基本生产成本明细账（或产品成本计算单）。

5. 确定当月全部生产费用

月末，将各种产品的基本生产成本明细账（或产品成本计算单）中所归集的各种生产费用连同月初在产品成本，按成本项目进行加总，确定当月由各种产品负担的全部生产费用。

6. 计算完工产品总成本与单位成本

如果没有月末在产品，则本月所归集的全部生产费用就是本月完工产品总成本，用完工产品总成本除以完工产品的数量，就可计算出完工产品的单位成本。如果有月末在产品，则应采用适当的分配方法，将生产费用在完工产品和月末在产品之间进行分配，先确定月末在产品成本，再计算本月完工产品的总成本，进而计算各种产品的单位成本。依据计算结果编制每一完工产品的成本计算单，并依据各个产品成本计算单编制完工产品成本汇总表。

品种法计算产品成本的程序如图 4－1 所示。

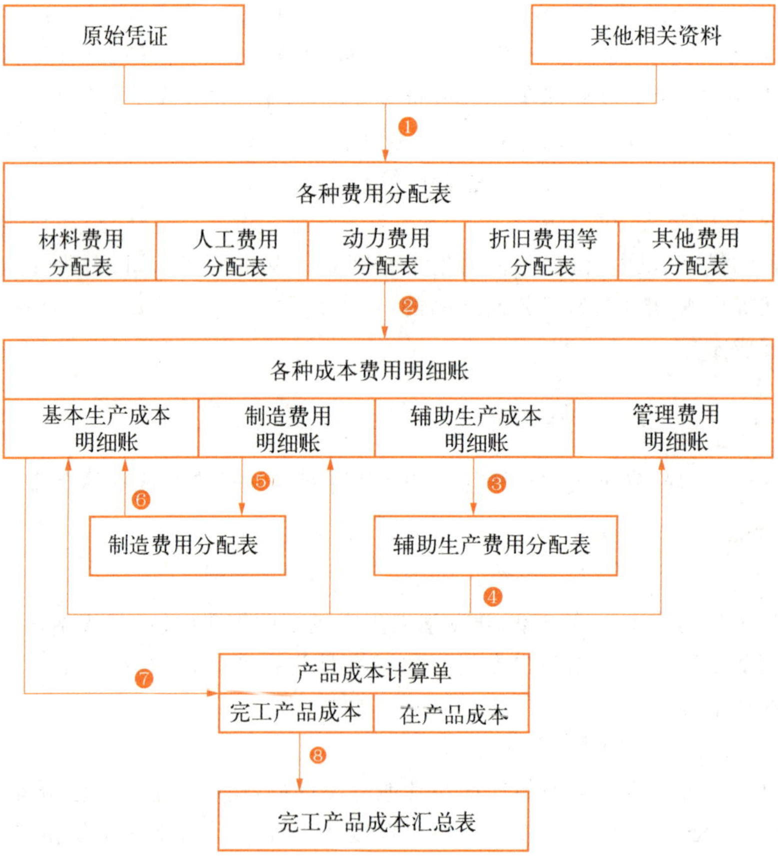

图 4－1 品种法计算产品成本的程序

❶ 根据原始凭证和其他相关资料，编制各种费用分配表。
❷ 根据费用分配表，编制记账凭证并登记各种成本费用明细账。
❸ 根据辅助生产成本明细账记录，编制辅助生产费用分配表。
❹ 根据辅助生产费用分配表，编制记账凭证并登记各种成本费用明细账。
❺ 根据制造费用明细账记录，编制制造费用分配表。
❻ 根据制造费用分配表，编制记账凭证并登记基本生产成本明细账。
❼ 根据基本生产成本明细账，编制产品成本计算单。
❽ 根据各种完工产品成本计算单，编制完工产品成本汇总表。

（二）品种法的应用实例

1. 简化品种法应用实例

简化品种法是指不计算或不必计算期末在产品成本，而将当期归集的生产费用全部计入完工产品成本的方法，是品种法中的特例。

［例 4－1］　光明火力发电厂只生产电力一种产品，采用品种法计算电力成本。该电厂 2023 年 5 月份生产电力 12 000 万度，基本生产成本明细账中归集的生产费用如表 4－1 所示。

表 4－1　**基本生产成本明细账**　总第　页

产品名称：电　生产车间：发电车间　投产日期：　字第　页

2023 年		凭证		摘　要	产量	成　本　项　目				合　计
月	日	字	号			直接材料	燃料和动力	直接人工	制造费用	
5	31		略	燃料费用			25 500 000			25 500 000
				辅助材料		1 520 000				1 520 000
				水　费		180 000				180 000
				工人工资				700 000		700 000
				计提社保费等				252 000		252 000
				分配制造费用					1 848 000	1 848 000
				生产费用合计		1 700 000	25 500 000	952 000	1 848 000	30 000 000
				完工产品成本		1 700 000	25 500 000	952 000	1 848 000	30 000 000

根据基本生产成本明细账归集的生产费用，编制产品成本计算单，如表 4－2 所示。

表 4－2　**产品成本计算单**

产品名称：电　2023 年 5 月 31 日

成 本 项 目	总成本/元	单位成本/（元/万度）
直接材料	1 700 000	141.67
燃料和动力	25 500 000	2 125.00
直接人工	952 000	79.33

续 表

成 本 项 目	总成本/元	单位成本/(元/万度)
制造费用	1 848 000	154.00
合 计	30 000 000	2 500.00

会计主管：黄 龙　　　　复核：李 晔　　　　制单：程晓明

对光明火力发电厂发生生产费用、分配生产费用、结转完工产品成本等的会计处理，以及根据结转完工产品成本的会计凭证登记基本生产成本明细账的过程，由学习者结合前面各项目的相关任务所学知识自行完成。

2. 典型品种法应用实例

业务单据：品种法

[例 4－2] 天山有限责任公司大量生产甲、乙两种产品，公司设有一个基本生产车间和机修、供水两个辅助生产车间。该公司根据生产特点和成本管理的要求，对甲、乙两种产品均采用品种法计算产品成本，开设基本生产成本明细账，并设置“直接材料”“直接人工”和“制造费用”三个成本项目(鉴于动力费用较少，不单设“燃料和动力”成本项目)。甲、乙产品所需原材料系开工时一次投入，甲、乙产品共同耗用的材料按直接材料消耗比例分配。基本生产车间生产工人工资、制造费用均按生产工时比例分配。对辅助生产车间不单独核算制造费用，归集的辅助生产费用采用直接分配法进行分配。月末，甲、乙产品采用约当产量法计算月末在产品成本。该公司 2023 年 5 月份有关产品的产量及成本资料如表 4－3—表 4－7 所示。

表 4－3　月初在产品成本　　金额单位：元

产品品种	直接材料	直接人工	制造费用	合 计
甲产品	100 000	21 000	9500	130 500
乙产品	128 000	24 000	11 800	163 800

表 4－4　产量资料　　单位：件

项 目	甲产品	乙产品
月初在产品	100	80
本月投产	800	320
本月完工	700	340
月末在产品	200	60

注：甲、乙产品的月末在产品完工程度均为 50%。

表 4－5　工时记录　　单位：小时

产品名称	生产工时	备 注
甲产品	17 000	

续　表

产品名称	生产工时	备　注
乙产品	12 300	
合　计	29 300	

表 4－6　辅助生产车间劳务资料

受益部门	辅助生产车间提供劳务		备　注
	机修车间/修理工时	供水车间/吨	
基本生产车间	1 800	15 000	
企业管理部门	150	500	
机修车间		300	
供水车间	50		
合　计	2 000	15 800	

4

表 4－7　本月生产费用资料

金额单位：元

项　目	基本生产车间				辅助生产车间				合　计
	甲产品	乙产品	共同耗用	车间耗用	机修车间		供水车间		
					生产耗用	车间耗用	生产耗用	车间耗用	
原材料	560 000	358 400	393 600	48 000	16 000	2 000	6 000	1 000	1 385 000
工　资			420 000	24 600	36 000	7 800	17 400	7 500	513 300
社保费等			151 200	8 856	12 960	2 808	6 264	2 700	184 788
折旧费				55 000		8 600		1 400	65 000
外购动力				48 000		9 300		4 300	61 600
摊销改良支出				20 800					20 800
办公费用				26 944		629		282	27 855
合　计	560 000	358 400	964 800	232 200	64 960	31 137	29 664	17 182	2 258 343

根据上述有关资料，计算甲、乙两种产品的成本，计算过程如下（计算结果精确到元）：

（1）以甲、乙产品为成本计算对象，分别开设基本生产成本明细账，如表 4－19、表 4－20 所示。

（2）根据审核无误的领料凭证，按用途编制原材料费用分配表，如表 4－8 所示。

表 4－8　原材料费用分配表

2023 年 5 月 31 日

金额单位：元

应借账户			成本或费用项目	间接计入费用			直接计入费用	合　计
总账账户	二级账户	明细账户		分配标准	分配率	分配金额		
生产成本	基本生产成本	甲产品	直接材料	560 000	0.428 571 4	240 000	560 000	800 000
		乙产品	直接材料	358 400	0.428 571 4	153 600	358 400	512 000

续 表

应借账户			成本或费用项目	间接计入费用			直接计入费用	合 计
总账账户	二级账户	明细账户		分配标准	分配率	分配金额		
生产成本	辅助生产成本	机修车间	直接材料				18 000	18 000
		供水车间	直接材料				7 000	7 000
制造费用	基本生产车间		物料消耗				48 000	48 000
合 计						393 600	491 400	1 385 000

会计主管：华 为　　复核：钱大志　　制单：韦 芳

注：材料费用分配率 $=\frac{393\ 600}{560\ 000+358\ 400}=0.428\ 571\ 4$

根据材料费用分配表(表 4－8)，编制会计分录如下：

借：生产成本——基本生产成本——甲产品　　800 000
　　　　　　　　　　　　　——乙产品　　512 000
　　　　　——辅助生产成本——机修车间　　18 000
　　　　　　　　　　　　　——供水车间　　7 000
　　制造费用——基本生产车间　　48 000
　贷：原材料——某材料　　1 385 000

(3) 根据本月工资结算汇总表与社会保险费用等的提取比例(假设为 36%)，编制工资及社保费用分配表，如表 4－9 所示。

表 4－9　工资及社保费用分配表

2023 年 5 月 31 日　　金额单位：元

应借账户			成本或费用项目	应付工资			计提比例	应付社保费用等
总账账户	二级账户	明细账户		工时/小时	分配率	分配金额		
生产成本	基本生产成本	甲产品	直接人工	17 000	14.334 471	243 686	36%	87 727
		乙产品	直接人工	12 300	14.334 471	176 314	36%	63 473
	辅助生产成本	机修车间	直接人工			43 800	36%	15 768
		供水车间	直接人工			24 900	36%	8 964
制造费用	基本生产车间		工资及社保			24 600	36%	8 856
合 计						513 300	36%	184 788

会计主管：华 为　　复核：钱大志　　制单：韦 芳

注：工资费用分配率 $=\frac{420\ 000}{17\ 000+12\ 300}=14.334\ 471$

根据工资及社保费用分配表(表 4－9)，编制会计分录如下：

❶ 借：生产成本——基本生产成本——甲产品　　243 686
　　　　　　　　　　　　　　——乙产品　　176 314
　　　　　　——辅助生产成本——机修车间　　43 800
　　　　　　　　　　　　　　——供水车间　　24 900
　　　制造费用——基本生产车间　　24 600
　　贷：应付职工薪酬　　513 300

❷ 借：生产成本——基本生产成本——甲产品　　87 727
　　　　　　　　　　　　　　——乙产品　　63 473
　　　　　　——辅助生产成本——修理车间　　15 768
　　　　　　　　　　　　　　——供水车间　　8 964
　　制造费用——基本生产车间　　8 856
　　贷：应付职工薪酬　　184 788

（4）编制固定资产折旧费用分配表，分配固定资产折旧费用，如表 4－10 所示。

表 4－10　　固定资产折旧费用分配表

2023 年 5 月 31 日　　金额单位：元

应借账户			成本或费用项目	累计折旧		
总账账户	二级账户	明细账户		固定资产类别	折旧率	折旧额
生产成本	辅助生产成本	机修车间	制造费用			8 600
		供水车间	制造费用			1 400
制造费用	基本生产车间		折旧费			55 000
合　计						65 000

会计主管：华　为　　复核：钱大志　　制单：韦　芳

根据固定资产折旧费用分配表（表 4－10），编制会计分录如下：

借：生产成本——辅助生产成本——机修车间　　8 600
　　　　　　　　　　　　　　——供水车间　　1 400
　　制造费用——基本生产车间　　55 000
　　贷：累计折旧　　65 000

（5）编制外购动力费用分配表，如表 4－11 所示。

表 4－11　　外购动力费用分配表

2023 年 5 月 31 日　　金额单位：元

应借账户			成本或费用项目	应付账款		
总账账户	二级账户	明细账户		仪表记录	分配率	电　费
生产成本	辅助生产成本	机修车间	制造费用			9 300
		供水车间	制造费用			4 300
制造费用	基本生产车间		动力费			48 000
合　计						61 600

会计主管：华　为　　复核：钱大志　　制单：韦　芳

根据外购动力费用分配表（表 4－11），编制会计分录如下：

借：生产成本——辅助生产成本——机修车间　　9 300
　　　　　　　　　　　　　　——供水车间　　4 300
　　制造费用——基本生产车间　　48 000
　　贷：应付账款——某电力公司　　61 600

(6) 编制长期待摊费用分配表,如表 4 - 12 所示。

表 4 - 12　　长期待摊费用分配表

2023 年 5 月 31 日　　金额单位:元

应借账户		成本或费用项目	长期待摊费用	
总账账户	明细账户		摊销项目	月摊销额
制造费用	基本生产车间	其他费用	租赁资产改良支出	20 800
合　计				20 800

会计主管:华　为　　复核:钱大志　　制单:韦　芳

根据长期待摊费用分配表(表 4 - 12),编制会计分录如下:

借:制造费用——基本生产车间　　20 800

　　贷:长期待摊费用　　20 800

4

(7) 根据有关资料编制其他费用分配表,如表 4 - 13 所示。

表 4 - 13　　其他费用分配表

2023 年 5 月 31 日　　金额单位:元

应借账户			成本或费用项目	款项支付	
总账账户	二级账户	明细账户		库存现金	银行存款
生产成本	辅助生产成本	机修车间	制造费用		629
		供水车间	制造费用		282
制造费用	基本生产车间		其他费用		26 944
合　计					27 855

会计主管:华　为　　复核:钱大志　　制单:韦　芳

注:假定全部费用均以银行存款支付。同时为表示方便,合并编制一组会计分录。

根据表 4 - 13,编制会计分录如下:

借:生产成本——辅助生产成本——机修车间　　629

　　　　　　　　　　　　　——供水车间　　282

　　制造费用——基本生产车间　　26 944

　　贷:银行存款　　27 855

(8) 分配机修车间和供水车间归集的辅助生产费用,编制辅助生产费用分配表,如表 4 - 14 所示。

在成本会计操作实务中,需要将发生并分配的辅助生产费用先在"生产成本——辅助生产成本"明细账中进行登记,计算出本月发生的全部辅助生产费用,再按一定的方法进行分配。本任务考虑到辅助生产费用分配后的账务处理需要,将辅助生产费用明细账的登记放在费用分配之后一并列示,如表 4 - 15、表 4 - 16 所示。

表 4 - 14　　辅助生产费用分配表(直接分配法)

2023 年 5 月 31 日　　金额单位:元

项　目	机修车间	供水车间	合　计
本月归集的生产费用	96 097	46 846	142 943

续 表

项目				机修车间	供水车间	合计
提供给辅助车间以外的劳务量				1 950 小时	15 500 立方米	
辅助生产费用分配率				49.280 5	3.022 3	
应借账户	制造费用	基本生产车间	接受劳务量	1 800	15 000	
			应负担费用	88 705	45 335	134 040
	管理费用	企业管理部门	接受劳务量	150	500	
			应负担费用	7 392	1 511	8 903
费用分配金额合计				96 097	46 846	142 943

会计主管：华 为　　复核：钱大志　　制单：韦 芳

根据辅助生产费用分配表(表 4－14)，编制会计分录如下：

借：制造费用——基本生产车间　　134 040

　　管理费用　　8 903

　　贷：生产成本——辅助生产成本——机修车间　　96 097

　　　　　　　　　　　　　　　　——供水车间　　46 846

(9) 根据上述有关资料，登记辅助生产成本明细账，如表 4－15 和表 4－16 所示。为了便于对照，以表的编号作为记账凭证号数(登记制造费用明细账、基本生产成本明细账时相同)。

表 4－15　　辅助生产成本明细账　　总第　页

辅助生产车间：机修车间　　产品或劳务：修理劳务　　字第　页

2023 年		凭证		摘要	成本项目			合计
月	日	字	号		直接材料	直接人工	制造费用	
5	31		8	分配材料费用	16 000		2 000	18 000
			9	分配工资费用		36 000	7 800	43 800
			9	分配社保费用		12 960	2 808	15 768
			10	分配折旧费用			8 600	8 600
			11	分配动力费用			9 300	9 300
			13	分配其他费用			629	629
				本月生产费用合计	16 000	48 960	31 137	96 097
			14	分配机修费用	16 000	48 960	31 137	96 097

表 4－16 **辅助生产成本明细账** 总第 页

辅助生产车间：供水车间 产品或劳务：水 字第 页

2023 年		凭证		摘要	成本项目			合计
月	日	字	号		直接材料	直接人工	制造费用	
5	31		8	分配材料费用	6 000		1 000	7 000
			9	分配工资费用		17 400	7 500	24 900
			9	分配社保费用		6 264	2 700	8 964
			10	分配折旧费用			1 400	1 400
			11	分配动力费用			4 300	4 300
			13	分配其他费用			282	282
				本月生产费用合计	6 000	23 664	17 182	46 846
			14	分配供水费用	6 000	23 664	17 182	46 846

（10）根据有关会计分录（记账凭证），登记基本生产车间制造费用明细账，如表 4－17 所示。

表 4－17 **制造费用明细账** 总第 页

车间名称：基本生产车间 字第 页

2023 年		凭证		摘要	借方	贷方	借或贷	余额	（借）方项目						
月	日	字	号						物料消耗	工资	社保费等	折旧费用	水电费用	设备维护	其他费用
5	31		8	材料费	48 000		借	48 000	48 000						
			9	工 资	24 600		借	72 600		24 600					
			9	社保费	8 856		借	81 456			8 856				
			10	折旧费	55 000		借	136 456				55 000			
			11	动力费	48 000		借	184 456					48 000		
			12	摊销费	20 800		借	202 256							20 800
			13	其他费	26 944		借	232 200							26 944
			14	机修费	88 705		借	320 905						88 705	
			14	水 费	45 335		借	366 240					45 335		
			18	分 配		366 240	平	0	48 000	24 600	8 856	55 000	93 335	88 705	47 744

需要说明的是，表 4－17 中的第 18 号凭证所列的制造费用分配业务，应当在编制制造费用分配表并编制记账凭证后方能进行登记。

(11) 编制制造费用分配表，分配本月制造费用，如表 4－18 所示。

表 4－18　　**制造费用分配表**

2023 年 5 月 31 日　　金额单位：元

应借账户			成本项目	分配标准/工时	分配率	分配金额
总账账户	二级账户	明细账户				
生产成本	基本生产成本	甲产品	制造费用	17 000		212 494
		乙产品	制造费用	12 300		153 746
合　计				29 300	12.499 66	366 240

会计主管：华　为　　复核：钱大志　　制单：韦　芳

注：$制造费用分配率=\frac{366\ 240}{17\ 000+12\ 300}=12.499\ 66$

根据表 4－18，编制会计分录如下：

借：生产成本——基本生产成本——甲产品　　212 494

　　　　　　　　　　　　　　——乙产品　　153 746

　贷：制造费用——基本生产车间　　366 240

(12) 根据有关记账凭证，登记基本生产成本明细账，如表 4－19 和表 4－20 所示。

表 4－19　　**基本生产成本明细账**　　总第　页

产品：甲产品　　生产车间：基本生产车间　　投产时间：　　字第　页

2023 年		凭证		摘　要	产量	成本项目			合　计
月	日	字	号			直接材料	直接人工	制造费用	
5	1			月初在产品成本	100	100 000	21 000	9 500	130 500
			8	分配材料费用	800	800 000			800 000
			9	分配工资费用			243 686		243 686
			9	分配社保费用			87 727		87 727
			18	分配制造费用				212 494	212 494
				生产费用累计		900 000	352 413	221 994	1 474 407
			21	结转完工产品成本	700	700 000	308 361	194 245	1 202 606
				月末在产品成本	200	200 000	44 052	27 749	271 801

表 4－20　　**基本生产成本明细账**　　总第　页

产品：乙产品　　生产车间：基本生产车间　　投产时间：　　字第　页

2023 年		凭证		摘　要	产量	成本项目			合　计
月	日	字	号			直接材料	直接人工	制造费用	
5	1			月初在产品成本	80	128 000	24 000	11 800	163 800

续 表

2023年		凭证		摘 要	产量	成本项目			合 计
月	日	字	号			直接材料	直接人工	制造费用	
			8	分配材料费用	320	512 000			512 000
			9	分配工资费用			176 314		176 314
			9	分配社保费用			63 473		63 473
			18	分配制造费用				153 746	153 746
				生产费用累计		640 000	263 787	165 546	1 069 333
			21	结转完工产品成本	340	544 000	242 399	152 123	938 522
				月末在产品成本	60	96 000	21 388	13 423	130 811

值得说明的是：基本生产成本明细账的登记与产品成本计算单的编制是交叉进行的。通常是先根据各种费用分配表编制会计分录（记账凭证），据以登记基本生产成本明细账，月末按成本项目计算出本月生产费用合计数；再运用本月生产费用合计数和完工产品入库记录及月末在产品资料编制产品成本计算单，计算出月末在产品成本和本月完工产品成本；最后根据产品成本计算单等编制完工产品入库的会计分录（记账凭证），并在基本生产成本明细账中作出结转完工产品成本和月末在产品成本的记录。

（13）编制产品成本计算单，计算甲、乙完工产品的总成本与单位成本，如表 4－21、表 4－22 所示。

表 4－21　　产品成本计算单

本月完工产品：700 件
月末在产品：200 件

产品名称：甲产品　　2023 年 5 月 31 日　　金额单位：元

摘 要	成 本 项 目			合 计
	直接材料	直接人工	制造费用	
月初在产品成本	100 000	21 000	9 500	130 500
本月生产费用	800 000	331 413	212 494	1 343 907
生产费用累计	900 000	352 413	221 994	1 474 407
月末在产品成本	200 000	44 052	27 749	271 801
本月完工产品成本	700 000	308 361	194 245	1 202 606
完工产品单位成本	1 000.00	440.52	277.49	1 718.01

会计主管：华 为　　复核：钱大志　　制单：韦 芳

在表 4－21 中，月末在产品成本的计算过程如下：

$$月末在产品直接材料成本=\frac{900\ 000}{700+200}\times 200=200\ 000(元)$$

$$月末在产品直接人工成本=\frac{352\ 413}{700+200\times 50\%}\times(200\times 50\%)=44\ 052(元)$$

$$月末在产品制造费用=\frac{221\ 994}{700+200\times 50\%}\times(200\times 50\%)=27\ 749(元)$$

根据表 4-21,结转完工甲产品成本,编制会计分录如下:

借:库存商品——甲产品　　1 202 606

　贷:生产成本——基本生产成本——甲产品　　1 202 606

表 4-22　　产品成本计算单

本月完工产品:340 件
月末在产品:60 件

产品名称:乙产品　　2023 年 5 月 31 日　　金额单位:元

摘　　要	成本项目			合　　计
	直接材料	直接人工	制造费用	
月初在产品成本	128 000	24 000	11 800	163 800
本月生产费用	512 000	239 787	153 746	905 533
生产费用累计	640 000	263 787	165 546	1 069 333
月末在产品成本	96 000	21 388	13 423	130 811
本月完工产品成本	544 000	242 399	152 123	938 522
完工产品单位成本	1 600.00	712.94	447.42	2 760.36

会计主管:华　为　　复核:钱大志　　制单:韦　芳

在表 4-22 中,月末在产品成本的计算如下:

$$月末在产品直接材料成本=\frac{640\ 000}{340+60}\times 60=96\ 000(元)$$

$$月末在产品直接人工成本=\frac{263\ 787}{340+60\times 50\%}\times(60\times 50\%)=21\ 388(元)$$

$$月末在产品制造费用=\frac{165\ 546}{340+60\times 50\%}\times(60\times 50\%)=13\ 423(元)$$

根据表 4-22,结转完工乙产品成本,编制会计分录如下:

借:库存商品——乙产品　　938 522

　贷:生产成本——基本生产成本——乙产品　　938 522

根据完工产品入库的会计分录(记账凭证)登记基本生产成本明细账。由于基本生产成本明细账中无贷方项目,因此登记时要采用红字冲销借方记录的方式。

任务二　分批法的运用

【引言】

在某些制造企业中,采取接受购货方批量订单的方式组织产品生产,对不同批次的订单，可能存在着产品规格、材料选用、生产工艺、产品质量等方面的不同要求，这就需要按产品投产的批次计算其成本。

【知识准备与业务操作】

一、分批法的描述

有些制造企业在组织产品生产过程中，不是大量大批地重复生产一种或几种产品，而是根据用户的订单或企业事先确定的产品种类、规格，按单件或小批量地组织产品的生产。这种生产类型的企业，要采用分批法进行产品成本计算。

（一）分批法的概念

4

产品成本计算的分批法，是指以产品的批号或订单作为成本计算对象，归集生产费用，计算产品成本的方法。在小批、单件生产的情况下，企业通常是按照订货单位的订单签发生产通知单组织生产的。因此，按照产品批别计算产品成本，往往也就是按照订单计算产品成本，故而分批法也叫订单法。

（二）分批法的特点

分批法的特点主要表现在成本计算对象、成本计算期和生产费用的分配三个方面。

1. 以产品批号或订单作为成本计算对象

分批法以产品批号或订单作为成本计算对象，按产品批号或订单设置基本生产成本明细账，归集生产费用。对能分清产品批次的直接计入费用，直接记入各批产品的基本生产成本明细账；对各批产品共同消耗的间接计入费用，应采用适当的方法在各批产品之间进行分配，然后再记入各批产品的基本生产成本明细账。

在实际工作中，产品的订单与组织产品生产的批号之间存在着三种情况：一是一份订单一个批号，即按购货单位的订单下达生产批号。二是一份订单几个批号，具体有三种情况，当一份订单中有多种产品时，为了分析和考核各种产品成本计划的完成情况，便于对产品成本进行管理和控制，需要按照产品的品种划分批号，组织生产，计算产品成本；当一份订单是一件或一种由许多部件装配而成的大型复杂产品时，因为产品价值大，生产周期长，如大型船舶、重型机器设备等，也可以按照产品的组成部分，分批号组织生产，分批号计算产品成本；当一份订单的批量较大，对方又要求分期交货时，可以划分为若干批号组织生产。三是几份订单一个批号，当同一时期多张订单订购的产品品种、规格相同时，为了经济合理地组织生产和管理，也可以将相同规格的产品合为一个批号组织生产，计算产品成本。因此，分批法的成本计算对象并不是购货单位的订单，而是企业生产部门按照购货单位的订单，结合企业的实际情况签发下达的生产任务通知单，单内对该批生产任务进行编号，这种编号称为产品批号或生产指令号，成本会计部门应当根据产品批号设置基本生产成本明细账。

2. 以各批产品的生产周期作为成本计算期

分批法以产品批号为对象计算产品成本，每批产品的成本只有在该批产品完工时才能计算出来，因此成本计算期就是每批产品的生产周期，它与会计报告期通常不一致。每一批次产品的生产周期依据生产任务通知单的要求而定，因此，分批法的成本计算期是不固定的。为了与会计分期的要求相一致，当一个批次产品的生产周期跨月进行，且月末已经出现了完工产品，则需要在月末先行计算已完工产品的成本。

3. 期末在完工产品与在产品之间分配生产费用

在单件生产的情况下，产品完工前，所归集的生产费用就是在产品成本，产品完工后，所归集的生产费用就是完工产品成本。在小批生产的情况下，每月末计算产品成本时，或者全部产品都完工形成完工产品成本，或者全部产品都没有完工形成期末在产品成本。因此，分批法一般不存在完工产品和在产品之间的生产费用分配问题。但在批量较大的情况下，出现批内产品跨月陆续完工交货的，为了使收入与费用相配比，也需要将所归集的生产费用在完工产品与在产品之间进行分配，以便计算完工产品成本和月末在产品成本。

为了简化核算手续，对于同一批次内先完工的产品，可以按计划单位成本、定额单位成本或最近一期相同产品的实际单位成本计价，从该批产品的成本计算单中转出，剩下的即为该批产品的在产品成本。当该批产品全部完工时，另行计算该批产品的实际总成本和单位成本，但对原来计算并转出的前期完工产品成本，不作账面调整。如果同一批次产品跨月完工的数量较多，为了正确计算产品成本，应采用适当的方法（如约当产量法），在完工产品和在产品之间分配生产费用。

4

（三）分批法的适用范围

分批法通常适用于下列小批、单件生产产品的企业：❶ 根据客户的要求生产特殊规格、规定数量的产品的企业，包括承接客户委托加工的单件大型产品，如船舶、重型机器，也包括受托生产多件同样规格的产品，如特种仪器或专用设备。❷ 产品种类经常变动的小规模企业，这类企业往往需要根据市场变化不断调整生产品种和数量，一般不可能大批量生产，如小五金商品和服装生产等。❸ 专门承揽修理业务的企业，需要按单项修理业务归集生产费用，计算修理业务成本。❹ 承担新产品开发试制的部门，在产品开发期间不可能大批生产试制的产品，因而属于小批量生产，也宜采用分批法计算试制产品的成本。

二、分批法的应用

（一）分批法的成本计算程序

1. 按批别开设基本生产成本明细账

成本会计部门根据生产计划部门签发的生产指令上所指定的产品批别，为每批产品开设基本生产成本明细账。为了分析与考核各车间的工作业绩，基本生产成本明细账也可按车间分订单或产品批号开设，记录与计算每一批号的产品在该车间发生的费用。

2. 按批别归集与分配生产费用

采用分批法计算产品成本，要求在记录各种费用发生的原始凭证中注明产品批次，以方便产品成本的计算。对单一批次产品承担的直接计入费用，按原始凭证注明的订单或批号直接汇总记入各批产品的基本生产成本明细账内；对几批产品共同承担的间接计入费用，则要按照一定的标准在各批产品之间进行分配，然后记入有关各批产品的基本生产成本明细账内。

3. 按批别计算完工产品成本

某一批次产品完工后，该批次产品的基本生产成本明细账中所归集的生产费用即为该批产品总成本，以总成本除以该批次产品的数量，即为单位成本。在月末未完工批次产品的基本生产成本明细账中所归集的生产费用，就是月末在产品成本。对跨月完工批别的产品，要根据月内完工产品数量的多少，分别采用计划成本、定额成本等方法确认完工产品成本；

或采用诸如定额比例法、约当产量法等方法，将生产费用在完工产品和在产品之间进行分配，分别确定完工产品成本与月末在产品成本。

（二）分批法的应用实例

业务单据：分批法

［例 4－3］ 大华机械制造有限责任公司根据购买单位的要求，小批生产 A、B、C 三种产品，采用分批法计算成本。该公司 2023 年 3 月份的生产情况和生产费用发生情况如下：

（1）本月份生产的产品批号及完工情况，如表 4－23 所示。

表 4－23　产品生产情况

产品批号	产品名称	投产情况	本月完工数量/件	月末在产品/件
0316	A 产品	3 月 8 号投产 24 件	16	8
0317	B 产品	3 月 12 日投产 20 件		20
0215	C 产品	2 月 20 日投产 32 件	8	24

（2）月初在产品成本，如表 4－24 所示。

表 4－24　月初在产品资料　　金额单位：元

产品批号	产品名称	成　本　项　目			合　计
		直接材料	直接人工	制造费用	
0215	C 产品	5 920	2 640	2 880	11 440

（3）本月份各批号产品发生的生产费用，如表 4－25 所示。

表 4－25　产品生产费用资料　　金额单位：元

批　号	产品名称	费　用　项　目			合　计
		原材料	人工费用	制造费用	
0316	A 产品	9 024	5 520	6 200	20 744
0317	B 产品	7 960	6 280	5 380	19 620
0215	C 产品	4 400	4 280	5 000	13 680

（4）完工产品与在产品之间的生产费用分配方法：

0316 批号 A 产品，本月完工数量较大，采用约当产量法确认期末在产品成本。该批产品所需原材料在生产开始时一次投入，月末在产品完工程度为 50%。

0317 批号 B 产品，本月全部未完工，本月生产费用全部为月末在产品成本。

0215 批号 C 产品，本月完工数量少，为了简化核算，完工产品按计划成本结转。C 产品的单位计划成本为：原材料 320 元，直接人工 210 元，制造费用 245 元。

根据上述资料，按批别开设基本生产成本明细账，并根据有关资料进行登记（费用分配表的编制本例从略），基本生产成本明细账如表 4－26、表 4－27 和表 4－28 所示。

❶ 计算 0316 批号 A 产品的完工产品成本与月末在产品成本，开设并登记 0316 批号 A 产品的基本生产成本明细账。

本月完工 A 产品 16 件，分配生产费用如下：

$$完工产品应负担原材料费用=\frac{9\,024}{24}\times16=6\,016(元)$$

$$月末在产品应负担原材料费用=9\,024-6\,016=3\,008(元)$$

$$完工产品应负担直接人工费用=\frac{5\,520}{16+8\times50\%}\times16=4\,416(元)$$

$$月末在产品应负担直接人工费用=5\,520-4\,416=1\,104(元)$$

$$完工产品应负担制造费用=\frac{6\,200}{16+8\times50\%}\times16=4\,960(元)$$

$$月末在产品应负担制造费用=6\,200-4\,960=1\,240(元)$$

表 4-26　　　　基本生产成本明细账

产品批号：0316　　　　投产日期：3 月 8 日
产品名称：A 产品　　批量：24 件　　本月完工：16 件　　累计完工：16 件　　完工日期：

2023 年		凭证		摘要	成本项目			合计
月	日	字	号		直接材料	直接人工	制造费用	
3	31		×	分配材料费用	9 024			9 024
			×	分配人工费用		5 520		5 520
			×	分配制造费用			6 200	6 200
				本月生产费用合计	9 024	5 520	6 200	20 744
			×	结转完工产品成本	6 016	4 416	4 960	15 392
				完工产品单位成本	376	276	310	962
				月末在产品成本	3 008	1 104	1 240	5 352

❷ 开设并登记 0317 批号 B 产品的基本生产成本明细账。

表 4-27　　　　基本生产成本明细账

产品批号：0317　　　　投产日期：3 月 12 日
产品名称：B 产品　　批量：20 件　　本月完工：件　　累计完工：件　　完工日期：

2023 年		凭证		摘要	成本项目			合计
月	日	字	号		直接材料	直接人工	制造费用	
3	31		×	分配材料费用	7 960			7 960
			×	分配人工费用		6 280		6 280
			×	分配制造费用			5 380	5 380
				本月生产费用合计	7 960	6 280	5 380	19 620

4

❸ 计算0215批号C产品的完工产品成本，并登记0215批号C产品的基本生产成本明细账。C产品本月完工8件，按计划单位成本计算完工产品成本如下：

完工产品原材料费用＝320×8＝2 560(元)

完工产品直接人工费用＝210×8＝1 680(元)

完工产品制造费用＝245×8＝1 960(元)

完工C产品总成本＝2 560＋1 680＋1 960＝6 200(元)

月末在产品成本＝25 120－6 200＝18 920(元)

表4－28 基本生产成本明细账

产品批号：0215 投产日期：2月20日

产品名称：C产品 批量：32件 本月完工：8件 累计完工：8件 完工日期：

2023年		凭证		摘要	成本项目			合计
月	日	字	号		直接材料	直接人工	制造费用	
3	1			月初在产品成本	5 920	2 640	2 880	11 440
	31		×	分配材料费用	4 400			4 400
			×	分配人工费用		4 280		4 280
			×	分配制造费用			5 000	5 000
				本月生产费用合计	10 320	6 920	7 880	25 120
			×	结转完工产品成本	2 560	1 680	1 960	6 200
				计划单位成本	320	210	245	775
				月末在产品成本	7 760	5 240	5 920	18 920

根据表4－26和表4－28中确定的完工产品成本，编制完工产品成本汇总表(略)，并据以编制会计分录如下：

借：库存商品——A产品 15 392

库存商品——C产品 6 200

贷：生产成本——基本生产成本——0316批产品 15 392

生产成本——基本生产成本——0215批产品 6 200

三、简化分批法的应用

在某些单件、小批生产的企业(或车间)里，产品订单多，生产周期长，而每月实际完工的产品批次并不多。在这种情况下，采用上述的分批法核算产品成本，不论各批产品完工与否，都要将当月发生的间接计入费用在当月分配计入各批产品成本，由于产品批次多，费用分配的核算工作量就显得非常繁重。尤其是在未实行会计电算化的企业，为了减轻成本会计核算的工作量，这类企业可以采用简化的分批法。简化的分批法，是通过对间接费用采用累计分配率进行分配，以减少成本计算工作量的分批法。即对每月发生的人工费用和制造费用等间接费用，不再按月在各批产品之间进行分配，而是将这些间接费用累计起来，待某批产品完工时，根据完工产品工时占累计总工时的比例，确认完工产品应负担的间接费用，据以计算完工批次的产品成本。所以这种方法也被称为“累计间接费用分配法”。简化的分批法由于在月末未完工产品的批别之间不再分配间接费用，因此，也被称为“不分批计算在产品成本的分批法”。

简化的分批法适用于投产批次多，而每月完工批次较少的企业。

(一) 简化分批法的特点

简化的分批法与一般意义上的分批法相比较，具有如下特点：

1. 要增设“基本生产成本”二级账

采用简化的分批法时，企业在按批次设置基本生产成本明细账的同时，还要按车间设置基本生产成本二级账。前者在平时只登记直接记入的原材料费用和生产工时，后者则归集车间投产的所有批次产品的各项费用和累计的全部生产工时。

4

2. 在有完工产品的月份，要计算累计间接费用分配率

在没有完工产品的月份，不分配发生的间接费用。在出现完工产品的月份，则要计算累计间接费用分配率，据以计算完工批次产品应负担的各项间接计入费用。累计间接费用分配率，既是在各批完工产品之间分配各项间接费用的依据，也是完工产品与月末在产品之间分配各项间接费用的依据。其计算公式是：

$$累计间接费用分配率=\frac{期初结存的全部在产品的间接费用+本月发生的全部间接费用}{期初结存的全部在产品工时+本月发生的全部工时}$$

$$完工产品批次应负担的间接费用=该批产品的累计工时\times累计间接费用分配率$$

在实际工作中，间接费用包括人工费用与制造费用，以及燃料和动力费用，因此通常要分别计算出累计人工费用分配率和累计制造费用分配率，以及累计燃料和动力费用分配率，再分别计算确认完工批次产品应负担的人工费用、制造费用以及燃料和动力费用。

3. 对当月完工的不同批次的产品，均按同一个累计间接费用分配率进行分配

在有完工产品批次的月份，不论完工批次的多少，都只计算统一的累计间接费用分配率进行间接费用的分配。这样，不仅简化了间接费用的分配工作，还简化了对未完工批次产品成本明细账的登记工作，因此，企业未完工的批数越多，核算就越简化。采用简化分批法的不足之处：一是未完工批别的基本生产成本明细账不能完整地反映其在产品的成本；二是如果各月发生的间接费用相差悬殊，会影响各月产品成本计算的正确性。例如，前几个月的间接费用较多，本月的间接费用较少，而某批产品本月投产，本月完工，这样，按累计间接费用分配率计算的该批完工产品成本就会发生不应有的偏高；反之，会造成不应有的偏低。此外，如果月末未完工产品的批数不多，也不宜采用这种方法。因为，一方面，仍要对完工产品分配登记各项间接费用，不能简化核算工作；另一方面，又在一定程度上影响到产品成本计算的正确性。

因此，应用简化的分批法必须具备两个条件：一是各月份的间接费用水平比较均衡；二是月末未完工产品的批次较多。这样，才能保证既简化产品成本的核算工作，又确保产品成本计算的正确性。

(二) 简化分批法的成本计算程序

1. 设置基本生产成本明细账与基本生产成本二级账

采用简化分批法计算产品成本，应按批别设置基本生产成本明细账，同时按全部产品设置基本生产成本二级账。产品完工前，基本生产成本明细账中只登记该批产品的直接材料

费用以及生产工时，只有在该批产品完工时，才通过累计间接费用分配率计算分配该批产品应负担的人工费用、制造费用及燃料和动力费用，并在完工批次产品的基本生产成本明细账中进行登记，计算出该批完工产品的成本。

平时，基本生产成本二级账要登记全部产品的生产费用和全部产品耗用的工时。在有完工产品的月份，依据该账户记录的全部间接费用和全部生产工时计算累计间接费用分配率，确认各批完工产品应负担的人工费用、制造费用及燃料和动力费用，并分配记入各完工批次产品的基本生产成本明细账。

2. 登记各批别产品发生的生产费用和生产工时

对各批别产品发生的直接费用和生产工时，平行记入各该批别产品的基本生产成本明细账和基本生产成本二级账。对各批别产品共同发生的间接费用，在发生时应根据费用分配表记入基本生产成本二级账，不必分配记入各批产品的基本生产成本明细账。

4

3. 计算完工产品成本

某批产品当月完工，要根据基本生产成本二级账中的累计间接费用和累计总工时，计算各项累计间接费用分配率，并据以计算该批完工产品应负担的间接费用。该批产品的直接费用与分配的间接费用之和，即为该批完工产品的总成本，将完工产品总成本除以该批完工产品的数量，即为该批完工产品的单位成本。

（三）简化分批法的应用实例

［例 4－4］ 泰山有限责任公司分批生产多种产品，产品批次和月末未完工产品批次都较多，为了简化成本核算工作，采用简化的分批法计算产品成本。2023 年 6 月份，该企业的产品批号及完工情况如表 4－29 所示。

表 4－29 各批产品生产情况表

产品批号	产品名称	投产记录	本月完工数量/件	月末在产品/件
0411	A	4 月 3 日投产 32 件	32	
0512	B	5 月 8 日投产 16 件	8	8
0513	C	5 月 21 日投产 30 件		30
0614	C	6 月 10 日投产 25 件		25
0615	D	6 月 25 日投产 35 件		35

表 4－29 中批号为 0512 的 B 产品，其原材料是在生产开始时一次投入的，完工产品所耗工时为 5 920 小时，在产品所耗工时为 2 520 小时。

根据相关资料，该公司开设并登记基本生产成本二级账及各批次基本生产成本明细账，如表 4－30—表 4－35 所示。

（1）基本生产成本二级账的登记，如表 4－30 所示。

表 4－30 基本生产成本二级账

2023 年		凭证		摘　要	生产工时	成本项目			合　计
月	日	字	号			直接材料	直接人工	制造费用	
5	31			月末在产品	13 700	303 070	162 336	129 830	595 236

续　表

2023年		凭证		摘　　要	生产工时	成本项目			合　计
月	日	字	号			直接材料	直接人工	制造费用	
6	30		×	本月生产费用	10 340	156 640	106 912	86 530	350 082
	30			生产费用累计	24 040	459 710	269 248	216 360	945 318
	30			累计间接费用分配率			11.20	9.00	
	30		×	本月完工转出	17 520	223 560	196 224	157 680	577 464
	30			月末在产品	6 520	236 150	73 024	58 680	367 854

基本生产成本二级账中的数据说明：

❶ 5月31日月末在产品的生产工时和各项费用是截至5月末各批产品的累计生产工时和发生的累计生产费用。

❷ 6月份发生的直接材料费用和生产工时，是根据6月份各批次产品的原材料费用分配表和生产工时记录登记的(与各该批次产品的基本生产成本明细账进行平行登记，相关数据相互衔接)；6月份发生的直接人工费用和制造费用(因燃料和动力费用较少而不单设该成本项目)等间接费用，根据各该费用分配表登记。本书为简化而将发生的各项目生产费用登记在了同一行次。

❸ 完工产品的直接材料费用和生产工时，根据各批次产品基本生产成本明细账(表4-31、表4-32)中完工产品的直接材料费用和生产工时汇总登记。即：

$$完工产品直接材料费用=177\ 300+46\ 260=223\ 560(元)$$

$$完工产品所耗工时=11\ 600+5\ 920=17\ 520(小时)$$

❹ 全部产品累计间接费用分配率：

$$全部产品累计直接人工费用分配率=\frac{269\ 248}{24\ 040}=11.2$$

$$全部产品累计制造费用分配率=\frac{216\ 360}{24\ 040}=9.0$$

完工产品应负担的各项间接费用，可以根据完工批次产品的基本生产成本明细账中所列生产工时分别乘以各该累计间接费用分配率计算求得。即：

$$完工产品直接人工费用=(11\ 600+5\ 920)\times 11.2=196\ 224(元)$$

$$完工产品制造费用=(11\ 600+5\ 920)\times 9.0=157\ 680(元)$$

❺ 6月30日月末在产品的直接材料费用和生产工时，根据基本生产成本二级账中累计的直接材料费用和生产工时，分别减去本月完工产品的直接材料费用和生产工时计算登记；也可以根据各批次产品的基本生产成本明细账中6月30日的月末在产品的直接材料费用和生产工时汇总后登记。

❻ 6月30日月末在产品的各项间接费用，可以根据基本生产成本二级账中在产品生产工时分别乘以各该累计间接费用分配率计算登记。即：

月末在产品直接人工费用＝6 520×11.2＝73 024(元)

月末在产品制造费用＝6 520×9.0＝58 680(元)

也可以根据基本生产成本二级账中各该成本项目的累计数分别减去完工产品负担的相应费用后计算登记。

(2) 各批次产品的基本生产成本明细账的登记。在各批产品的基本生产成本明细账中,平时只登记直接材料费用和生产工时,因此,在没有完工产品的月份,各账户的直接材料累计数即为各该批次月末在产品的全部直接材料成本,工时累计数即为各该批次产品所消耗的全部生产工时。各批次产品的基本生产成本明细账的累计直接材料费用与累计生产工时相加之和,应该等于基本生产成本二级账中所反映的全部批次的在产品直接材料费用累计数与生产工时累计数。

当月有完工产品(包括全批完工和批内部分完工)的基本生产成本明细账,除了要登记当月发生的直接材料费用和生产工时外,还要加计材料费用和生产工时累计数,并根据基本生产成本二级账中计算的累计间接费用分配率,计算该批完工产品应负担的人工费用和制造费用,计算完工产品的总成本与单位成本。

0411 批次 A 产品,本月末全部完工,其累计的直接材料费用和生产工时就是完工产品的直接材料费用和生产工时,将生产工时分别乘以累计人工费用分配率和累计制造费用分配率,即为完工产品应负担的人工费用和制造费用。

根据累计间接费用分配率,计算 A 产品应负担的人工费用和制造费用如下:

0411 批次 A 产品应负担的直接人工费用＝11 600×11.2＝129 920(元)

0411 批次 A 产品应负担的制造费用＝11 600×9.0＝104 400(元)

0411 批次 A 产品的基本生产成本明细账如表 4－31 所示。

表 4－31　　基本生产成本明细账

产品批号:0411　　产品名称:A　　投产日期:4 月 3 日

订货单位:三思公司　　产品批量:32 件　　完工:32 件　　完工时间:6 月

2023 年		凭证		摘　　要	生产工时	成本项目			合　计
月	日	字	号			直接材料	直接人工	制造费用	
4	30		×	分配材料费用	4 400	137 000			
5	31		×	分配材料费用	4 000	28 300			
6	30		×	分配材料费用	3 200	12 000			
	30			累计数	11 600	177 300			
	30			累计间接费用分配率			11.20	9.00	
	30		×	本月完工转出	11 600	177 300	129 920	104 400	411 620
				完工产品单位成本		5 540.625	4 060.00	3 262.50	12 863.125

0512 批次 B 产品,本月部分完工,应当按照一定的方法确定完工产品应负担的材料费用,根据完工产品所耗工时和累计间接费用分配率计算应负担的人工费用和制造费用。计

算结果如下：

$$完工产品应负担的直接材料费用=\frac{92\,520}{16}\times 8=46\,260(元)$$

在产品应负担的直接材料费用＝92 520－46 260＝46 260(元)

0512 批次 B 产品应负担的直接人工费用＝5 920×11.2＝66 304(元)

0512 批次 B 产品应负担的制造费用＝5 920×9.0＝53 280(元)

该批次产品的基本生产成本明细账如表 4－32 所示。

表 4－32　基本生产成本明细账

产品批号：0512　产品名称：B　投产日期：5 月 8 日

订货单位：三合公司　产品批量：16 件　完工：8 件　完工时间：

2023 年		凭证		摘要	生产工时	成本项目			合计
月	日	字	号			直接材料	直接人工	制造费用	
5	31		×	分配材料费用	4 800	92 520			
6	30			本月工时	3 640				
	30			累计数	8 440	92 520			
	30			累计间接费用分配率			11.20	9.00	
	30		×	本月完工转出	5 920	46 260	66 304	53 280	165 844
	30			完工产品单位成本		5 782.50	8 288	6 660	20 730.50
	30			月末在产品	2 520	46 260			

0513 批次 C 产品、0614 批次 C 产品和 0615 批次 D 产品，本月份均未完工，因此，各该批次产品的基本生产成本明细账中只登记本月发生的直接材料费用和生产工时，各该批次产品基本生产成本明细账中材料费用和生产工时的累计数，即月末在产品的直接材料费用和累计消耗工时。

该三批产品的基本生产成本明细账如表 4－33、表 4－34 和表 4－35 所示。

表 4－33　基本生产成本明细账

产品批号：0513　产品名称：C　投产日期：5 月 21 日

订货单位：景阳公司　产品批量：30 件　完工：　完工时间：

2023 年		凭证		摘要	生产工时	成本项目			合计
月	日	字	号			直接材料	直接人工	制造费用	
5	31		×	分配材料费用	500	45 250			
6	30		×	分配材料费用	1 500	50 000			

表 4－34　　基本生产成本明细账

产品批号：0614　　产品名称：C　　投产日期：6 月 10 日
订货单位：华山公司　　产品批量：25 件　　完工：　　完工时间：

2023 年		凭证		摘　　要	生产工时	成本项目			合　计
月	日	字	号			直接材料	直接人工	制造费用	
6	30		×	分配材料费用	800	57 140			

表 4－35　　基本生产成本明细账

产品批号：0615　　产品名称：D　　投产日期：6 月 25 日
订货单位：衡山公司　　产品批量：35 件　　完工：　　完工时间：

2023 年		凭证		摘　　要	生产工时	成本项目			合　计
月	日	字	号			直接材料	直接人工	制造费用	
6	30		×	分配材料费用	1 200	37 500			

各批次产品的基本生产成本明细账所列直接材料费用之和与基本生产成本二级账中所列的直接材料费用相等，表示月末在产品所消耗的全部材料费用：

0512 批次直接材料费用＋0513 批次直接材料费用＋0614 批次直接材料费用＋0615 批次直接材料费用＝46 260＋95 250＋57 140＋37 500＝236 150(元)

各批次产品的基本生产成本明细账中所列生产工时之和与基本生产成本二级账中所列的生产工时相等，表示月末在产品所消耗的全部生产工时：

0512 批次所耗工时＋0513 批次所耗工时＋0614 批次所耗工时＋0615 批次所耗工时＝2 520＋2 000＋800＋1 200＝6 520(小时)

任务三　分步法的运用

【引言】

当一个产品在生产过程中需要经过若干个步骤才能完成加工过程，且成本管理要求提供产品在每一生产步骤的成本资料时，只能按步骤计算产品在各该步骤所发生的成本费用。这时候，需要运用产品成本计算的分步法。

【知识准备与业务操作】

一、分步法的描述

在大量大批多步骤生产的企业中，为了加强对各生产步骤的成本管理，不但要求按产品品种计算成本，还要求按产品的生产步骤计算各步骤所耗费的成本。为此，需要采用分步法计算每一步骤的半成品成本和最后步骤的完工产品成本。

（一）分步法的概念

产品成本计算的分步法，是指以各生产步骤的产品（或半成品）作为成本计算对象，归集生产费用，计算产品（或半成品）成本的一种方法。在一些多步骤生产的企业中，生产工艺过程是由若干个在技术上可以间断的生产步骤组成的，每个生产步骤都有生产出的半成品（最后一个步骤生产出完工产品），这些半成品既可以用于下一个步骤继续进行加工或装配，又可以对外销售。为此，会计上不仅要计算最后步骤生产的完工产品的成本，还要计算前面各步骤生产的半成品的成本。

（二）分步法的特点

分步法的特点主要表现在成本计算对象、成本计算期和生产费用分配三个方面。

1. 分步法以各生产步骤的产品作为成本计算对象

在多步骤生产企业中，前面步骤通常生产半成品，到最后步骤才生产完工产品，但就每一个生产步骤而言，各该步骤生产的半成品，就是各该步骤的完工产品。由此可见，分步法实际上是品种法在产品成本计算过程中的连续使用。分步法要计算各步骤生产的半成品或完工产品的成本，就可以按产品生产过程中各步骤的“完工产品”作为成本计算对象，即按各生产步骤设置基本生产成本明细账，归集各步骤的生产费用。对明确由某个生产步骤消耗的直接计入费用，可直接记入该生产步骤的基本生产成本明细账；对各生产步骤共同消耗的间接计入费用，应采用适当的方法分配后，再记入各生产步骤的基本生产成本明细账。

在实际工作中，分步法用于设置生产成本明细账的生产步骤与实际的产品生产步骤并不一定完全相同。如果企业按生产步骤设立生产车间，可将生产车间视为生产步骤，以车间生产的“产品”作为成本计算对象；如果企业的生产车间规模很大，在同一个生产车间内要经过若干个生产步骤，企业以生产步骤划分生产工段，管理上也需要在车间内分步骤计算和考核产品成本时，则要以生产车间内的生产工段作为成本计算对象；如果企业生产车间的规模很小，管理上又不要求分车间计算和考核产品成本时，也可以将几个车间合并为一个生产步骤计算产品成本。因此，企业应根据具体情况划分生产步骤，确定分步法的成本计算对象。

2. 以会计报告期作为成本计算期

在大量大批多步骤生产的企业里，原材料连续不断地投入，各生产步骤的产品连续不断地向下一生产步骤移动，直至产品完工验收入库。为了使生产过程能有条不紊地持续进行，生产过程中的各个生产步骤必须保持一定数量的在产品。这样，各个生产步骤在每一会计期间（通常为会计月份）都会有完工产品产出，在月末也通常存在一定数量的在产品。与品种法相同，作为分步法，也需要在月末计算完工产品成本，因此，分步法的成本计算期与会计报告期一致，而与生产周期不同。

3. 月末完工产品与在产品之间要分配生产费用

由于采用分步法计算产品成本的企业，每个生产步骤月末均有一定数量的在产品与半成品或完工产品，因此对按生产步骤归集的生产费用，于月末应采用适当的分配方法，在月末在产品与本步骤的“完工产品”之间进行分配。

动画视频：分步法的特征与适用范围

（三）分步法的种类

多步骤生产产品的企业对产品生产步骤的划分方式和对各生产步骤进行成本管理的要求各有不同。从满足企业对成本管理的要求与简化成本计算工作两个角度考虑，各生产步骤成本的计算和结转，有逐步结转和平行结转两种方法。因此，产品成本计算的分步法，也就被分为逐步结转分步法和平行结转分步法两种。

逐步结转分步法是对各个生产步骤逐步计算并结转半成品成本，直到最后生产步骤计算出完工产品成本的方法。计算各生产步骤的半成品成本，是这种方法的显著特征。因此，逐步结转分步法也称作“计算半成品成本的分步法”。逐步结转分步法是在管理上要求提供各生产步骤半成品成本资料的情况下采用的。前一生产步骤完工的半成品转入下一生产步骤继续加工时，半成品成本同时转入下一生产步骤成本明细账，直至最后生产步骤产出完工产品，并最终计算出完工产品成本。

平行结转分步法是将各生产步骤应计入相同完工产品成本的份额平行汇总，计算出完工产品成本的方法。平行结转分步法只计算最终完工产品成本，不计算各生产步骤的半成品成本，因此，也称作“不计算半成品成本的分步法”。平行结转分步法是在管理上不要求提供各生产步骤半成品资料的情况下采用的。平时各生产步骤成本明细账都按步骤归集本步骤发生的原材料费用和加工费用，前一生产步骤完工的半成品转入下一生产步骤继续加工时，只转移半成品实物，不转移半成品成本。到月末再采用一定的分配方法，计算每一生产步骤应计入完工产品成本的“份额”，并汇总计算求得完工产品成本。

（四）分步法的适用范围

分步法主要适用于大量大批多步骤生产企业的产品成本计算，如冶金、纺织、机械制造等企业。在这些企业中，产品生产可以划分为若干生产步骤。如冶金企业的生产可以分为炼铁、炼钢、轧钢等步骤；纺织企业的生产可以分为纺纱、织布、印染等步骤；机械制造企业的生产可以分为铸造、加工、装配等步骤。在这些企业中，为了加强各生产步骤的成本管理，不仅要求按照产品的品种计算产品成本，还要求按照生产步骤汇集生产费用，计算各生产步骤的半成品成本，以便考核完工产品及其所经过的生产步骤的成本计划的执行情况。

逐步结转分步法主要适用于有半成品对外销售和需要考核半成品成本的企业，特别是大量大批连续式多步骤生产企业。在这些企业中，从原材料投入生产到最终产成品制成，中间要依次经过多个生产步骤进行加工，前面各生产步骤所产的是半成品，只有最后步骤完工的才是产成品。各生产步骤所生产的半成品，既可以转交给下一生产步骤继续加工，又可以作为商品产品对外销售。例如，纺织企业生产的棉纱，可以为企业自用，继续加工成各种棉布，也可以作为商品产品，直接对外出售。在这种情况下，除了需要计算各种完工产品成本外，还需要计算各生产步骤所产半成品成本。实行责任会计的企业，通常将生产车间、班组或产品生产步骤等内部单位设置为责任中心，为了全面考核和分析各生产步骤等内部单位的生产耗费和资金占用水平，也需要按生产步骤计算并结转半成品成本。

平行结转分步法主要适用于成本管理上不要求计算半成品成本的企业，特别是半成品不对外销售的大量大批装配式多步骤生产企业。在这些企业中，从原材料投入生产到产成品制成，先由各生产步骤对各种原材料平行地加工成各种零件和部件（半成品），然后再由总装车间（最后步骤）装配成各种完工产品。如果这些企业各生产步骤半成品的种类比较多，半成品对外销售的情况很少，采用平行结转分步法，可以简化和加速成本计算工作。在某些连续式多步骤生产企业，如果各生产步骤所产半成品仅供本企业下一步骤继续加工，不准备对外出售，也可以采用平行结转分步法。

二、逐步结转分步法的应用

（一）逐步结转分步法的成本计算程序

采用逐步结转分步法，往往视企业完工的半成品是否验收入库而采用不同的计算程序。

1. 半成品不通过仓库收发的成本计算程序

（1）根据第一生产步骤的基本生产成本明细账中各成本项目归集的生产费用，计算出完工半成品的成本。半成品实物直接转入下一生产步骤，月末根据完工半成品的成本，借记“生产成本——基本生产成本——第二步骤（半成品）”账户，贷记“生产成本——基本生产成本——第一步骤（半成品）”账户。

（2）第二步骤完工半成品的成本等于第一生产步骤转来的半成品成本，加上本步骤领用的原材料和发生的加工费用。第二步骤完工半成品实物直接转入第三步骤。月末根据第二步骤完工半成品成本，借记“生产成本——基本生产成本——第三步骤（半成品）”账户，贷记“生产成本——基本生产成本——第二步骤（半成品）”账户。以此类推，直至最后一个生产步骤计算出完工产品的成本。半成品不通过仓库收发的成本计算程序如图4-2所示。

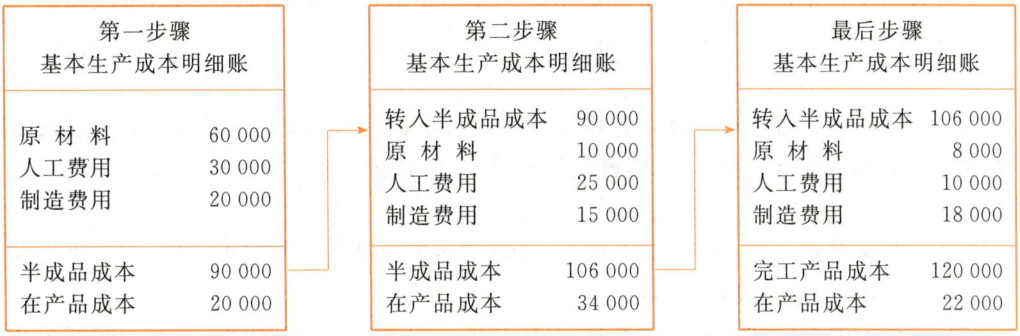

图4-2 半成品不通过仓库收发的成本计算程序

2. 半成品通过仓库收发的成本计算程序

（1）根据第一生产步骤的基本生产成本明细账中各成本项目归集的生产费用，计算出完工半成品的成本。结转验收入库半成品成本时，借记“原材料——第一步骤（半成品）”账户，贷记“生产成本——基本生产成本——第一步骤（半成品）”账户。

（2）第二生产步骤从半成品仓库领取第一步骤自制半成品时，借记“生产成本——基本生产成本——第二步骤（半成品）”账户，贷记“原材料——第一步骤（半成品）”账户，再加上第二步骤领用的原材料和发生的加工费用，计算出第二步骤完工半成品的成本，第二步骤半成品入库与第三步骤领用第二步骤半成品的会计处理与第一步骤完工半成品入库与领用相同。如此往复，按照生产步骤的顺序，累计结转半成品成本，直至最后一个生产步骤，计算出完工产品的成本。半成品通过仓库收发的成本计算程序如图 4－3 所示。

图 4－3 半成品通过仓库收发的成本计算程序

（二）半成品成本结转的方式

采用逐步结转分步法，各生产步骤之间转移半成品实物的同时，要进行半成品成本的结转。按照转入下一生产步骤基本生产成本明细账时半成品成本的反映方式，半成品成本结转方式分综合结转法和分项结转法两种。

1. 综合结转法

动画视频：综合结转分步法

综合结转法是指各生产步骤在领用上一生产步骤的半成品时，将领用的上步骤的半成品成本不分成本项目，综合记入本步骤基本生产成本明细账中的“原材料”或“半成品”成本项目的方法。

综合结转法对转入的上步骤的半成品，可以按照半成品的实际成本结转，也可以按照半成品的计划成本（或定额成本）结转。

按实际成本综合结转半成品成本时，对所耗上一步骤的半成品成本，应根据所耗半成品数量乘以实际单位成本计算。当半成品通过仓库收发时，由于各月入库半成品的单位成本不完全相同，应采用先进先出法或加权平均法等方法计算领用上一步骤的半成品成本。如果半成品不通过仓库收发，而是直接从上一步骤转入下一步骤加工，则下一步骤所耗上一步骤半成品成本直接按上一步骤本月完工半成品的实际成本数额转入。

按计划成本综合结转半成品成本时，对半成品的日常收发均按计划单位成本核算；在计算出半成品计划成本以后，再计算半成品的成本差异率，将所耗上步骤半成品的计划成本调整为实际成本。半成品成本差异率的计算可以比照“材料成本差异率”的计算公式进行计算。

按现行《企业会计制度》的规定，入库的半成品应当采用实际成本计价。

(1) 综合结转法的应用。

业务单据：综合结转分步法

［例 4－5］ 东方公司生产的 A 产品需要经过第一、第二两个基本生产车间连续加工完成。所需原材料于生产开始时一次投入。第一车间生产完工的 A 半成品交半成品库，在“原材料”账户下设“自制半成品”账户进行核算，第二车间从半成品库领用后继续加工生产出 A 产品，领用的半成品按实际成本计价（采用加权平均法）。该公司采用综合结转法计算产品成本。月末在产品成本计算采用约当产量法，两个车间的月末在产品完工率均为 50%。2023 年 6 月份，该公司有关产量资料和生产费用资料如表 4－36 和表 4－37 所示。

表 4－36　产量资料

单位：件

项目	第一车间	第二车间
	A 半成品	A 产品
月初在产品数量	75	125
本月投入产品数量	425	475
本月完工产品数量	450	500
月末在产品数量	50	100

表 4－37　生产费用资料

金额单位：元

成本项目	月初在产品成本		本月生产费用	
	一车间	二车间	一车间	二车间
直接材料	18 000	17 400	42 000	
直接人工	5 250	6 000	9 000	15 450
制造费用	7 500	9 000	13 875	20 700
合　计	30 750	32 400	64 875	36 150

根据“原材料——自制半成品”明细账户，A 半成品期初结存 100 件，单位成本 178.50元。

微课视频：自制半成品的入库核算

❶ 根据生产费用及产量资料计算 A 半成品成本和月末在产品成本，编制 A 半成品成本计算单，如表 4－38 所示。

表 4－38　第一车间产品成本计算单

本月完工：450 件
月末在产品：50 件

产品名称：A 半成品　　2023 年 6 月 30 日　　金额单位：元

摘　要	成本项目			合　计
	直接材料	直接人工	制造费用	
月初在产品成本	18 000	5 250	7 500	30 750
本月生产费用	42 000	9 000	13 875	64 875
生产费用累计	60 000	14 250	21 375	95 625
月末在产品数量/件	50	50	50	—
在产品约当产量/件	50	25	25	—

续 表

摘 要	成本项目			合 计
	直接材料	直接人工	制造费用	
完工产品产量/件	450	450	450	—
约当总产量/件	500	475	475	—
分配率(单位成本)	120	30	45	195
月末在产品成本	6 000	750	1 125	7 875
完工产品总成本	54 000	13 500	20 250	87 750

会计主管：周顺林　　复核：雷　伟　　制单：金　钏

表4-38的产品成本计算单中，月初在产品成本应根据上月末在产品成本登记；本月发生费用应根据本月各种费用分配表登记；本月完工产品成本和月末在产品成本根据约当产量法计算后登记。有关项目的计算如下：

$$直接材料分配率=\frac{60\ 000}{500}=120$$

$$直接人工分配率=\frac{14\ 250}{475}=30$$

$$制造费用分配率=\frac{21\ 375}{475}=45$$

$$完工半成品总成本=450\times(120+30+45)=87\ 750(元)$$

根据第一车间完工半成品交库单，编制会计分录如下：

借：原材料——自制半成品(A半成品)　　87 750

　贷：生产成本——基本生产成本——一车间(A半成品)　　87 750

❷ 根据第一车间A半成品交库单和第二车间领用A半成品的领料单，登记“原材料——自制半成品”明细账，如表4-39所示。

表4-39　原材料明细账

类别：自制半成品　　总第　页

品名：A半成品　　规格：　　存放地点：　　字第　页

2023年		凭证		摘 要	收 入			付 出			结 存		
月	日	字	号		数量	单价	金额	数量	单价	金额	数量	单价	金额
6	1			承前页							100	178.50	17 850
	30		×	本期入库	450	195	87 750				550		
			×	本月发出				475	192	91 200	75	192	14 400

$$A半成品的加权平均单位成本=\frac{17\ 850+87\ 750}{100+450}=192(元)$$

$$本月发出A半成品的成本=475\times192=91\ 200(元)$$

根据第二基本生产车间领用A半成品的领料单，编制会计分录如下：

借：生产成本——基本生产成本——二车间（A产品）　　91 200

　　贷：原材料——自制半成品（A半成品）　　91 200

❸ 根据第二基本生产车间领用的A半成品，发生的直接人工、制造费用、完工产品和月末在产品资料，分配费用并登记第二车间产品成本计算单，如表4-40所示。

表4-40　第二车间产品成本计算单

本月完工：500件
月末在产品：100件

产品名称：A产品　　2023年6月30日　　金额单位：元

摘　　要	成　本　项　目			合　　计
	直接材料	直接人工	制造费用	
月初在产品成本	17 400	6 000	9 000	32 400
本月生产费用	91 200	15 450	20 700	127 350
生产费用累计	108 600	21 450	29 700	159 750
月末在产品数量/件	100	100	100	—
在产品约当产量/件	100	50	50	—
完工产品产量/件	500	500	500	—
约当总产量/件	600	550	550	—
分配率（单位成本）	181	39	54	274
月末在产品成本	18 100	1 950	2 700	22 750
完工产品总成本	90 500	19 500	27 000	137 000

会计主管：周顺林　　复核：雷　伟　　制单：金　钏

表4-40中，月初在产品成本应根据上月末在产品成本资料登记；本月生产费用的各成本项目登记本月本步骤领用上步骤半成品成本及发生的其他费用，其中“直接材料”（在明确只使用上步骤的半成品进行下步骤生产的企业也可以直接把本成本项目设置为“半成品”）成本项目栏根据按加权平均单位成本计算并领用的A半成品实际成本登记，其他费用根据相关费用分配表的分配结果登记；月末在产品成本和完工产品成本按采用约当产量法计算的结果登记。有关的分配率及完工产品成本计算与A半成品相关项目的计算方法相同。

根据完工产品交库单，编制会计分录如下：

借：库存商品——A产品　　137 000

　　贷：生产成本——基本生产成本——二车间（A产品）　　137 000

在综合结转法下，采用实际成本计价，对下一步骤领用半成品成本的计算必须等上一步骤计算出半成品的成本以后才能进行，从而导致各生产步骤半成品或完工产品成本的计算不能同步进行，使工作效率受到影响；同时，按品种计算各生产步骤耗用半成品实际成本的工作量也较大。

为了简化和加速核算工作，各步骤领用上步骤的半成品也可以采用计划成本计价。各生产步骤在领用半成品时，可先按计划成本借记“生产成本——基本生产成本”账户，贷记“原材料——自制半成品”账户。月末计算出完工半成品实际成本时，根据验收入库的半成品数量，按计划成本，借记“原材料——自制半成品”账户；按实际成本，贷记“生产成本——

基本生产成本”账户；计划成本与实际成本的差额，借记或贷记“半成品成本差异”账户。同时，比照原材料按计划成本核算的方法，计算出半成品成本差异分配率，分配各生产步骤领用半成品应负担的半成品成本差异，将领用半成品的计划成本调整为实际成本。

自制半成品成本差异的计算公式和差异分配的会计处理均与材料成本差异的计算公式和会计处理相似，不再复述。

（2）综合结转法的成本还原。采用综合结转法结转半成品成本，使各步骤所耗半成品的成本全部在基本生产成本明细账的“半成品”或“直接材料”成本项目中综合反映。因此，完工产成品的成本构成中，材料费用实际上是最后一个步骤所耗上步骤的半成品成本，而人工费用和制造费用则是最后一个步骤发生的费用，这样计算出来的产品成本，不能提供按原始成本项目反映的成本构成的资料，不便于进行成本分析和考核，也不利于加强对产品成本的管理。因此，需要对采用综合结转法计算出来的产品成本进行成本还原。

成本还原是指将完工产品成本中“半成品”成本项目的综合成本逐步分解，还原成“直接材料”“直接人工”和“制造费用”等原始的成本项目，从而求得按原始成本项目反映的产品成本资料。

成本还原的方法通常采用倒序法，即从最后一个步骤起，把各步骤所耗上一步骤“半成品”的综合成本，按照上一步骤本月完工半成品成本项目的比例分解还原为原来的成本项目。如此自后向前，逐步分解还原，直到第一步骤为止，然后再将各步骤还原后的成本项目汇总，求得按原始成本项目反映的完工产品成本资料。

产品成本还原过程如图 4－4 所示（以三道工序加工为例）。

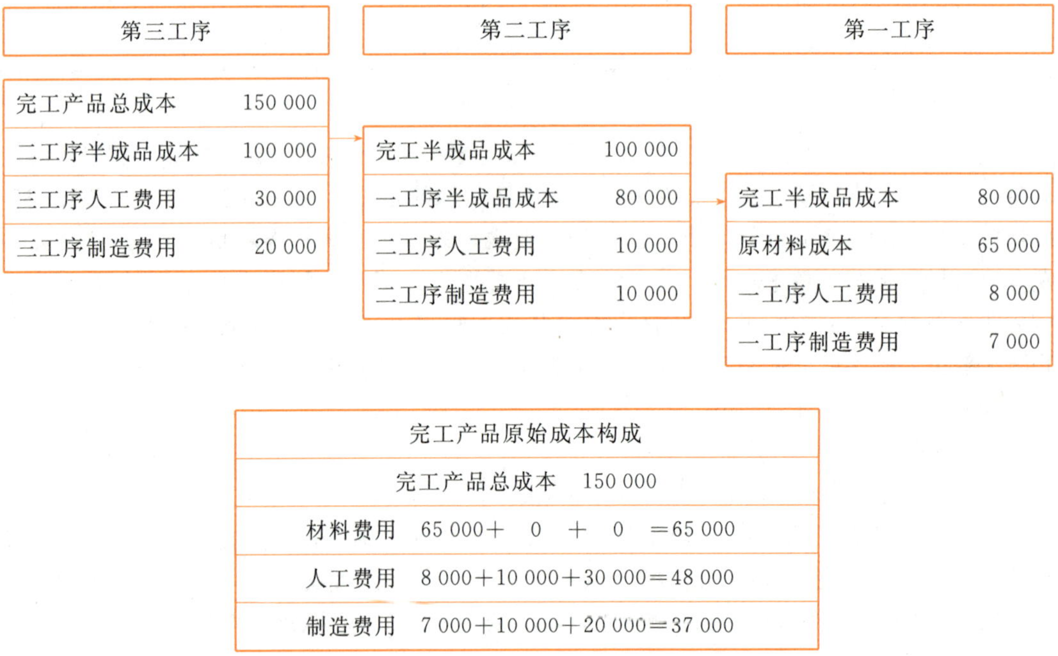

图 4－4 产品成本还原过程

成本还原方法主要有成本还原率法和项目比重还原法两种。

❶ 成本还原率法。它是指以本月产品成本中所耗费上一步骤半成品的综合成本占本月该种半成品总成本的比例，分别乘以所耗费该种半成品的各个成本项目金额进行还原，从

而求得完工产品原始成本的方法。其计算公式如下：

$$成本还原率=\frac{本月完工产品成本中所耗上步骤“半成品”成本}{上步骤本月完工半成品成本}$$

$$\begin{matrix}完工产品所耗上步骤半成\\品各成本项目的还原金额\end{matrix}=\begin{matrix}上步骤本月完工半成\\品各成本项目的金额\end{matrix}\times 成本还原率$$

[例 4-6] 运用表 4-38 和表 4-40 中按综合结转法计算出的产品成本资料，采用成本还原率法进行成本还原。

从表 4-40 中可见，本月完工产品的成本中，其原材料成本为耗用上步骤生产的“A 半成品”成本 90 500 元，而非真实的原材料成本。因此需要对完工产品成本中所耗上步骤的“A 半成品”成本 90 500 元进行还原。本月上步骤完工 A 半成品的总成本为 87 750 元(其中：直接材料 54 000 元，直接人工 13 500 元，制造费用 20 250 元)。采用成本还原率法进行成本还原，计算如下：

$$成本还原率=\frac{90\,500}{87\,750}=1.031\,34$$

还原成第一步骤的直接材料＝54 000×1.031 34＝55 692(元)
还原成第一步骤的直接人工＝13 500×1.031 34＝13 923(元)
还原成第一步骤的制造费用＝20 250×1.031 34＝20 885(元)
合　计　90 500(元)

还原后 A 产品的原始成本构成为：

直接材料＝　55 692(元)
直接人工＝19 500＋13 923＝33 423(元)
制造费用＝27 000＋20 885＝47 885(元)
合　计　137 000(元)

在实际工作中，往往通过编制产品成本还原计算表进行成本还原。根据上述成本还原过程填列的成本还原计算表，如表 4-41 所示。

表 4-41　产品成本还原计算表

产品：A 产品　2023 年 6 月 30 日　产量：500 件　金额单位：元

项目	成本还原率	成本项目				合计
		半成品	直接材料	直接人工	制造费用	
还原前产品总成本		90 500		19 500	27 000	137 000
上步骤本月完工半成品成本			54 000	13 500	20 250	87 750
半成品成本还原	1.031 34	−90 500	55 692	13 923	20 885	—
还原后产品总成本			55 692	33 423	47 885	137 000
还原后产品单位成本			111.38	66.85	95.77	274.00

会计主管：周顺林　复核：雷　伟　制单：金　钏

❷ 项目比重还原法。它是指根据本月产品成本中所耗费上一步骤本月完工半成品各

成本项目金额占本月完工该种半成品总成本的比重，据以将本步骤耗费的半成品成本还原，从而求得完工产品原始成本结构的方法。其计算公式如下：

$$\text{上步骤本月完工半成品各成本项目占总成本的比重}=\frac{\text{上步骤本月完工半成品各成本项目金额}}{\text{本月完工该种半成品总成本}}$$

$$\text{完工产品所耗上步骤半成品各成本项目的还原金额}=\text{本步骤所耗的上步骤“半成品”成本}\times\text{上步骤本月完工半成品各成本项目占总成本的比重}$$

［例 4－7］ 仍运用表 4－38 和表 4－40 中按综合结转法所计算的产品成本资料，采用项目比重还原法进行成本还原。

成本还原对象是完工产品成本中所耗上步骤的“A 半成品”成本 90 500 元。本月上步骤完工 A 半成品的总成本 87 750 元，由直接材料 54 000 元、直接人工 13 500 元、制造费用 20 250元构成。采用项目比重法进行成本还原，计算如下：

$$\text{上步骤完工半成品直接材料比重}=\frac{54\ 000}{87\ 750}\times 100\%=61.538\%$$

$$\text{上步骤完工半成品直接人工比重}=\frac{13\ 500}{87\ 750}\times 100\%=15.385\%$$

$$\text{上步骤完工半成品制造费用比重}=\frac{20\ 250}{87\ 750}\times 100\%=23.077\%$$

还原成第一步骤的直接材料＝90 500×61.538%＝55 692（元）

还原成第一步骤的直接人工＝90 500×15.385%＝13 923（元）

还原成第一步骤的制造费用＝90 500×23.077%＝20 885（元）

合　计　　90 500（元）

还原后 A 产品的原始成本构成为：

直接材料＝　　55 692（元）

直接人工＝19 500＋13 923＝33 423（元）

制造费用＝27 000＋20 885＝47 885（元）

合　计　　137 000（元）

根据上述计算过程和结果填列的成本还原计算表，如表 4－42 所示。

表 4－42　　产品成本还原计算表　　产量：500 件

产品：A 产品　　2023 年 6 月 30 日　　金额单位：元

项　　目	成本项目				合　　计
	半成品	直接材料	直接人工	制造费用	
还原前产品总成本	90 500		19 500	27 000	137 000
半成品成本构成比例		61.538%	15.385%	23.077%	100%
半成品成本还原	－90 500	55 692	13 923	20 885	—
还原后产品总成本		55 692	33 423	47 885	137 000
还原后产品单位成本		111.38	66.85	95.77	274.00

会计主管：周顺林　　复核：雷　伟　　制单：金　钏

[例 4-6]中的 A 产品，只经过两个生产步骤加工，需要进行成本还原的半成品成本非常明确，就是完工产成品中消耗的第一步骤的半成品成本。如果产品的生产过程是三个步骤，甚至更多，则必须明确，成本还原的对象仅仅是完工产品中所消耗的半成品成本，而不是每步骤所消耗上步骤的半成品成本，这样才能正确进行产品的成本还原。例如，某产品的生产过程包含三个生产步骤，在进行成本还原时，首先，要按照上述方法对第三步骤完工产品所消耗的第二步骤的“半成品”成本进行第一次成本还原；其次，将已还原出来的第二步骤的“半成品”成本依据第一步骤的完工半成品成本构成进行第二次成本还原；最后，将还原出来的同类费用汇总相加，得出还原结果，确定完工产品的原始成本构成。特别要注意的是，第二次还原的对象是第一次还原出来的“半成品”成本，而不是第二步骤本月完工半成品中所消耗的第一步骤的“半成品”成本。总之，成本还原只是对完工产成品成本中的“半成品”成本进行还原，而不是对前几个生产步骤中在本月完工的半成品成本进行成本还原。

4

如某公司生产甲产品需要经过三道工序最终完成加工过程，其中第一道工序将原材料加工为甲 1 半成品，第二道工序以一件甲 1 半成品加工成一件甲 2 半成品，第三道工序以一件甲 2 半成品加工为一件甲产品。假定本月第一道工序完工甲 1 半成品 900 件入库；第二工序从仓库领用 950 件甲 1 半成品，完工甲 2 半成品 920 件入库；第三道工序从半成品库领用甲 2 半成品 980 件，完工甲产品 1 000 件入库。在进行成本还原时，只按完工甲产品 1 000 件中所消耗的甲 2 半成品和甲 1 半成品进行还原，而不需要对前两道工序中实际领用或实际消耗的半成品成本进行还原。

本月完工产品中所耗半成品也可能包括上个月结存的半成品。按照以上方法进行成本还原，没有考虑以前月份所产半成品成本结构对本月完工产品所消耗半成品成本结构的影响。因此，在各月所产半成品的成本结构变动较大的情况下，采用这种方法，对本月完工产品成本进行成本还原的准确性就会有较大的影响。如果企业半成品的定额成本或计划成本比较准确，为了简化成本还原工作，并提高成本还原结果的准确性，也可以按半成品定额成本或计划成本的成本项目结构对本月半成品成本进行成本还原。

2. 分项结转法

分项结转法是指各生产步骤将其所消耗的上一生产步骤的半成品成本，按照成本项目分项转入本生产步骤成本计算单中相应的成本项目之中。如果半成品通过半成品库收发，在自制半成品明细账中，也要按照成本项目分别登记。

采用分项结转法结转半成品成本时，通常按照半成品实际成本结转，也可按照半成品计划成本结转，然后按成本项目调整成本差异，但调整半成品成本差异的工作量较大。

[例 4-8] 大信公司 2023 年 6 月份生产 B 产品，经过第一、第二两个基本生产车间连续加工，第一步骤生产 B 半成品，直接转入第二步骤继续加工成 B 产品。成本计算采用分项结转法。该产品耗用的原材料于生产开始时一次投入，采用约当产量法分配完工产品和月末在产品成本。各车间在产品的完工程度均为 50%。有关产量资料和生产费用资料如表 4-43 和表 4-44 所示。

表 4-43 **产量资料** 单位：件

项　目	第一车间	第二车间
	B 半成品	B 产品
月初在产品数量	50	100

续 表

项目	第一车间	第二车间
	B半成品	B产品
本月投入产品数量	300	200
本月完工产品数量	200	225
月末在产品数量	150	75

表 4-44 生产费用资料 金额单位：元

成本项目	月初在产品成本			本月发生费用		
	一车间	二车间		一车间	二车间	
		上步费用	本步费用		上步费用	本步费用
直接材料	10 000	23 000		60 000		
直接人工	4 200	4 000	8 000	20 000		7 750
制造费用	3 500	2 800	5 120	10 800		5 380
合 计	17 700	29 800	13 120	90 800		13 130

(1) 根据月初在成品成本、各种费用分配表及完工产品和月末在产品之间的费用分配结果，登记第一车间B半成品成本计算单，如表4-45所示。

表 4-45 第一车间产品成本计算单

本月完工：200件
月末在产品：150件

产品名称：B半成品　　2023年6月30日　　金额单位：元

摘要	成本项目			合计
	直接材料	直接人工	制造费用	
月初在产品成本	10 000	4 200	3 500	17 700
本月生产费用	60 000	20 000	10 800	90 800
生产费用累计	70 000	24 200	14 300	108 500
月末在产品数量/件	150	150	150	—
在产品约当产量/件	150	75	75	—
本月完工产品数量/件	200	200	200	—
约当总产量/件	350	275	275	—
分配率(单位成本)	200	88	52	340
月末在产品成本	30 000	6 600	3 900	40 500
完工产品总成本	40 000	17 600	10 400	68 000

会计主管：赵 强　　复核：程忠明　　制单：洪 贤

$$直接材料分配率=\frac{70\ 000}{200+150}=200$$

$$直接人工分配率=\frac{24\ 200}{200+150\times50\%}=88$$

$$\text{制造费用分配率}=\frac{14\ 300}{200+150\times50\%}=52$$

第一车间将当月生产完工的B半成品全部移交给第二车间继续加工，按实际成本编制会计分录如下：

借：生产成本——基本生产成本——二车间(直接材料)　　40 000
　　　　　　　　　　　　　——二车间(直接人工)　　17 600
　　　　　　　　　　　　　——二车间(制造费用)　　10 400
　贷：生产成本——基本生产成本——一车间(B半成品)　　68 000

(2) 根据月初在产品成本、各种费用分配表、半成品领用单、完工产品与月末在产品之间的费用分配结果，登记第二车间产品成本计算单，如表4-46所示。

表4-46　第二车间产品成本计算单

本月完工：225件
月末在产品：75件

产品名称：B产品　　2023年6月30日　　金额单位：元

摘要		成本项目			合计
		直接材料	直接人工	制造费用	
月初在产品成本	第一步骤	23 000	4 000	2 800	29 800
	第二步骤		8 000	5 120	13 120
本月生产费用	第一步骤转入	40 000	17 600	10 400	68 000
	第二步骤发生		7 750	5 380	13 130
生产费用累计	第一步骤	63 000	21 600	13 200	97 800
	第二步骤		15 750	10 500	26 250
月末在产品数量/件	第二步骤	75	75	75	
在产品约当产量/件	第一步骤	75	75	75	
	第二步骤		37.50	37.50	
本月完工产品数量/件	第二步骤	225	225	225	
约当总产量/件	第一步骤	300	300	300	
	第二步骤		262.50	262.50	
分配率(单位成本)	第一步骤	210	72	44	326
	第二步骤		60	40	100
	合　计	210	132	84	426
月末在产品成本	第一步骤	15 750	5 400	3 300	24 450
	第二步骤		2 250	1 500	3 750
完工产品总成本	第一步骤	47 250	16 200	9 900	73 350
	第二步骤		13 500	9 000	22 500
	合　计	47 250	29 700	18 900	95 850

会计主管：赵　强　　复核：程忠明　　制单：洪　贤

$$\text{第一步骤直接材料分配率}=\frac{63\ 000}{225+75}=210$$

$$\text{第一步骤直接人工分配率}=\frac{21\ 600}{225+75}=72$$

$$\text{第一步骤制造费用分配率}=\frac{13\ 200}{225+75}=44$$

$$\text{第二步骤直接人工分配率}=\frac{15\ 750}{225+75\times50\%}=60$$

$$\text{第二步骤制造费用分配率}=\frac{10\ 500}{225+75\times50\%}=40$$

(3) 根据第二生产步骤完工产品交库单，编制会计分录如下：

借：库存商品——B 产品　　95 850

　　贷：生产成本——基本生产成本——第二车间(B 产品)　　95 850

从上述计算过程可以看出，采用分项结转法逐步结转半成品成本，可以直接提供企业产品成本结构的正确资料，不需要成本还原。但各生产步骤之间的成本结转比较复杂，特别是产品生产步骤较多或半成品经过半成品库收发时，产品成本计算的工作量较大。

综合结转法与分项结转法是逐步结转分步法的两种方式，其共同点是半成品成本都是随着半成品实物的转移而结转的，各生产步骤基本生产成本明细账的月末余额，反映各生产步骤月末在产品的成本，有利于加强在产品的实物管理和生产资金管理。其不同点是半成品成本在下一生产步骤成本计算单中的反映形式不同，前者是综合反映，后者是分项反映。

采用综合结转法可以反映各生产步骤耗用原材料、自制半成品和加工费用的水平及自制半成品和完工产品的成本，有利于各个生产步骤成本的管理、控制、分析和考核，便于分清各自的生产经营效果和责任。为了反映产品成本的原始构成，从整体上加强企业的成本管理工作，需要进行成本还原，从而增加了成本计算的工作量，当然，随着会计电算化在我国企业中的广泛应用，这一局限可以得到缓解。这种方法适用于管理上要求反映各生产步骤完工半成品成本的企业。

采用分项结转法可以直接反映完工产品各成本项目的原始结构，便于从整个企业角度考核与分析成本计划的执行情况，不需要成本还原，计算工作较为简便。但是这种方法的成本结转工作较为复杂，而且在各生产步骤完工产品成本中反映不出所耗费的上一生产步骤半成品的费用和本步骤加工费用的水平，不便于对完工产品成本进行综合分析。这种方法适用于管理上不要求分别反映各生产步骤完工产品所耗费的半成品费用，而要求按照原始成本项目计算产品成本的企业。

三、平行结转分步法的应用

(一) 平行结转分步法的成本计算程序

1. 平行结转分步法的特点

动画视频：平行结转分步法

平行结转分步法是将各个生产步骤应计入完工产品成本的份额平行汇总，求得完工产品成本的方法。平行结转分步法与逐步结转分步法相比较，具有以下特点：

(1) 各生产步骤不计算半成品成本。各生产步骤只归集本步骤耗费的材料费用、人工费用和制造费用，不计算半成品成本。因此，不论半成品是否通过仓库收发，都不通过“原材料——自制半成品”账户进行金额核算，仅对自制半成品进行数量核算。

（2）各生产步骤之间不结转半成品成本。在生产过程中，上一生产步骤半成品实物转入下一生产步骤继续加工时，自制半成品的成本不随同实物转移而结转。即使通过半成品仓库收发，也不进行半成品成本的结转。

（3）计算各生产步骤生产费用中应计入完工产品成本的“份额”。月末将各生产步骤归集的生产费用，在完工产品与月末广义在产品之间进行分配，以确定各生产步骤应计入完工产品成本的生产费用的“份额”。各生产步骤的广义在产品由两部分组成：一是正在各个生产步骤中生产的在产品，即狭义的在产品；二是经过本步骤生产完工但尚未形成完工产品的所有半成品，包括处于后面各个生产步骤的在产品和经过本步骤及后面各步骤加工后转入半成品库的半成品（经过本步骤生产但未形成完工产品的所有狭义在产品和入库的半成品）。各生产步骤将归集的生产费用在完工产品与月末广义在产品之间进行分配的主要方法是定额比例法和约当产量法等。

（4）通过汇总各生产步骤应计入完工产品成本的生产费用“份额”，确定完工产品成本。月末将各生产步骤计算的应计入产成品成本的生产费用“份额”相加汇总后，即为完工产品的总成本，将完工产品总成本除以完工产品数量，即为完工产品的单位成本。

2. 平行结转分步法的成本计算程序

平行结转分步法的成本计算程序为：

（1）按产品的生产步骤和产品品种开设基本生产成本明细账户，按成本项目归集在本步骤发生的生产费用，上一生产步骤的半成品成本不随半成品实物转入下一步骤。

（2）将各生产步骤归集的生产费用在完工产品与月末广义在产品之间进行分配，以确定应计入完工产品成本的生产费用“份额”。

（3）将各步骤应计入相同完工产品成本的生产费用“份额”直接相加，计算出完工产品的实际总成本和单位成本。

平行结转分步法的成本计算程序如图4－5所示。

第一步骤成本计算单	
期初在产品成本	9 000
本期生产费用	21 000
生产费用合计	30 000
应计入完工产品成本的“份额”20 000	广义在产品成本10 000

第二步骤成本计算单	
期初在产品成本	5 000
本期生产费用	19 000
生产费用合计	24 000
应计入完工产品成本的“份额”16 000	广义在产品成本8 000

第三步骤成本计算单	
期初在产品成本	8 000
本期生产费用	25 000
生产费用合计	33 000
应计入完工产品成本的“份额”22 000	广义在产品成本11 000

↓　↓　↓

第一步骤转入20 000	第二步骤转入16 000	第三步骤转入22 000
完工产品总成本　58 000		

图4－5　平行结转分步法的成本计算程序

（二）平行结转分步法的应用

平行结转分步法的运用，包括广义在产品数量的确定和生产费用在完工产品与广义在产品之间的分配。其中确定各步骤计入完工产品成本应负担生产费用的“份额”，通常采用定额比例法和约当产量法计算。

1. 广义在产品数量的确定

运用平行结转分步法的关键在于正确确定各生产步骤的期末广义在产品数量。确定广义在产品数量的公式为：

某步骤广义在产品数量＝本步骤狭义在产品数量×投料比例或者完工程度＋后面各步骤狭义在产品数量＋本步骤及后面各步骤库存半成品数量

[例4-9] 东风机械厂生产甲产品，需要经历三个生产步骤，其中，第一生产步骤生产甲1半成品，第二生产步骤将甲1半成品加工为甲2半成品，第三生产步骤将甲2半成品加工为甲产品。半成品通过半成品仓库收发。该企业采用平行结转分步法计算完工产品成本，每一生产步骤的狭义在产品材料投料比例和完工程度均为50%。2023年6月份各步骤的广义在产品数量的计算，如表4-47所示。

4

表4-47 东风机械厂广义在产品计算表

2023年6月30日 单位：件

项 目	第一生产步骤（甲1半成品）	第二生产步骤（甲2半成品）	第三生产步骤（甲产品）
狭义在产品数量	100	80	120
库存半成品数量	20	50	
广义在产品数量	320	210	60

会计主管：季 强 复核：张 明 制单：洪 峰

表4-47中，广义在产品的数量计算如下：

第一生产步骤广义在产品数量＝100×50%＋20＋80＋50＋120＝320（件）

第二生产步骤广义在产品数量＝80×50%＋50＋120＝210（件）

第三生产步骤广义在产品数量＝120×50%＝60（件）

2. 采用定额比例法确定各步骤应计入产品成本的“份额”

在平行结转分步法下，采用定额比例法对生产费用在应计入完工产品成本的生产费用“份额”和广义在产品成本之间进行分配时，其计算公式为：

$$材料费用分配率=\frac{期初结存材料费用+本期发生材料费用}{完工产品材料定额成本+广义在产品材料定额成本}$$

应计入完工产品成本的材料费用“份额”＝完工产品材料定额成本×材料费用分配率

广义在产品应负担的材料费用＝广义在产品材料定额成本×材料费用分配率

$$其他费用分配率=\frac{期初结存其他费用+本期发生其他费用}{完工产品定额工时+广义在产品定额工时}$$

应计入完工产品成本的其他费用“份额”＝完工产品定额工时×其他费用分配率

广义在产品应负担的其他费用＝广义在产品定额工时×其他费用分配率

[例4-10] 钱塘有限责任公司2023年6月份生产M产品175件，由第一车间和第二车间连续加工制成。第一车间为第二车间提供半成品，第二车间将半成品加工成M产品。

原材料于生产开始时一次投入，完工产品与期末广义在产品之间采用定额比例法分配生产费用。该企业各车间月初广义在产品成本和本月发生费用，以及 M 产品的有关定额资料如表 4－48 和表 4－49 所示。

表 4－48　月初广义在产品成本及本期生产费用

2023 年 6 月 30 日　　金额单位：元

成本项目	月初广义在产品成本		本月生产费用	
	第一车间	第二车间	第一车间	第二车间
直接材料	8 253		6 300	
直接人工	4 575	1 100	3 000	3 700
制造费用	6 100	950	4 400	6 250
合　计	18 928	2 050	13 700	9 950

表 4－49　M 产品定额资料

金额单位：元

生产步骤	月初广义在产品		本月投入		本月完工产品	
	定额材料费用	定额工时/小时	定额材料费用	定额工时/小时	定额材料费用	定额工时/小时
一车间定额	7 150	11 500	7 550	13 500	8 700	15 000
二车间定额		3 500		8 500		11 000
合　计	7 150	15 000	7 550	22 000	8 700	26 000

（1）根据以上资料，计算分配应计入完工产品成本的“份额”与广义在产品成本，并登记第一车间、第二车间的产品成本计算单，如表 4－50 和表 4－51 所示。

表 4－50　第一车间产品成本计算单

产品名称：M 产品　　2023 年 6 月 30 日　　产量：175 件　金额单位：元

摘　　要	成　本　项　目			合　计
	直接材料	直接人工	制造费用	
月初广义在产品成本	8 253	4 575	6 100	18 928
本月生产费用	6 300	3 000	4 400	13 700
生产费用累计	14 553	7 575	10 500	32 628
分配率	0.99	0.303	0.42	—
广义在产品成本	5 940	3 030	4 200	13 170
计入完工产品成本的“份额”	8 613	4 545	6 300	19 458

会计主管：刘　峰　　复核：王　越　　制单：王珊珊

月末广义在产品材料定额成本＝7 150＋7 550－8 700＝6 000（元）

月末广义在产品定额工时＝11 500＋13 500－15 000＝10 000（小时）

$$直接材料分配率=\frac{14\ 553}{8\ 700+6\ 000}=0.99$$

$$直接人工分配率=\frac{7\ 575}{15\ 000+10\ 000}=0.303$$

$$制造费用分配率=\frac{10\ 500}{15\ 000+10\ 000}=0.42$$

广义在产品直接材料费用＝6 000×0.99＝5 940(元)

广义在产品直接人工费用＝10 000×0.303＝3 030(元)

广义在产品直接制造费用＝10 000×0.42＝4 200(元)

一车间广义在产品总成本＝5 940＋3 030＋4 200＝13 170(元)

计入完工产品成本的材料费用“份额”＝14 553－5 940＝8 613(元)

计入完工产品成本的人工费用“份额”＝7 575－3 030＝4 545(元)

计入完工产品成本的制造费用“份额”＝10 500－4 200＝6 300(元)

一车间计入完工产成品成本的“份额”＝8 613＋4 545＋6 300＝19 458(元)

表 4－51 第二车间产品成本计算单 产量：175 件

产品名称：M 产品 2023 年 6 月 30 日 金额单位：元

摘　　要	成　本　项　目			合　　计
	直接材料	直接人工	制造费用	
月初广义在产品成本		1 100	950	2 050
本月生产费用		3 700	6 250	9 950
生产费用累计		4 800	7 200	12 000
分配率		0.40	0.60	
广义在产品成本		400	600	1 000
计入完工产品成本的“份额”		4 400	6 600	11 000

会计主管：刘　峰 复核：王　越 制单：王珊珊

月末广义在产品定额工时＝3 500＋8 500－11 000＝1 000(小时)

$$直接材料分配率=\frac{4\ 800}{11\ 000+1\ 000}=0.4$$

$$制造费用分配率=\frac{7\ 200}{11\ 000+1\ 000}=0.6$$

广义在产品直接人工费用＝1 000×0.4＝400(元)

广义在产品直接制造费用＝1 000×0.6＝600(元)

二车间广义在产品总成本＝400＋600＝1 000(元)

计入完工产品成本的人工费用“份额”＝4 800－400＝4 400(元)

计入完工产品成本的制造费用“份额”＝7 200－600＝6 600(元)

二车间计入完工产成品成本的“份额”＝4 400＋6 600＝11 000(元)

(2) 根据第一车间、第二车间的产品成本计算单，平行结转完工产成品的成本，编制完工产品成本汇总表，如表 4－52 所示。

表 4－52　完工产品成本汇总表

产品名称：M 产品　　2023 年 6 月 30 日　　产量：175 件　金额单位：元

摘　　要		成本项目			合　计
		直接材料	直接人工	制造费用	
应转入产品成本的“份额”	一车间	8 613	4 545	6 300	19 458
	二车间		4 400	6 600	11 000
总成本		8 613	8 945	12 900	30 458
单位成本		49.22	51.11	73.72*	174.05

会计主管：刘　峰　　复核：王　越　　制单：王珊珊

* 表中制造费用的单位成本 73.72 元，为倒挤数据。

3. 采用约当产量法确定各步骤应计入产成品成本的“份额”

在平行结转分步法下，采用约当产量法分配生产费用，确定应计入完工产品成本的“份额”和广义在产品成本时，其计算公式为：

$$各成本项目费用分配率=\frac{各成本项目月初结存费用+本月各项目生产费用}{完工产品数量+广义在产品的约当产量}$$

$$\begin{matrix}广义在产品\\的约当产量\end{matrix}=\begin{matrix}本步骤在产\\品约当产量\end{matrix}+\begin{matrix}经本步骤加工转入后面各步骤的\\在产品数量及入库的半成品数量\end{matrix}$$

应计入完工产品各成本项目的“份额”＝完工产品数量×各成本项目费用分配率

广义在产品的生产费用＝广义在产品的约当产量×各成本项目费用分配率

［例 4－11］　近江公司 2023 年 6 月份生产 N 产品 276 件，需经过第一车间、第二车间、第三车间连续加工完成。第一车间完工的半成品全部转移给第二车间加工（半成品成本不转移，仍保留在第一车间基本生产成本明细账内，下同）；第二车间完工的半成品全部转移给第三车间生产出完工产品。采用平行结转分步法计算产品成本，原材料于生产开始时一次投入，各车间采用约当产量法分配计算完工产品成本与期末在产品成本，各步骤在产品完工程度均为 50%。有关产量资料和费用资料分别如表 4－53 和表 4－54 所示。

表 4－53　产量资料

2023 年 6 月 30 日　　单位：件

项　目	第一车间	第二车间	第三车间
月初广义在产品数量	12	36	60
本月投产数量	300	264	240
本月完工产品数量	264	240	276
月末广义在产品数量	48	60	24

表 4－54　生产费用资料

2023 年 6 月 30 日　　金额单位：元

项　目	月初在产品成本			本期生产费用		
	第一车间	第二车间	第三车间	第一车间	第二车间	第三车间
直接材料	81 000	—	—	194 400	—	—

续 表

项 目	月初在产品成本			本期生产费用		
	第一车间	第二车间	第三车间	第一车间	第二车间	第三车间
直接人工	12 600	15 300	7 200	45 000	54 000	70 560
制造费用	18 000	19 800	10 800	51 120	54 450	75 600
合 计	111 600	35 100	18 000	290 520	108 450	146 160

(1) 根据表 4-53 和表 4-54 的资料,采用约当产量法对各步骤的生产费用在完工产成品应负担的成本"份额"和月末在产品成本之间进行分配,并登记第一车间、第二车间、第三车间产品成本计算单,如表 4-55、表 4-56、表 4-57 所示。

4

表 4-55 第一车间产品成本计算单 产量:276 件

产品名称:N 产品 2023 年 6 月 30 日 金额单位:元

摘 要	成 本 项 目			合 计
	直接材料	直接人工	制造费用	
月初广义在产品成本	81 000	12 600	18 000	111 600
本月生产费用	194 400	45 000	51 120	290 520
生产费用累计	275 400	57 600	69 120	402 120
完工产品数量/件	276	276	276	
广义在产品约当产量/件	132	108	108	
本步骤约当总产量/件	408	384	384	
分配率	675	150	180	
月末广义在产品成本	89 100	16 200	19 440	124 740
转入完工产品成本的"份额"	186 300	41 400	49 680	277 380

会计主管:钱增福 复核:唐 笑 制单:陈 林

$$直接材料分配率=\frac{275\ 400}{276+(48+60+24)}=675$$

应计入完工产品成本的直接材料"份额"$=276\times675=186\ 300$(元)

广义在产品应负担的直接材料费用$=(48+60+24)\times675=89\ 100$(元)

$$直接人工分配率=\frac{57\ 600}{276+(48\times50\%+60+24)}=150$$

应计入完工产品成本的直接人工"份额"$=276\times150=41\ 400$(元)

广义在产品应负担的直接人工费用$=(48\times50\%+60+24)\times150=16\ 200$(元)

$$制造费用分配率=\frac{69\ 120}{276+(48\times50\%+60+24)}=180$$

应计入完工产品成本的制造费用"份额"$=276\times180=49\ 680$(元)

广义在产品应负担的制造费用$=(48\times50\%+60+24)\times180=19\ 440$(元)

表 4－56　第二车间产品成本计算单

产品名称：N 产品　　2023 年 6 月 30 日　　产量：276 件　　金额单位：元

摘　　要	成　本　项　目			合　　计
	直接材料	直接人工	制造费用	
月初广义在产品成本		15 300	19 800	35 100
本月生产费用		54 000	54 450	108 450
生产费用累计		69 300	74 250	143 550
完工产品数量/件		276	276	
广义在产品约当产量/件		54	54	
本步骤约当总产量/件		330	330	
分配率		210	225	
月末广义在产品成本		11 340	12 150	23 490
转入完工产品成本的“份额”		57 960	62 100	120 060

会计主管：钱增福　　复核：唐　笑　　制单：陈　林

$$直接人工分配率=\frac{69\ 300}{276+(60\times50\%+24)}=210$$

应计入完工产品成本的直接人工“份额”$=276\times210=57\ 960$（元）

广义在产品应负担的直接人工费用$=(60\times50\%+24)\times210=11\ 340$（元）

$$制造费用分配率=\frac{74\ 250}{276+(60\times50\%+24)}=225$$

应计入完工产品成本的制造费用“份额”$=276\times225=62\ 100$（元）

广义在产品应负担的制造费用$=(60\times50\%+24)\times225=12\ 150$（元）

表 4－57　第三车间产品成本计算单

产品名称：N 产品　　2023 年 6 月 30 日　　产量：276 件　　金额单位：元

摘　　要	成　本　项　目			合　　计
	直接材料	直接人工	制造费用	
月初广义在产品成本		7 200	10 800	18 000
本月生产费用		70 560	75 600	146 160
生产费用累计		77 760	86 400	164 160
完工产品数量/件		276	276	
广义在产品约当产量/件		12	12	
本步骤约当总产量/件		288	288	
分配率		270	300	
月末广义在产品成本		3 240	3 600	6 840
转入完工产品成本的“份额”		74 520	82 800	157 320

会计主管：钱增福　　复核：唐　笑　　制单：陈　林

$$直接人工分配率=\frac{77\ 760}{276+24\times50\%}=270$$

应计入完工产品成本的直接人工“份额”$=276\times270=74\ 520$（元）

广义在产品应负担的直接人工费用$=(24\times50\%)\times270=3\ 240$（元）

$$制造费用分配率=\frac{86\ 400}{276+24\times50\%}=300$$

应计入完工产品成本的制造费用“份额”$=276\times300=82\ 800$（元）

广义在产品应负担的制造费用$=(24\times50\%)\times300=3\ 600$（元）

(2) 将计算出的第一车间、第二车间、第三车间应转入完工产品成本的“份额”平行相加汇总，确定完工产品的制造成本，编制N产品成本计算汇总表，如表4-58所示。

表4-58　　产品成本计算汇总表　　产量：276件

产品名称：N产品　　2023年6月30日　　金额单位：元

摘要		成本项目			合计
		直接材料	直接人工	制造费用	
应转入产品成本的“份额”	一车间	186 300	41 400	49 680	277 380
	二车间		57 960	62 100	120 060
	三车间		74 520	82 800	157 320
总成本		186 300	173 880	194 580	554 760
单位成本		675	630	705	2 010

会计主管：钱增福　　复核：唐　笑　　制单：陈　林

根据产品成本计算汇总表及完工产品交库单，编制会计分录如下：

借：库存商品——N产品　　554 760

　贷：生产成本——基本生产成本——一车间(N产品)　　277 380

　　　　　　　　　　　　　　——二车间(N产品)　　120 060

　　　　　　　　　　　　　　——三车间(N产品)　　157 320

业务单据：运用综合结转分步法进行产品成本的计算

【工作任务——运用综合结转分步法进行产品成本的计算】

操作录屏：运用综合结转分步法进行产品成本的计算

实例解析：

大江南机械制造有限公司专业生产G产品，需要经历三个生产步骤（三个车间）。第一步骤生产G1半成品；第二步骤将G1半成品加工为G2半成品；第三步骤将G2半成品加工为G产品。所需材料在生产开始时一次性投入，各生产步骤工时定额分别为第一步骤30小时，第二步骤30小时，第三步骤40小时。各步骤的在产品完工程度均为所在步骤的50%。所有半成品不通过半成品库，直接交由下一生产步骤进行再加工，直至产品完工。2023年6月份，生产该产品的有关资料如表4-59、表4-60所示。

表 4-59 产量资料 单位：件

项目	第一车间	第二车间	第三车间
	G1 半成品	G2 半成品	G 产品
月初在产品数量	80	60	100
本月投入产品数量	500	480	450
本月完工产品数量	480	450	500
月末在产品数量	100	90	50

表 4-60 生产费用资料 金额单位：元

成本项目	月初在产品成本			本月发生费用		
	一车间	二车间	三车间	一车间	二车间	三车间
直接材料	80 000	99 600	229 000	500 000		
直接人工	12 000	9 000	20 000	159 000	148 500	210 000
制造费用	14 400	9 900	30 000	187 620	167 805	315 000
合计	106 400	118 500	279 000	846 620	316 305	525 000

操作步骤：

(1) 开设第一生产步骤 G1 半成品成本计算单(表 4-61)，过入月初在产品成本，并根据资料计算出完工的 G1 半成品成本和期末 G1 在产品成本。

表 4-61 第一车间产品成本计算单

本月完工： 件
月末在产品： 件

产品名称： 年 月 日 金额单位：元

摘要	成本项目			合计
	直接材料	直接人工	制造费用	
月初在产品成本				
本月生产费用				
生产费用累计				
月末在产品数量/件				—
在产品约当产量/件				—
完工产品产量/件				—
约当总产量/件				—
分配率(单位成本)				
月末在产品成本				
完工产品总成本				

4

(2) 根据完工的 G1 半成品成本，编制记账凭证，将 G1 半成品转入第二生产步骤。

(3) 比照表 4-61，开设第二生产步骤 G2 半成品成本计算单，过入月初在产品成本，并根据资料计算出完工的 G2 半成品成本和期末 G2 在产品成本。

(4) 根据完工的 G2 半成品成本，编制记账凭证，将 G2 半成品转入第三生产步骤。

(5) 比照表 4-61，开设第三生产步骤 G 产品成本计算单，过入月初在产品成本，并根据资料计算出完工的 G 产品成本和期末 G 在产品成本。

(6) 根据完工的 G 产品成本，编制记账凭证，将 G 产品转入完工产品。

(7) 对 G 产品成本进行还原，并编制完工产品成本还原计算(表 4-62)，确认完工 G 产品的原始成本构成。

4

表 4-62　完工产品成本还原计算表

产量：　件

产品：　产品　　　年　月　日　　　金额单位：元

项　目	成本还原率	成本项目					合计
		G2 半成品	G1 半成品	直接材料	直接人工	制造费用	
还原前 G 产品总成本							
本月完工 G2 半成品成本							
G2 半成品成本还原							
本月完工 G1 半成品成本							
G1 半成品成本还原							
还原后产品总成本							
还原后产品单位成本							

说明：若将本工作任务中的期初在产品成本进行分解并回归到上步骤后，也可以作为平行结转分步法练习用资料，表 4-60 分解后结果如表 4-63 所示。

表 4-63　生产费用资料

金额单位：元

成本项目	月初在产品成本			本月发生费用		
	一车间	二车间	三车间	一车间	二车间	三车间
直接材料	240 000			500 000		
直接人工	60 000	39 000	20 000	159 000	148 500	210 000
制造费用	72 000	42 900	30 000	187 620	167 805	315 000
合　计	372 000	81 900	50 000	846 620	316 305	525 000

依据表 4-59 和表 4-63，可以运用平行结转分步法进行 G 产品的成本计算。此工作任务是否进行，由各教师自行决定。

【项目小结】

本项目知识结构如图 4－6 所示。

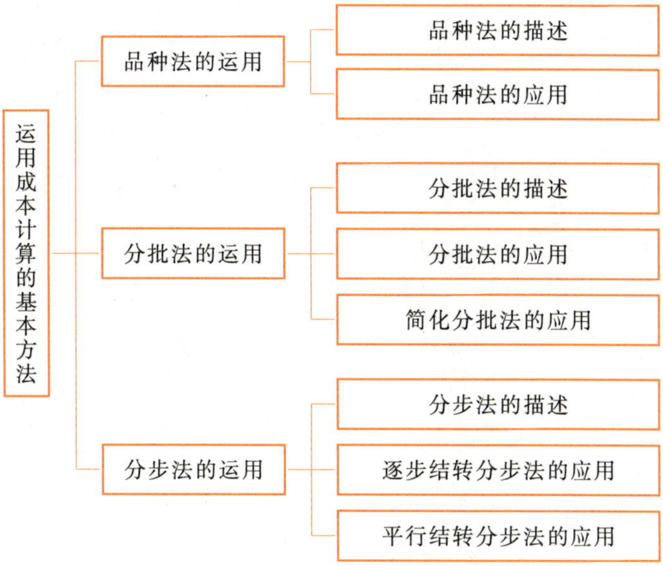

图 4－6 项目四知识结构

项目四自测题

项目五　运用成本计算的辅助方法

◇ 职业能力目标

能按成本计算辅助方法的要求确定产品成本计算对象并归集分配生产费用，明确各种产品成本计算辅助方法的适用范围与操作步骤，了解各种成本计算方法的结合使用。

能运用分类法、定额法等产品成本计算的辅助方法计算出各种产品的总成本和单位成本，并进行相应的会计处理。

◇ 典型工作任务

分类法的运用；定额法的运用；成本计算方法的结合。

中国新能源汽车强势崛起

任务一 分类法的运用

【引言】

如果一家企业同时生产多种产品，且每种产品规格繁多，若按前述的品种法、分批法或分步法进行成本核算，工作量太大。为了简化产品成本的计算工作，可以将运用同样工艺、使用相同材料生产的不同规格的产品合并为一类产品进行成本计算，从而形成了产品成本计算的分类法。

【知识准备与业务操作】

5

一、分类法的描述

在一些制造企业中，生产的产品品种、规格繁多，如果都以每个产品的品种、规格为成本计算对象来归集生产费用，计算产品成本，势必使产品成本的计算工作不胜其烦。为此，需要寻找一种相对简化的成本计算方法。

（一）分类法的概念

面对品种、规格繁多的产品，为了简化产品成本的计算工作，成本会计人员可以先按照一定的标准对产品进行分类，然后按产品类别归集生产费用，并计算各类产品的总成本；期末再对各类产品的总成本按一定的标准在类内各种产品之间进行分配，计算出各种规格产品的成本。这种以产品类别为成本计算对象，归集生产费用，计算各类产品总成本和类内各种产品成本的方法，就是产品成本计算的分类法。

（二）分类法的特点

分类法的特点主要表现在成本计算对象、成本计算期和生产费用分配等三个方面。

1. 以产品类别作为产品成本计算对象

采用分类法计算产品成本，首先要根据产品结构、所用原材料和工艺过程的不同，将产品划分为若干类，按照产品的类别设立产品成本明细账，归集生产费用，计算各类产品的成本。因此，采用分类法进行成本计算时，需要按照每一类产品设置基本生产成本明细账（或产品成本计算单），用以归集生产过程中发生的各项费用。

2. 由产品成本计算的基本方法决定成本计算期

采用分类法计算产品成本，需要与产品成本计算的基本方法结合使用，因此采用分类法计算产品成本时，其产品成本计算期要由产品成本计算的基本方法决定。如果类内各种产品的生产周期较短同时又是大量大批的单步骤生产，或者管理上不要求分步骤计算成本的多步骤生产，则以品种法为基本成本计算方法并结合使用分类法，其成本计算期通常与会计核算期一致。如果类内产品是小批生产或单件生产，与分类法结合使用的基本方法则是分批法，每批产品的实际成本，通常要在该批产品全部完工以后才能确定，因而成本计算期不固定。如果类内产品的成本需要按产品的生产步骤确定，与分类法结合使用的基本方法就是分步法，则其成本计算期只能与会计核算期一致，即按月定期进行成本计算。

3. 月末通常要在完工产品与月末在产品之间分配生产费用

与产品成本计算的基本方法一样，采用分类法计算产品成本时，只要存在月末在产品，月末就需要在完工产品与月末在产品之间分配生产费用。

（三）分类法的适用范围

凡是生产的产品品种繁多，且可以按照一定的要求划分为若干类别的企业或车间，都可以采用分类法计算产品成本。分类法与产品生产的类型没有直接的联系，因而可以在各种类型的生产中应用。如食品企业生产的各种糖果、饼干和面包，针织企业生产的各种不同种类和规格的针织品，照明企业生产的不同类别和规格的电灯泡，制鞋企业生产的不同型号的鞋子等。虽然生产类型各不相同，但都可以采用分类法计算产品成本。总括起来说，产品成本计算的分类法主要适用于下列情况：

动画视频：分类法的特点与适用范围

1. 同原料、同工艺生产不同规格产品的企业

有很多企业在生产过程中采用同样的原材料、经过同样的生产工艺，加工出不同规格的产品。如用同样的化纤原料、相同的针织工艺，生产出不同款式和不同规格产品的针织厂。类似的还有铝制品厂、电子元件厂、制钉厂等。

5

2. 生产联产品的企业

生产联产品的企业通常对同一种原材料进行加工，同时能生产出几种主要产品。如炼油厂运用相同的生产工艺对原油进行提炼加工，可以同时生产出汽油、煤油、柴油等各种产品。

3. 生产副产品的企业

有些企业在进行主要产品的生产过程中，还会附带生产一些非主要产品——副产品，如在制皂过程中产出含甘油盐水的日用化工厂。类似的还有粮油加工厂、豆制品厂等。

4. 生产零星产品的企业

某些企业除主要产品外，还生产一些零星产品。这些零星产品在生产工艺和原材料消耗上不一定相同，但由于它们品种、规格多但数量少，所耗费的生产费用不多，为了简化产品成本计算工作，也可以将零星产品归为一类进行成本计算。

5. 生产等级产品的企业

对所耗原材料质量或生产工艺要求不同而产出不同等级产品的企业，可以采用分类法计算等级产品成本。但对工人操作失误造成的不同等级产品，不应采用分类法计算产品成本。

二、分类法的应用

（一）分类法的成本计算程序

采用分类法计算产品成本的程序包括确定成本计算对象、设置和登记基本生产成本明细账、计算各类产品总成本和类内产品成本分配等三个方面。

1. 确定成本计算对象

采用分类法计算产品成本的企业，要将不同规格的产品按一定的标准进行归类，通常是将生产工艺相同、耗用材料相近的产品归为一类，以产品的类别为成本计算对象。因此，合理确定产品类别是正确计算产品成本的基础。

2. 设置和登记产品成本明细账

按确定的产品类别作为成本计算对象设置基本生产成本明细账（或产品成本计算单），将

发生的生产费用按成本项目登记在基本生产成本明细账中，归集各类产品的全部生产费用。

3. 计算各类产品的总成本和类内产品成本

根据与分类法结合使用的基本方法确定成本计算期，对归集的生产费用在完工产品与月末在产品之间进行分配，计算出每类产品的总成本。然后，采用合理的分配方法将各类产品的总成本在类内各种产品之间进行分配，确定每种产品的总成本与单位成本。

（二）计算类内产品成本的方法

如何将各类产品的总成本在类内各种产品之间进行分配，保证产品成本计算的合理性和正确性，关键在于正确选择分配标准。常用的分配标准有定额消耗量、定额工时、定额费用、产品出厂价、产品的体积、重量、长度等。选择时要考虑分配标准与产品成本之间的关联关系、分配标准取得的难易程度和计算过程是否方便可行等因素。企业计算类内各完工产品成本的常用方法主要是定额比例法和系数法。

1. 定额比例法

如果企业的定额管理基础工作好，各种定额资料完整、准确、稳定，那就可以按类内各种产品的定额成本或定额消耗量的比例，对各类产品的总成本进行分配。这种按定额比例确定类内各种产品成本的方法，通常称为定额比例法。其计算公式为：

$$\begin{array}{c}\text{某类产品材料}\\\text{（人工、制造）费用的分配率}\end{array}=\frac{\text{该类产品材料（人工、制造）费用总额}}{\text{该类各种产品材料（人工、制造）费用定额成本之和}}$$

$$\begin{array}{c}\text{类内某产品材料}\\\text{（人工、制造）费用实际成本}\end{array}=\begin{array}{c}\text{类内该产品材料}\\\text{（人工、制造）费用的定额成本}\end{array}\times\begin{array}{c}\text{某类产品材料}\\\text{（人工、制造）费用的分配率}\end{array}$$

上述公式可以根据成本计算的要求进行变换，如某项费用分配率可以变换为类内某产品该项费用定额成本占类内全部产品该项费用定额成本的比例，再以该项费用的实际金额乘以该产品该项定额成本比例，就可求得该产品应负担的该项费用实际成本。

业务单据：分类法

［例 5－1］ 南洋皮革有限公司生产的产品规格很多，其中，A 型皮包和 B 型皮包使用的原材料相同，生产工艺技术过程接近，因而归并为皮包类，采用分类法计算成本。该公司 2023 年 6 月份有关资料如表 5－1 和表 5－2 所示。

表 5－1　在产品成本和本月生产费用资料

产品类别：皮包类　　2023 年 6 月 30 日　　金额单位：元

项　　目	成　本　项　目			合　　计
	直接材料	直接人工	制造费用	
月初在产品	23 200	11 700	6 400	41 300
本月生产费用	314 400	150 030	136 700	601 130
月末在产品	24 400	12 560	9 000	45 960

表 5－2　产品消耗定额和产量记录

产品类别：皮包类　　2023 年 6 月 30 日

产品名称	产　　量/个	定额材料成本/元	定额工时/小时
A 型皮包	7 200	15	2.00
B 型皮包	9 600	22	2.40

根据上述资料，采用定额比例法计算A型和B型皮包成本如下：

(1) 根据A型皮包、B型皮包的定额成本与定额工时计算定额比例：

$$A型皮包材料成本定额比例=\frac{7\,200\times15}{7\,200\times15+9\,600\times22}\times100\%=33.83\%$$

$$B型皮包材料成本定额比例=\frac{9\,600\times22}{7\,200\times15+9\,600\times22}\times100\%=66.17\%$$

$$A型皮包定额工时比例=\frac{7\,200\times2}{7\,200\times2+9\,600\times2.4}\times100\%=38.46\%$$

$$B型皮包定额工时比例=\frac{9\,600\times2.4}{7\,200\times2+9\,600\times2.4}\times100\%=61.54\%$$

(2) 按产品类别设置并登记产品成本明细账，如表5-3所示。

表5-3　产品成本明细账

总第　页
字第　页

产品类别：皮包类　　生产车间：皮具车间

2023年		凭证		摘　要	成本项目			合　计
月	日	字	号		直接材料	直接人工	制造费用	
6	30			月初在产品	23 200	11 700	6 400	41 300
			×	本月生产费用	314 400	150 030	136 700	601 130
				生产费用累计	337 600	161 730	143 100	642 430
			×	完工产品成本	313 200	149 170	134 100	596 470
				月末在产品	24 400	12 560	9 000	45 960

(3) 分配计算A型皮包和B型皮包两种产品的完工产品成本，产品成本计算单如表5-4所示。

表5-4　各种产品成本计算单

产品类别：皮包类　　2023年6月30日　　金额单位：元

项　目	材料定额比例	直接材料	工时定额比例	直接人工	制造费用	合　计
完工产品成本		313 200		149 170	134 100	596 470
A型皮包	33.83%	105 956	38.46%	57 371	51 575	214 902
B型皮包	66.17%	207 244	61.54%	91 799	82 525	381 568

会计主管：钱百万　　复核：李　玉　　制单：陈珊珊

根据产品成本计算单和完工产品入库单，编制结转完工入库产品成本的会计分录如下：

借：库存商品——A型皮包　　214 902
　　　　　　——B型皮包　　381 568
　贷：生产成本——基本生产成本(皮包类)　　596 470

2. 系数法

在采用分类法的企业中，对各类产品的总成本按系数比例在各种产品间分配生产费用，确定类内各种产品成本的方法，称为系数法。其具体做法是：首先，在同类产品中选择一种产销量大、生产正常、售价稳定的产品，作为标准产品，并将其系数定为“1”；其次，确定一个可以类比的分配标准(如同类产品中不同规格产品的销售价格、材料消耗定额等)，作为折算系数，将其他各种产品的分配标准与标准产品的分配标准相比，将计算出的比率确定为其他各种产品的系数；再次，以各种产品的实际产量乘以各种产品的折算系数计算出全部产品的标准产品产量(总系数)，如有期末在产品，可按加工程度先折算成约等于该完工产品的产量，再按系数折算为标准产品产量；最后，按标准产品产量的比例计算出各种产品的完工产品成本和月末在产品成本。为了保证产品成本的可比性，系数一经确定，应相对稳定不变。

系数法下有关的计算公式为：

$$\text{类内某产品系数}=\frac{\text{类内该种产品的分配标准}}{\text{该类内标准产品的分配标准}}$$

$$\text{类内某产品总系数(标准产量)}=\text{该产品实际产量}\times\text{该产品系数}$$

$$\text{类内全部产品总系数}=\sum\text{(类内每种产品总系数)}$$

$$\begin{array}{c}\text{某类产品材料}\\\text{(人工、制造)费用的分配率}\end{array}=\frac{\text{该类产品材料(人工、制造)费用总额}}{\text{该类全部产品总系数(类内全部产品标准产量之和)}}$$

$$\begin{array}{c}\text{类内某产品材料}\\\text{(人工、制造)费用实际成本}\end{array}=\begin{array}{c}\text{类内该产品总系数}\\\text{(标准产品产量)}\end{array}\times\begin{array}{c}\text{该类产品材料}\\\text{(人工、制造)费用的分配率}\end{array}$$

$$\text{类内某产品单位成本}=\frac{\text{类内该种产品总成本}}{\text{该产品实际产量}}$$

［例5－2］ 富春江有限公司的产品规格很多，其中，A_1、A_2、A_3三种产品耗用的原材料和生产工艺技术过程比较接近，因而归并为A类，采用分类法计算成本。2023年6月份有关资料如表5－5和表5－6所示。

表5－5 在产品成本和本月生产费用资料

产品类别：A类　　2023年6月30日　　金额单位：元

项　目	成本项目			合　计
	直接材料	直接人工	制造费用	
月初在产品	15 200	15 700	7 020	37 920
本月生产费用	314 400	142 060	116 700	573 160
月末在产品	16 400	14 720	7 500	38 620

表5－6 A类产品消耗定额和产量记录

产品类别：A类　　2023年6月30日

产品名称	产　量/个	材料消耗定额	工时消耗定额
A_1	7 200	23.40	14.40
A_2	9 600	18.00	16.00
A_3	2 400	14.40	12.00

该公司根据 A 类产品的产销情况，确定 A_2 产品为标准产品，定其系数为“1”，以定额消耗量作为系数折算标准，并根据有关资料计算如下：

（1）根据材料消耗定额和工时消耗定额计算材料定额消耗量系数和工时定额消耗量系数，计算结果如表 5－7 所示。

表 5－7　　材料和工时消耗系数计算表

产品类别：A 类　　2023 年 6 月 30 日

产品名称	单位产品		材料定额消耗量系数	工时定额消耗量系数
	材料消耗定额	工时消耗定额		
A_1	23.40	14.40	1.30	0.90
A_2	18.00	16.00	1.00	1.00
A_3	14.40	12.00	0.80	0.75

会计主管：吕大海　　复核：王　芳　　制单：年志伟

$$A_1\text{产品材料定额消耗量系数}=\frac{23.4}{18}=1.3$$

$$A_3\text{产品材料定额消耗量系数}=\frac{14.4}{18}=0.8$$

$$A_1\text{产品工时定额消耗量系数}=\frac{14.4}{16}=0.9$$

$$A_3\text{产品工时定额消耗量系数}=\frac{12}{16}=0.75$$

（2）按产品类别设置并登记产品成本明细账，如表 5－8 所示。

表 5－8　　产品成本明细账

总第　页

产品类别：A 类　　生产车间：××车间　　字第　页

2023 年		凭证		摘　要	成本项目			合　计
月	日	字	号		直接材料	直接人工	制造费用	
6	30			月初在产品	15 200	15 700	7 020	37 920
			×	本月生产费用	314 400	142 060	116 700	573 160
				生产费用累计	329 600	157 760	123 720	611 080
			×	完工产品成本	313 200	143 040	116 220	572 460
				月末在产品	16 400	14 720	7 500	38 620

（3）计算 A_1、A_2、A_3 三种产品的完工产品成本。根据各种产品的产量记录、原材料定额消耗量系数和工时定额消耗量系数，分配计算 A_1、A_2、A_3 三种产品的完工产品成本，如表 5－9 所示。

5

表 5-9 各种产品成本计算单

产品类别：A 类　　2023 年 6 月 30 日　　金额单位：元

产品	产量	定额材料系数	定额工时系数	总系数						单位成本
				直接材料	其他费用	直接材料	直接人工	制造费用	合计	
①	②	③	④	⑤=②×③	⑥=②×④	⑦=⑤×分配率	⑧=⑥×分配率	⑨=⑥×分配率	⑩=⑦+⑧+⑨	⑪=⑩/②
分配率						15	8	6.50		
A_1	7 200	1.30	0.90	9 360	6 480	140 400	51 840	42 120	234 360	32.550
A_2	9 600	1.00	1.00	9 600	9 600	144 000	76 800	62 400	283 200	29.500
A_3	2 400	0.80	0.75	1 920	1 800	28 800	14 400	11 700	54 900	22.875
合计				20 880	17 880	313 200	143 040	116 220	572 460	—

会计主管：吕大海　　复核：王　芳　　制单：年志伟

5

表中：直接材料分配率＝313 200/20 880＝15

直接人工分配率＝143 040/17 880＝8

制造费用分配率＝116 220/17 880＝6.5

表 5-9 中，直接材料的总系数是实际产量与材料定额消耗量系数的乘积，是各种产品之间分配原材料费用的依据；其他费用的总系数是实际产量与工时定额消耗量系数的乘积，是分配直接人工费用和制造费用的依据。以原材料费用分配率分别乘以各种产品的直接材料费用总系数，可求得各种完工产品的原材料费用；以直接人工分配率和制造费用分配率分别乘以各种完工产品的其他费用总系数，可求得各种完工产品的直接人工费用和制造费用。

根据产品成本计算单和完工产品入库单，编制产品入库的会计分录如下：

借：库存商品——A_1　　234 360

　　——A_2　　283 200

　　——A_3　　54 900

　贷：生产成本——基本生产成本（A 类）　　572 460

在采用分类法计算产品成本的企业中，所有材料领用、工时记录、费用分配都按产品类别填列，产品成本明细账也按类别设置，从而大大简化了产品成本计算的手续，还提供了各类产品成本的资料。但无论采用何种方法将生产费用在类内产品之间进行分配，都存在一定的假定性。为此，必须正确进行产品分类，合理确定产品的类别与类距。同时，在产品结构、所耗材料、生产工艺发生较大变化时，要及时修订有关定额或分配系数，以保证产品成本计算的正确性。

任务二　定额法的运用

【引言】

企业经过长期的经验积累，并结合同行业中同类产品的先进水平，可对所生产的产品制定先进、合理、可行的各种消耗定额。为了考核定额执行情况，加强成本控制，可以采用产品成本计算的定额法进行产品成本计算。

【知识准备与业务操作】

一、定额法的描述

企业做到一定的规模，产品的生产工艺流程已经基本定型，各种消耗定额经过试行基本合理可控，为了不断强化产品成本控制和成本管理，需要以产品的定额成本为基础进行产品实际成本的计算。

（一）定额法的概念

动画视频：定额法的特点与适用范围

定额法是以定额成本为基础，根据定额成本、脱离定额差异和定额变动差异计算产品实际成本的一种成本管理和成本计算相结合的方法，是实施定额成本制度的重要手段。

定额成本制度，是在制定产品定额成本的基础上，为了及时反映和监督产品成本脱离定额的差异，加强定额管理而实行的一种成本控制制度。在这种制度下，核算产品成本要考虑产品定额成本、脱离定额差异、材料成本差异和定额变动差异四个因素。四个因素与产品实际成本之间的关系是：

产品实际成本＝产品定额成本±脱离定额差异±材料成本差异±定额变动差异

（二）定额法的特点

与其他产品成本计算方法不同，定额法不是一种纯粹的成本核算方法，而是一种将成本核算与成本控制紧密结合的方法。定额法克服了其他产品成本计算方法无法直接反映产品实际成本与定额成本相脱离情况的不足，使企业能够通过产品的成本核算对产品成本进行事前和事后控制，并强化了企业对产品成本的日常控制，从而能更有效地发挥成本核算对于节约生产费用、降低产品成本的作用。

定额法具有以下主要特点：

（1）以事先制定的产品定额成本作为成本控制目标和成本计算的基础。采用定额法计算产品成本的前提是制定较准确、稳定的产品成本定额。企业要事先制定产品的各项消耗定额、费用定额和定额成本，并以此作为成本控制的目标、成本计算的基础、揭示脱离定额差异和考核定额管理成果的依据。

（2）将每项生产费用都划分为定额费用和脱离定额差异进行核算。在发生生产耗费时，将符合定额的费用和发生的差异分别核算，随时揭示产品实际成本与定额成本的差异，以加强对生产费用的日常控制。

（3）运用定额成本、脱离定额差异、材料成本差异和定额变动差异计算产品实际成本。月末计算完工产品成本时，根据产品的定额成本，加减各种材料成本差异、脱离定额差异及定额变动差异，计算出完工产品的实际成本，并以此作为定期进行成本分析和考核的依据。

（4）定额法不能单独用于产品成本的计算。产品成本计算的定额法不是一种独立的成本计算方法，必须与品种法、分步法、分批法等成本计算的基本方法结合使用。

（三）定额法的适用范围

定额法最早应用于大批大量生产的机械制造企业，后来逐渐扩展到具备条件的其他制造企业。可见，定额法与生产类型没有直接关系。无论何种生产类型，只要同时具备下列两个条件，都可采用定额法计算产品成本：❶ 企业的定额管理制度比较健全，定额管理工作基础较好；❷ 产品的生产已经定型，消耗定额比较准确、稳定。一般情况下，大批大量生产产品的企业比较容易具备上述条件。

二、定额法的应用

（一）定额法的成本计算程序

采用定额法计算产品成本的程序，是在确定产品成本计算对象，设置和登记基本生产成本明细账的前提下，通过制定定额成本、揭示脱离定额差异、计算材料成本差异、计算定额变动差异，直至最终计算完工产品成本。

1. 制定定额成本

定额成本是目标成本的一种，它是根据现行定额和计划单位成本制定的。产品定额成本的制定过程，也是对产品成本进行事前控制的过程。确定后的产品消耗定额、费用定额和定额成本，既是对生产耗费、生产费用进行事中控制的依据，又是月末计算产品实际成本的基础，还是进行产品成本事后分析和考核的标准。制定定额成本，要分不同成本项目进行。产品的定额成本一般由企业的计划、技术、会计等部门共同制定。

5

定额成本制定的程序通常有两种：❶ 对零部件不多的产品，一般先计算零件定额成本，然后再汇总计算部件定额成本和产品定额成本。零部件定额成本还可以作为在产品和报废零部件计价的依据。❷ 对零部件较多的产品，可不计算零件的定额成本，而是直接计算部件的定额成本，然后汇总计算产品定额成本，或者根据零部件定额卡直接计算产品定额成本。

（1）定额成本的计算。为了便于进行成本分析和考核，定额成本包括的成本项目和计算方法，应该与计划成本、实际成本包括的成本项目和计算方法一致。其计算公式为：

$$原材料费用定额=产品原材料消耗定量\times原材料计划单价$$

$$人工费用定额=产品生产工时定额\times计划小时薪酬率$$

$$制造费用定额=产品生产工时定额\times计划小时制造费用率$$

其中，计划小时薪酬率、计划小时制造费用率可用下列公式计算：

$$计划小时薪酬率=\frac{某车间预计全年工人薪酬总额}{该车间预计定额总工时}$$

$$计划小时制造费用率=\frac{某车间预计全年制造费用总额}{该车间预计定额总工时}$$

［例 5-3］ 大全有限责任公司生产的甲产品由两个甲 A 部件和三个甲 B 部件装配而成，其中，甲 A 部件由甲 A-1 和甲 A-2 两个零件组成，甲 B 部件由甲 B-1、甲 B-2 和甲 B-3 三个零件组成。现以该公司编制的甲 A-1 零件定额卡、甲 A 部件定额成本计算表和甲产品定额成本计算表说明定额成本的计算方法。计算结果如表 5-10、表 5-11 和表 5-12 所示。

表 5－10 **零件定额卡**

零件编号：3011 　　2023 年 5 月 　　零件名称：甲 A－1

材料编号	材料名称	计量单位	材料消耗定量
5003	102 材料	千克	4

工　序	1	2	3	4	5	合　计
定额工时	1	1	0.50	2	1.50	6

表 5－11 **部件定额成本计算表**

部件编号：301 　　2023 年 5 月 　　部件名称：甲 A
金额单位：元

所用零件编号	零件名称	零件数量/件	材料定额						金额合计	工时定额
			101 材料			102 材料				
			数量/千克	计划单价	金额	数量/千克	计划单价	金额		
3011	甲 A－1	1	4	15	60				60	6
3012	甲 A－2	1				10	18.80	188	188	8
装配										2
合计					60			188	248	16

部件定额成本项目					定额成本合计
原材料费用	人工费用		制造费用		
	计划小时薪酬率	金额	计划小时制造费用率	金额	
248	15	240	8	128	616

表 5－12 **产品定额成本计算表**

产品编号：872 　　2023 年 5 月 　　产品名称：甲
金额单位：元

所用部件编号	部件名称	所用部件数量/件	材料费用定额		工时消耗定额	
			单位部件材料费用定额	产品所耗材料费用定额	单位部件工时定额	产品所耗工时定额
301	甲 A	2	248	496	16	32
302	甲 B	3	160	480	15	45
装配						8
合计				976		85

产品定额成本项目					产品定额成本合计
原材料费用	人工费用		制造费用		
	计划小时薪酬率	金额	计划小时制造费用率	金额	
976	15	1 275	8	680	2 931

（2）定额成本与计划成本的异同。两者的相同之处，都是按产品生产的消耗定额（量）和计划价格确定的目标成本。其计算公式均为：

原材料费用定额＝产品原材料消耗定量×原材料计划单价

人工费用定额＝产品生产工时定额×计划小时薪酬率

制造费用定额＝产品生产工时定额×计划小时制造费用率

两者的不同之处在于：❶ 计算计划成本的消耗定额是计划期内的平均消耗定额，也称为计划定额，在计划期内通常不变。定额成本的消耗定额则是现行消耗定额，它应随着技术进步和劳动生产率的提高不断修订。❷ 计划成本一般是政府主管部门或企业集团总公司对企业下达的控制性指标，企业可以不制定计划成本。定额成本则是企业自行制定的，是企业对当期的产品成本进行自我控制和考核的依据。

为了保证计划成本的完成，要求定额成本的加权平均水平不得高于计划成本。

2. 揭示脱离定额差异

脱离定额差异是指实际生产费用与定额成本之间的差额。要加强生产耗费的日常控制，就必须进行脱离定额差异的日常核算，随时分析差异发生的原因，确定产生差异的责任，及时采取相应的措施。对实际消耗中因浪费和损失等造成的脱离定额差异，应查明原因，制定相关的制度或规范，以防止再次发生；对材料价格变动、职工薪酬调整等原因造成的脱离定额差异，应按规定加以调整或修订定额。因此，及时正确地核算和分析生产费用脱离定额的差异、严格控制生产费用的发生，是定额成本法的重要内容。在生产费用发生时，对符合定额的生产费用编制定额凭证，对脱离定额的费用编制差异凭证，分别列入有关的费用分配表，并在基本生产成本明细账中分别予以登记。为了防止生产费用超支，避免浪费与损失，差异凭证填制以后，必须按照规定办理审批手续。

与产品成本项目的设置相配合，要分别计算材料费用脱离定额差异、人工费用脱离定额差异和制造费用脱离定额差异。

（1）材料费用脱离定额差异的计算。在产品成本项目中，原材料（包括自制半成品）费用通常占有较大的比重，且一般又属于直接费用，因而既有必要也有可能在费用发生时，就按受益产品计算所耗用材料的定额费用和脱离定额差异，以加强控制。材料费用脱离定额差异的计算方法一般有限额领料法、切割核算法和盘存法等。

❶ 限额领料法。限额领料法是根据产品产量和核定的单位消耗定量控制领料数量的一种方法。采用限额领料法的企业必须建立限额领料制度。在领料过程中，符合定额的原材料应根据限额领料单或定额发料单等定额凭证领发。如果因增加产品产量而需要增加用料，必须办理追加限额手续，然后根据定额凭证领发。由于其他原因需要超额领料或领用代用材料，应填制专设的超额材料领用单、代用材料领料单等差异凭证，按一定的审批手续领发。差异凭证也可用普通领料单代替，但要用不同的颜色或加盖专用戳记加以区别。在差异凭证中，必须填明差异的数量、金额以及发生差异的原因。在每批（月）生产任务完成以后，应该根据车间余料编制退料单，办理退料手续；退料单也应视为差异凭证，退料单中所列的原材料数额和限额领料单中的未领用的原材料余额，都是原材料脱离定额的节约差异。

限额领料法是控制领料，促进节约用料的重要手段，但是它只能反映领料差异，不一定能反映用料差异。限额领料法不能完全控制用料。要控制用料不超支，不仅要控制领料不超过限额，还要控制产品的投产数量不少于计划规定的产品数量。此外，还要注意车间期初期末有无未退余料及余料的数量。

❷ 切割核算法。切割核算法是根据材料切割消耗定额和应切割毛坯数量来控制材料消耗量的一种方法。这种方法适用于板材、棒材和棍材等必须经过切割方能使用的材料的

定额管理。采用切割核算法进行用料控制时，应先采用限额法控制领料，然后通过材料切割核算单核算用料差异，以达到控制用料的目的。材料切割核算单应该按切割材料的批别开立，单中填明发交切割材料的种类、数量、消耗定额、应切割成的毛坯数量和材料的实际消耗量。根据实际切割成的毛坯数量和消耗定额，求出材料定额消耗量，再与材料的实际消耗量相比较，确定用料脱离定额的差异。

利用材料切割核算单进行材料切割的核算，可以及时反映材料的耗用情况和发生差异的具体原因，加强材料耗用的控制。如果条件具备，材料切割也可以与车间或班组的经济核算结合起来。

❸ 盘存法。盘存法是定期通过对生产领用材料的余料进行盘存，确定材料脱离定额差异的一种方法。这种方法适用于不能采用切割核算法的原材料。盘存法的计算方法是：在从严控制材料领用的前提下，按一定的间隔日数，对生产中的余料进行盘点，根据材料领用数和盘点所确定的余量，算出一定期间材料的实际耗用量；以这一期间投产的产品数量乘以单位产品耗用定量，求得材料定额耗用量；实际耗用量与定额耗用量相减，即为材料脱离定额的数量差异，再乘以材料计划单价，就是材料费用脱离定额的差异。

材料费用脱离定额差异的计算公式为：

材料费用脱离定额差异＝实际消耗量×材料计划单价－定额消耗量×材料计划单价
＝(实际消耗量－定额消耗量)×材料计划单价

5

［例 5－4］ 天华实业有限责任公司生产甲产品。2023 年 6 月 1 日有在产品 60 件，当月完工 500 件，月末在产品 120 件。原材料系开工时一次投入，单位产品材料消耗定量为 10 千克，材料计划单价为 12 元/千克。本月材料限额领料凭证登记材料领用数量为 5 600 千克，材料超限额领料凭证登记数量为 400 千克。车间期初有余料 100 千克，期末盘存余料 300 千克。

计算本月产品的原材料定额费用及脱离定额差异如下：

甲产品本月投产数量＝500＋120－60＝560(件)
原材料定额消耗量＝560×10＝5 600(千克)
原材料实际消耗量＝5 600＋400＋100－300＝5 800(千克)
原材料脱离定额差异＝(5 800－5 600)×12＝＋2 400(元)

在定额法下，原材料的日常核算应该按计划成本进行，原材料脱离定额差异只是按计划单价反映的消耗量上的差异(量差)，并未考虑材料实际价格是否与计划价格相同。因此，月末计算产品的实际材料费用时，还需要单独计算各种产品应负担的原材料成本差异。

(2) 人工费用脱离定额差异的计算。人工费用脱离定额差异的计算分计件工资下人工费用脱离定额差异和计时工资下人工费用脱离定额差异两种情况。在计件工资形式下，生产工人的薪酬均属于直接计入费用，其脱离定额差异的计算与原材料脱离定额差异的计算相类似，符合定额的生产工人薪酬直接反映在产量记录中，脱离定额的差异通常反映在专设的补付单等差异凭证中。工资差异凭证中应该填明原因，并履行一定的审批手续。

在计时工资形式下，生产工人薪酬属于间接计入费用，影响其脱离定额差异的因素包括生产工时和小时薪酬率。计算其脱离定额差异的公式为：

某产品的实际人工费用＝该产品实际产量的实际生产工时×实际小时薪酬率

某产品的定额人工费用＝该产品实际产量的定额生产工时×计划小时薪酬率

某产品人工费用脱离定额差异＝该产品的实际人工费用－该产品的定额人工费用

其中：

$$实际小时薪酬率=\frac{某车间实际生产工人薪酬总额}{该车间实际生产工时总额}$$

$$计划小时薪酬率=\frac{某车间计划产量的定额薪酬费用}{该车间计划产量的定额生产工时}$$

［例 5-5］ 承［例 5-4］，天华实业有限责任公司生产甲产品，单位产品的工时定额为10小时，本月实际完工产品500件，月末在产品数量为120件，完工程度为80%；月初在产品数量为60件，完工程度为60%。计划小时薪酬率为15。实际生产工时为5 500小时，实际小时薪酬率为15.20。

甲产品人工费用脱离定额差异计算如下：

$$\begin{aligned}甲产品人工费用脱离定额差异&=甲产品实际人工费用-甲产品定额人工费用\\&=\begin{matrix}实际生\\产工时\end{matrix}\times\begin{matrix}实际小时\\薪酬率\end{matrix}-\begin{matrix}实际完成\\定额工时\end{matrix}\times\begin{matrix}计划小时\\薪酬率\end{matrix}\\&=5\,500\times15.2-(500+120\times80\%-60\times60\%)\times10\times15\\&=83\,600-84\,000\\&=-400(元)\end{aligned}$$

5

从上例可以看出，人工费用脱离定额差异的形成，是生产工时变动和小时薪酬率变动两个因素共同作用的结果。因此，要控制产品的人工费用，必须控制生产工人的薪酬总额，使其不超过计划；从严控制非生产工时，保证在控制工时总数的情况下能充分利用工时；还要控制单位产品的生产工时，使其不超过工时定额。此外，企业不论采用何种工资形式，都要对人工费用按照成本计算对象编制定额人工费用和脱离定额差异汇总表，综合反映各种产品的定额工时和工人薪酬、实际工时和工人薪酬、工时和人工费用脱离定额的差异以及产生差异的原因，据以考核和分析各种产品生产工时和生产工时定额的执行情况，并用以计算产品的实际人工费用。

（3）制造费用脱离定额差异的计算。要对制造费用进行定额控制，可将制造费用分解为变动制造费用和固定制造费用。对于变动制造费用，可比照原材料的定额控制方式进行定额控制，制定定额标准，采用限额费用单进行控制，超过定额部分计入差异凭证。对于固定制造费用，可制定计划总额，实行总量控制。月末按工时分配计入产品的制造费用时，比照计时工资下计算脱离定额差异的公式进行计算。其计算公式如下：

某产品的实际制造费用＝该产品实际生产工时×实际小时制造费用率

某产品的定额制造费用＝该产品定额生产工时×计划小时制造费用率

某产品制造费用脱离定额差异＝该产品的实际制造费用－该产品的定额制造费用

［例 5-6］ 承［例 5-4］，天华实业有限责任公司生产甲产品，单位产品的工时定额为10小时，本月实际完工产品产量为500件，月末在产品数量为120件，完工程度为80%；月初在产品数量为60件，完工程度为60%。计划小时制造费用率为4，实际生产工时为5 500小时，实际小时制造费用率为3.9。甲产品制造费用脱离定额差异计算如下：

$$\text{甲产品制造费用脱离定额差异}=\text{甲产品实际制造费用}-\text{甲产品定额制造费用}$$
$$=\text{实际生产工时}\times\text{实际小时制造费用率}-\text{实际完成定额工时}\times\text{计划小时制造费用率}$$
$$=5\,500\times3.9-(500+120\times80\%-60\times60\%)\times10\times4$$
$$=21\,450-22\,400$$
$$=-950(\text{元})$$

单独设置“燃料和动力”成本项目的企业，还应当计算燃料和动力费用脱离定额差异。计算时，应区分燃料费用和动力费用，分别比照材料费用脱离定额差异和制造费用脱离定额差异的计算方法进行处理。本项目从略。

3. 计算材料成本差异

采用定额法计算产品成本时，为了便于产品成本的分析和考核，原材料的日常核算必须按计划成本进行。原材料的定额费用和脱离定额差异也应按原材料的计划成本计算；前者是原材料的定额消耗量与其计划单位成本的乘积，后者是原材料实际消耗量与定额消耗量之间的差异与其计划单位成本的乘积；两者之和，就是原材料的实际消耗量与其计划单位成本乘积。因此，月末计算产品的实际原材料费用时，还必须计算所耗原材料应分摊的成本差异，即所耗原材料的实际成本与计划成本之间的价格差异（价差）。定额法下材料成本差异的计算公式如下： 5

$$\text{某产品应负担材料成本差异}=\left(\text{该产品原材料定额成本}\pm\text{原材料脱离定额差异}\right)\times\text{材料成本差异率}$$
$$=\text{材料实际消耗量}\times\text{材料计划单价}\times\text{材料成本差异率}$$

［例 5－7］ 承［例 5－4］，天华实业有限责任公司生产甲产品，2023 年 6 月份材料定额消耗量为 5 600 千克，每千克计划单价 12 元，材料费用脱离定额差异为＋2 400 元。经计算，该公司 6 月份的材料成本差异率为－2％。则甲产品应负担的材料成本差异计算如下：

$$\text{甲产品应负担的材料成本差异}=(5\,600\times12+2\,400)\times(-2\%)=-1\,392(\text{元})$$

在实际工作中，材料成本差异的分配，应该通过材料成本差异分配表进行计算。

4. 计算定额变动差异

在定额执行过程中，由于生产技术和劳动生产率的提高，原来制定的消耗定额或费用定额经过一定时期后需要进行修订。修订后的新定额与修订前的老定额之间的差异，就是定额变动差异。定额的修订通常在年初进行，如果某项消耗定额与实际生产情况发生较大变动，也可以在年度内修订。修订后的定额一般在月初开始执行，当月投产的产品都要按新定额计算其定额成本和脱离定额差异。如果存在期初在产品，在定额变动后，既要求将期初在产品成本按新定额计算，又不能随意改变在产品的原账面成本，为此，在生产成本明细账中，期初在产品成本要按新定额计算反映，并将在产品原账面定额成本与变动后的在产品定额成本的差异，反映为定额变动差异。在定额降低时，定额变动差异用“＋”号表示；在定额提高时，定额变动差异用“－”号表示。按新定额计算的在产品成本与定额变动差异的关系是：

$$\text{按新定额计算的在产品成本}\pm\text{定额变动差异}=\text{按原定额计算的在产品成本}$$

月初在产品定额发生变动时，可以根据发生定额变动的在产品盘存数或在产品账面结存数乘以修订后的新定额，得到定额修订后的定额成本，然后与老定额成本进行比较，计算出定额变动差异。某些机械制造企业由于生产的产品由较多零部件组成，一旦定额发生变动，需要重新计算从零件、部件到产品的定额，工作量较大。为了简化计算工作，也可以采用定额变动系数计算定额变动差异。其计算公式如下：

$$月初在产品定额变动差异=按老定额计算的月初在产品成本\times(1-定额变动系数)$$

$$定额变动系数=\frac{按新定额计算的单位产品成本}{按老定额计算的单位产品成本}$$

[例 5－8] 承[例 5－4]，天华实业有限责任公司生产甲产品，于 2023 年 6 月 1 日开始实行新的原材料消耗定额，单位产品旧的原材料费用定额为 126.30 元，新的原材料费用定额为 120 元。该产品月初在产品数量为 60 件，按旧定额计算的原材料定额费用为7 578 元。月初在产品定额变动差异计算如下：

$$定额变动系数=\frac{120}{126.30}=0.950\,12$$

$$月初在产品定额变动差异=7\,578\times(1-0.950\,12)=377.99(元)$$

定额变动系数按单位产品综合材料费用计算，因而能够简化计算工作。但在零部件生产不成套或成套性较差的情况下，采用系数计算法，会影响计算结果的正确性。因而，运用定额变动系数法计算月初在产品定额变动差异，对于零部件成套生产或零部件生产的成套性较好的产品而言比较适宜。

5

在修订定额的月份，产品的实际成本可按定额成本、脱离定额差异、材料成本差异和定额变动差异综合计算。由于月初在产品总是首先完工的，因此所有月初在产品的定额变动差异，均由当期完工产品成本负担。

5. 计算产品实际成本

产品成本计算的定额法是一种辅助的成本计算方法，必须与基本方法结合使用。当某种产品既有本月完工产品又有月末在产品时，要根据结合使用的产品成本计算的基本方法，将生产费用在完工产品与月末在产品之间进行分配。如前所述，在定额法下，定额成本与各种成本差异的日常核算是分别进行的，因而在完工产品与月末在产品之间分配费用时，也要按定额成本与各种成本差异分别进行。即先计算完工产品和月末在产品的定额成本，再计算分配完工产品和月末在产品的各种成本差异。在分配各种成本差异时，可利用企业各种较准确的定额成本资料，采用定额比例法或在产品按定额成本法进行。为了保证分配结果的正确性，材料费用脱离定额差异、人工费用脱离定额差异和制造费用脱离定额差异的分配也应分别进行。在脱离定额差异金额不大的情况下，脱离定额差异可以全部由完工产品成本负担；在脱离定额差异金额较大，且各月在产品数量变动也较大的情况下，脱离定额差异应当在完工产品与月末在产品之间按定额成本比例分配。

[例 5－9] 承[例 5－4][例 5－5][例 5－6][例 5－7]和[例 5－8]的资料，天华实业有限责任公司在计算本月完工的 500 件甲产品的实际成本时，确定以定额成本为基础，按完工产品与期末在产品的实际定额成本比例分配脱离定额差异和材料成本差异，定额变动差异由当月完工产品承担。

根据要求，完工甲产品实际成本计算如下：

$$完工甲产品材料费用定额成本=500\times10\times12=60\,000(元)$$

$$完工甲产品的材料费用脱离定额差异=\frac{2\,400}{620\times10\times12}\times(500\times10\times12)=1\,935.48(元)$$

$$完工甲产品人工费用定额成本=500\times10\times15=75\,000(元)$$

$$\text{完工甲产品的人工费用脱离定额差异}=\frac{-400}{[(60\times10\times40\%+440\times10)+(120\times10\times80\%)]\times15}\times(60\times10\times40\%+440\times10)\times15=-331.43(\text{元})$$

完工甲产品制造费用定额成本＝500×10×4＝20 000(元)

$$\text{完工甲产品的制造费用脱离定额差异}=\frac{-950}{[(60\times10\times40\%+440\times10)+(120\times10\times80\%)]\times4}\times(60\times10\times40\%+440\times10)\times4=-787.14(\text{元})$$

完工甲产品应负担材料成本差异＝(60 000＋1 935.48)×(－2%)＝－1 238.71(元)

完工甲产品实际成本＝(60 000＋75 000＋20 000)＋(1 935.48－331.43－787.14)－1 238.71＋377.99＝154 956.19(元)

$$\text{完工甲产品单位成本}=\frac{154\,956.19}{500}=309.91(\text{元})$$

(二) 定额法的应用实例

[例 5－10] 珠江有限责任公司生产乙产品，采用定额法计算产品成本。2023 年 5 月份有关乙产品原材料费用的资料为：❶ 月初在产品原材料定额费用为 14 000 元，月初在产品脱离定额差异为－200 元；❷ 本月原材料定额费用为 56 000 元，本月材料费用脱离定额差异为－1 900 元；❸ 本月材料成本差异率为－2%，材料成本差异全部由完工产品负担；❹ 本月完工产品的材料定额费用为 60 000 元。

要求：❶ 计算月末在产品原材料定额费用；❷ 分配原材料脱离定额差异；❸ 计算本月领用原材料应负担的材料成本差异；❹ 计算本月完工产品和月末在产品应负担的原材料实际费用。

根据要求计算如下：

$$\text{月末在产品原材料定额费用}=\text{月初在产品原材料定额费用}+\text{本月发生的原材料定额费用}-\text{完工产品的原材料定额费用}$$
$$=14\,000+56\,000-60\,000=10\,000(\text{元})$$

$$\text{原材料脱离定额差异分配率}=\frac{\text{月初在产品材料脱离定额差异}+\text{本月发生的材料脱离定额差异}}{\text{完工产品材料定额费用}+\text{月末在产品材料定额费用}}\times100\%$$
$$=\frac{-200-1\,900}{60\,000+10\,000}\times100\%=-3\%$$

完工产品应负担原材料脱离定额差异＝60 000×(－3%)＝－1 800(元)

月末在产品应负担原材料脱离定额差异＝10 000×(－3%)＝－300(元)

$$\text{本月领用原材料应负担材料成本差异}=\left(\text{本月发生的原材料定额费用}\pm\text{本月发生的原材料脱离定额差异}\right)\times\text{材料成本差异率}$$
$$=(56\,000-1\,900)\times(-2\%)=-1\,082(\text{元})$$

$$\text{本月完工乙产品原材料实际成本}=\text{本月完工乙产品原材料定额费用}+\text{本月完工乙产品应负担的原材料脱离定额差异}$$

$$=60\ 000+(-1\ 800)+(-1\ 082)=57\ 118(\text{元})$$

$$\text{本月月末在产品原材料实际成本}=\text{月末在产品原材料定额成本}+\text{月末在产品应负担的原材料脱离定额差异}$$

$$=10\ 000+(-300)=9\ 700(\text{元})$$

[例 5-11] 南海有限责任公司生产丙产品，该公司定额管理制度比较健全、稳定，采用定额法计算丙产品成本。丙产品定额成本于 2023 年 1 月制定，其定额标准如表 5-13 所示。

表 5-13 丙产品定额成本表

产品名称：丙产品　　制定日期：2023 年 1 月 1 日　　金额单位：元

材料编号及名称	计量单位		材料消耗定额	计划单价		材料费用定额
A 材料	千克		100	10		1 000
工时定额	直接人工		制造费用			产品定额成本合计
	薪酬率	金额	费用率		金额	
25	12	300	10		250	1 550

丙产品所需 A 材料在生产开始时一次投入。由于工艺技术的改进，该公司于 2023 年 6 月 30 日对丙产品的材料消耗定额进行修订，原材料消耗定额由每件单耗 100 千克，调整为 95 千克，材料费用定额相应调整为 950 元。7 月初，丙产品的月初在产品定额成本和脱离定额差异如表 5-14 所示。

表 5-14 月初在产品定额成本和脱离定额差异表

2023 年 7 月 1 日

产品名称：丙产品　　在产品数量：10 件　　金额单位：元

项　　目	成　本　项　目			合　　计
	直接材料	直接人工	制造费用	
定额成本	10 000	1 500	1 250	12 750
脱离定额差异	−200	+100	+50	−50
实际成本	9 800	1 600	1 300	12 700

2023 年 7 月份，该公司投产 200 件，完工 160 件，月末在产品 50 件。月初、月末在产品完工程度均为 50%。丙产品本月发生的生产工时和生产费用资料如表 5-15 所示。

表 5-15 生产工时与生产费用资料

2023 年 7 月 31 日

产品名称：丙产品　　本月投产：200 件　　金额单位：元

成本项目	定额成本			脱离定额差异			金额合计
	定量或工时	单价或费率	定额费用	定量或工时	单价或费率	差异金额	
直接材料	19 000	10	190 000	200	10	2 000	192 000

续 表

成本项目	定额成本			脱离定额差异			金额合计
	定量或工时	单价或费率	定额费用	定量或工时	单价或费率	差异金额	
直接人工	4 500	12	54 000			1 800	55 800
制造费用	4 500	10	45 000			−1 800	43 200
合 计	—		289 000			2 000	291 000

6 月 30 日对材料费用定额进行了调整，使丙产品的月初在产品定额成本降低，则：

月初在产品的定额变动差异＝(100－95)×10×10＝500(元)

材料定额消耗量＝200×95＝19 000(千克)

定额工时＝10×25×50%＋(200－50)×25＋50×25×50%＝4 500(小时)

2023 年 7 月份的材料成本差异率为＋2%，则：

丙产品所领用材料应负担的材料成本差异＝(190 000＋2 000)×2%＝3 840(元)

5

根据上述各种资料，会计处理如下：

(1) 月初在产品定额成本变动差异可以不进行账务处理，直接在基本生产成本明细账中列示，也可以根据定额变动差异计算表，编制分录如下：

借：生产成本——丙产品(材料定额变动差异)　　500

　贷：生产成本——丙产品(材料定额调整)　　500

(2) 丙产品领用 A 材料时，区分定额费用与脱离定额差异：

借：生产成本——丙产品(材料定额成本)　　190 000

　　　　　　——丙产品(脱离定额差异)　　2 000

　贷：原材料——A 材料　　192 000

(3) 月末，结转材料成本差异：

借：生产成本——丙产品(材料成本差异)　　3 840

　贷：材料成本差异　　3 840

(4) 结转丙产品的人工费用，区分定额费用与脱离定额差异：

借：生产成本——丙产品(人工定额成本)　　54 000

　　　　　　——丙产品(脱离定额差异)　　1 800

　贷：应付职工薪酬　　55 800

(5) 分配制造费用，区分定额费用与脱离定额差异：

借：生产成本——丙产品(制造费用定额成本)　　45 000

　　　　　　——丙产品(脱离定额差异)　　[1 800]

　贷：制造费用　　43 200

根据会计处理结果，假定以分录序号为记账凭证编号，登记丙产品的基本生产成本明细账，如表 5－16 所示。

在丙产品的基本生产成本明细账中，依据生产费用合计栏记录，分别计算各种脱离定额

表 5-16

基本生产成本明细账

产品名称：丙产品

总第 页
字第 页

2023年		凭证号数	摘要	成本项目											合计			
				直接材料					直接人工			制造费用						
月	日			定额成本	定额调整	定额变动差异	脱离定额差异	材料成本差异	定额成本	脱离定额差异	定额变动差异	定额成本	脱离定额差异	定额变动差异	定额成本	脱离定额差异	定额变动差异	材料成本差异
7	1		月初在产品成本	10 000			200		1 500	100		1 250	50		12 750	50		
	1	1	调整定额变动差异		500	500									500		500	
	31	2	分配材料费用	190 000			2 000								190 000	2 000		
	31	3	分配材料成本差异					3 840										3 840
	31	4	分配人工费用						54 000	1 800					54 000	1 800		
	31	5	分配制造费用									45 000	1 800		45 000	1 800		
	31		生产费用累计	200 000	500	500	1 800	3 840	55 500	1 900		46 250	1 750		301 250	1 950	500	3 840
	31		脱离定额差异率				0.9%			3.42%			−3.78%					
	31	6	完工产品定额成本	152 500	500				48 000			40 000			240 000			
	31	6	完工产品应负担差异			500	1 372	3 840		1 643			1 514			1 501	500	3 840
	31		月末在产品成本	47 500			428		7 500	257		6 250	236		61 250	449		

注：月初在产品成本行：定额成本合计=10 000+1 500+1 250=12 750(元)；脱离定额差异合计=−200+100+50=−50(元)

调整定额变动差异行：定额调整−500元，在合计栏的“定额成本”中用红字记录

生产费用累计行：定额成本合计=(200 000−500)+55 500+46 250=301 250(元)

月末在产品定额成本：材料费用定额=50×950=47 500(元)；人工费用定额=50×50%×300=7 500(元)；制造费用定额=50×50%×250=6 250(元)

月末在产品应承担的脱离定额差异=(47 500×0.9%)+(7 500×3.42%)+[6 250×(−3.78%)]=449(元)

月末在产品成本实际成本=61 250+449=61 699(元)

本月完工丙产品实际成本=240 000+1 501+500+3 840=245 841(元)

在完工产品与月末在产品间分配定额费用和各种差异时，先确定期末在产品应负担的定额费用及差异，倒挤完工产品应负担的定额成本及差异，本表数据准确到“元”

差异分配率如下：

$$直接材料脱离定额差异分配率=\frac{1\ 800}{200\ 000-500}\times 100\%=0.9\%$$

$$直接人工脱离定额差异分配率=\frac{1\ 900}{55\ 500}\times 100\%=3.42\%$$

$$制造费用脱离定额差异分配率=\frac{-1\ 750}{46\ 250}\times 100\%=-3.78\%$$

（6）月末，根据完工产品入库单，编制完工产品入库的会计分录，分录编号承前：

借：库存商品——丙产品	245 841	
生产成本——丙产品（材料定额调整）	500	
贷：生产成本——丙产品（材料定额成本）		152 500
——丙产品（人工定额成本）		48 000
——丙产品（制造费用定额成本）		40 000
——丙产品（材料定额变动差异）		500
——丙产品（材料脱离定额差异）		1 372
——丙产品（材料成本差异）		3 840
——丙产品（人工脱离定额差异）		1 643
——丙产品（制造费用脱离定额差异）		[1 514]

从本月完工丙产品的实际成本构成中，可以看到，本月完工的丙产品定额成本为240 000元，实际成本为245 841元，成本超支5 841元。在定额法下，所设置的丙产品基本生产成本明细账详细列示了丙产品实际成本脱离定额成本的情况，据此可以初步分析实际成本脱离定额成本的原因：一是脱离定额差异1 501元，系材料费用脱离定额1 372元，人工费用脱离定额1 643元和制造费用脱离定额−1 514元，其中人工费用与材料费用脱离定额，属于生产耗费的超支，应该作为成本控制的重点；二是材料成本差异超支3 840元，主要是材料实际成本提高所致，不应由车间负责，而应当从材料采购环节分析材料成本提高的原因；三是定额变动差异超支500元，这是6月30日对丙产品材料消耗定额进行调整引起月初在产品定额成本变动的结果，是丙产品生产车间改进生产技术、节约原材料消耗取得的成绩。从加强产品成本管理的角度出发，还应当根据各个成本项目的实际情况分别进行成本分析，逐项查明实际成本脱离定额成本的真正原因，以便定期考核成本计划的完成情况，寻求降低产品成本的有效途径，这正是定额法的优点。定额法的缺点主要是增加了成本核算的工作量。

任务三 成本计算方法的配合

【引言】

在同一家企业，甚至同一生产车间中，有可能存在不同的生产组织形式、不同的生产工艺特点、不同的产品成本管理要求，因此，在计算产品成本时，不可能完全采用单一的成本计算方法，需要各种成本计算方法配合使用。

【知识准备与业务操作】

一、几种成本计算方法的同时应用

微课视频：成本计算方法的应用——基于皮革企业生产流程分析

除了单一产品生产企业以外，一个企业往往有若干个生产车间，同时生产不同的产品。各个生产车间的生产特点和管理要求不会完全相同，即使在同一个生产车间中，所生产的各种产品的生产特点和管理要求也不一定相同。因此，一个企业有可能同时运用几种成本计算方法。

（一）同一企业不同车间可同时运用不同的成本计算方法

一般来说，由于企业的基本生产车间和辅助生产车间生产目的不同，其生产特点也往往不同。与生产特点相结合，需要采用不同的成本计算方法。例如，基本生产车间大批大量多步骤生产某种产品，各步骤生产的半成品如果有时直接用于对外销售，就要采用分步法计算产品成本；辅助生产车间对内提供的供电、供汽、供水和机修等产品或劳务，因为产品（劳务）单一，则应采用品种法计算产品（劳务）成本。

生产不同产品的基本生产车间，也会因产品生产的情况不同而采用不同的成本计算方法。如一家企业有三个基本生产车间，分别生产 A、B、C 三种产品，A 产品采用大批大量多步骤方式进行生产，并要求按步骤计算产品成本，需要采用分步法；B 产品采用单步骤大量方式进行生产，其产品成本的计算则应采用品种法；C 产品按客户订单组织生产，其产品成本计算当然要采用分批法。

（二）同一车间生产不同产品可同时运用不同的成本计算方法

如果同一个车间生产多种产品，有些产品管理上要求分步骤计算产品成本，则对这些产品成本的计算可采用分步法，有些产品管理上不要求分步骤计算产品成本，则对这些产品成本的计算可采用品种法。

二、几种成本计算方法的结合使用

同一企业或企业的同一生产车间，在计算某种产品成本时，可以以一种产品成本计算方法为主，结合使用几种成本计算方法。

（一）一种产品的不同生产步骤可采用不同的成本计算方法

一种产品如果经过多个步骤生产，每个步骤的生产特点和管理要求不同，则可以采用不同的产品成本计算方法。例如，在单件小批生产的机械制造企业，其产品的生产过程由铸造、加工、装配等生产步骤组成，装配车间生产出最终产品。这时，主要完工产品的成本计算可以采用分批法；铸造车间生产的铸件为自制半成品，可以采用品种法计算其成本；加工车间将铸件加工为零部件，加上投入的其他材料加工的零部件，交给装配车间装配，铸造、加工和装配车间之间、加工车间和装配车间之间，还可以采用不同的分步法（逐步结转分步法、平行结转分步法）。这样，该种产品成本的计算就是以分批法为主，结合采用了品种法、分步法等成本计算方法。

（二）一种产品的不同零部件可采用不同的成本计算方法

如果某一产品由若干零部件组成，其中部分零部件对外销售，部分零部件自行加工产品。对自用的零部件，一般不要求单独计算成本；对经常对外销售的零部件，必须计算零部件的成本。这时，就应按照这些零部件的生产类型和管理要求，采用不同的成本计算方法分别计算成本。

（三）产品成本计算的辅助方法必须与基本方法结合运用

企业因生产的产品品种繁多而需要采用分类法进行产品成本计算的，或企业已制定有比较先进且稳定的产品成本定额而需要采用定额法进行产品成本计算的，在这两种情况下都不能单独应用一种辅助方法，而必须选择与某种成本计算的基本方法结合使用。

【工作任务——运用定额法进行产品成本的计算】

操作录屏：运用定额法进行产品成本的计算

实例解析：

欧亚有限责任公司生产甲产品，该公司定额管理制度比较健全、稳定，采用定额法计算甲产品成本。甲产品定额成本于 2023 年 1 月制定，其定额成本如表 5－17 所示。

5

表 5－17　甲产品定额成本表

产品名称：甲产品　　制定日期：2023 年 1 月 1 日　　金额单位：元

<table>
<tr><td>材料编号及名称</td><td>计量单位</td><td colspan="2">材料消耗定额</td><td>计划单价</td><td>材料费用定额</td></tr>
<tr><td>B 材料</td><td>千克</td><td colspan="2">500</td><td>8</td><td>4 000</td></tr>
<tr><td rowspan="2">工时定额</td><td colspan="2">直接人工</td><td colspan="2">制造费用</td><td rowspan="2">产品定额成本合计</td></tr>
<tr><td>薪酬率</td><td>金额</td><td>费用率</td><td>金额</td></tr>
<tr><td>50</td><td>12</td><td>600</td><td>10</td><td>500</td><td>5 100</td></tr>
</table>

甲产品所需 B 材料在生产开始时一次投入。由于工艺技术的改进，该公司于 2023 年 5 月 31 日对甲产品的材料消耗定额进行修订，原材料消耗定额由每件单耗 500 千克，调整为 480 千克，材料费用定额相应调整为 3 840 元。6 月初，甲产品的月初在产品定额成本和脱离定额差异如表 5－18 所示。

表 5－18　月初在产品定额成本和脱离定额差异表

2023 年 6 月 1 日

产品名称：甲产品　　在产品数量：20 件　　金额单位：元

项　目	成　本　项　目			合　计
	直接材料	直接人工	制造费用	
定额成本	80 000	6 000	5 000	91 000
脱离定额差异	－600	＋200	＋50	－350
实际成本	79 400	6 200	5 050	90 650

2023 年 6 月份，该公司投产 300 件，完工 280 件，月末在产品 40 件。月初、月末在产品完工程度均为 50％。甲产品本月发生的生产工时与生产费用如表 5－19 所示。

表 5－19　　　　生产工时与生产费用资料

2023 年 6 月 30 日

产品名称：甲产品　　　　本月投产：300 件　　　　金额单位：元

成本项目	定额成本			脱离定额差异			金额合计
	定量或工时	单价或费率	定额费用	定量或工时	单价或费率	差异金额	
直接材料	144 000	8	1 152 000	500	8	4 000	1 156 000
直接人工	14 500	12	174 000			2 500	176 500
制造费用	14 500	10	145 000			－2 800	142 200
合　计			1 471 000			3 700	1 474 700

2023 年 6 月份的材料成本差异率为－1％，则：

操作步骤：

（1）计算并确认定额变动差异，据以编制确认定额变动差异的会计分录。

（2）根据甲产品领用 B 材料资料，区分定额费用与脱离定额差异，编制会计分录。

（3）确认本月领用 B 材料应承担的材料成本差异，并编制会计分录。

（4）结转甲产品的人工费用，区分定额费用与脱离定额差异，编制会计分录。

（5）分配制造费用，区分定额费用与脱离定额差异，编制会计分录。

（6）开设甲产品的基本生产成本明细账，过入期初在产品成本，并根据上述会计分录登记甲产品的基本生产成本明细账（表 5－20）。

（7）根据记录结果，计算本月累计生产费用，并根据相关数据，分别计算各种脱离定额差异分配率。

（8）根据各种脱离定额差异分配率，计算确认月末在产品应负担的脱离定额差异（材料成本差异全部由完工产品承担；计算结果精确到“元”）。

（9）采用倒挤法，计算完工产品应负担的各种脱离定额差异。

（10）根据计算结果，确认本月完工甲产品实际成本，并编制完工产品入库的会计分录。

（11）根据计算结果和完工产品入库的会计分录，完成甲产品基本生产成本明细账的登记。

【项目小结】

本项目知识结构如图 5－1 所示。

项目五自测题

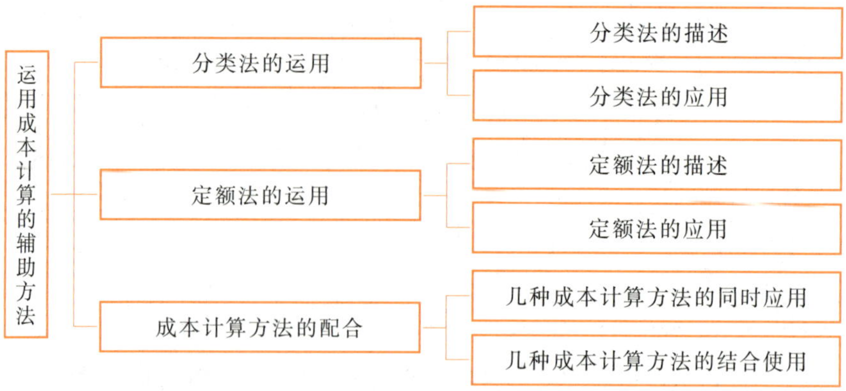

图 5－1　项目五知识结构

表 5－20

基本生产成本明细账

产品名称：

总第　页
字第　页

年		凭证号数	摘要	成本项目											合计			
				直接材料					直接人工			制造费用						
月	日			定额成本	定额调整	定额变动差异	脱离定额差异	材料成本差异	定额成本	脱离定额差异	定额变动差异	定额成本	脱离定额差异	定额变动差异	定额成本	脱离定额差异	定额变动差异	材料成本差异

项目六　计算特殊产品成本

◇ 职业能力目标

能判断特殊产品的性质，正确判定什么是联产品、副产品和等级产品，明确三者之间的关系。

能掌握特殊产品成本计算的方法、要求和程序，并能运用各种成本计算方法计算出联产品、副产品和等级产品的成本。

◇ 典型工作任务

联产品成本的计算；副产品成本的计算；等级产品成本的计算。

牧原股份的
企业文化

任务一 联产品成本的计算

【引言】

某些企业在产品生产过程中，使用相同的原材料，经过相同的生产过程，同时生产出两种或两种以上同样重要的产品，这就是“联产品”。

【知识准备与业务操作】

动画视频：联产品的特点与成本计算

一、联产品的描述

联产品是指企业利用相同的原材料，经过相同的加工工艺过程，同时生产出两种或两种以上具有同等地位但用途不同的主要产品。例如，炼油厂以原油为原料，经过某一加工工艺过程生产出汽油、煤油和柴油等联产品；制糖厂用甜菜制成各种冰糖、红糖、白糖等联产品。

联产品的特点是各种联产品都是企业的主要产品，是企业生产活动的主要目标，且销售收入对企业都有较大的贡献。联产品是企业投入同种原材料经过同一生产过程而取得的，在生产出一种产品的同时，必然伴随着其他联产品的同时产出。因此，只有在整个生产过程结束之后才能分离出联产品。各种联产品分离的时刻被称为“分离点”。分离后的联产品，有的可以作为完工产品直接出售，有的作为半成品需要进一步加工成完工产品才可以出售。为此，我们将分离点前在联合生产过程中发生的生产成本称为联合成本，联合成本需要经过分配后才能计入各联产品成本。将分离后对联产品继续进行加工而发生的成本称为可归属成本，直接由接受加工的联产品负担，被计入联产品成本。

二、联产品成本的计算

联产品从原材料投入到加工成完工产品要经历三个阶段：分离前、分离点、分离后。分离前是联合成本的归集过程，分离点是联合成本的分配过程，分离后是联产品可归属成本的归集过程。

联产品成本计算的步骤如下：

第一步：计算分离前的联合成本。

第二步：在分离点分配联合成本。

第三步：分离后计算进一步加工的可归属成本。

从联产品成本计算步骤中可知，在各种联产品分离前必须将其视为一类产品，采用分类法归集生产中所发生的各项费用，在各联产品进行分离时采用一定的分配方法将归集的联合成本在各联产品之间进行分配，以确定每种联产品的成本。对于需要继续加工的联产品而言，其负担的联合成本加上再加工所发生的可归属成本，即为该产品的最终成本。具体计算过程如图 6－1 所示。

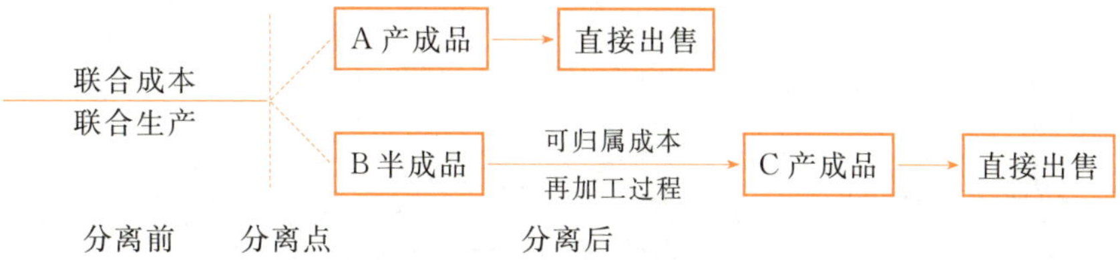

图 6-1　联产品成本计算过程

从图 6-1 中可见，联产品的成本计算包括两部分：分离前联合成本的归集与分配；分离后继续加工成本的归集与计算。显然，分离后继续加工产品的成本可运用前面各项目介绍的成本计算方法进行计算。这里需要解决的是联合生产过程中产生的联合成本在分离点上的分配问题。

在分离点上分配联合成本的方法有多种，常用的有系数分配法、实物量比例分配法、相对售价比例分配法和可实现净值比例分配法。实际上是分类法在特殊产品成本计算中的特殊应用。

（一）系数分配法

系数分配法是将各种联产品的实际产量按事先规定的系数折合成标准产量，然后按照各联产品的标准产量比例来分配联合成本的一种方法。确定系数的标准可以是联产品的技术特征，如重量、体积、质量、性能和加工难易程度；也可以是经济指标，如定额成本、售价等。

［例 6-1］　括苍有限责任公司在同一生产过程中利用同一种原材料加工出甲、乙、丙三种主要产品，2023 年 1 月份发生的联合成本分别为：原材料 90 000 元，直接人工 48 000 元，制造费用 24 000 元。该月生产出甲产品 1 000 件，乙产品 2 000 件，丙产品 3 000 件。在联产品的联合生产过程中无期初在产品，也无期末在产品。该公司采用系数分配法分配联合成本，事先确定的甲、乙、丙三种产品的系数分别为 1.5、0.75 和 1。联产品成本计算如表 6-1所示。

6

业务单据：联产品成本计算

表 6-1　联产品成本计算表

2023 年 1 月 31 日　　金额单位：元

产品名称	实际产量/件	系数	标准产量	分配比例	应负担的联合成本			
					直接材料	直接人工	制造费用	合　计
甲产品	1 000	1.50	1 500	0.25	22 500	12 000	6 000	40 500
乙产品	2 000	0.75	1 500	0.25	22 500	12 000	6 000	40 500
丙产品	3 000	1.00	3 000	0.50	45 000	24 000	12 000	81 000
合计	6 000	—	6 000	1.00	90 000	48 000	24 000	162 000

表 6-1 中的标准产量及分配比例计算如下：

$$甲产品标准产量=1\,000\times1.5=1\,500(件)$$

$$乙产品标准产量=2\,000\times0.75=1\,500(件)$$

$$丙产品标准产量=3\,000\times1=3\,000(件)$$

$$甲产品分配比例=\frac{1\,500}{6\,000}=0.25$$

$$乙产品分配比例=\frac{1\ 500}{6\ 000}=0.25$$

$$丙产品分配比例=\frac{3\ 000}{6\ 000}=0.50$$

采用系数分配法分配联合成本的结果，取决于确定系数的正确性，为此，企业要根据各种技术参数尽可能准确地计算各种联产品的消耗水平，以正确计算分配系数。

（二）实物量比例分配法

实物量比例分配法是按照各联产品在分离点上的重量、体积、长度等其他实物量度比例来分配联合成本的一种方法。在通常情况下，实物量是指产品的重量。实物量比例分配法的最大优点是计算简便易行，但是其没有考虑成本与收入之间的关系，因此计算出来的是联产品的单位平均成本，容易造成成本与收入不匹配。这种方法主要适用于产品成本与实物量有密切关系，并且各联产品销售价格较为均衡的联合成本的分配。

[例 6-2] 承[例 6-1]的资料，假定各种联产品的单位重量相近，因此以产品产量作为实物量，采用实物量比例分配法分配联合成本。计算结果如表 6-2 所示。

表 6-2 联产品成本计算表

2023 年 1 月 31 日 金额单位：元

项目		实际产量/件	应负担的联合成本			
			直接材料	直接人工	制造费用	合计
产品名称	甲产品	1 000	15 000	8 000	4 000	27 000
	乙产品	2 000	30 000	16 000	8 000	54 000
	丙产品	3 000	45 000	24 000	12 000	81 000
	合计	6 000	90 000	48 000	24 000	162 000
费用分配率			15	8	4	27

表 6-2 中有关分配率计算如下：

$$直接材料分配率=\frac{90\ 000}{6\ 000}=15$$

$$直接人工分配率=\frac{48\ 000}{6\ 000}=8$$

$$制造费用分配率=\frac{24\ 000}{6\ 000}=4$$

（三）相对售价比例分配法

相对售价比例分配法是按照联产品售价比例来分配联合成本的一种方法。这种分配方法的原理是，售价较高的联产品应负担较高份额的联合成本，售价较低的联产品应负担较低份额的联合成本。因此，分配的结果是各种联产品的毛利率相同。但现实情况却是，售价较高的产品成本不一定就高，售价较低的产品成本不一定就低，即并非所有的联产品都具有相同的获利能力（比如电子产品，成本较低但由于科技含量高而售价较高）。这种方法一般适用于分离后即为完工产品，不需要进一步加工且价格波动不大的联产品。

[例 6－3] 仍按照[例 6－1]的资料，假定甲、乙、丙三种产品的单价分别为 60 元/件、40 元/件、45 元/件，采用相对售价比例分配法分配联合成本。计算结果如表 6－3 所示。

表 6－3 联产品成本计算表

2023 年 1 月 31 日 金额单位：元

产品名称	实际产量/件	售价	售价金额	分配比例	应负担的联合成本			
					直接材料	直接人工	制造费用	合 计
甲产品	1 000	60	60 000	0.218 2	19 638	10 473.60	5 236.80	35 348.40
乙产品	2 000	40	80 000	0.290 9	26 181	13 963.20	6 981.60	47 125.80
丙产品	3 000	45	135 000	0.490 9	44 181	23 563.20	11 781.60	79 525.80
合计	6 000		275 000	1.00	90 000	48 000	24 000	162 000

表 6－3 中的分配比例计算如下：

$$甲产品分配比例=\frac{60\ 000}{275\ 000}=0.218\ 2$$

$$乙产品分配比例=\frac{80\ 000}{275\ 000}=0.290\ 9$$

$$丙产品分配比例=\frac{135\ 000}{275\ 000}=0.490\ 9$$

6

(四) 可实现净值比例分配法

可实现净值比例分配法是按照各种联产品的可实现净值比例来分配联合成本的一种方法。可实现净值是指产品最终售价减去其分离点后可归属成本后的余额，不需要进一步加工的联产品的可实现净值就是其售价。这种分配方法主要适用于联产品分离后仍需要进一步加工方可销售的联产品。采用这种方法计算联产品成本容易混淆联合成本与可归属成本的界限。

[例 6－4] 绿草地奶制品有限公司用原奶同步加工生产出脱脂牛奶和奶油两种联产品。其中，脱脂牛奶需要经过再加工，生产成脱脂奶粉出售。2023 年 1 月，绿草地公司共发生联合成本 260 000 元，其中：原奶 120 000 元，人工费用 90 000 元，制造费用 50 000 元。当月共生产奶油 50 吨，脱脂牛奶全部加工成脱脂奶粉，共 3 000 桶，当月无期初、期末在产品。脱脂奶粉的市场售价为 90 元/桶，进一步加工发生人工费用 60 000 元，制造费用 54 000 元。奶油售价为 3 380 元/吨。按照可实现净值比例分配法计算各联产品成本，如表 6－4 所示。

表 6－4 联产品成本计算表

2023 年 1 月 31 日 金额单位：元

产品名称	单位	产量	单价	金额	可归属成本		可实现净值	分配比例	应负担的联合成本			合计
					直接人工	制造费用			直接材料	直接人工	制造费用	
奶油	吨	50	3 380	169 000			169 000	0.52	62 400	46 800	26 000	135 200
脱脂奶粉	桶	3 000	90	270 000	60 000	54 000	156 000	0.48	57 600	43 200	24 000	238 800
合 计				439 000	60 000	54 000	325 000	1.00	120 000	90 000	50 000	374 000

表 6－4 中，可实现净值和分配比例计算如下：

$$\text{奶油可实现净值}=50\times3\,380=169\,000(\text{元})$$

$$\text{脱脂奶粉可实现净值}=3\,000\times90-(60\,000+54\,000)=156\,000(\text{元})$$

$$\text{奶油分配比例}=\frac{169\,000}{169\,000+156\,000}=0.52$$

$$\text{脱脂奶粉分配比例}=\frac{156\,000}{169\,000+156\,000}=0.48$$

任务二　副产品成本的计算

【引言】

副产品与联产品有共性，也有差异。共性在于都是使用相同的原材料，经过相同的生产过程，生产出两种或两种以上的产品；差别在于联产品对企业而言是同样重要的，而副产品则相对主产品而言，属于次要的产品。

【知识准备与业务操作】

一、副产品的描述

动画视频：副产品的特点与成本计算

副产品是指企业使用同种原材料，经过同一生产工艺过程加工，在生产出主要产品的同时附带生产出来的一些非主要产品。例如，制皂生产中产生甘油，炼油生产中产生渣油、石油焦等。

副产品的特点在于，副产品是企业生产的次要产品，不是企业生产活动的主要目标，相对于主要产品而言，副产品的经济价值一般较小，销售价格往往较低。

副产品和联产品之间既有联系又有区别，主要表现在它们都是联合生产过程中的产物，都是投入相同的原材料，经过同一生产过程而产生的，但价值与地位却不同。一般情况下，联产品的价值较高，地位同等，而副产品相对于主要产品价值较低，处于次要地位。但两者之间的划分并非一成不变，而是可以相互转化的。随着生产技术的发展和综合利用，在一定条件下，副产品也能转为主要产品，从而成为联产品；反之，原来的联产品也可能因为生产目标的改变而成为副产品。同时，在实际工作中也没有绝对的标准来判断该企业的某产品是联产品还是副产品。事实上，主要产品与副产品的划分主要取决于不同企业的生产目标。例如，生产焦炭和煤气的企业，若以生产煤气为目的，则煤气为主要产品，焦炭为副产品；若以生产焦炭为目的，则焦炭为主产品，煤气为副产品；若将煤气和焦炭都作为主要产品，则焦炭与煤气就是该企业生产的联产品。

二、副产品成本的计算

主要产品和副产品是利用同种原材料，经过同一生产过程生产出来的，尽管副产品不是企业生产的主要目的，其价值相对于主要产品而言也比较低，但它仍具有一定的经济价值，能满足社会上某些方面的需要，而且客观上也发生了耗费。因此，需要采用一定的成本计算方法来分配联合成本，但因主、副产品的重要性不同，副产品的成本计算方法不同于联产品的成本计算方法，操作相对简单。

（一）价值较低的副产品

价值较低的副产品，若分离后不需要进一步加工，可不负担分离前的联合成本，或以定额单位成本计算其应负担的联合成本；若是分离后仍需要进一步加工才能出售的副产品，则可只计算该产品再加工而发生的可归属成本。

（二）价值较高的副产品

对于价值较高的副产品，若分离后其不需要进一步加工，可以将其销售价格作为计算成本的依据，按销售价格扣除销售税金、销售费用和按正常利润率计算的销售利润后的余额，作为副产品应负担的联合成本。对于分离后仍需要进一步加工才能出售的副产品，可在该副产品售价总额的基础上，扣除相关的销售税金、销售费用和正常利润后作为其总成本，再减去该副产品在进一步加工过程中发生的可归属成本，作为该副产品应负担的联合成本。此外，也可以按事先核定的定额成本确认应由副产品负担的联合成本。

主要产品应负担的联合成本为分离前的联合成本扣除由副产品负担的联合成本后的余额。

［例 6－5］　临江有限责任公司在生产甲产品的过程中，附带生产出乙和丙两种副产品。2023 年 1 月份发生的联合成本为：原材料 60 000 元，直接人工费 36 000 元，制造费用24 000 元。当月生产甲产品 200 吨，乙产品 8 吨，丙产品 4 吨。无期初、期末在产品。另外，公司核定乙产品的定额单位成本为 250 元/吨，丙产品的单位售价为 180 元/吨，销售税金及费用为 12 元/吨，正常利润率为 10%。则该公司的产品成本计算如表 6－5 所示。

表 6－5　　主副产品成本计算表

2023 年 1 月 31 日　　金额单位：元

项目		单位	产量	应负担的联合成本				单位成本
				直接材料	直接人工	制造费用	合计	
联合成本				60 000	36 000	24 000	120 000	
费用项目比重				50%	30%	20%	100%	
主产品	甲产品	吨	200	58 700	35 220	23 480	117 400	587
副产品	乙产品	吨	8	1 000	600	400	2 000	250
	丙产品	吨	4	300	180	120	600	150

表 6－5 中，有关项目计算如下：

乙产品的总成本＝8×250＝2 000（元）

其中：直接材料＝2 000×50%＝1 000（元）

直接人工＝2 000×30%＝600（元）

制造费用＝2 000×20%＝400（元）

丙产品的总成本＝4×（180－12－180×10%）＝600（元）

其中：直接材料＝600×50%＝300(元)

直接人工＝600×30%＝180(元)

制造费用＝600×20%＝120(元)

甲产品的总成本＝120 000－2 000－600＝117 400(元)

其中：直接材料＝60 000－1 000－300＝58 700(元)

直接人工＝36 000－600－180＝35 220(元)

制造费用＝24 000－400－120＝23 480(元)

$$甲产品单位成本=\frac{117\,400}{200}=587(元)$$

任务三 等级产品成本的计算

【引言】

等级产品是指企业使用同样的原材料，经过相同的生产过程，却由于各种原因生产出了品质、等级不同的同种产品，如同在同一棵果树上长出了大小不一的同种水果。

【知识准备与业务操作】

一、等级产品的描述

动画视频：等级产品的特点与成本计算

等级产品是指企业使用同种原材料，经过相同加工过程生产出来的质量或等级不同的同品种产品，例如，纺织品和搪瓷器皿的生产中常有等级产品产生。

等级产品虽然与联产品、副产品一样，都是使用同种原材料、经过同一生产过程生产出来的，但也存在着较大的区别。联产品之间、主产品与副产品之间，产品的性质、用途不同，属于不同品种的产品；而等级产品则是性质一样、用途相同的同品种产品，只是由于质量的差异而产生了不同的等级，并按不同的销售价格出售。

等级产品也不同于废品。等级产品都是合格产品，虽然存在质量的差异，但这种差异通常是设计所允许的，不会因质量上的差异而影响社会对该产品的消费需求。而废品则为非合格产品，是产品设计所不允许的，不能满足消费者的使用要求。

二、等级产品成本的计算

造成等级产品的原因主要有两种：一种是操作工人操作不当或操作不熟练等主观原因形成的；另一种是生产技术的固有限制或原材料质量等客观原因形成的。由于造成等级产品的原因不同，因而成本计算方法也有所不同。

如果等级产品的产生是第一种情况，可以选用实物量比例分配法。其理由是，生产出等级较低产品的原因是工人操作不当或操作不熟练等主观原因，生产过程中的投入并没有不同，因此，不同等级的产品应当承担相同的生产费用，具有相同的单位成本，以体现不同等级产品对企业盈利的不同影响。

如果等级产品的产生是第二种情况，即生产工艺或材料质量等客观原因造成的，则不同等级产品的单位成本不应相同。此时，可采用系数分配法计算各等级产品的成本，计算过程与联产品成本计算相同。在实际工作中，通常以单位售价比例定出系数，再按系数比例计算出不同等级产品应负担的联合成本。

（一）运用系数分配法计算等级产品的成本

［例 6－6］ 大同洗煤厂对一种原煤进行洗煤加工，生产出质量和规格不同的冶炼用精煤、其他用精煤和洗块煤等三种等级产品。2023 年 1 月份的产量分别是：冶炼用精煤 50 000吨，其他用精煤 40 000 吨，洗块煤 24 000 吨。三种等级产品的单位售价分别为 480 元/吨、420 元/吨、300 元/吨。该月发生的联合成本为：原材料 16 800 000 元，燃料和动力费3 200 000元，直接人工费 480 000 元，制造费用 240 000 元。按系数分配法计算各等级产品成本，如表 6－6 所示。

表 6－6 等级产品成本计算表

2023 年 1 月 31 日 金额单位：元

产品名称	实际产量/吨	系数	标准产量/吨	分配比例	应负担的联合成本				
					直接材料	燃料和动力	直接人工	制造费用	合 计
冶炼用精煤	50 000	1.00	50 000	0.50	8 400 000	1 600 000	2 400 000	1 200 000	13 600 000
其他用精煤	40 000	0.875	35 000	0.35	5 880 000	1 120 000	1 680 000	840 000	9 520 000
洗块煤	24 000	0.625	15 500	0.15	2 520 000	480 000	720 000	360 000	4 080 000
合 计	114 000	—	100 000	1.00	16 800 000	3 200 000	4 800 000	2 400 000	27 200 000

表 6－6 中，以售价为标准确定系数，选择冶炼用精煤为标准产品，其系数为 1。其他两种等级产品的系数分别为：

$$其他用精煤系数=\frac{420}{480}=0.875$$

$$洗块煤系数=\frac{300}{480}=0.625$$

根据系数计算标准产量如下：

$$冶炼用精煤标准产量=50\ 000\times 1=50\ 000（吨）$$

$$其他用精煤标准产量=40\ 000\times 0.875=35\ 000（吨）$$

$$洗块煤标准产量=24\ 000\times 0.625=15\ 000（吨）$$

根据标准产量计算分配比例如下：

$$冶炼用精煤分配比例=\frac{50\ 000}{100\ 000}=0.5$$

$$其他用精煤分配比例=\frac{35\ 000}{100\ 000}=0.35$$

$$洗块煤分配比例=\frac{15\ 000}{100\ 000}=0.15$$

6

（二）运用实物量比例分配法计算等级产品的成本

［例 6－7］ 2023 年 1 月，洁白陶瓷有限责任公司因工人操作技术问题，虽然利用同种陶土，经过同样的造型、烘烤等工艺过程，但生产出的陶瓷碗质量等级却不相同。本月的产出中：一等品 10 000 个，二等品 1 000 个，三等品 500 个。当月共发生联合成本 49 450 元，其中：原材料费用 11 500 元，直接人工费用 17 250 元，制造费用 20 700 元。按实物量比例分配法计算各等级产品成本，如表 6－7 所示。

表 6－7 等级产品成本计算表

2023 年 1 月 31 日 金额单位：元

产品等级	实际产量/个	应负担的联合成本			
		直接材料	直接人工	制造费用	合　计
分配率		1	1.50	1.80	4.30
一等品	10 000	10 000	15 000	18 000	43 000
二等品	1 000	1 000	1 500	1 800	4 300
三等品	500	500	750	900	2 150
合　计	11 500	11 500	17 250	20 700	49 450

表 6－7 中，分配率计算如下：

$$直接材料分配率=\frac{11\ 500}{11\ 500}=1$$

$$直接人工分配率=\frac{17\ 250}{11\ 500}=1.5$$

$$制造费用分配率=\frac{20\ 700}{11\ 500}=1.8$$

对产品生产中出现的次品，原则上作废品处理，并将计算出的废品损失，计入当期完工产品成本。

【工作任务——运用系数分配法进行联产品成本的计算】

操作录屏：运用系数法进行联产品成本的计算

实例解析：

长白山有限责任公司在同一生产过程中利用同一种原材料加工出 A、B 两种主要产品和 C 半成品。2023 年 1 月份发生的联合成本分别为：原材料 80 000 元，直接人工 40 000 元，制造费用 30 000 元。该月生产出 A 产品 1 000 件，B 产品 1 500 件，C 半成品 30 000 件。在联合生产过程中无期初在产品，也无期末在产品。该公司采用系数分配法分配联合成本，事先确定的 A、B 产品和 C 半成品的系数分别为 1、0.8 和 0.6。A、B 产品可以直接对外销售，C 半成品分离后需要继续加工至 C 产品，方可销售。本月 C 半成品继续加工成 C 产品过程中发生可归属成本 60 000 元，其中：人工费用 40 000 元，制造费用 20 000 元。

操作步骤：

（1）根据确定的系数将各种联产品数量折算为标准产品数量。

(2) 计算出各种联产品的联合成本分配比例。

(3) 根据资料和计算结果，完成联产品成本计算表的编制(表 6－8)。

表 6－8　　联产品成本计算表

年　　月　　日　　　　　　金额单位：元

产品名称	实际产量/件	系数	标准产量/件	分配比例	应负担的联合成本				可归属成本		总成本	单位成本
					直接材料	直接人工	制造费用	合计	直接人工	制造费用		
合计												

【项目小结】

本项目知识结构如图 6－2 所示。

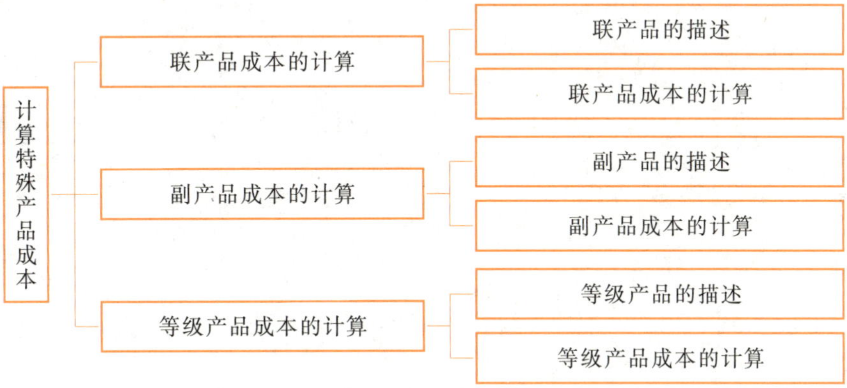

图 6－2　项目六知识结构

项目六自测题

项目七　编制成本报表

◇ 职业能力目标

能描述成本报表的种类、作用与分类，知道成本报表的结构、编制要求和编制方法。

能利用成本报表进行产品成本的分析。

能根据产品成本计算结果资料编制商品产品成本表、主要产品单位成本表和制造费用明细表。

能比较熟练地运用成本报表分析方法对成本报表进行基本分析和评价。

◇ 典型工作任务

成本报表的认知；商品产品成本报表的编制；主要产品单位成本报表的编制；制造费用明细表的编制；成本报表的分析。

确保数据资产的安全保护

任务一 成本报表的认知

【引言】

企业运用各种产品成本计算方法，对产品成本进行计算与核算后，需要将核算的结果向管理当局进行报告，这就需要定期编制各种成本报表。

【知识准备与业务操作】

一、成本报表的描述

会计人员根据产品生产组织方式、工艺特点和成本管理要求，运用各种成本计算方法对企业的产品成本进行计算后，需要通过一定的方式向企业管理当局进行报告，报告的方式就是编制各种产品成本报表，并提供必要的成本分析和报表说明。

（一）成本报表的概念

成本报表是根据日常成本核算资料定期编制的，用以反映企业一定时期的产品成本水平、考核产品成本计划和生产费用预算执行情况的书面报告。

产品成本是综合反映企业生产技术和经营管理工作水平的一项重要质量指标，编制和分析成本报表是会计工作的一项重要内容。

（二）成本报表的作用

7

成本报表的作用主要表现在三个方面。

首先，成本报表提供了真实可靠的产品成本信息，便于企业管理者利用成本报表，分析和考核成本计划的执行情况，促使企业降低成本、节约费用，提高企业的经济效益。

其次，成本是一项重要的质量指标，通过对成本报表的分析，还可以揭示企业在生产技术和经营管理方面取得的成果和存在的问题，进一步提高企业生产技术和经营管理的水平。

最后，成本报表提供的实际成本、费用资料，可以作为企业确定产品价格、进行成本费用和利润预测、制定有关生产经营决策的依据，并为编制成本和利润等计划提供重要的参考数据。

二、成本报表的分类

成本报表可以按其反映的内容和编制的时间进行分类。

（一）按成本报表反映的内容分类

1. 反映产品成本情况的报表

反映产品成本情况的报表主要有商品产品成本表和主要产品单位成本表等。这类报表主要反映报告期内企业各种产品的实际成本水平。通过将本期实际成本与前期平均成本、本期计划成本进行对比，可以了解企业成本发展变化的趋势和成本计划的完成情况，找出差距，发现薄弱环节，进一步采取有效措施，为挖掘降低成本的内部潜力提供有效的资料。

2. 反映各种费用支出情况的报表

这类报表主要有制造费用明细表、管理费用明细表、销售费用明细表等。通过这类报表,可以了解企业在一定时期内费用支出的总额及其构成,了解费用支出的合理性,分析费用支出的变动趋势。编制各种费用支出报表,有利于企业和主管部门正确制定费用预算,控制费用支出,考核费用支出指标的合理性,明确有关部门和人员的经济责任,防止随意扩大费用开支范围,提高费用开支标准。

(二) 按成本报表编制的时间分类

成本报表按编制的时间可以分为年报、季报和月报。根据管理的要求,成本报表一般可按月、按季、按年编报。同时,为了满足企业日常、临时或特殊任务管理的需要,使成本报表及时服务于生产经营的全过程,也可以按旬、按周、按日甚至按工作班来编报。

三、编制成本报表的要求

成本报表通常是内部报表,其编制目的,主要是满足企业加强成本管理的需求,因此对成本报表的编制要求有别于财务报表的编制要求。

(一) 针对管理需要编制成本报表

成本报表是不对外报送或公布的会计报表。因此,成本报表的种类、项目、格式和编制方法,由企业自行确定。主管企业的上级机构为了对本系统所属企业的成本管理工作进行领导或指导,为了给国民经济管理提供所需的成本数据,也可以要求企业将其成本报表作为会计报表的附表上报。在这种情况下,企业成本报表的种类、项目、格式和编制方法,也可以由企业的上级主管部门会同企业共同确定。

成本报表一般包括商品产品成本表、主要产品单位成本表、制造费用明细表、销售费用明细表、管理费用明细表和财务费用明细表。

为了加强企业生产成本的日常管理,除了上述定期编制的成本报表以外,企业还要设计和编制如主要产品成本旬报、日报等提供日常产品成本信息的报表。

(二) 按照财务报表的要求编制成本报表

1. 全面反映,突出重点

企业编制成本报表的种类应当全面,表内项目和表外的补充资料应当齐全,能够全面反映企业成本核算和成本管理的基本情况,通过对成本报表的分析,能够抓住主要问题。这就要求成本报表及成本报表分析资料要有数字、有情况、有比较、有分析、有建议、有措施,重点突出。

2. 数字真实,计算准确

企业在编制成本报表之前,必须将所有经济业务全面登记入账,做到账账相符,通过财产清查,做到账实相符,严禁弄虚作假,不得人为变动报表中的数字,以保证成本报表所提供的各项指标的数字真实可靠,能公正、客观地反映企业的成本费用水平。

在编制成本报表的过程中,各项指标的数据计算应准确无误,不得出现计算、书写错误。不能因成本会计人员的工作失误,造成成本报表不能客观真实地反映企业在一定时期内的生产费用和产品成本水平,从而不能充分发挥成本报表的作用。不准确的成本报表就不可能达到客观性的要求。

3. 指标一致,数据可比

在编制成本会计报表时,采用的指标应当一致,以便管理者可以利用报表在不同企业之间及同一企业前后各期之间进行比较。只有指标一致，才能使报表使用者更好地分析企业在整个社会特别是同行业中的地位，了解、判断企业过去、现在的成本情况，预测企业成本的未来变化趋势，进而作出相关管理决策。

4. 编报及时，说明清楚

成本报表资料的有用性不仅体现在真实性、准确性及全面性上，同时也体现在及时性上。为了保证成本报表编报的及时性，成本会计部门应做好编制报表的一系列准备工作，企业内部各部门应密切协调配合。由于成本报表是对已经发生的生产费用及产品成本资料所作的总结，因此，如果企业成本会计部门不能及时地编制成本报表，企业管理者就无法据以作出正确的比较、判断、评价和决策，那么即便是真实全面的成本报表资料，也会因此而丧失其应有的作用。

同时，成本报表还应当清晰明了、说明清楚，不能少编漏填，以便于使用者对报表资料的理解和使用。

任务二 商品产品成本表的编制

【引言】

商品产品成本表是企业编制的主要成本报表，借以反映企业在报告期产品成本计算的基本资料。

【知识准备与业务操作】

一、商品产品成本表的描述

要编制商品产品成本表，需要先了解和熟悉商品产品成本表的概念和结构。

(一) 商品产品成本表的概念

商品产品成本表是反映企业在报告期内生产的全部商品产品总成本和各种主要商品产品总成本及单位成本的报表。

利用商品产品成本表，可以揭示企业为生产一定数量产品所付出的成本是否达到了预期的要求，可以考核和分析企业商品产品成本计划的执行情况以及可比商品产品成本降低计划的执行情况，对企业的成本管理工作作出评价。商品产品成本表是反映企业全部商品产品成本的报表，也是成本表中最主要的报表。

商品产品成本表一般按月编报。

(二) 商品产品成本表的结构

商品产品成本表分为正表和补充资料两部分。商品产品成本表的参考格式如表 7-1 所示。正表项目栏的纵向列分为可比产品与不可比产品两部分。可比产品是指上一年正式生产过的、且有上年度较完备的成本资料的产品。由于可比产品需要同上年度实际成本进行比较，因此，表中不仅要反映本期的计划成本和实际成本，还要反映按上年实际平均单位成本计算的总成本。不可比产品是指上一年没有正式生产过的、没有上年度成本资料的产品。对于不可比产品，由于没有上年度实际单位成本资料，所以只反映本年度的计划成本和实际成本。将可比产品成本与不可比产品成本加总，可以求得全部商品产品的制造成本。正表项目栏的横向栏中，分别反映各种产品的实际产量、单位成本、本月总成本和本年累计总成本，分别以上年实际平均单位成本、本年计划单位成本和本月实际单位成本为标准计算实际产量总成本，并互相比较，以正确评价企业成本工作的业绩。

补充资料部分一般按年填报，主要内容是可比产品成本降低额、降低率、产值成本率的累计实际数与计划数，以及按现行价格计算的产品产值等资料，便于对报表数据进行分析和利用。

二、商品产品成本表的编制

（一）商品产品成本表的编制方法

1. “实际产量”栏

“实际产量栏”分为“本月数”和“本年累计数”两栏，分别反映本月和从本年 1 月 1 日起至报表编制月月末止各种主要商品的实际产量，应根据成本计算单或基本生产成本明细账的记录计算填列。

2. “单位成本”栏

本栏按上年度成本报表资料、本期成本计划资料、本期实际成本资料和本年累计成本资料分别计算填列。

3. “本月总成本”栏

本栏包括本月实际总成本、按上年实际平均单位成本计算的总成本和按本年计划单位成本计算的总成本三项内容。其中，本月实际总成本按本月产品成本计算单的有关数字填列；后两项内容分别根据上年实际平均单位成本和本年计划单位成本乘以本月实际产量所得的积填列。

4. “本年累计总成本”栏

本栏包括按上年实际平均单位成本计算、按本年计划单位成本计算和本年实际总成本三栏。其中，前两项应按年初至本月末的本年累计产量分别乘以上年实际平均单位成本和本年计划单位成本的积填列，本年实际总成本项目应当根据上月本表的本项目数加上本月实际总成本填列。

5. 补充资料部分

补充资料部分依据本报表有关项目的资料及其他资料计算后填列，其中：

（1）可比产品成本降低额。其指可比产品累计实际总成本比按上年实际单位成本计算的累计总成本降低的数额，超支用负数表示。其计算公式如下：

$$\begin{matrix}\text{可比产品}\\\text{成本降低额}\end{matrix}=\begin{matrix}\text{可比产品按照上年实际平}\\\text{均单位成本计算的总成本}\end{matrix}-\begin{matrix}\text{可比产品本年累}\\\text{计的实际总成本}\end{matrix}$$

（2）可比产品成本降低率。其指可比产品本年累计实际总成本比按上年实际平均单位成本计算的累计总成本降低的比率，超支用负数表示。其计算公式如下：

$$\text{可比产品成本降低率}=\frac{\text{可比产品成本降低额}}{\text{可比产品按上年实际平均单位成本计算的累计总成本}}\times 100\%$$

7

7

表 7－1

商品产品成本表

编制单位：广成制造有限责任公司　　　　2023 年 12 月　　　　金额单位：元

产品名称	规格	计量单位	实际产量		单位成本				本月总成本			本年累计总成本		
			本月	本年累计	上年实际平均	本年计划	本月实际	本年累计实际平均	按上年实际平均单位成本计算	按本年计划单位成本计算	本月实际	按上年实际平均单位成本计算	按本年计划单位成本计算	本年实际
			①	②	③	④	⑤＝⑨÷①	⑥＝⑫÷②	⑦＝①×③	⑧＝①×④	⑨	⑩＝②×③	⑪＝②×④	⑫
可比产品合计									2 240	2 112	2 248	28 000	26 400	27 800
1. 甲产品		台	16	200	65	62	63	61	1 040	992	1 008	13 000	12 400	12 200
2. 乙产品		台	8	100	150	140	155	156	1 200	1 120	1 240	15 000	14 000	15 600
不可比产品合计										420	432		5 250	5 300
1. 丙产品		件	4	50		105	108	106		420	432		5 250	5 300
全部商品产品成本										2 532	2 680		31 650	33 100

补充资料(本年实际数)：

(1) 可比产品成本降低额 200 元(本年计划成本降低额为 1 540 元)

(2) 可比产品成本降低率 0.714%(本年计划成本降低率为 5.768%)

(3) 按现行价格计算的商品产值 93 500 元

(4) 产值成本率 35.40%(本年计划产值成本率为 35%)

注：本表的补充资料中，除可比产品成本降低额和成本降低率外，计划成本降低额和降低率如表 7－9 所示，按现行价格计算的商品产值来自统计数据

（3）按现行价格计算的商品产值。根据有关统计资料填列。

（4）产值成本率。指商品产品总成本与商品产值的比率，其计算公式如下：

$$产值成本率=\frac{商品产品成本}{商品价值}\times 100\%$$

（二）商品产品成本表的编制实例

［例 7－1］　广成制造有限责任公司 2023 年生产甲、乙、丙三种产品，其中甲产品和乙产品为可比产品，丙产品为不可比产品。该公司根据 2023 年度产品成本计算资料编制的商品产品成本报表如表 7－1 所示。

表 7－1 中的相关计算如下：

$$可比产品成本降低额=28\,000-27\,800=200(元)$$

本年计划成本降低额为 1 540 元。

$$可比产品成本降低率=\frac{200}{28\,000}\times 100\%=0.714\%$$

本年计划成本降低率为 5.768%。

$$产值成本率=\frac{33\,100}{93\,500}\times 100\%=35.40\%$$

本年计划产值成本率为 35.40%。

任务三　主要产品单位成本表的编制

【引言】

商品产品成本表虽然提供了各种产品的单位成本，但未能提供产品单位成本的构成，主要产品单位成本表的作用在于告诉企业管理当局：企业生产的主要产品的成本具体是如何构成的。

【知识准备与业务操作】

一、主要产品单位成本表的描述

企业要加强产品的成本控制，就必须知道本企业所生产的产品成本是如何构成的，并了解该产品成本变化的趋势。

（一）主要产品单位成本表的概念

主要产品单位成本表是反映企业在报告期内生产的各种主要产品单位成本构成情况和各项主要技术经济指标执行情况的报表。该表按主要产品分别编制，它是对商品产品成本表的有关单位成本作进一步补充说明的报表。

利用主要商品产品成本表，可以具体了解各种主要产品单位成本的结构和水平，并按成本项目考核和分析各种主要产品单位成本计划的执行情况，分析单位成本的构成变化及趋势，以便进一步寻找产生差距的原因，挖掘降低单位产品成本的潜力，提高企业的经济效益。该表通常按月编制。

（二）主要产品单位成本表的结构

主要产品单位成本表的结构可分为两部分：第一部分为本表的基本部分，是分别按每一种主要产品编制的，表中除反映产品名称、规格、计量单位、产量、售价之外，主要是按成本项目反映单位成本的构成和水平及各项主要技术经济指标的执行情况；第二部分为本表的补充资料，反映上年和本年的几项经济指标，为成本分析、考核提供简便的资料。

主要产品单位成本表的参考格式如表 7－2 所示。

二、主要产品单位成本表的编制

（一）主要产品单位成本表的编制方法

1. 产量项目栏

（1）“本月计划产量”和“本年累计计划产量”项目。根据本月和本年产品产量计划资料填列。

（2）“本月实际产量”和“本年累计实际产量”项目。根据统计提供的产品产量资料，或产品入库单填列。

2. 成本项目栏

（1）“历史先进水平”项目。其指本企业历史上该种产品成本最低年度的实际平均单位成本和材料、工时实际耗用量，根据该年的成本资料填列。

（2）“上年实际平均”项目。其指上年实际平均单位成本和材料、工时实际耗用量。根据上年度本表的本年累计实际平均单位成本和单位耗用量的资料填列。

（3）“本年计划”项目。其指本年计划单位成本和计划单位耗用量。根据年度成本计划中的资料填列。

（4）“本月实际”项目。其指本月实际单位成本和单位耗用量。根据本月完工的该种产品成本明细账上的有关数字计算后填列。

（5）“本年累计实际平均”项目。其指本年年初至本月末止该种产品的平均实际单位成本和单位耗用量。根据年初至本月末止已完工产品成本计算单等有关资料，采用加权平均法计算后填列。其计算公式如下：

$$某产品实际平均单位成本=\frac{该产品累计总成本}{该产品累计产量}$$

$$某产品实际平均单位耗用量=\frac{该产品累计总耗用量}{该产品累计产量}$$

3. 主要技术经济指标项目栏

“主要技术经济指标”项目。其反映主要产品每一单位产量所消耗的主要原材料、燃料、工时等的数量。根据产品成本计算资料（包括领料单等凭证）以及统计资料整理填列。

7

4. 补充资料部分

补充资料主要包括相关指标的计算和需要反映的某些基本情况，其中：实际利税总额、职工工资总额、年末职工人数、全年平均职工人数指标，按当年实际情况填列。有关指标的计算公式如下：

$$成本利润率=\frac{产品销售利润}{产品销售成本}\times100\%$$

$$资产利润率=\frac{利润总额}{资产平均余额}\times100\%$$

$$净产值率=\frac{工业净产值}{产品销售收入}\times100\%$$

$$流动资金周转次数(次)=\frac{产品销售收入}{流动资产平均余额}$$

(二) 主要产品单位成本表的编制实例

［例 7-2］ 承［例 7-1］，广成制造有限责任公司 2023 年生产甲、乙、丙三种产品，为反映各种产品的单位产品成本的构成情况，分别编制每种产品的产品单位成本表。其中乙产品的产品单位成本表如表 7-2 所示。（甲、丙产品的单位成本表从略）

表 7-2 主要产品单位成本表

编制单位：广成制造有限责任公司　　2023 年 12 月　　金额单位：元

<table>
<tr><td colspan="2">产品名称</td><td colspan="2">乙产品</td><td colspan="2">本月计划产量</td><td>6</td></tr>
<tr><td colspan="2">规　格</td><td colspan="2"></td><td colspan="2">本月实际产量</td><td>8</td></tr>
<tr><td colspan="2">计量单位</td><td colspan="2">台</td><td colspan="2">本年累计计划产量</td><td>100</td></tr>
<tr><td colspan="2">销售单价</td><td colspan="2">250 元</td><td colspan="2">本年累计实际产量</td><td>100</td></tr>
<tr><td colspan="2">成本项目</td><td>历史先进水平</td><td>上年实际平均</td><td>本年计划</td><td>本月实际</td><td>本年累计实际平均</td></tr>
<tr><td colspan="2">直接材料</td><td>98</td><td>108</td><td>100</td><td>121</td><td>120</td></tr>
<tr><td colspan="2">直接人工</td><td>20</td><td>24</td><td>25</td><td>20</td><td>23</td></tr>
<tr><td colspan="2">制造费用</td><td>12</td><td>18</td><td>15</td><td>14</td><td>13</td></tr>
<tr><td colspan="2">单位生产成本</td><td>130</td><td>150</td><td>140</td><td>155</td><td>156</td></tr>
<tr><td>主要技术经济指标</td><td>单位</td><td>耗用量</td><td>耗用量</td><td>耗用量</td><td>耗用量</td><td>耗用量</td></tr>
<tr><td>1. 主要材料</td><td>千克</td><td>10</td><td>10.80</td><td>10</td><td>11</td><td>10.75</td></tr>
<tr><td>2. 生产工时</td><td>小时</td><td>2</td><td>2.25</td><td>2.15</td><td>2</td><td>2.05</td></tr>
</table>

补充资料：

项　　目	上年实际	本年实际
成本利润率/%		
资产利润率/%		
净产值率/%		

续 表

项 目	上年实际	本年实际
流动资金周转次数/次		
实际利税总额		
职工工资总额		
年末职工人数/人		
全年平均职工人数/人		

由于主要产品单位成本表是商品产品成本表的补充报表，因此，该表中按成本项目反映的“上年实际平均”“本年计划”“本月实际”“本年累计实际平均”的单位生产成本，应当与商品产品成本表中的各该单位成本的数字相一致。

任务四 制造费用明细表的编制

【引言】

制造费用是产品成本的组成部分，所包含的内容很多，通过编制制造费用明细表，可以知道制造费用的详细构成，从中了解制造费用支出的合理性和分析节约制造费用支出的途径。

【知识准备与业务操作】

一、制造费用明细表的描述

由于制造费用构成内容的复杂性，企业需要通过编制制造费用明细表来反映其详细构成，借以加强对制造费用的管理。

（一）制造费用明细表的概念

制造费用明细表是反映制造企业在报告期内发生的制造费用及其构成情况的报表。由于辅助生产车间的制造费用已通过辅助生产费用的分配转入基本生产车间的制造费用和管理费用等有关的成本费用账户，因而本表只反映基本生产车间的制造费用，不包括辅助生产车间的制造费用，以免重复。

利用制造费用明细表所提供的资料，可以考核制造费用计划的执行情况，分析各项费用的构成和增减变动原因，以便进一步采取措施，节约开支，降低费用。制造费用明细表一般按月编制。

（二）制造费用明细表的结构

制造费用明细表的结构是按规定的制造费用项目，分别反映“本年计划数”“上年同期实际数”“本月实际数”和“本年累计实际数”的数据。企业管理者可以通过对表中数据的对比分析，了解制造费用的构成与变动情况，以便加强对制造费用的管理。

制造费用明细表的参考格式和内容，如表 7-3 所示。

二、制造费用明细表的编制

（一）制造费用明细表的编制方法

制造费用明细表内各部分，按下列方法填列：

“本年计划数”栏的各项数字，根据制造费用预算中的有关项目数字填列。

“上年实际数”栏的各项数字，根据上年本表的“本年累计实际数”填列。如果表内所列费用项目和上年度的费用项目在名称或内容上不相一致，应对上年的各项数字按照本年的规定进行调整。

“本月实际数”栏各项数字，根据制造费用明细账中的本月发生数填列。

“本年累计实际数”栏各项数字，填列自年初起至编报月末止的累计实际数，根据“制造费用明细账”的记录计算填列，或根据本月实际数加上期本表的本年累计实际数填列。

（二）制造费用明细表的编制实例

［例 7-3］　承［例 7-1］，广成制造有限责任公司 2023 年生产甲、乙、丙三种产品，该公司根据基本生产车间发生的制造费用，编制制造费用明细表如表 7-3 所示。

表 7-3　　制造费用明细表

编制单位：广成制造有限责任公司　　2023 年 12 月

费用项目	行次	本年计划数	上年实际数	本月实际数	本年累计实际数
职工薪酬	1	（略）	（略）	25 550	281 000
社保费	2			9 198	101 160
折旧费	3			10 500	128 500
修理费	4			26 000	269 000
办公费	5			7 700	61 150
水电费	6			1 100	12 500
差旅费	7			6 050	66 000
运输费	8			14 000	120 000
保险费	9			4 300	50 000
租赁费	10			4 500	48 250
设计制图费	11			4 100	41 700
试验检验费	12			2 700	32 840
在产品盘亏与毁损	13			950	10 000
停工损失	14			1 445	17 500
其　他	15			9 752	113 340
合　计	16			127 845	1 352 940

7

任务五 成本报表的分析

【引言】

成本报表提供了与产品成本计算结果相关的数据，为了让数据“活”起来，需要对报表数据进行分析，使管理当局通过对报表数据的分析，深刻了解产品成本管理中取得的业绩和存在的问题，以便有效地加强成本管理。

【知识准备与业务操作】

一、成本报表分析的描述

成本报表分析是运用财务分析的相关方法，通过分析成本报表数据之间的内在联系，揭示产品成本构成的合理性，发现企业在成本管理中存在的问题，以促进企业加强成本管理，不断提高成本管理水平。

（一）成本报表分析的概念

成本报表分析属于事后分析。它以成本报表所提供的反映企业一定时期产品成本水平和构成情况的资料及有关的计划、核算资料为依据，运用科学的分析方法，通过分析各项指标的变动以及指标之间的相互关系，揭示企业各项成本指标计划的完成情况和原因，从而对企业一定时期的成本管理工作情况获得比较全面的认知。

（二）成本报表分析的作用

对成本报表进行分析的主要作用表现在以下四个方面：

1. 考核成本计划的执行

通过成本分析，可以考核企业成本计划的执行情况，掌握实际偏离计划的程度，评价企业过去的成本管理工作。

2. 揭示差异，挖掘降低成本的潜力

通过成本分析，可以揭示企业在成本管理中存在的问题和差距，分析出现问题的原因，促使企业挖掘降低成本的潜力，寻找降低成本的途径和方法。

3. 掌握成本变动规律，提高管理水平

通过成本分析，比对同一产品在若干年的成本构成资料，可以认知和掌握产品成本变动的规律，总结成本管理的经验和教训，提高企业经营管理的水平。

4. 为编制成本计划，进行成本决策提供依据

通过成本分析，了解成本构成的合理性和成本发展趋势，可以为企业编制成本计划、预算和进行经营决策提供可靠的依据。

二、成本报表分析方法的选择

成本报表分析属于财务分析的范畴，因此，进行成本报表分析需要运用财务分析的常用

方法。

(一) 对比分析法

对比分析法，又叫指标对比法或比较法，它是通过实际数与基期数的对比来揭示实际数与基期数之间的差异，借以了解经济活动的成绩和问题的一种分析方法。它是成本分析中最简便、运用范围最广泛的一种方法。

采用对比分析法时，由于分析的目的不同，对比的基数也有所不同。常用的对比指标主要有以下几种：

1. 本期计划或定额指标

将成本的实际指标与成本计划或定额指标进行对比分析，有助于了解计划、定额的完成情况，揭示实际脱离计划或定额的差异及性质，为进一步分析提供方向。

2. 前期(上期、上年同期或历史先进水平)实际成本

将成本的实际指标与前期(上期、上年同期或历史先进水平)的实际成本进行对比分析，可以揭示本期同前期(上期、上年同期或历史先进水平)成本指标间的差距，从中了解成本的发展趋势和方向。

3. 国内外同行业先进成本水平

将本企业实际成本指标(或某项技术经济指标)与国内外同行业先进成本水平进行对比分析，可以了解企业成本水平在国内外同行业中所处的地位，揭示本企业与国内外先进成本指标间的差距，有利于吸收先进经验，提高成本管理效率和企业的经济效益。

采用对比分析法，要注意指标的可比性，即对比指标采用的计价标准、时间单位、指标内容和计算方法及有关条件应当相互一致。在比较同类企业成本指标时，还必须考虑到成本数据在技术上和经济上的可比性，尤其在与国外企业成本比较时，还应充分考虑到社会经济条件、财务会计环境等因素的影响。

[例 7-4] 广成制造有限责任公司根据 2023 年 12 月份乙产品的单位成本表(表 7-2)所列主要材料消耗情况，对照同行业同类产品的先进水平，编制乙产品材料消耗比较分析表，如表 7-4 所示。

表 7-4 产品材料消耗比较分析表

产品名称：乙产品 2023 年 12 月 31 日 单位：千克

指　标	上年实际	本　年		先进企业实际	差　异		
		计划	实际		比计划	比上年	比先进
主要材料消耗	10.80	10	10.75	9.50	+0.75	−0.05	+1.25

由表 7-4 可知，乙产品的本年实际材料消耗量比上年有所下降，但离计划要求仍有较大差距，与同行业同类产品的先进水平相比较，则差距更大，说明该企业在降低材料消耗方面，还有很大的潜力可挖。

(二) 比率分析法

比率分析法是指通过计算和对比有关经济指标比率进行数量分析的一种方法。采用这一方法，先要将对比的数值变成相对数，求出比率，然后再进行对比分析。比率分析法包括相关指标比率分析法和成本构成比率分析法两种。

1. 相关指标比率分析法

微课视频：财务比率计算的5个要点

把两个性质不同但又相关的指标进行对比求出的比率叫相关指标比率。将实际比率与计划（或前期实际）比率进行对比分析，可以更深入地了解企业的生产经营情况。例如，将成本指标与反映生产、销售等生产经营成果的产值、销售收入、利润指标进行对比，求出产值成本率、销售成本率和成本利润率指标，再通过若干期间同类比率的对比，就可据以分析和比较生产耗费对经济效益的影响情况与影响程度。

［例 7－5］ 广成制造有限责任公司对生产的乙产品成本利润率进行分析，编制乙产品成本利润率对比表，如表 7－5 所示。（乙产品成本数据见表 7－2）

表 7－5 产品成本利润率分析表

产品名称：乙产品 2023 年 12 月 31 日 金额单位：万元

指　　标	上年实际	本　年		先进企业实际	差　异		
		计划	实际		比计划	比上年	比先进
利　润	40	42	34	46	—	—	—
成　本	150	140	156	135	—	—	—
成本利润率	26.67%	30.00%	21.79%	34.07%	−8.21%	−4.88%	−12.28%

表 7－5 中的成本利润率计算如下：

$$上年实际成本利润率=\frac{40}{150}=26.67\%$$

$$本年计划成本利润率=\frac{42}{140}=30\%$$

$$本年实际成本利润率=\frac{34}{156}=21.79\%$$

$$先进企业成本利润率=\frac{46}{135}=34.07\%$$

微课视频：营业成本结构分析

从表 7－5 中可以看出，乙产品的成本利润率呈下降趋势，需要认真分析原因，查明成本利润率下降主要是产品成本提高所致，还是销售价格下降所致，或是单位产品所承担的期间费用增加所致，以便采取措施，提高乙产品的盈利能力。

2. 成本构成比率分析法

所谓构成比率，又叫结构比率，是指某项经济指标的各个组成部分与总体的比重。如将构成产品成本的各个成本项目同产品成本总额相比，可计算出各个成本项目占总成本的比重。通过确定成本的构成比率，将不同时期的成本构成比率相比较，观察产品成本构成的变动，可以掌握企业的经济活动情况及其对产品成本的影响。产品成本构成比率的计算公式如下：

$$某产品成本构成比率=\frac{该成本项目金额}{该产品成本}\times 100\%$$

（三）因素分析法

因素分析法也称作连环替代法，是指把某一综合指标分解为若干个相互联系的因素，并分别计算、分析各因素影响程度的方法。

成本指标是一个综合性指标，它受到各种因素的影响，只有把成本指标分解为若干构成要素进行分析，才能明确成本指标完成好或差的原因和责任，这就需要运用因素分析法进行成本分析。

运用因素分析法，必须确定某项分析指标的构成因素与各因素的排列顺序，明确各因素与分析指标的关系，如加减关系、乘除关系、乘方关系、函数关系等，并根据分析的目的，将各因素进行分解，以测定某一因素对指标变动的影响方向和影响程度，为进一步深入分析提供方向。

1. 因素分析法的运用程序

（1）根据分析指标的计算公式确定影响指标变动的各项因素。

（2）确定各项因素的排列顺序。各因素排列的顺序要根据指标与各因素的内在联系确定，一般是数量因素排列在前，质量因素排列在后；用实物与劳动量表示的因素排列在前，用货币表示的因素排列在后；主要因素与原始因素排列在前，次要因素与派生因素排列在后。

（3）按排定的顺序计算各因素的基数，确定综合指标的基期数值。

（4）按顺序将前面一项因素的基数替换为实际数，将每次替换后的计算结果与该因素替换前的计算结果进行对比，按顺序计算出每项因素的影响程度，有几项因素就替换几次。

（5）计算各因素影响（有的正方向影响，有的反方向影响，用不同符号表示）数值的代数和，并与指标变动的差异总额核对相符。

2. 因素分析法的计算原理

因素分析法的计算原理可用简单的数学公式表示。

设成本指标 C 由 X、Y、Z 三个因素相乘组成。其计划成本指标与实际成本指标分别计算如下：

$$\text{计划成本 } C_1 = X_1 \times Y_1 \times Z_1$$
$$\text{实际成本 } C_2 = X_2 \times Y_2 \times Z_2$$
$$\text{差异总额 } H = C_2 - C_1$$

在分析各因素的变动对指标的影响时，首先，确定三个因素的替代顺序依次为 X、Y、Z；其次，假定在 Y、Z 这两个因素不变的条件下，计算第一个因素 X 变动对指标的影响；再次，在第一个因素已经替代的基础上，计算第二个因素 Y 变动的影响，依次类推，直到计算出每个因素变动的影响；最后计算各因素对综合指标影响值的代数和，以验证分析结果的正确性。上述过程用公式表示为：

第一个因素变动的影响（H_1）：

$$C_1 = X_1 \times Y_1 \times Z_1 \qquad (1)$$
$$C_3 = X_2 \times Y_1 \times Z_1 \qquad (2)$$
$$H_1 = (2) - (1) = C_3 - C_1$$

第二个因素变动的影响（H_2）：

$$C_4 = X_2 \times Y_2 \times Z_1 \qquad (3)$$
$$H_2 = (3) - (2) = C_4 - C_3$$

7

第三个因素变动的影响(H_3)：

$$C_2 = X_2 \times Y_2 \times Z_2 \qquad (4)$$

$$H_3 = (4) - (3) = C_2 - C_4$$

将各因素变动的影响数加以汇总，其结果应与实际脱离计划的总差异相等：

$$H = C_2 - C_1 = H_1 + H_2 + H_3$$

［例 7－6］ 某公司生产 D 产品的原材料费用由产品产量、单位产品原材料消耗量和原材料单价三个因素组成，这三个因素之间的关系可用下列公式表示：

原材料费用＝产品产量×单位产品原材料消耗量×原材料单价

有关资料如表 7－6 所示，运用因素分析法分析各因素变动对材料实际费用脱离计划费用的影响。

表 7－6　　D 产品原材料成本分析资料

项　　目	计划数(C_1)	实际数(C_2)
产品产量(X)/件	50	55
单位产品消耗量(Y)/千克	25	20
材料单价(Z)/元	5	6
材料费用(C)/元	6 250	6 600

确定分析对象：$C_2 - C_1 = 6\,600 - 6\,250 = 350$(元)

因素分析：

$$C_1 = X_1 \times Y_1 \times Z_1 = 50 \times 25 \times 5 = 6\,250(\text{元}) \qquad (1)$$

$$C_3 = X_2 \times Y_1 \times Z_1 = 55 \times 25 \times 5 = 6\,875(\text{元}) \qquad (2)$$

$$C_4 = X_2 \times Y_2 \times Z_1 = 55 \times 20 \times 5 = 5\,500(\text{元}) \qquad (3)$$

$$C_2 = X_2 \times Y_2 \times Z_2 = 55 \times 20 \times 6 = 6\,600(\text{元}) \qquad (4)$$

产品产量变动的影响数：

$$(2) - (1) = 6\,875 - 6\,250 = 625(\text{元})$$

单位产品原材料消耗量变动影响数：

$$(3) - (2) = 5\,500 - 6\,875 = -1\,375(\text{元})$$

材料单价变动影响数：

$$(4) - (3) = 6\,600 - 5\,500 = 1\,100(\text{元})$$

$$H - 625 - 1\,375 + 1\,100 = 350(\text{元})$$

从以上分析计算可以看出，该公司生产的 D 产品所耗材料费用超支 350 元，主要是材料价格提高和产品产量增加引起的。材料价格提高，使产品的材料费用超支 1 100 元，这是企业供应部门的责任，应当由企业供应部门查明原因。产品产量增加，使产品的材料超支 625 元，对产量增加应作具体分析，如果乙产品适销对路，则增加产量是合理的，否则将会由于产品积压而形成浪费。在材料消耗方面不仅没有超支，而且还节约了。如果产品产量没有增加、材料价格没有提高，产品的材料费用不仅不会超支，还会节约 1 375 元，这一般是生产车间成本管理的成绩。企业应该在以上分析计算的基础上，进一步查明产品产量增加、材料价格提高以及单位产品材料消耗节约的具体原因，总结经验，发扬成绩，采取措施，克服缺点，加强管理，节约产品的材料费用。

必须指出的是，在采用因素分析法测定某一因素变动的影响数时，是以假定其他因素不变为条件的。因此，其计算结果只能说明是在某种假定条件下的结果。这就要求我们在分析时，在确定每项因素变动影响数的基础上，还要进一步查明具体原因和潜力所在。要深入车间和生产第一线，深入了解产品的材料消耗的具体情况，进行由此及彼、由表及里的分析，把数量分析和调查研究结合起来。

(四) 差额分析法

差额分析法是直接利用各因素的实际数和基期数之间的差额，计算确定各因素变动对综合指标影响程度的方法，是因素分析法的简化形式。

［例 7－7］ 承［例 7－6］，运用 D 产品的分析资料，改用差额分析法，可以得到同样的结果：

产品产量变动的影响数＝(55－50)×25×5＝625(元)

单位产品材料消耗量变动的影响数＝55×(20－25)×5＝－1 375(元)

材料单价变动的影响数＝55×20×(6－5)＝1 100(元)

H＝625－1 375＋1 100＝350(元)

三、商品产品成本表的分析

商品产品成本表分析的目的，就是要揭示商品产品总成本计划的完成情况，找出影响成本升降的因素，确定各个因素对成本计划完成情况的影响程度，为进一步挖掘降低成本的潜力、寻求降低成本途径指明方向。商品产品成本表的分析主要包括商品产品成本计划完成情况的分析和可比产品成本的分析。

(一) 商品产品成本计划完成情况的分析

商品产品成本计划完成情况的分析，主要是分析本期全部产品的实际总成本较计划总成本的升降情况，分析和研究成本升降的原因，为进一步寻求降低成本的途径和措施提供线索。在实际工作中，分析商品产品总成本计划的完成情况，可以从产品类别和成本项目两个方面进行。

1. 按产品类别分析全部产品成本计划的完成情况

按产品类别分析全部产品成本计划的完成情况，可以确定全部产品的实际成本脱离计划成本的差异，查明差异主要是由哪几种产品造成的，以便分别对产品采取措施，挖掘降低成本的潜力。

［例 7－8］ 以表 7－1 所列的广成制造有限责任公司 2023 年 12 月份的商品产品成本资料为例，说明按产品类别分析全部产品成本计划完成情况的方法。

(1) 将全部产品的实际总成本与计划总成本进行对比，确定实际总成本相较计划总成本的成本降低额与成本降低率。

成本降低额＝计划总成本－实际总成本

$$=\sum[\text{实际产量}\times(\text{计划单位成本}-\text{实际单位成本})]$$

＝31 650－33 100＝－1 450(元)

$$计划总成本=\sum(各种产品实际产量\times各该产品计划单位成本)=31\ 650(元)$$

$$\begin{aligned}成本降低率&=\frac{成本降低额}{全部产品计划总成本}\times100\%\\&=\frac{-1\ 450}{31\ 650}\times100\%\\&=-4.58\%\end{aligned}$$

（2）按产品类别分析考核可比产品和不可比产品成本计划的完成情况，分别计算可比产品和不可比产品的成本降低额和降低率。

$$\begin{aligned}可比产品成本降低额&=可比产品计划总成本-可比产品实际总成本\\&=26\ 400-27\ 800=-1\ 400(元)\end{aligned}$$

$$\begin{aligned}可比产品成本降低率&=\frac{可比产品成本降低额}{可比产品计划总成本}\times100\%\\&=\frac{-1\ 400}{26\ 400}\times100\%\\&=-5.3\%\end{aligned}$$

$$\begin{aligned}不可比产品成本降低额&=不可比产品计划总成本-不可比产品实际总成本\\&=5\ 250-5\ 300\\&=-50(元)\end{aligned}$$

$$\begin{aligned}不可比产品成本降低率&=\frac{不可比产品成本降低额}{不可比产品计划总成本}\times100\%\\&=\frac{-50}{5\ 250}\times100\%\\&=-0.95\%\end{aligned}$$

（3）按每种产品考核其成本计划的完成情况，计算每种产品的成本降低额和成本降低率。根据计算结果，编制全部商品产品成本计划完成情况表，如表7－7所示。

表7－7 全部商品产品成本计划完成情况表(按商品类别)

2023年12月31日 金额单位：元

产品名称	单位	产量		单位成本			总成本			降低指标	
		计划	实际	上年	计划	实际	按上年单位成本计算	按计划单位成本计算	按实际单位成本计算	成本降低额	成本降低率
可比产品							28 000	26 400	27 800	−1 400	−5.30%
甲产品	台	180	200	65	62	61	13 000	12 400	12 200	200	1.61%
乙产品	台	100	100	150	140	156	15 000	14 000	15 600	−1 600	−11.43%
不可比产品								5 250	5 300	−50	−0.95%
丙产品	件		50		105	106		5 250	5 300	−50	−0.95%
全部商品产品								31 650	33 100	−1 450	−4.58%

从以上分析中可以看出，该企业全部商品产品未能完成成本降低任务，实际成本比计划

成本超支 1 450 元，成本降低率为－4.58%。其中，可比产品总成本超支 1 400 元，降低率为－5.3%；不可比产品成本超支 50 元，降低率为－0.95%。在可比产品成本中，乙产品实际成本较计划成本超支了 1 600 元，甲产品实际成本较计划成本降低了 200 元。显然，对产品成本进一步分析的重点，应当是查明乙产品超支的原因。

2. 按成本项目分析全部产品成本计划的完成情况

这种分析是将全部商品产品的总成本按成本项目汇总，将实际总成本的成本项目构成与计划总成本的成本项目构成进行对比，确定每个成本项目的降低额和降低率。

［例 7－9］ 仍以表 7－1 的资料为例，假设广成制造有限责任公司 2023 年度生产的全部商品产品成本的各成本项目的计划完成情况如表 7－8 所示。

表 7－8　　全部商品产品成本计划完成情况表（按成本项目）

2023 年 12 月 31 日　　金额单位：元

成本项目	全部商品产品成本		降低指标	
	计　划	实　际	降低额	降低率
直接材料	21 300	24 000	－2 700	－12.68%
直接人工	6 200	5 360	840	13.55%
制造费用	4 150	3 740	410	9.88%
生产成本	31 650	33 100	－1 450	－4.58%

从表 7－8 中可以看出，全部商品产品总成本超支的原因，主要是直接材料成本项目超支，而直接人工和制造费用等成本项目是降低的。所以，还需要进一步对各成本项目进行分析，特别是直接材料成本项目，通过分析找出成本超支和降低的具体原因。

（二）可比产品成本降低任务完成情况的分析

可比产品成本降低任务，是指本年度可比产品计划总成本与按上年实际单位成本计算的产品总成本进行对比所要求达到的降低额和降低率。可比产品成本降低任务完成情况的分析，就是将可比产品的实际总成本相较上年实际总成本的降低额和降低率，与计划成本降低额和降低率进行对比，以检查可比产品成本降低任务的完成情况，分析各项因素的影响程度，提出改进措施。如果实际的成本降低额和降低率等于或大于计划水平，说明完成或超额完成了任务；反之，则说明没有完成计划降低任务。

可比产品成本计划降低额和计划降低率、实际降低额和实际降低率的计算公式如下：

$$\text{计划成本降低额}=\sum[\text{计划产量}\times(\text{上年实际单位成本}-\text{计划单位成本})]$$

$$\text{计划成本降低率}=\frac{\text{计划成本降低额}}{\sum(\text{计划产量}\times\text{上年实际单位成本})}\times100\%$$

$$\text{实际成本降低额}=\sum[\text{实际产量}\times(\text{上年实际单位成本}-\text{本年实际单位成本})]$$

$$\text{实际成本降低率}=\frac{\text{实际成本降低额}}{\sum(\text{实际产量}\times\text{上年实际单位成本})}\times100\%$$

在计算确定可比产品成本的计划降低额和降低率、实际降低额和降低率的基础上，通过实际成本降低额与计划成本降低额、实际成本降低率与计划成本降低率的对比，确定实际成本降低额和降低率脱离计划成本降低额和降低率的差异，可以明确计划成本降低任务的完

7

成情况。

[例 7-10] 根据表 7-1 的资料，广成制造有限责任公司生产甲、乙两种可比产品，该公司确定的可比产品成本降低计划如表 7-9 所示。其成本降低任务的完成情况如表 7-10 所示。

表 7-9 可比产品成本降低计划表

2023 年度 金额单位：元

可比产品名称	计划产量/台	单位成本		总成本		计划成本降低任务	
		上年	计划	上年	计划	降低额	降低率
甲	180	65	62	11 700	11 160	540	4.615%
乙	100	150	140	15 000	14 000	1 000	6.667%
合计	—	—	—	26 700	25 160	1 540	5.768%

表 7-10 可比产品成本降低任务完成情况分析表

2023 年度 金额单位：元

可比产品名称	实际产量/台	单位成本			总成本			降低情况	
		上年	计划	实际	上年	计划	实际	降低额	降低率
甲	200	65	62	61	13 000	12 400	12 200	800	6.154%
乙	100	150	140	156	15 000	14 000	15 600	−600	−4%
合计	—	—	—	—	28 000	26 400	27 800	200	0.714%

7

从表 7-9 中可知，广成制造有限公司可比产品成本计划降低额为 1 540 元，计划成本降低率为 5.768%。通过表 7-10 的计算，该公司可比产品成本实际降低额为 200 元，降低率为 0.714%。从总体上分析，该公司的可比产品成本降低额计划和成本降低率计划均未完成。按产品品种进行具体分析，甲产品计划成本降低额为 540 元，实际成本降低额为 800 元；计划成本降低率为 4.615%，实际成本降低率为 6.154%；成本降低额和降低率计划均超额完成。而乙产品的计划成本降低额和降低率分别为 1 000 元和 6.667%，实际却超支了 600 元，导致成本降低率为−4%。

据此，计算实际脱离计划差异如下：

成本降低额脱离计划：200−1 540=−1 340(元)

成本降低率脱离计划：0.714%−5.768%=−5.054%

通过对比，说明广成公司未能完成成本降低计划。但这种实际脱离计划的差异只是成本降低计划执行的结果，并不能说明成本执行背离计划的原因。为此，有必要对成本降低计划的执行情况作进一步的分析。

影响可比产品成本降低任务完成情况的因素概括起来有以下三个方面：可比产品产量的变动、可比产品品种结构的变动和可比产品单位成本的变动。

(1) 可比产品产量的变动。可比产品总成本的降低任务是根据各种可比产品的计划产量计算的，而可比产品的实际成本是按实际产量计算的，在其他因素不变的情况下，可比产品产量的增减变动，会引起可比产品总成本的增减变动，从而影响成本降低额。产品产量变动对可比产品总成本降低额的影响可采用差额分析法进行分析。其计算公式如下：

$$\text{产品产量变动对成本降低额的影响}=\left[\sum\left(\text{实际产量}\times\text{上年单位成本}\right)-\sum\left(\text{计划产量}\times\text{上年单位成本}\right)\right]\times\text{计划成本降低率}$$

根据表 7-9 和表 7-10 的资料，计算如下：

$$\text{产品产量变动对成本降低额的影响}=(28\,000-26\,700)\times5.768\%=74.99(\text{元})$$

产品产量变动，使实际成本降低额比计划多降低 74.99 元。

产品产量变动不影响成本降低率。

(2) 可比产品品种结构的变动。产品品种结构对成本降低额、降低率均有影响。这是因为各种产品的成本降低率不尽相同。若成本降低率高的产品比重升高，则可比产品的平均降低率升高；反之，则降低。可比产品成本降低率变动后，降低额也随之变动。相关的计算公式如下：

$$\text{品种结构变动对成本降低额的影响}=\sum\left[\text{按上年实际单位成本计算的实际总成本}\times\left(\text{某产品实际产品结构}-\text{该产品计划产品结构}\right)\times\text{该产品的计划成本降低率}\right]$$

$$\text{某产品的产品结构}=\frac{\text{该产品产量}\times\text{该产品上年实际单位成本}}{\sum(\text{某产品产量}\times\text{某产品上年实际单位成本})}\times100\%$$

$$\text{品种结构变动对成本降低率的影响}=\frac{\text{产品品种结构变动对成本降低额的影响}}{\sum(\text{某产品实际产量}\times\text{某产品上年实际单位成本})}\times100\%$$

根据表 7-9 和表 7-10，计算可比产品品种结构变动对成本降低计划的影响如下：

❶ 甲、乙可比产品的计划品种结构分别为：

$$\text{甲产品比重}=\frac{11\,700}{26\,700}\times100\%=43.82\%$$

$$\text{乙产品比重}=\frac{15\,000}{26\,700}\times100\%=56.18\%$$

❷ 甲、乙可比产品的实际品种结构分别为：

$$\text{甲产品比重}=\frac{13\,000}{28\,000}\times100\%=46.43\%$$

$$\text{乙产品比重}=\frac{15\,000}{28\,000}\times100\%=53.57\%$$

❸ 结构变动对成本降低额的影响为：

$$\text{甲产品结构变动的影响}=28\,000\times(46.43\%-43.82\%)\times4.615\%=33.73(\text{元})$$

$$\text{乙产品结构变动的影响}=28\,000\times(53.57\%-56.18\%)\times6.667\%=-48.72(\text{元})$$

合计　　-14.99(元)

❹ 产品品种结构变动对成本降低率的影响：

$$\text{品种结构变动对成本降低率的影响}=\frac{-14.99}{28\,000}\times100\%=-0.054\%$$

7

(3) 可比产品单位成本的变动。可比产品成本降低任务的完成情况，是以上年实际单位成本为基础进行分析计算的。因此，如果某种产品本年实际单位成本与计划单位成本不同，必然会导致实际成本降低额与降低率和计划成本降低额与降低率之间的不一致。可比产品单位成本变动既影响成本降低额，又影响成本降低率。计算公式如下：

$$\text{单位成本变动对成本降低额的影响}=\left[\sum\left(\text{某产品的实际产量}\times\text{该产品的计划单位成本}\right)-\sum\left(\text{某产品的实际产量}\times\text{该产品的实际单位成本}\right)\right]$$

$$\text{单位成本变动对成本降低率的影响}=\frac{\text{单位成本变动对成本降低额的影响}}{\sum(\text{某产品实际产量}\times\text{某产品上年实际单位成本})}\times 100\%$$

以表 7－10 中的资料为例，计算如下：

$$\text{单位成本变动对成本降低额的影响}=26\,400-27\,800=-1\,400(\text{元})$$

$$\text{单位成本变动对成本降低率的影响}=\frac{-1\,400}{28\,000}\times 100\%=-5.00\%$$

通过计算可以看出，产品单位成本变动对成本降低额的影响额为－1 400 元，对成本降低率的影响为－5.00%。

将各因素变动对成本降低计划的影响结果进行汇总，如表 7－11 所示。

表 7－11 各因素变动对成本降低额和降低率的影响

2023 年度 金额单位：元

影响因素	影响程度	
	降低额	降低率/%
产品产量变动	74.99	0
产品品种结构变动	－14.99	－0.054
产品单位成本变动	－1 400	－5.000
合计	－1 340	－5.054

通过以上分析，可以对广成制造有限责任公司 2023 年度可比产品成本降低任务的完成情况作出综合的评价。该企业的可比产品成本降低任务未能完成，计划成本降低额为 1 540 元，实际成本降低额仅为 200 元，未完成成本降低额为 1 340 元；计划成本降低率为 5.768%，实际成本降低率为 0.714%，脱离计划 5.054%。就不同产品而言，甲产品的成本降低任务完成良好，而乙产品的成本降低计划未能完成。从具体的影响因素看，造成实际成本超支的根本原因是产品单位成本提高，特别是乙产品，实际单位成本较计划单位成本提高了 16 元，单项超支 1 600 元，应进一步查明原因；产量变动使产品成本降低了 74.99 元；产品品种结构变动使产品成本超支了 14.99 元。说明该企业在成本管理方面取得了一定成绩，但仍需要继续加强成本管理。

四、主要产品单位成本表的分析

主要产品单位成本表分析的内容包括：主要产品单位成本计划完成情况的分析，产品单位成本项目的因素分析，技术经济指标对产品单位成本影响的分析。

(一) 主要产品单位成本计划完成情况的分析

对主要产品单位成本计划的完成情况进行分析，要依据产品单位成本各项目的实际数与计划数，确定其差异额和差异率以及各成本项目变动对单位成本计划的影响程度。

［例 7－11］ 根据表 7－2 的资料，对广成制造有限责任公司的主要产品乙产品的单位成本进行分析。比较分析的结果如表 7－12 所示。

表 7－12　　乙产品单位成本分析表

2023 年度　　金额单位：元

项　目	计划成本	实际成本	升降情况		各成本项目对单位成本的影响
			成本升降额	成本升降率/%	
直接材料	100	120	20	20	14.29%
直接人工	25	23	－2	－8	－1.43%
制造费用	15	13	－2	－13.33	－1.43%
合　计	140	156	16	11.43	11.43%

表 7－12 中有关成本升降率和影响程度的计算如下：

$$直接材料成本升降率=\frac{20}{100}\times100\%=20\%$$

$$直接材料成本变动对单位成本的影响程度=\frac{20}{140}\times100\%=14.29\%$$

$$直接人工成本升降率=\frac{-2}{25}\times100\%=-8\%$$

$$直接人工成本变动对单位成本的影响程度=\frac{-2}{140}\times100\%=-1.43\%$$

$$制造费用成本升降率=\frac{-2}{15}\times100\%=-13.33\%$$

$$制造费用成本变动对单位成本的影响程度=\frac{-2}{140}\times100\%=-1.43\%$$

$$乙产品成本升降率=\frac{16}{140}\times100\%=11.43\%$$

从表 7－12 中可以看出，乙产品实际单位成本比计划增加 16 元，升降率为 11.43%，单位成本上升的主要原因是直接材料成本超支，而直接人工与制造费用比计划均有所降低。从降低额对单位成本的影响看，由于材料成本的上升，乙产品的单位成本大幅增加，而直接人工费用与制造费用的降低相对减缓了乙产品单位成本上升的速度。说明企业在加强生产管理和提高劳动生产率方面取得了较好的成绩，但材料费用上升过快，需要查明原因。

(二) 影响主要产品单位成本变动的因素分析

1. 直接材料费用的分析

当企业生产的产品只耗用一种材料，或虽耗用几种材料，但它们之间不存在配比关系时，对单位材料成本的变动，可结合单位产品材料消耗量(简称单耗)和材料单价两个因素的变动，运用因素分析法进行分析。其因素分解公式为：

$$单位产品材料成本=\sum(单位产品材料消耗量\times材料单价)$$

利用差额分析法公式测定各因素变动对单位材料成本的影响。具体计算公式如下：

$$单耗变动对单位材料成本的影响=\sum[(实际单耗-计划单耗)\times计划材料单价]$$

$$单价变动对单位材料成本的影响=\sum[实际单耗\times(实际材料单价-计划材料单价)]$$

［例 7－12］ 根据广成制造有限责任公司的主要产品单位成本表（表 7－2）所列乙产品单位材料成本资料，整理后，乙产品单位材料成本资料如表 7－13 所示。

表 7－13 乙产品单位材料成本资料

2023 年度 金额单位：元

材料名称	计划			实际			差异		
	单耗/千克	单价	材料成本	单耗/千克	单价	材料成本	单耗/千克	单价	材料成本
A 材料	10	10	100	10.75	11.163	120	0.75	1.163	20
合计	—	—	100	—	—	120	—	—	20

根据表 7－13 的资料，计算分析乙产品单位材料成本的变动情况如下：

单位产品材料成本变动额＝120－100＝20（元）

单位材料成本＝单耗材料数量×材料单价

单耗变动对单位材料成本的影响＝（10.75－10）×10＝7.50（元）

材料单价变动对单位材料成本的影响＝10.75×（11.163－10）＝12.50（元）

合计＝7.50＋12.50＝20（元）

上述分析说明，乙产品材料成本实际比计划上升 20 元，是单耗与材料单价两个因素共同变动影响的结果。其中：单耗变动使单位材料成本比计划上升了 7.50 元，材料单价变动使单位材料成本比计划上升了 12.50 元。

材料单耗上升往往与企业的生产管理有关，需要进一步分析引起单耗上升的具体原因。通常情况下，影响单耗变动的原因有：材料质量的变化、材料加工方式的改变、利用废料或代用材料、材料利用程度的变化、产品零部件结构的变化、废料回收情况等。应结合上述原因深入生产环节进行具体分析。

对于材料单价变动，同样要分析其原因。影响材料单价变动的原因有：材料采购地点、采购方式、材料买价、运费、运输途中的损耗、材料入库前的挑选整理费用等因素的变动。这些原因既有主观的因素，又有客观的因素，应结合具体情况进行深入分析。

2. 直接人工费用的分析

（1）单一产品的人工成本的分析。当企业只生产一种产品时，单位产品的人工成本，等于人工成本总额除以产品总量。其计算公式为：

$$单位产品人工成本=\frac{生产工人薪酬总额}{完工产品产量}$$

7

这种情况下，影响单位产品人工成本的因素只有两个，即工人薪酬和产品产量。这两个因素变动对单位人工成本变动的影响可用如下公式测定：

$$\text{产品产量变动对单位产品人工成本的影响}=\frac{\text{计划工人薪酬总额}}{\text{实际产品产量}}-\frac{\text{计划工人薪酬总额}}{\text{计划产品产量}}$$

$$\text{工人薪酬总额变动对单位产品人工成本的影响}=\frac{\text{实际工人薪酬总额}-\text{计划工人薪酬总额}}{\text{实际产品产量}}$$

人工成本总额的变动与企业的工资政策、岗位定员、出缺勤等情况有关，所以应结合有关因素深入分析；产品总量的变动则要结合企业生产和销售的具体情况进行分析。

(2) 多种产品的人工成本的分析。在多数企业中，生产的产品品种往往不是单一的，各产品的人工费用一般按生产工时比例分配计入各种产品成本。因此，单位产品人工成本的高低取决于单位产品的生产工时和小时薪酬率这两个因素。其计算公式为：

$$\text{单位产品人工成本}=\text{单位产品生产工时}\times\text{小时薪酬率}$$

每项因素变动对单位产品人工成本的影响，可以用如下公式测定：

$$\text{单位产品工时变动对单位产品人工成本的影响}=\left(\text{单位产品实际工时}-\text{单位产品计划工时}\right)\times\text{计划小时薪酬率}$$

$$\text{小时薪酬率的变动对单位产品人工成本的影响}=\text{单位产品实际工时}\times\left(\text{实际小时薪酬率}-\text{计划小时薪酬率}\right)$$

[例 7-13] 根据广成制造有限责任公司的主要产品单位成本表(表 7-2)所列乙产品定额工时和单位产品人工成本的资料，整理后，乙产品单位产品人工费用分析资料如表 7-14 所示。

表 7-14 乙产品单位产品人工费用分析资料

2023 年度　　金额单位：元

项　　目	计　划	实　际	差　异
单位产品工时/小时	2.15	2.05	−0.10
小时薪酬率/(元/小时)	11.627 9	11.219 5	−0.408 4
单位产品工人费用	25	23	−2

单位产品人工费用变动额 = 23 − 25 = −2(元)

单位产品人工费用 = 生产工时 × 小时薪酬率

单位产品工时变动对单位人工成本的影响 = (2.05 − 2.15) × 11.627 9 = −1.16(元)

小时薪酬率变动对单位人工成本的影响 = 2.05 × (11.219 5 − 11.627 9) = −0.84(元)

合计 = −1.16 + (−0.84) = −2(元)

以上分析计算表明，该种产品直接人工费用节约 2 元，是工时消耗节约和小时薪酬率降低所致，应当进一步查明单位产品工时消耗节约和每小时薪酬费用变动的原因。

单位产品所耗工时的节约，一般是生产工人劳动熟练程度提高，从而提高了劳动生产率的结果，但也不排除投机取巧因素。因此，应该查明节约工时以后是否影响了产品的质量。对通过降低产品质量来节约工时的行为，必须加以制止。

小时薪酬率是以生产工人的薪酬总额除以生产工时总额计算求出的。薪酬总额控制得好，会使每小时薪酬费用节约，否则会使每小时薪酬费用超支。对生产工人薪酬总额变动的分析，可以与前述按成本项目反映的产品生产成本表中直接人工费用的分析结合起来进行。一般来说，小时薪酬率会呈增长趋势，但在新工人增加较多的条件下，也可能会在一定期间有所降低。

在工时总量固定的情况下，非生产工时控制得好，减少非生产工时，能增加生产工时总额，会使每小时薪酬费用节约；否则，会使每小时薪酬费用超支。因此，要查明每小时薪酬费用变动的具体原因，还应对生产工时的利用情况进行调查研究。

3. 制造费用的分析

制造费用是为企业组织和管理生产所发生的费用，包括部分不能直接计入产品成本的直接费用和生产车间开展生产管理活动发生的间接费用。单位产品制造费用的分析方法，取决于车间生产的产品品种的多少。

（1）单一产品制造费用的分析。企业只生产一种产品时，单位产品制造费用的计算公式为：

$$\text{单位产品制造费用}=\frac{\text{制造费用总额}}{\text{完工产品产量}}$$

上式中，各因素变动对单位产品制造费用的影响的测定公式为：

$$\begin{array}{l}\text{产品产量变动对单位}\\\text{产品制造费用的影响}\end{array}=\frac{\text{计划制造费用总额}}{\text{实际产品产量}}-\frac{\text{计划制造费用总额}}{\text{计划产品产量}}$$

$$\begin{array}{l}\text{制造费用总额变动对单}\\\text{位产品制造费用的影响}\end{array}=\frac{\text{实际制造费用总额}-\text{计划制造费用总额}}{\text{实际产品产量}}$$

（2）多种产品制造费用的分析。企业生产多种产品时，单位产品的制造费用应按以下公式计算：

7

$$\text{单位产品制造费用}=\text{单位产品生产工时}\times\text{小时制造费用率}$$

每项因素变动对单位产品制造费用的影响，可按以下公式测定：

$$\begin{array}{l}\text{单位产品工时变动对单}\\\text{位产品制造费用的影响}\end{array}=\left(\begin{array}{c}\text{单位产品}\\\text{实际工时}\end{array}-\begin{array}{c}\text{单位产品}\\\text{计划工时}\end{array}\right)\times\begin{array}{c}\text{计划小时}\\\text{制造费用率}\end{array}$$

$$\begin{array}{l}\text{小时制造费用率的变动对}\\\text{单位产品制造费用的影响}\end{array}=\begin{array}{c}\text{单位产品}\\\text{实际工时}\end{array}\times\left(\begin{array}{c}\text{实际小时}\\\text{制造费用率}\end{array}-\begin{array}{c}\text{计划小时}\\\text{制造费用率}\end{array}\right)$$

［例 7－14］ 根据广成制造有限责任公司的主要产品单位成本表（表 7－2）所列乙产品定额工时和单位产品制造费用的资料，整理后，乙产品单位产品制造费用分析资料如表 7－15 所示。

表 7－15 乙产品单位产品制造费用分析资料

2023 年度 金额单位：元

项　　目	计　划	实　际	差　异
单位产品工时/小时	2.15	2.05	－0.10
小时费用率/（元/小时）	6.976 7	6.341 5	－0.635 2
单位产品制造费用	15	13	－2

单位产品制造费用变动额＝13－15＝－2(元)

单位产品工时变动对单位制造费用的影响＝(2.05－2.15)×6.976 7＝－0.70(元)

小时费用率变动对单位制造费用的影响＝2.05×(6.341 5－6.976 7)＝－1.30(元)

合计＝－0.70＋(－1.30)＝－2(元)

以上分析计算表明,乙产品单位成本中,制造费用节约 2 元,是工时消耗节约和每小时制造费用减少所致。工时消耗节约是提高生产率的结果,制造费用的节约是加强日常制造费用控制的结果,应当结合制造费用构成情况的分析,查明制造费用节约的真正原因。从现象上看,该企业在制造费用管理方面取得了较好的成绩。

(三) 主要技术经济指标的分析

技术经济指标是指从各种生产资源利用情况和产品质量等方面反映生产技术水平的各种指标的总称,不同企业由于生产技术特点不同,用于考核的技术经济指标也各不相同。企业各项技术经济指标完成的好坏,直接或间接地影响到产品成本。因此,把成本分析深入到技术领域,一方面能克服技术人员不问经济、财会人员不问技术的这种技术与经济脱离的问题;另一方面也能具体查明影响成本升降的各种生产技术因素,促使企业技术部门进行技术攻关,改进不合理工艺及操作技术,从而解决降低成本的根本问题。

对技术经济指标进行分析,主要是从产品数量与质量变化的角度,对与产品成本有关的主要经济技术指标的变动情况进行分析,以便从生产、技术领域查明产品成本升降的内在原因,寻找用改善技术经济指标来降低产品成本的途径,达到提高成本管理水平的目的。

五、制造费用明细表的分析

对制造费用明细表的分析主要采用对比分析法。这是通过实际数与基期数的对比来揭示实际数与基期数之间的差异,用以了解经济活动的成绩和问题的一种分析方法。在采用对比分析法进行分析时,通常先将本月实际数与上年同期实际数进行对比,揭示本月实际与上年同期实际之间的增减变化。在表中列有本月计划数的情况下,则还应与计划数进行对比,以便分析和考核制造费用月度计划的执行结果。而在将本年累计实际数与本年计划数进行对比时,如果数据不是来自 12 月份的制造费用明细表,则这两者的差异只反映年度内某一期间计划执行的情况,据以发出信号,提醒人们应该注意的问题。例如,利用 4 月份的制造费用明细表数据进行对比,发现企业本年度制造费用累计实际数已经接近、达到甚至超过本年计划的半数时,以后各月就应注意节约费用,以免全年的实际数超过计划数。如果数据来自 12 月份的制造费用明细表,则本年累计实际数和本年计划数的差异,就是全年费用计划执行的结果。为了具体分析制造费用增减变动和计划执行好坏的情况及原因,上述对比分析应该按照费用项目进行。由于制造费用的项目很多,可以选择变化较大、差异较大或者费用比重较大的项目有重点地进行。

各项制造费用的性质和用途不同,评价各项费用超支或节约时,应该联系费用的性质和用途进行具体分析,不能简单地将一切超支都看成不合理的和不利的,也不能简单地将一切节约都看成合理的和有利的。例如,修理费和劳动保护费的节约,可能导致缺少必要的劳动保护措施,影响安全生产,只有在保证机器设备的维修质量和正常运转,保证安全生产的条件下,节约修理费和劳动保护费才是合理的、有利的。又如,机物料消耗的超支也可能是由于追加了生产计划,增加了机物料消耗的结果。这样的超支也是合理的,不是成本管理的失误。

此外，在分项目进行制造费用分析时，还应特别注意“在产品盘亏和毁损”以及“停工损失”等非生产性损失项目的分析，这些项目的发生额通常都是生产管理不善的结果。在分析“在产品盘亏和毁损”项目时，还应注意其中有无盘盈的抵消数。因为在产品盘盈的价值会冲减、掩盖一部分盘亏和毁损的损失。在产品盘盈通常也是生产经营管理不善或核算上的差错造成的，不是生产车间的工作成果。

【工作任务——进行主要成本报表的编制】

操作录屏：进行主要成本报表的编制

7

实例解析：

新华机械制造有限公司 2023 年度生产 A、B、C 三种产品，其中 A、B 产品为可比产品，C 产品为不可比产品，产品的有关资料如表 7－16、表 7－17、表 7－18 所示。

表 7－16　产品产量情况表

2023 年度

产品名称	上年实际产量	计划产量		实际产量	
		12 月计划	年度计划	12 月实际	本年累计
A	220	20	250	20	250
B	180	25	180	30	200
C	—	8	100	8	90

表 7－17　产品单位成本情况表

2023 年度　　金额单位：元

项　目	A 产品				B 产品				C 产品		
	上年实际	本年计划	本月实际	本年平均	上年实际	本年计划	本月实际	本年平均	本年计划	本月实际	本年平均
单位成本	125	120	122	123	300	285	306	305	150	153	155
其中：材料费用	75	70	71	71	190	180	198	200	90	88	87
人工费用	30	32	32	33	60	60	59	58	35	43	42
制造费用	20	18	19	19	50	45	49	47	25	22	26

表 7－18　B 产品相关资料

2023 年度

相关指标	单　位	耗　用　量				
		历史先进	上年实际	本年计划	12 月计划	本年累计
主要材料	千克	18	20	18	18	19
材料单价	元	8.00	9.50	10.00	11.00	10.526 3
生产工时	小时	4.75	5	5	4.9	4.85

操作步骤：

（1）根据上述资料编制新华机械制造有限公司 2023 年度 12 月份的商品产品成本表（表 7－19）。

表 7－19

商品产品成本表

编制单位：　　　　　　　　　　年　　月　　　　　　　　　　金额单位：元

产品名称	规格	计量单位	实际产量		单位成本				本月总成本			本年累计总成本		
			本月	本年累计	上年实际平均	本年计划	本月实际	本年累计实际平均	按上年实际平均单位成本计算	按本年计划单位成本计算	本月实际	按上年实际平均单位成本计算	按本年计划单位成本计算	本年实际
			①	②	③	④	⑤＝⑨÷①	⑥＝⑫÷②	⑦＝①×③	⑧＝①×④	⑨	⑩＝②×③	⑪＝②×④	⑫
可比产品合计														
1.														
2.														
3.														
不可比产品合计														
1.														
全部商品产品成本														

补充资料(本年实际数)：

(1) 可比产品成本降低额　元(本年计划成本降低额为　元)

(2) 可比产品成本降低率　%(本年计划成本降低率为　%)

7

(2) 根据上述资料编制B产品的主要产品单位成本表(表7-20)。

表7-20　　主要产品单位成本表

编制单位：　　　　年　　月　　　　金额单位：元

<table>
<tr><td colspan="2">产品名称</td><td colspan="2"></td><td colspan="2">本月计划产量</td><td></td></tr>
<tr><td colspan="2">规　格</td><td colspan="2"></td><td colspan="2">本月实际产量</td><td></td></tr>
<tr><td colspan="2">计量单位</td><td colspan="2"></td><td colspan="2">本年累计计划产量</td><td></td></tr>
<tr><td colspan="2">销售单价</td><td colspan="2"></td><td colspan="2">本年累计实际产量</td><td></td></tr>
<tr><td colspan="2">成本项目</td><td>历史先进水平</td><td>上年实际平均</td><td>本年计划</td><td>本月实际</td><td>本年累计实际平均</td></tr>
<tr><td colspan="2">直接材料</td><td></td><td></td><td></td><td></td><td></td></tr>
<tr><td colspan="2">直接人工</td><td></td><td></td><td></td><td></td><td></td></tr>
<tr><td colspan="2">制造费用</td><td></td><td></td><td></td><td></td><td></td></tr>
<tr><td colspan="2">单位生产成本</td><td></td><td></td><td></td><td></td><td></td></tr>
<tr><td>主要技术经济指标</td><td>单位</td><td>耗用量</td><td>耗用量</td><td>耗用量</td><td>耗用量</td><td>耗用量</td></tr>
<tr><td>1. 主要材料</td><td>千克</td><td></td><td></td><td></td><td></td><td></td></tr>
<tr><td>2. 生产工时</td><td>小时</td><td></td><td></td><td></td><td></td><td></td></tr>
</table>

(3) 根据编制的商品产品成本表，分别计算可比产品和不可比产品的成本降低额和成本降低率，并按产品类别编制全部商品产品成本计划完成情况表(参照表7-7自行设计)，据以作出评价。

(4) 计算可比产品成本降低计划指标，结合可比产品实际成本降低额和降低率，编制可比产品成本降低计划完成情况分析表(参照表7-10自行设计)，据以作出评价。

(5) 根据可比产品成本降低计划完成情况分析表及其他相关资料，运用差额分析法确认实际脱离计划的差异，分析产品产量、产品结构、产品单位成本变动对产品成本降低额和成本降低率的影响程度。

(6) 根据B产品的主要产品单位成本表资料，计算B产品的成本升降率，并运用因素分析法或差额分析法分析各因素对单位成本的影响程度。

【项目小结】

本项目知识结构如图 7－1 所示。

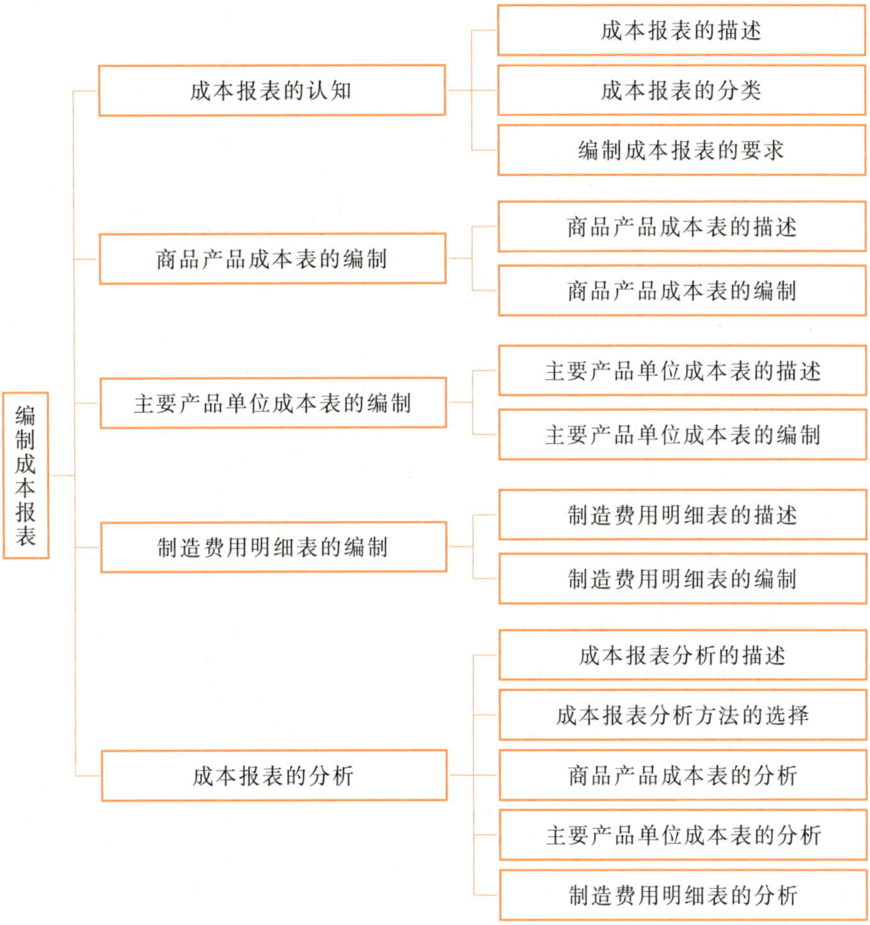

图 7－1　项目七知识结构

项目七自测题

项目八　计算其他行业成本

◇ 职业能力目标

会运用不同的成本计算方法对其他行业的成本进行计算和确认。

能确认农业企业、商品流通企业、施工企业、运输企业、旅游餐饮服务企业的成本构成，明确制造企业的产品成本计算与其他行业企业成本计算的区别。

能正确计算其他行业企业的成本。

◇ 典型工作任务

农产品成本的计算；商品购销成本的计算；施工合同成本的计算；运输成本的计算；服务成本的计算。

关于做好降成本重点工作的通知

任务一 农产品成本的计算

【引言】

农产品是农业企业生产的“农、林、牧、副、渔”产品，这些产品的生产过程与制造企业的产品生产过程不同，有其特殊性，同样需要解决成本计算的问题。

【知识准备与业务操作】

一、农产品成本的描述

农产品是由农业企业生产出来的，要了解农产品的成本，就需要先明确什么是农业企业，其与制造企业有何区别。

（一）农业企业的概念与特点

1. 农业企业的概念

农业企业是指从事农、林、牧、副、渔业等生产经营活动，具备较高的商品率，实行自主经营、独立经济核算，具有法人资格的营利性经济组织。

2. 农业企业的特点

（1）土地是农业生产的重要生产资料，是农业生产的基础。

（2）农业生产具有明显的季节性和地域性，以及劳动时间与生产时间的不一致性，生产周期长。

（3）农业生产中部分劳动资料和劳动对象可以相互转化，部分产品可作为生产资料重新投入生产。

（4）种植业和养殖业之间存在相互依赖、相互促进的关系，与之相适应，经营管理上一般都实行一业为主、多种经营、全面发展的经营方针。

（5）农业生产不仅在经营上实行一业为主、多种经营，而且在管理上实行联产承包、统分结合、双层经营的体制。

（二）农业企业产品成本的构成内容

根据农产品生产的特点以及成本管理的需要，农业企业的成本一般包括下列内容：

（1）种子和种苗，指农作物生产过程中直接耗用的自产品和外购的种子与种苗的费用。

（2）肥料与农药，指农作物生产过程中直接耗用的各种化肥、农家肥和农药的费用。

（3）燃料动力费用，指在农作物生产过程中消耗的各种固体燃料、液体燃料和气体燃料，以及消耗的电力费用等。

（4）材料费用，指农业生产企业消耗的各种材料的费用。

（5）机械作业费，是指种植业生产过程中使用农用机械进行作业所发生的费用。

（6）直接人工费，指直接从事农作物生产人员的全部薪酬费用。

（7）其他直接费用，指为农作物生产直接支付的不属于以上各项的费用，如灌溉费、机械作业费等。

(8) 折旧与修理费用,指农业企业固定资产的折旧费与修理费用。

(9) 其他费用,指农业生产企业发生的除上述费用以外的各种费用。

(三) 农业企业产品成本的计算程序

农业企业成本的核算程序包括归集农业生产费用、分配农业生产费用和计算农产品成本的全过程。在农产品生产过程中(包括农产品生产、林产品生产、畜禽产品生产、水产品生产以及副业产品生产)所发生的各项生产费用,先记入"生产成本"账户,对归集的各项费用按一定的标准分配后记入"生产成本"各明细账户,期末将完工农产品成本从"生产成本"账户转入"库存商品"账户。农业企业生产成本的核算程序与制造企业产品成本的核算程序基本相同,不再重述。

二、农业产品成本的计算

(一) 农业产品成本计算对象的确定

为了适应成本管理的要求和简化核算手续,在进行农业产品的成本核算时,企业首先要区分主要作物与次要作物。对主要作物应当以每种作物作为成本计算对象,单独核算其产品成本;对次要作物则以作物类别作为成本计算对象,先计算出各类作物的产品总成本,再按一定标准确定类内各种作物的产品成本。对不同收获期的同一种作物必须分别核算。企业的主要农产品一般确定为小麦、水稻、大豆、玉米、棉花、糖料、烟叶等。需要补充主要农产品目录的,由企业自行确定。

(二) 农业企业生产费用的确认

农业企业生产费用是指企业在种植农作物生产过程中发生的全部费用,包括当年生作物和多年生作物的生产费用。

企业为了归集农业生产费用和计算产品成本,应设置"生产成本"账户。该账户是成本类账户,其借方归集农业生产所发生的各项费用;贷方登记转出完工农产品的实际成本;期末余额一般在借方,表示期末在产品成本。对于能直接计入农产品生产成本的费用,如直接材料、直接人工、其他直接费用等,借记"生产成本"账户;对于发生的间接费用,先在"制造费用"账户的借方归集,期末按一定的标准分配后转入"生产成本"账户。对"生产成本"账户应按成本计算对象(按作物或作物组)设置明细分类账,账内按成本项目分设专栏。 8

农作物的生产周期较长,产品单一,收获期比较集中,在年度中间各项费用和用工发生又不均匀,为了适应这些特点,种植业中农产品的成本计算期,一般规定为一年。

农业企业的生产费用按其经济用途可以划分为下列各成本项目:

(1) 直接材料,是指在种植业生产中耗用的自产或外购的种子、种苗、肥料、农药、燃料和动力、修理用材料和零件、原材料及其他材料等。

(2) 直接人工,是指直接从事农业生产人员的职工薪酬。

(3) 机械作业费,是指种植业生产过程中农用机械进行耕耙、播种、施肥、除草、喷药、收割、脱粒等机械作业所发生的费用。

(4) 其他直接费用,是指除直接材料、直接人工和机械作业费以外的畜力作业费等直接费用。

(5) 间接费用,是指应摊销、分配计入成本核算对象的运输费、灌溉费、固定资产折旧费、租赁费、保养费等费用。

农业企业生产费用的归集和分配方法与制造企业生产费用的归集和分配方法类似，可比照办理。

对发生的各项费用，应根据材料费用分配表、薪酬费用分配表、固定资产折旧计算表等有关凭证，编制会计分录，并记入“生产成本”账户及所属明细账户的借方。农产品生产成本明细账的格式如表 8－1 所示。

表 8－1 农产品生产成本明细账

总第　页
字第　页

作物或作物组名称：

<table>
<tr><th colspan="2">年</th><th rowspan="3">凭证号数</th><th rowspan="3">摘要</th><th colspan="10">借　方</th><th colspan="2">贷方</th></tr>
<tr><th rowspan="2">月</th><th rowspan="2">日</th><th colspan="5">直接材料</th><th rowspan="2">直接人工</th><th rowspan="2">机械作业费</th><th rowspan="2">其他直接费用</th><th rowspan="2">间接费用</th><th rowspan="2">合计</th><th rowspan="2">数量</th><th rowspan="2">金额</th></tr>
<tr><th>种子种苗</th><th>肥料</th><th>农药</th><th>其他</th><th>小计</th></tr>
<tr><td></td><td></td><td></td><td></td><td></td><td></td><td></td><td></td><td></td><td></td><td></td><td></td><td></td><td></td><td></td><td></td></tr>
<tr><td></td><td></td><td></td><td></td><td></td><td></td><td></td><td></td><td></td><td></td><td></td><td></td><td></td><td></td><td></td><td></td></tr>
<tr><td></td><td></td><td></td><td></td><td></td><td></td><td></td><td></td><td></td><td></td><td></td><td></td><td></td><td></td><td></td><td></td></tr>
<tr><td></td><td></td><td></td><td></td><td></td><td></td><td></td><td></td><td></td><td></td><td></td><td></td><td></td><td></td><td></td><td></td></tr>
</table>

由于农产品收获的具体情况不同，其生产费用确认的终止点也不相同。对计入农产品成本的费用，一般划分界限是：

(1) 粮、豆的成本计算至入仓入库和场上能够销售为止。将从仓囤出库和场上交售发生的包装费、运杂费作销售费用处理。

(2) 不入库、入窖的鲜活产品的成本，计算至销售为止；入库、入窖的鲜活产品的成本，计算至入库、入窖为止。

(3) 棉花的成本计算至加工成皮棉为止。将打包上交过程中发生的包装费、运输费作销售费用处理。

(4) 纤维作物、香料作物和水参等农产品的成本，计算至加工完成为止（例如，水参加工成干参、红参、糖参，香茅草加工成香茅油）。

(5) 年底尚未脱粒作物的成本，应当包括预提脱粒费用。下年度实际发生的脱粒费用的差额，由下年度同一作物的成本负担。

（三）农业产品的成本计算

企业发生的生产费用在“生产成本”明细账户中核算，各“生产成本”明细账户归集的各该作物的全部生产费用，在期末结合各种作物的种植面积和产量等有关资料，即可计算出农产品的成本。

1. 当年生大田作物成本的计算

当年生大田作物是指作物生长期不超过一年的农作物，一般为当年播种、当年收获的作物；也有少部分跨年度收获的作物。

农作物成本的计算包括单位面积成本和单位产量成本。单位面积成本是指种植某种农作物平均每单位播种面积所支出的费用总额。其计算公式为：

$$\text{某作物单位面积成本}=\frac{\text{该作物生产费用总额}}{\text{该作物播种面积}}$$

单位产量成本是指种植某种农作物平均每单位产品所支出的费用总额。其计算公式为：

$$\text{某作物单位产量成本}=\frac{\text{该作物生产费用总额}-\text{副产品价值}}{\text{该作物产品产量}}$$

［例 8-1］　大漠农场第一生产队 2023 年收获小麦 200 000 千克，每千克计划成本为 0.4元；麦秸 250 000 千克，每千克计划成本为 0.02 元。当年发生的实际生产费用总额为 76 500元。用比率法计算小麦和麦秸的实际成本，成本计算单如表 8-2 所示。

表 8-2　农产品成本计算单

2023 年　金额单位：元

产品名称	实际产量/千克	计划成本		实际成本	
		单位成本/(元/千克)	总成本	单位成本/(元/千克)	总成本
小麦	200 000	0.40	80 000	0.36	72 000
麦秸	250 000	0.02	5 000	0.018	4 500
合计			85 000		76 500

会计主管：丁一明　复核：李　娟　制单：胡　含

表 8-2 中有关数据计算如下：

$$\text{实际成本分配率}=\frac{76\ 500}{85\ 000}\times 100\%=90\%$$

$$\text{小麦实际总成本}=80\ 000\times 90\%=72\ 000(\text{元})$$

$$\text{小麦实际单位成本}=\frac{72\ 000}{200\ 000}=0.36(\text{元/千克})$$

$$\text{麦秸实际总成本}=5\ 000\times 90\%=4\ 500(\text{元})$$

$$\text{麦秸实际单位成本}=\frac{4\ 500}{250\ 000}=0.018(\text{元/千克})$$

农作物在完成生产过程时，一般可以产出主产品和副产品两种产品。主产品是生产的主要目的，如小麦、稻谷。副产品不是生产的主要目的，而是在生产过程中随着主产品附带获得的产品，如麦秸、稻草。由于主产品和副产品是同一生产过程的结果，所以它们的各种费用是联系在一起的。因此，必须将费用在主产品和副产品之间进行分配，以分别确定其成本。分配方法一般有以下两种：

(1) 估价法，就是对副产品按市场价格进行估价，以此作为副产品的成本。从生产费用总额中减去副产品的价值，就是主产品的总成本。

(2) 比率法，就是按照一定比率把生产费用总额在主产品和副产品之间进行分配的方法。这种方法要先求出生产费用总额对主副产品计划总成本的百分比，即实际总成本对计划总成本的百分比，再以主产品和副产品的计划成本乘以该百分比，即可计算出主产品和副产品的成本。其计算公式和计算方法见［例 8-1］。

8

若副产品既不能利用,又不能出售,则不予计价,其生产费用全部由主产品负担。

2. 多年生作物的成本计算

多年生作物是指人参、剑麻、胡椒等经济作物,其特点是生长期限长。因此,多年生作物的抚育年限和提供产品的年限比较长。多年生作物收获农产品有两种情况:一是连续培育几年,一次收获产品,如人参;二是连年培育,年年获得产品,如剑麻、胡椒等。由于收获次数不同,其成本计算方法也不同。

(1) 一次性收获的多年生作物,应按各年累计的生产费用计算成本。其主产品单位成本的计算公式为:

$$\text{一次性收获的多年生作物主产品单位成本}=\frac{\text{往年费用}+\text{收获年份截至收获月份累计费用}-\text{副产品成本}}{\text{收获的主产品总产量}}$$

(2) 多次收获的多年生作物,在未提供产品以前的费用,视同长期待摊费用处理。投产后,按计划总产量的比例或提供产品年限的比例将往年费用分配计入投产后各年产出产品的成本。当年产出产品的成本包括往年费用本年摊销额和投产后本年发生的全部费用。多次收获的多年生作物的主产品单位成本的计算公式为:

$$\text{多次性收获的多年生作物主产品单位成本}=\frac{\text{往年费用本年摊销额}+\text{本年全部费用}-\text{副产品成本}}{\text{本年收获的主产品总产量}}$$

三、林业产品成本的计算

(一) 林业产品成本计算对象的确定

林产品生产一般是指经济林木的生产,不包括用材林生产。经济林木是指橡胶、水果、蚕桑、茶叶等,为此,需要按不同的经济林木产品作为成本计算对象。经济林木和农作物一样,都属于种植业,但林木是多年生植物,生长期较长,其生长过程一般要经过苗圃育苗、幼树培育和成林管理三个阶段。苗圃育苗是培育树苗的阶段;幼树培育是从树苗起土、移植到成林投产为止的抚育管理阶段;成林管理是正式投产后的抚育管理阶段。

8

(二) 林业企业生产费用的计算

林业企业生产费用是指林业企业在林产品生产过程中发生的全部费用,包括人工栽培各种林业产品的生产费用,如苗圃育苗的费用、经济林木成林后生产林业产品的费用。为了归集林业生产费用和计算林业产品成本,应设置"生产成本"账户,并按成本计算对象和成本项目进行明细核算,明细账内成本项目的设置与农业产品生产成本明细账类同,但增加了林木折旧费。

经济林木在幼树成林后,按规定转为固定资产管理。此后,采摘果品、收割胶水等发生的生产费用,均为培育林业产品的成本。林业产品的成本计算期一般是一年。经济林木的产品成本,包括当年的抚育费用和停采、停割期间的费用。停采、停割期间的费用,本年度内产品产出以前发生的部分,计入产品成本;产品产出以后发生的部分,一般作为在产品结转至下年。

(三) 林业产品的成本计算

不同的林产品存在不同的生产费用截止时点。例如,橡胶应计算至加工成干胶片,茶叶应计算至加工成商品茶。没有加工设备的,橡胶可计算至鲜胶乳,茶叶可计算至鲜叶。在确定的成本计算期内，归集林业产品的全部生产费用，并在收获的林业产品之间进行分配。经济林木产品单位成本的计算公式为：

$$\text{某种经济林木产品单位成本}=\frac{\text{该种经济林木本年全部抚育费}+\text{停割、停采期间费用}-\text{副产品价值}}{\text{该种经济林木产品年总产量}}$$

各种果树的生产费用，如果采取合并核算的，可按各种果品计划成本或产值的比例分配费用，分别计算各种果品的成本。同一果品由于大小和质量有差异，在出售前还要按一定标准进行分级。因此，同一果品的总成本还要按计划成本或产值的比例在各等级果品之间进行分配。

［例 8－2］　万山红林场栽培的苹果林，于 2023 年发生实际费用 150 000 元，当年产出的副产品价值 6 000 元。产出一级品 5 000 千克，二级品 15 000 千克，三级品 25 000 千克，等外品 20 000 千克。每千克计划成本分别为 6 元、4 元、2 元和 1 元。编制苹果成本计算表，如表 8－3 所示。

表 8－3　各等级苹果成本计算表

2023 年　　金额单位：元

品　级	产量/千克	计划成本		分配率/%	实际成本	
		单　价	金　额		单　价	金　额
一级品	5 000	6	30 000		5.40	27 000
二级品	15 000	4	60 000		3.60	54 000
三级品	25 000	2	50 000		1.80	45 000
等外品	20 000	1	20 000		0.90	18 000
合　计	65 000		160 000	90		144 000

会计主管：李青义　　复核：王月明　　制单：秦　义

表 8－3 中有关数据计算如下：

各等级苹果的实际总成本＝150 000－6 000＝144 000（元）

各等级苹果的计划总成本＝（5 000×6）＋（15 000×4）＋（25 000×2）＋（20 000×1）
＝160 000（元）

$$\text{苹果实际成本分配率}=\frac{144\,000}{160\,000}\times100\%=90\%$$

一级苹果总成本＝5 000×6×90%＝27 000（元）

二级苹果总成本＝15 000×4×90%＝54 000（元）

三级苹果总成本＝25 000×2×90%＝45 000（元）

等外品苹果总成本＝20 000×1×90%＝18 000（元）

四、畜牧业产品成本的计算

（一）畜牧业产品成本计算对象的确定

畜牧业生产是指猪、牛、羊、鸡、鸭、鹅等畜禽产品的生产。对畜牧业产品进行成本核算，可以实行分群核算，也可以实行混群核算。为此，首先需要确定成本计算对象。在实行分群

8

核算时，可以按不同种类畜禽的不同畜龄（成长期），划分为若干群，作为成本计算对象，按群归集生产费用，分群计算畜禽产品成本。如养猪业可分为基本猪群、2～4个月幼猪、4个月以上的幼畜和育肥猪等。在实行混群核算时，则只按畜禽种类划分，确定成本计算对象，不按畜禽的畜龄分群，其生产费用的归集和成本计算都按畜群种类进行。

显然，混群核算的条件下，其畜牧业产品成本计算的准确性不如分群核算，为此有条件的情况下，应当尽量采用分群核算。

（二）畜牧业生产费用的确认

畜牧业生产费用是指企业饲养和放牧各种畜禽发生的全部费用，包括产畜禽、幼畜禽和育肥畜禽的生产费用。

企业为了归集畜牧业生产费用，计算畜牧业产品成本，应设置“生产成本”账户，并按照成本计算对象（分群核算按各种畜禽中的不同年龄组，混群核算按每种畜禽）设置生产成本明细账，在明细账中按规定设置成本项目。“生产成本”账户的借方归集畜牧业生产中所发生的一切费用；贷方表示转出畜牧产品的实际成本；期末借方余额，表示结转下期的在产品成本。

畜牧业的生产费用可以划分为下列成本项目：

（1）直接材料，指养殖生产中的苗种，饲养中耗用的精饲料、粗饲料、动物饲料和矿物饲料等饲料费用，以及粉碎和蒸煮饲料、孵化增温等耗用的燃料和动力费用。

（2）直接人工，指直接从事畜牧业生产人员的全部薪酬。

（3）其他直接费用，指专用设备折旧费、产畜折旧费、畜禽医疗费等。

（4）间接费用，指分配计入产品成本的间接费用，包括生产单位管理人员的薪酬、折旧费、租赁费、水电费、办公费等。

畜牧业生产费用的归集与分配方法，以及畜牧业生产成本明细账的格式等类同于农业产品的核算。

（三）畜牧业产品的成本计算

畜牧业产品的成本计算期，一般规定为一年，对经常有产品产出的单位，也可以按月计算成本。现以养猪业分群核算为例，说明畜牧业产品成本的计算。

8

1. 基本猪群的产品成本计算

基本猪群的主产品为母猪繁殖的仔猪，其副产品为厩肥、猪鬃等。对于副产品，一般将市价作为其成本，用全部饲养费用减去副产品成本，即为主产品的总成本。

确定基本猪群主产品的总成本后，再按照一定的计算方法分别计算出仔猪出生时的活重和出生后2个月内的增重，确定仔猪的活重单位成本和增重单位成本。

出生的仔猪成本均按活重计算。仔猪出生至满2个月断奶时的成本，以及期末结存未断奶仔猪的成本，也以当时的活重和活重单价计算，仔猪出生活重和出生后2个月内增重的单位成本计算公式为：

$$\text{仔猪出生活重和2个月内增重的单位成本}=\frac{\text{基本猪群全部饲养费用}-\text{副产品价值}}{\text{出生活重}+\text{出生后2个月内的增重}}$$

仔猪的活重单位成本计算公式为：

$$\text{仔猪活重单位成本}=\frac{\text{期初结存2个月内仔猪成本}+\text{基本猪群全部饲养费用}-\text{副产品价值}}{\text{期末存栏活重}+\text{期内离群活重（不含死畜）}}$$

计算出仔猪活重单位成本以后，即可分别计算出断奶仔猪和期末结存未断奶仔猪的总成本，每头仔猪的总成本及每头仔猪的平均成本。其计算公式为：

$$\text{断奶仔猪(或未断奶仔猪)的总成本}=\text{断奶仔猪(或未断奶仔猪)的总活重}\times\text{仔猪活重单位成本}$$

$$\text{每头断奶仔猪(或未断奶仔猪)的成本}=\frac{\text{断奶仔猪(或未断奶仔猪)的总成本}}{\text{断奶仔猪(或未断奶仔猪)头数}}$$

［例 8－3］　兴旺畜牧有限责任公司 2023 年 1 月的“基本猪群饲养”和“2 个月内仔猪”明细账资料如下：上期结转的母猪照管下仔猪 250 头，活重 250 千克，成本为 1 175 元；本月基本猪群共繁殖仔猪 3 250 头，出生时活重为 2 500 千克；本月内将满 2 个月的仔猪 2 750 头，转入 2～4 个月内的幼猪群，转群时的活重为 9 000 千克；期内 2 个月内死亡的仔猪 250 头，计 625 千克；期末仔猪出生后 2 个月内的增重为 7 500 千克；期末结存 2 个月内仔猪为 500 头，活重为 625 千克；本期发生的饲养费用为 20 200 元，取得的副产品价值为 200 元。

根据上列资料，计算成本如下：

$$\text{仔猪出生活重和 2 个月内增重的单位成本}=\frac{20\ 200-200}{2\ 500+7\ 500}=2(\text{元})$$

$$\text{仔猪活重单位成本}=\frac{1\ 175+20\ 200-200}{625+9\ 000}=2.20(\text{元})$$

$$\text{断奶仔猪的总成本}=2.20\times 9\ 000=19\ 800(\text{元})$$

$$\text{未断奶仔猪的总成本}=2.20\times 625=1\ 375(\text{元})$$

$$\text{每头断奶仔猪的成本}=\frac{19\ 800}{2\ 750}=7.20(\text{元})$$

$$\text{每头未断奶仔猪的成本}=\frac{1\ 375}{500}=2.75(\text{元})$$

2. 幼猪、育肥猪的成本计算

畜龄在 2 个月以上、4 个月以下的猪为幼猪；畜龄在 4 个月以上的猪为育肥猪。幼猪和育肥猪的主要产品是增加的重量，其副产品是指厩肥、猪鬃以及猪的残值。幼猪和育肥猪的增重成本和活重成本的计算公式如下：

$$\text{幼猪(育肥猪)增重的单位成本}=\frac{\text{该猪群全部饲养费用}-\text{副产品价值}}{\text{该猪群的增加重量}}$$

$$\text{幼猪(育肥猪)群增加的重量}=\text{该群期末存栏活重}+\text{本期离群活重(含死猪重量)}-\text{期初结转、期内购进和转入活重}$$

$$\text{幼猪(育肥猪)活重的单位成本}=\frac{\text{期初结存成本}+\text{转入购入价值}+\text{本期该群全部饲养费用}-\text{副产品价值}}{\text{该群期末存栏活重}+\text{期内离群活重(不含死畜)}}$$

计算出某猪群的活重单位成本后，即可分别计算出本期转出、售出和期末存栏猪的全部活重成本。计算方法可比照仔猪相关的计算公式。

［例 8－4］　兴旺畜牧有限责任公司 2023 年 1 月发生 2～4 个月幼猪饲养费用 10 000 元，厩肥价值为 460 元。期初结转幼猪 10 头，活重 200 千克，成本 580 元；期内由 2 个月内仔猪群转入 40 头，活重 560 千克，成本 2 000 元；购入幼猪 20 头，活重 300 千克，成本 1 800 元；转出 60 头，活重 5 400 千克；死亡 2 头，活重 30 千克；期末结存 8 头，活重 400 千克。2～

4个月幼猪群的增重成本计算如下：

$$2\sim4\text{个月幼猪增加重量}=400+5\,400+30-(200+560+300)=4\,770(\text{千克})$$

$$2\sim4\text{个月幼猪增重单位成本}=\frac{10\,000-460}{4\,770}=2(\text{元})$$

$$2\sim4\text{个月幼猪活重量}=400+5\,400=5\,800(\text{千克})$$

$$2\sim4\text{个月幼猪活重量的单位成本}=\frac{580+2\,000+1\,800+10\,000-460}{5\,800}=2.4(\text{元})$$

$$2\sim4\text{个月幼猪转出活重总成本}=5\,400\times2.4=12\,960(\text{元})$$

$$2\sim4\text{个月幼猪期末存栏活重总成本}=400\times2.4=960(\text{元})$$

3. 猪群饲养日成本的计算

为了考核养猪业饲养费用的水平，可计算日饲养成本。其计算公式为：

$$\text{某猪群日饲养成本}=\frac{\text{该群饲养费用}}{\text{该群饲养头日数}}$$

饲养头日数是指累计的日饲养头数，一头猪饲养一天为一个头日数。饲养头日数可以从养猪动态登记簿等有关资料中取得。

五、渔业产品成本的计算

（一）渔业产品成本计算对象的确定

渔业生产是指从事水产品养殖和捕捞作业的生产，渔业生产的产品即为渔业产品。对渔业产品需要按其产品类别作为成本计算对象进行成本计算，成本计算的方法与其他产品的成本计算方法基本类同。

（二）渔业生产费用的确认

渔业生产费用是指企业在渔业产品生产过程中发生的全部费用，包括水生动物和植物的育苗、养殖和天然捕捞的生产费用。为了归集渔业生产费用和计算渔业产品成本，要设置“生产成本”账户，并按成本对象（如鱼苗、成鱼品种或类别）设置明细分类账户，确定成本项目，进行明细核算。

渔业产品的成本项目一般划分为直接材料、直接人工、其他直接费用和间接费用。其中，直接材料主要是饲养中耗用的鱼种、鱼苗、饲料等费用；直接人工是直接从事渔业生产人员的全部薪酬；其他直接费用主要是指专用设备折旧费和鱼病防治费等；间接费用主要是生产部门在组织和管理渔业生产中发生的其他费用。

（三）渔业产品的成本计算

1. 鱼苗成本的计算

鱼苗又称鱼花，是孵化不久的幼鱼，可以人工繁殖，也可以从江河中张捕。由于鱼苗的数量大、体形细小，一般采用估计或通过抽样清查方法推算总数，其结果只能做到大致准确。鱼苗成本计算的对象就是鱼苗，通常以万尾为成本计算单位。其成本计算公式为：

$$\text{每万尾鱼苗单位成本}=\frac{\text{育苗期全部生产费用}}{\text{育成鱼苗数量(万尾)}}$$

2. 成鱼成本的计算

成鱼可以在天然湖泊生产，即放养鱼苗到天然湖泊，利用天然饲料养鱼；也可以在池塘生产，即放养鱼苗到池塘饲养，全部依靠人工采集和加工的饲料喂养。成鱼生产有两种方式：一种是多年放养，一次捕捞；另一种是逐年放养，逐年捕捞。

多年放养、一次捕捞的成鱼成本，包括捕捞前各年作为在产品结转的费用和当年发生的费用。其成本计算公式为：

$$\text{成鱼单位成本}=\frac{\text{捕捞前各年的生产费用}+\text{当年捕捞的生产费用}}{\text{成鱼总产量}}$$

逐年放养、逐年捕捞的成鱼成本，由当年捕捞的成鱼负担，可不计算在产品成本。但有条件的专业渔场可计算在产品成本。

3. 捕捞成本的计算

捕捞是指在天然湖泊、江河、海洋捕捞自然生长的渔业产品，当年发生的全部捕捞费用，应当完全由当年捕捞的渔业产品分摊，对于不同的渔业产品，可按计划成本或销售价格的比例，将总成本在不同渔业产品之间进行分配。

［例 8－5］　巨人捕捞队 2023 年发生的全部捕捞费用为 68 475 元，按售价比例计算各类鱼品的总成本和单位成本。计算结果如表 8－4 所示。

表 8－4　各类鱼品成本计算表

2023 年　金额单位：元

品　种	销售价格/（元/百千克）	测定产量/百千克	售价总额	分配系数/%	实际总成本	实际单位成本
	①	②	③＝①×②	④	⑤＝③×④	⑥＝⑤÷②
带鱼	960	52.00	49 920		13 728.00	264
乌贼	880	87.75	77 220		21 235.50	242
小黄鱼	1 280	45.00	57 600		15 840.00	352
鲳鱼	1 200	43.75	52 500		14 437.50	330
鳗鱼	1 120	10.50	11 760		3 234.00	308
合计		239	249 000	27.50	68 475	

会计主管：李　炎　　复核：汪东杰　　制单：张　华

表 8－4 中，分配系数$=\frac{68\ 475}{249\ 000}\times100\%=27.5\%$。

任务二　商品购销成本的计算

【引言】

商品流通企业的任务是将商品从生产领域向消费领域转移，因此，商品购销是商品流通

8

企业的基本业务，为了反映商品流通企业的经营成果，必须进行商品购销成本的计算。

【知识准备与业务操作】

一、商品购销成本的描述

商品流通企业是在社会再生产过程中组织商品流通的企业。它的基本任务是将社会产品通过货币交换形式，从生产领域转移到消费领域，满足人民生活和其他各方面消费的需要，并实现商品价值，取得盈利。商业企业的经济活动主要是商品的购、销、存。

（一）认知商品流通企业

在商品流通过程中，从事商品批发、商品零售或者批发与零售兼营的企业，均为商品流通企业，包括国有、集体、私营的商业、粮食、物资供销、供销合作社、对外贸易、医药、石油、烟草商业、图书发行等企业。商品流通企业通过商品购、销、调、存等经营业务组织商品流转。商品流转主要分为商品采购和商品销售两大阶段。

按照商品流通企业在社会再生产过程中的作用，商品流通企业可以分为批发企业和零售企业。批发企业以从事商品批发业务为主，使商品从生产领域进入流通领域，或进入生产性消费领域。零售企业以从事商品零售业务为主，使商品从生产领域或流通领域进入非生产性消费领域。商品流通企业的经营资金在商品经营过程中的周转形态可用“$G-W-G'$”表示，即以货币资金购进商品，形成商品资金；将商品出售，收回增量的货币资金。企业通过低价格购进商品，高价格出售商品，取得商品进销差价，以弥补企业的各种费用和税金，并获取利润。

（二）商品流通企业的成本

商品流通企业为了销售商品，必须先购进商品。购进商品的成本包括进货成本、相关税费和采购费。进货成本是指商品的采购价款；相关税费是指购买商品发生的进口关税、资源税和不能抵扣的增值税等；采购费是指运杂费、装卸费、保险费、仓储费、整理费、合理损耗以及其他可归属于商品采购成本的费用。

采购费金额较小的，可以在发生时直接计入当期的销售费用。采购费用较大的，可以直接计入商品采购成本，也可以设专户核算，期末按商品存销比例进行分摊，将应由已销商品负担的采购费用计入当期商品销售成本，将应由库存商品负担的采购费用计入期末存货成本。由于商品流通企业经营的商品品种繁多，采购费用分配相对复杂，为了简化核算手续，通常采用“设置专户”方式核算采购费。

此外，企业行政管理部门为了组织和管理经营活动，还会发生管理费用。为了筹集业务经营所需资金，还要支付财务费用。因此，商品流通企业的期间费用包括销售费用、管理费用和财务费用。

（三）商品流通企业的存货管理

1. 批发企业的存货管理

批发企业的存货一般按采购成本核算，采用数量成本金额核算法。企业要设置库存商品数量成本金额明细账（以下简称商品明细账），采用永续盘存制进行管理。即在购进商品时，在商品明细账中记录收入商品的数量、单位成本和金额；销售商品或其他原因发出商品时，按商品发出凭证在商品明细账中登记发出商品的数量，并结出结存商品数量。由于各批商品的采购成本往往不同，需要采用适当的方法计算并结转发出商品的实际成本。在批发商品品种规格繁多的情况下，可以对相同或相近性质的商品进行归类，设置商品类目账，从而形成由总账、类目账和数量成本金额明细账组成的三级库存商品账户管理的格局。

2. 零售企业的存货管理

零售企业直接面对消费者，为了方便营业员对存货的管理，一般采用售价金额核算法。即对由营业员保管的零售商品全部按对外销售价格计价，实行“拨货计价、实物负责”的商品管理方式。以柜组长作为实物负责人，分户设置“库存商品”明细账，进行零售商品的明细分类核算。购进、收入商品时，按商品售价，记入“库存商品”明细账户的借方；销售商品按售价结转商品销售成本时，登记“库存商品”明细账户的贷方；期末余额表示实物负责人保管的全部商品的售价金额。对商品售价与采购成本之间的差额，专门设置“商品进销差价”账户进行核算。月末按商品存销比例进行分摊，计算已销商品实现的商品进销差价，据以将按售价结转的商品销售成本调整为商品实际销售成本。在零售企业中，往往将库存商品与商品进销差价合在一起，设置“库存商品与进销差价”明细账。其格式如表 8－5 所示。

表 8－5　库存商品和进销差价明细账

总第　页

实物负责人：金珠　字第　页

2018 年		凭证号	摘　要	库存商品				进销差价			
月	日			借方	贷方		余额	借方	贷方		余额
1	1		上年结转			借	30 500			贷	8 500
	2	×	购进	47 000		借	77 500		14 500	贷	23 500
	5	×	销售		8 300	借	69 200				

二、商品采购成本的确认

（一）批发企业的商品采购成本

企业应该设置“在途物资”账户，用来核算购进商品发生的采购成本。该账户的借方登记商品采购成本，并按“进货成本”“相关税费”和“采购费”设置成本项目；贷方登记验收入库的商品采购成本；期末借方余额，反映企业已经支付采购款但尚未验收的在途商品的采购成本。该账户应按供货单位、商品类别等设置明细账，进行明细分类核算。

为了反映商品的收入、发出和结存的情况，企业应该设置“库存商品”账户。商品流通企业的库存商品，是指企业的全部自有商品，包括存放在仓库、门市部和寄存在外库的商品等。在批发企业中，商品一般按采购成本计价入账。在商品验收入库时记入该账户的借方，发出加工或结转已销售商品成本时记入该账户的贷方，期末余额表示企业全部库存商品的价值。在库存商品账户下，按商品品名、规格等分户设置数量成本金额明细账，也可在“库存商品”总账户与明细账之间加设库存商品类目账。

在批发企业中，采购商品支付货款或开出商业汇票时，应根据增值税专用发票、交通运输业增值税专用发票等有关凭证，按照进价、相关税费、采购费用等确认商品采购成本，借记“在途物资”账户（由于商品品种繁多，采购费用分配复杂，因此对发生的采购费用通常采用“设置专户”方式核算。根据发生的采购费用，借记“库存商品——采购费用”账户，商品零售企业亦同),按可抵扣的增值税,借记“应交税费——应交增值税(进项税额)”账户;贷记“银行存款”或“应付票据”等账户;商品到达,经验收以后,应根据收货单等有关凭证,按照采购成本,借记“库存商品”账户,贷记“在途物资”账户。

(二) 零售企业的商品采购成本

零售企业购进商品时,应由实物负责人根据供货单验收商品,并填制零售商品验收单,单中填列商品的品名、规格、采购成本、售价和进销差价,以便按商品的售价和进销差价分别记账。零售商品验收单的格式如表 8-6 所示。

表 8-6　　零售商品验收单

供货单位:华阳公司　　　　　　　　　　　　　　　　　　　　第 15 号
收货单位:金珠　　　　　验收日期:2023 年 1 月 10 日　　　　　　金额单位:元

类别	编号	品名	规格	单位	商品采购成本						售价			进销差价	备注
					数量	成本项目				金额	数量	单价	金额		
						采购成本	税费	采购费	小计						
×	×	甲	×	件	150	15			15	2 250	150	20	3 000	750	
×	×	乙	×	件	50	10			10	500	50	16	800	300	
×	×	丙	×	件	100	5			5	500	100	9	900	400	
合计										3 250			4 700	1 450	

会计主管:　　　　　　　　　　复核:　　　　　　　　　　验收人:金　珠

零售企业为了反映商品的采购成本及库存商品的收入、发出和结存情况,也应设置“在途物资”和“库存商品”账户。在采用售价金额核算法时,零售企业的“库存商品”账户要按商品售价登记,其进销差价在“商品进销差价”账户中登记。在购进商品时,按照确认的商品采购成本,借记“在途物资”账户;对可抵扣的增值税,借记“应交税费——应交增值税(进项税额)”账户;对发生的采购费用,借记“库存商品——采购费用”账户,贷记“银行存款”或“应付票据”等账户。商品到达验收以后,应根据收货单等有关凭证,按照售价,借记“库存商品”账户,贷记“在途物资”账户;按商品的进销差价,贷记“商品进销差价”账户;如果商品的售价低于进价,则应借记“商品进销差价”账户。

三、商品销售成本的计算

(一) 批发企业商品销售成本的计算

批发企业商品销售成本包括已销商品的采购成本和按存销比例分摊后由已销商品负担的采购费用。

1. 已销商品采购成本的计算

前已述及,批发企业一般按商品采购成本进行库存商品的核算,同时对发生的采购费用在“库存商品”账户下设专户进行核算。在这种情况下,商品的销售成本就是已销商品的采购成本及按存销比例分摊后确认由销售商品负担的采购费用,因此,商品销售成本的计算包括商品销售采购成本的确认和应负担采购费用的确认。在计算商品销售采购成本时,由于同种商品的各批进价不一定相同,因而要先采用先进先出法、加权平均法或个别计价法确定已销商品单位采购成本，然后根据确定的单位采购成本和销售数量，计算商品的销售成本。

采用先进先出法和加权平均法确定已销商品成本的方法，可以比照本书项目二中发出原材料的计价方法进行处理。

［例 8-6］　华阳公司 2023 年 1 月份甲商品的库存商品明细账如表 8-7 所示。分别采用先进先出法和加权平均法确认本期商品销售成本。

表 8-7　　库存商品明细账

商品类别：大百货类　　编号：1011　　品名：甲　　规格：××　　计量单位：件

2023 年		凭证		摘　要	收　入				付　出				结　存		
月	日	字	号		购进数量	其他数量	单位成本	金额	销售数量	其他数量	单位成本	金额	数量	单位成本	金额
1	1			上年结转									300	20	6 000
	5		×	购进	150		18	2 700					450		
	7		×	销售					250				200		
	10		×	发出加工						20	20	400	180		
	13		×	购进	350		21	7 350					530		
	19		×	销售					130				400		
	23		×	销售					200				200		
	25		×	购进	250		19	4 750					450		
	29		×	销售					235				215		
	30		×	购进	50		17	850					265	18.62	4 935

根据先进先出法的原理，表 8-7 中期末结存的 265 件甲产品，应当由 30 日购进的 50 件和 25 日购进的 215 件组成，因此，甲商品的期末结存金额为 4 935 元（50×17+215×19），当月销售的甲商品成本按“期初结存金额+本期收入金额-本期非销售付出金额-期末结存金额=本期销售商品成本”的公式计算确定，上表中甲商品的销售成本即为 16 315 元（6 000+2 700+7 350+4 750+850-400-4 935）。

值得注意的是，本月发生的非销售发出商品，通常按月初结存单位成本计算其成本。为了便于下月非销售发出商品的计价，对于月末结存商品，也可以计算加权平均单位成本。上例月末结存的甲商品的月末加权平均单位成本应为 18.62 元（4 935÷265）。

如果对上述甲商品按加权平均法确认其销售成本，则要先计算本月甲商品的加权平均单位成本，然后确认期末结存甲商品的成本，最后倒计出本月甲商品的销售成本。具体计算如下：

$$\text{甲商品加权平均单位成本}=\frac{\text{期初结存金额}+\text{本期收入金额}-\text{本期非销售付出金额}}{\text{期初结存数量}+\text{本期收入数量}-\text{本期非销售付出数量}}$$

$$=\frac{6\,000+2\,700+7\,350+4\,750+850-400}{300+150+350+250+50-20}$$

$$=19.675\,9(\text{元})$$

期末结存甲商品成本＝265×19.675 9＝5 214.11(元)

本期销售甲商品成本＝6 000＋2 700＋7 350＋4 750＋850－400－5 214.11＝16 035.89(元)

如果一家企业经营的商品品种较少，且能分清每次销售商品的进货批次，则可以采用个别计价法计算每批产品的销售成本。个别计价法是指在发出或销售商品时，均按发出或销售商品的原单位采购成本计价，以保证商品销售成本计算的正确性。但实务操作中，很少有商品流通企业采用这种做法。

在实际工作中，批发企业为了减少商品销售成本的计算手续，还可以采用毛利率法匡算已销商品的成本。具体做法是：在每季度的前两个月，在当月商品销售收入中，按上季实际毛利率或本季计划毛利率匡算当月实现的毛利额，据以推算出当月商品销售成本。到季度的最后一个月，再采用先进先出法或加权平均法计算出本季商品销售成本，并扣除前两个月已结转的商品销售成本，就是本季最后月份的商品销售成本。

采用毛利率法匡算商品销售成本的公式如下：

$$本月商品销售成本＝本月商品销售收入×[1－上季(计划)毛利率]$$

[例 8－7] 华阳公司一季度针织类商品的销售收入为 1 250 000 元，销售成本为 1 062 500元；4 月份该类商品的销售收入为 362 600 元。采用毛利率法计算该类商品 4 月份已销商品的进价成本如下：

$$一季度毛利率＝\frac{1\ 250\ 000－1\ 062\ 500}{1\ 250\ 000}×100\%＝15\%$$

$$4 月份商品销售成本＝362\ 600×(1－15\%)＝308\ 210(元)$$

商品流通企业的商品销售成本计算方法一经确定，不得随意变更，以保证各期成本核算资料的可比性，防止通过变更核算方法人为调节各期的成本和利润。

2. 已销商品采购成本的结转

批发企业计算出全部已销商品的采购成本后，应借记“主营业务成本”账户，贷记“库存商品”账户。

8

对计算出的已销商品采购成本，可以逐日结转，也可以定期结转，多数企业采用在月末定期结转的做法。

结转已销商品的采购成本时，可以按每种商品进行成本结转，也可以将各种商品加总后进行结转，在会计实务中，前者称为分散结转，后者称为集中结转。为了减少成本结转的工作量，企业通常采用集中结转的做法。

采用集中结转的具体做法是：

(1) 在每季的第一和第二个月，采用毛利率法匡算出当月商品销售成本，并按匡算的销售成本冲减“库存商品”账面记录。

(2) 在季末最后一个月的月末，采用先进先出法或加权平均法计算确定每种商品的期末结存金额，再倒计出当月的商品销售成本。其计算公式是：

$$\begin{matrix}季末最后一个月\\的商品销售成本\end{matrix}＝\begin{matrix}季末结转销售成本前\\的库存商品账面余额\end{matrix}－\begin{matrix}季末各库存商品数量成本\\金额明细账账户余额之和\end{matrix}$$

$$＝\begin{matrix}季初库存商\\品结存金额\end{matrix}＋\begin{matrix}本季收入库\\存商品金额\end{matrix}－\begin{matrix}本季非销售付出\\的库存商品金额\end{matrix}－\begin{matrix}本季前两月匡算\\的商品销售成本\end{matrix}－\begin{matrix}季末库存商\\品结存金额\end{matrix}$$

3. 期末采购费用的分摊和结转

商品流通企业的采购费用应当计入商品采购成本，但由于商品品种规格众多，商品的价值、体积、重量又各不相同，因此很难找到一种合理的分配标准，为此，可将发生的采购费用在“库存商品”账户下设专户进行核算。会计期末，再按库存商品的存销比例进行分配，计算出应由已销商品负担的采购费用和应由结存商品负担的采购费用。其计算公式如下：

$$\text{采购费用分配率}=\frac{\text{期初结存采购费用}+\text{本期增加采购费用}}{\text{期末结存商品采购成本}+\text{本期已销商品采购成本}}$$

已销商品应负担的采购费用＝本期已销商品采购成本×采购费用分配率

期末结存商品应负担的采购费用＝期末结存商品采购成本×采购费用分配率

（二）零售企业商品销售成本的计算

在零售企业中，库存商品按售价计价，在商品销售后，按售价结转商品销售成本，冲减库存商品的账面记录。因此，在平时结转的销售成本中包含了已销商品实现的商品进销差价。为了正确计算商品销售成本，确认商品销售实现的收益，必须对商品进销差价进行分配。已销商品进销差价的计算方法如下：

$$\text{商品进销差价率}=\frac{\text{期初结存商品进销差价}+\text{本期增加商品进销差价}-\text{非销售转出商品进销差价}}{\text{本期商品销售成本}+\text{期末库存商品余额}}\times 100\%$$

已销商品实现进销差价＝本期商品销售成本×商品进销差价率

［例 8－8］　大华超市 2023 年 1 月份有关资料为：期初库存商品余额为 200 万元，商品进销差价余额为 60 万元；本月购进商品的采购成本为 500 万元，售价金额为 800 万元，商品全部由超市验收无误。本月销售收入为 480 万元。已销商品实现进销差价计算如下：

$$\text{商品进销差价率}=\frac{60+300}{200+800}\times 100\%=36\%$$

已销商品实现进销差价＝480×36％＝172.8（万元）

本月商品销售实际成本＝480－172.8＝307.2（万元）

根据计算结果，编制会计分录如下：

借：商品进销差价	1 728 000	
贷：主营业务成本		1 728 000

上述的商品进销差价率是按全部商品计算的，因此被称为综合差价率计算法。而不同类别商品的进销差价水平往往不同，为了提高已销商品进销差价计算的正确性，对已销商品的进销差价，可以按经营商品的柜组或类别分别计算，再加总计算全部已销商品的进销差价。这种方法称为分类差价率计算法。采用这种方法，商品进销差价、结存商品、商品销售成本和商品销售收入均应按实物负责人（或商品类别）进行明细核算。上列公式中的各项金额，也应该根据相应的分户核算资料填列。

年末，对商品进销差价需要进行核实，核实的方法称为盘存商品进销差价计算法。即依据年末商品盘存数量，分别按其采购成本和售价进行计算，确定年末库存商品的售价总金额和采购成本总金额，两者的差额即为年末库存商品应保留的商品进销差价。再将核实的结存商品进销差价金额与“商品进销差价”账户余额进行核对。按两者的差额调整12月份的商品销售成本。对应保留差价大于账面进销差价的差额，借记“主营业务成本”账户，贷记“商品进销差价”账户；对应保留差价小于账面进销差价的差额，借记“商品进销差价”账户，贷记“主营业务成本”账户。调整后的商品进销差价要与应保留的商品进销差价相同。

任务三 施工合同成本的计算

【引言】

施工企业的产品是建筑工程和安装工程，通常需要通过招投标方式取得工程项目，按建造合同要求进行施工作业，且工期比较长，为此，需要按会计核算的要求分期确认施工合同成本。

【知识准备与业务操作】

一、施工合同成本的描述

我国每年都有大量的固定资产投资，如铁路建设、公路施工、桥梁架设、房屋建筑、设备安装、内部装修等，从事这些项目建设的企业就是施工企业。

（一）施工企业的描述

施工企业是指从事建筑安装及其他专业工程施工的生产经营性企业。施工企业的基本生产活动就是建筑安装工程施工。施工企业的产品按其性质可分为建筑工程和安装工程两类。

建筑工程主要有房屋和建筑物建造，设备基础的砌筑和金属结构工程，以及建筑物的拆除、清理；各种管道的铺设；石油和天然气的钻井工程；矿井开凿工程，铁路、公路工程，桥梁、水利工程等。设备安装工程主要有生产动力等机械设备的装配装置工程及为测定安装工程质量而进行的设备试运行工作。

从建筑安装工程的内容可以看出，建筑安装工程的最终产成品一般为不动产。因此，与产品制造企业相比，施工企业的生产经营具有以下特点：

1. 施工生产具有流动性

施工生产的流动性源于建筑产品场地的固定性。建筑产品必须在建设单位事先规定的地点、地段上从事建筑安装工程施工。因此，产品从开工建设到施工完毕，其生产地点是固定的。一项工程结束后，施工人员及施工设备就转移到其他施工场地，所以，施工企业的施工生产具有较大的流动性。

2. 生产具有多样性

施工企业的生产施工是按照建设单位的要求进行的，而每一项建设单位工程设计几乎都有其独特形式、结构、特定目的和专门用途，所以每一项工程都不可能完全相同。即便采用标准设计，也会由于施工地点的不同而受到例如地形、地质、水文等自然条件和交通运输等的影响和制约。因此，设计图纸及施工方法、施工组织都要根据具体情况作出相应调整，所以每一项建筑安装工程极少完全相同。这就是建筑安装产品的多样性，这种多样性使施工对象具有单件性和非重复性的特征。

3. 施工生产周期长且易受气候影响

建筑产品体积庞大，一般生产周期较长，且常常跨年度生产。同时，施工场地一般裸露于自然界，容易受自然环境、气候条件的影响。

（二）施工企业成本的构成

施工企业在生产过程中为建筑安装工程而发生的各种生产耗费的货币表现形成生产费用。企业在一定时期内，以订立的单项合同为对象进行归集、分配的各项生产费用即为工程成本。因此，工程成本是将生产费用对象化了的可归属生产费用，没有对象化的生产费用不能称为工程成本。

按经济用途的不同，生产费用可以分为计入工程成本的费用和不计入工程成本的费用。

1. 计入工程成本的费用

为建筑安装工程而发生的直接费用及组织管理施工生产活动而发生的费用可计入工程成本。计入工程成本的生产费用按其用途可分为下列成本项目：

（1）直接材料，指企业在工程施工过程中耗用的构成工程实体的各种原材料、辅助材料、结构件、零配件、管件半成品的费用及周转材料的摊销和租赁费用。

（2）直接人工，指施工企业从事建筑安装施工人员（不包括机械施工人员）以及在施工现场直接为工程制作构件和运料、配料等工人的全部薪酬。

（3）机械使用费，指工程施工过程中使用自有施工机械所发生的机械使用费（包括机械操作人员的薪酬、燃料动力费、机械折旧费等），租用外单位施工机械的租赁费，以及施工机械的安装拆卸和进出场费。

（4）其他直接费用，指施工过程中发生的材料搬运费、材料装卸保管费、燃料动力费、临时设施摊销、生产工具用具使用费、检验试验费、工程定位复测费、工程点交费、场地清理费，以及能够单独区分和可靠计量的为订立建造承包合同而发生的差旅费、投标费等费用。

（5）间接费用，指企业各施工单位为了组织和管理施工所发生的各项费用，包括施工单位管理人员的薪酬、工程保修费、水电费、财产保险费、排污费、办公费及其他费用等。

（6）分包成本，指按国家规定开展分包、支付给分包单位的工程价款。

2. 不计入工程成本的费用

施工企业在施工生产过程中发生的不能归属于工程成本而应直接计入当期损益的费用为期间费用，主要包括管理费用和财务费用，这些费用不计入工程成本。

（1）管理费用，指企业行政管理部门为了管理和组织生产经营活动而发生的各项费用，包括企业经费、董事会会费、咨询费、审计费、诉讼费、排污费、绿化费、费用性税金、土地使用费、土地损失补偿费、技术转让费、技术开发费、无形资产摊销、开办费摊销、业务招待费等。

（2）财务费用，指企业为筹集资金而发生的各项费用，包括经营期间发生的利息净支出、汇兑净损失、金融机构手续费等。

二、工程施工成本的计算

施工企业计算施工成本时一般以工程项目作为核算对象，并按照一定的程序组织施工成本的核算工作。

（一）施工成本账户的设置

施工企业的成本计算具有特殊性，为了反映施工企业在工程施工过程中发生的各项费用支出，需要对施工企业设置以下成本类账户进行说明。

1.“工程施工”账户

该账户核算施工企业实际发生的合同成本和合同毛利。在本账户下，按建造合同分别对“合同成本”“间接费用”“合同毛利”进行明细核算。企业进行合同建造时发生的材料费、人工费、机械使用费以及施工现场材料的二次搬运费、生产工具和用具使用费、检验试验费、临时设施折旧费等其他直接费用，记入“工程施工——合同成本”账户的借方。发生的施工、管理人员薪酬、固定资产折旧费、财产保险费、工程保修费、排污费等间接费用记入“工程施工——间接费用”账户的借方。期末按一定分配标准将间接费用分配计入各项工程成本时，借记本账户（合同成本），贷记本账户（间接费用）。确认合同收入、合同费用时，将其差额借记或贷记本账户（合同毛利）。合同完工时，将本账户余额与相关工程施工合同的“工程结算”账户余额对冲，借记“工程结算”账户，贷记本账户。本账户的期末借方余额反映企业尚未完工的建造合同成本和合同毛利。

2.“工程结算”账户

该账户核算企业根据建造合同约定向业主办理结算的累计金额，应按建造合同进行明细核算。企业向业主办理工程价款结算时，按应收金额，借记“应收账款”等账户，贷记本账户。合同完工时，将本账户余额与“工程施工”账户余额对冲，借记本账户。期末贷方余额反映企业未完工建造合同已办理结算的累计金额。

3.“机械作业”账户

8 该账户核算施工企业及内部独立核算的施工单位、机械站、运输队在使用自有施工机械和运输设备进行机械作业时所发生的各项费用。该账户借方登记发生的各项费用，包括人工费、燃料和动力费、折旧费、其他直接费用；贷方登记分配结转的费用；期末应无余额。该账户应当按施工机械或运输设备的种类进行明细核算。

（二）施工合同成本的计算程序

（1）将本期发生的施工费用按经济用途和发生地分别归集到有关施工成本账户。

（2）将归集在“工程施工——间接费用”账户的费用按照一定分配标准计入有关工程成本。

（3）将归集在“机械作业”账户的费用按各受益对象进行分配，转入“工程施工”等账户。

（4）工程完工时，将“工程施工”账户余额与相关建造合同的“工程结算”账户余额对冲。

（三）施工费用的核算

施工企业对施工费用的核算，与制造企业对生产费用的核算相似，区别在于设置的成本计算账户和费用结转处理方式不同。

1. 材料费的归集和分配

构成施工工程成本的材料费，包括在合同施工过程中耗用并构成工程实体或有助于工程形成的主要材料、结构件、其他材料、机械配件的实际成本，及周转材料的摊销和租赁费用。

施工企业的材料按其在生产过程中的不同用途可分为以下几类：

(1) 主要材料，指构成工程实体的各种材料，如钢材、木材、水泥、砖瓦、石灰、砂石等。

(2) 结构件，指经过吊装、拼砌和安装即能构成房屋及建筑物实体的，各种金属的、木质的、混凝土的、钢筋混凝土的结构物、构件、砌块等。

(3) 其他材料，指虽不构成工程实体，但有助于工程形成或便于施工的各种材料，如油料、燃料、擦布、催化剂、速凝剂等。

(4) 机械配件，指施工过程中使用的施工机械、运输设备等的替换与维修所需的各种零件和配件，如齿轮、轴承、阀门等。

(5) 周转料具，指施工过程中能多次周转使用的工具性材料和材料型工具，如模板、挡板、架料等。

材料费用是工程成本的重要组成部分，因其耗用量大，品种多，用途多样，月末应根据不同情况对材料费用进行归集和分配。

对于领用时即可分清用料对象，并可点清数量的各种材料，应根据“领料单”“定额领料单”“退料单”等原始凭证，按成本计算对象直接计入各合同项目的成本；对于领用时可以分清用料对象但要集中配料(如油漆、玻璃、木材等)的材料，应编制集中配料耗用计算表，根据材料定额用量比例进行分配，计入各成本计算对象；对于领用时不易分清用料对象，也不容易点清数量的材料(如砖、瓦、沙、石等耗用)，一般通过定期进行实地盘点，并按材料进、耗、存关系计算出实际耗用量后，按各合同项目所完成的实际工程量及材料定额耗用量或定额成本，分配计入各成本计算对象。

对于施工中反复使用的周转材料(如模板、挡板、架料等)，采用一次转销法或五五摊销法进行摊销，编制周转材料摊销计算单确定摊销额，分配计入各成本计算对象。

[例 8－9] 大业建筑安装工程公司对材料采用计划成本计价，2023 年 1 月 31 日，根据领料单及材料成本差异率(＋1%)编制材料耗用分配表，如表 8－8 所示。

表 8－8 **材料耗用分配表**

2023 年 1 月 31 日 金额单位：千元

成本计算对象	主要材料			结构件			其他材料			周转材料摊销		
	计划	差异	实际成本	计划	差异	实际成本	计划	差异	实际成本	计划	差异	实际成本
工程施工——A 工程	2 400	24.00	2 424.00	1 000	10	1 010	80	0.80	80.80	40	0.40	40.40
工程施工——B 工程	1 900	19.00	1 919.00	900	9	909	60	0.60	60.60	30	0.30	30.30
工程施工——间接费用	25	0.25	25.25				20	0.20	20.20			
机械作业	15	0.15	15.15				40	0.40	40.40			
合 计	4 340	43.40	4 383.40	1 900	19	1 919	200	2.00	202.00	70	0.70	70.70

会计主管：李 强 复核：江 东 制单：孟 然

根据材料耗用分配表，编制会计分录如下：

8

借：工程施工——A工程(合同成本) 3 520 000
——B工程(合同成本) 2 890 000
——间接费用 45 000
机械作业 55 000
贷：材料——主要材料 4 340 000
——结构件 1 900 000
——其他材料 200 000
——周转材料 70 000
借：工程施工——A工程 35 200
——B工程 28 900
——间接费用 450
机械作业 550
贷：材料成本差异 65 100

2. 人工费用的归集和分配

构成工程施工成本的人工费用包括在施工过程中直接从事工程施工的建筑安装工人及在施工现场从事运料、配料等工作的辅助施工人员的全部薪酬。

职工薪酬的核算在每月末进行。将发生的职工薪酬按照职工工作的部门及服务对象进行分配，分别借记“工程施工”“机械作业”“管理费用”等账户，贷记“应付职工薪酬”账户。若企业只有一个合同项目，可根据“职工薪酬分配表”直接计入该合同项目的“直接人工”成本项目。若同时存在多项合同项目，在计件工资制度下，根据“施工任务书”和工资结算凭证直接计入相关合同项目的“直接人工”成本项目；在计时工资制度下，可采用一定的分配标准在各建造合同项目之间进行分配，分配标准一般为实际耗用工日数。其计算公式如下：

$$人工费用分配率=\frac{工程施工人员薪酬总额}{\sum(各合同项目所耗工日)}$$

$$某合同项目应负担人工费用=该合同项目所耗工日\times人工费用分配率$$

8

[例8-10] 大业建筑安装公司根据工资结算单及规定的标准计提“五险一金”及工会经费等(假定计提标准总计为工资总额的36%)。财务人员编制2023年1月份的人工费用分配表，如表8-9所示。

表8-9 人工费用分配表

2023年1月31日 金额单位：元

成本计算对象	应付工资	计提社保费等(计提比例为36%)	合计
工程施工——A工程	160 000	57 600	217 600
工程施工——B工程	150 000	54 000	204 000
工程施工——间接费用	40 000	14 400	54 400
机械作业	30 000	10 800	40 800
合计	380 000	136 800	516 800

会计主管：李 强 复核：江 东 制单：孟 然

根据表 8－9，编制会计分录如下：

借：工程施工——A 工程（合同成本）	217 600	
——B 工程（合同成本）	204 000	
——间接费用	54 400	
机械作业	40 800	
贷：应付职工薪酬		516 800

3. 机械使用费的归集和分配

构成施工成本的机械使用费是指为了直接完成建筑安装工程所需的各种施工机械发生的各项费用，包括租入施工机械的租赁费和使用自有施工机械的使用费，以及施工机械的安装、拆卸和进出场费。

租赁机械发生的租赁费可根据结算单由会计人员直接记入“工程施工”账户，不必通过“机械作业”账户核算。

施工单位自行管理的各种施工机械所发生的各项费用，应通过“机械作业”账户核算。该账户下设人工费、材料费、燃料动力费、折旧费、其他直接费用、间接费用等费用项目。月末，再将“机械作业”账户归集的费用按适当标准分配给各合同项目。分配机械作业费用的标准通常有三种：

（1）按各合同项目使用施工机械的台时（台班）数进行分配。其计算公式如下：

$$\text{某台（类）机械使用费分配率}=\frac{\text{本月该台（类）机械使用费}}{\text{该台（类）机械工作台时（台班）}}$$

$$\begin{matrix}\text{某合同项目应负}\\\text{担的机械使用费}\end{matrix}=\sum\left(\begin{matrix}\text{该项合同项目使用该机}\\\text{械工作台时（台班）数}\end{matrix}\times\begin{matrix}\text{该台（类）机械}\\\text{使用费分配率}\end{matrix}\right)$$

（2）按实际发生的机械使用费和预算规定的机械使用费比例进行分配。其计算公式如下：

$$\begin{matrix}\text{某合同项目应负}\\\text{担的机械使用费}\end{matrix}=\begin{matrix}\text{该合同项目机械}\\\text{使用费的预算额}\end{matrix}\times\frac{\text{本月实际发生的机械使用费}}{\text{全部合同项目机械使用费预算总额}}$$

预算分配法适用于不便计算机械使用台时（台班）或无机械使用台时（台班）记录的中小型机械，例如几个合同项目共同使用混凝土搅拌机时的机械使用费。

（3）按各合同项目接受机械所完成的作业量进行分配。其计算公式如下：

$$\text{某机械作业量单位成本}=\frac{\text{该机械实际发生的机械使用费}}{\text{该机械实际完成的作业量}}$$

$$\begin{matrix}\text{某合同项目应负}\\\text{担的机械使用费}\end{matrix}=\sum\left(\begin{matrix}\text{该合同项目使用}\\\text{该机械的工作量}\end{matrix}\times\begin{matrix}\text{该机械作业}\\\text{量单位成本}\end{matrix}\right)$$

作业量分配法适用于能计算完成作业量的单台或某类机械，如汽车运输作业。

［例 8－11］ 大业建筑安装公司 2023 年 1 月份发生机械使用费 96 350 元，记录的机械台班数为 1 200 个台班，其中，A 工程合同项目为 800 个台班，B 工程合同项目为 400 个台班。编制机械使用费用分配表，如表 8－10 所示。

8

表 8－10 机械使用费用分配表

2023 年 1 月 31 日 金额单位：元

成本计算对象	台时数	分配率	分配金额
工程施工——A 工程	800		64 233
工程施工——B 工程	400		32 117
合　计	1 200	80.291 67	96 350

会计主管：李　强　　复核：江　东　　制单：孟　然

表 8－10 中的分配率和分配金额计算如下：

$$\text{机械使用费分配率}=\frac{96\ 350}{1\ 200}=80.291\ 67$$

A 工程应负担机械使用费＝800×80.291 67＝64 233（元）

B 工程应负担机械使用费＝96 350－64 233＝32 117（元）

借：工程施工——A 工程（合同成本） 64 233

　　　　　　——B 工程（合同成本） 32 117

　贷：机械作业 96 350

4. 其他直接费用的归集和分配

构成施工成本的其他直接费用是指施工现场直接耗用的水、电、风、气费，冬季雨季施工增加费、夜间施工增加费、材料搬运费、材料装卸保管费、燃料动力费、临时设施摊销费、生产工具使用费、检验试验费、工程定位复测费、工程点交费、场地清理费等。其他直接费用若能明确归属对象，可直接计入该合同成本；若不能确定成本对象，则先通过“工程施工（间接费用）”账户的借方进行归集，等月末采用适当的方法分配计入各合同项目的工程成本。

8

根据有关凭证记录，2023 年 1 月份大业建筑安装公司发生并记入“工程施工（间接费用）”账户的其他直接费用为 237 430 元。

5. 间接费用的归集和分配

通过“工程施工（间接费用）”账户归集的各种费用，在月末要按照所选定的分配标准分配计入各有关合同项目的工程成本，分配费用后结平该明细账户。

间接费用的分配方法主要有直接费用比例法和人工费用比例法两种。其计算公式如下：

$$\text{间接费用分配率}=\frac{\text{本期实际发生的全部间接费用}}{\text{各合同项目本期发生的直接费用（或人工费用）之和}}$$

$$\begin{array}{c}\text{某合同项目应}\\\text{负担间接费用}\end{array}=\begin{array}{c}\text{该合同项目本期实际发生}\\\text{的直接费用（或人工费用）}\end{array}\times\begin{array}{c}\text{间接费用}\\\text{分配率}\end{array}$$

［例 8－12］ 大业建筑安装公司 2023 年 1 月份发生各种间接费用 337 280 元，以各合同项目的人工费用作为分配依据进行分配，本月 A 工程的人工费用为 217 600 元，B 工程的人工费用为 204 000 元。编制间接费用分配表，如表 8－11 所示。

表 8-11　　间接费用分配表

2023 年 1 月 31 日　　金额单位：元

成本计算对象	人工费用	分配率	分配金额
工程施工——A 工程	217 600		174 080
工程施工——B 工程	204 000		163 200
合　计	421 600	0.80	337 280

会计主管：李　强　　复核：江　东　　制单：孟　然

表 8-11 中的分配率和分配金额计算如下：

$$间接费用分配率=\frac{337\ 280}{217\ 600+204\ 000}=0.8$$

A 工程应负担间接费用 $=217\ 600\times0.8=174\ 080$（元）

B 工程应负担间接费用 $=204\ 000\times0.8=163\ 200$（元）

根据分配结果，编制会计分录如下：

借：工程施工——A 工程（合同成本）　　174 080

　　　　　　——B 工程（合同成本）　　163 200

　贷：工程施工（间接费用）　　337 280

6. 已完工程实际成本的计算

作为成本计算对象的单项合同工程全部完工之后，称为竣工工程；尚未竣工，但已完成预算定额规定的组成部分的分部分项工程，称为已完工程；虽已投入料工并施工，但尚未完成预算定额所规定工序的分部分项工程，称为未完施工或未完工工程。由于建筑安装工程的施工周期较长，在实际工作中一般不能等到整个工程竣工以后再计算成本，而必须按月计算已完工工程的实际成本和预算成本，以便及时反映工程成本的发生情况。在这种情况下，要进行月度工程成本结算，必须正确及时地计算月度未完施工的实际成本，进而计算出已完工程的实际成本。其计算公式如下：

本月已完工程的实际成本＝月初未完施工成本＋本月施工费用－月末未完施工成本

由上式可见，计算本期已完工程的成本的关键是期末未完施工成本的确定。确定期末未完工程施工成本的常用方法有：

（1）未完施工工程成本按预算成本计价。由于工程预算成本一般都是以分部工程或分项工程为对象确定的，为了计算未完施工工程成本，月末应由统计人员对未完施工工程进行现场实地测量，根据未完施工工程的名称、已完工序及数量定额填列“未完施工盘点单”。再根据盘点单，将未完施工折算为已完施工实物量，根据预算单价计算未完施工的工程成本。其计算公式如下：

$$\begin{array}{c}期末未完\\施工工程成本\end{array}=\begin{array}{c}期末盘点确定的未完施工\\项目折合已完工序工程量\end{array}\times\begin{array}{c}各该工序\\预算单价\end{array}$$

$$\begin{array}{c}未完施工项目折\\合的完工工程量\end{array}=\begin{array}{c}未完工程项目已\\完工序盘存数量\end{array}\times\begin{array}{c}各工序完\\工折合率\end{array}$$

（2）未完施工工程成本按预算成本比例分配。在能够取得已完施工预算成本和未完施工预算成本的情况下，可按预算成本比例分配计算期末未完施工工程成本。其计算公式如下：

8

$$实际成本分配率=\frac{期初未完施工工程实际成本+本期实际施工成本}{本期已完施工工程预算成本+期末未完施工工程预算成本}$$

期末未完施工工程实际成本＝期末未完施工工程预算成本×实际成本分配率

［例 8－13］ 大业建筑安装公司施工的 A、B 工程期初未完施工工程成本为 3 600 270 元，2023 年 1 月份实际发生的施工工程费用计 7 329 330 元，月末未完施工工程量为 6 000 m^2，完工率为 80%，工程造价预算为 1 000 元/m^2，本月已完施工工程的预算成本为 6 000 000元。计算本月已完施工工程的实际成本。

月末未完施工工程的预算成本＝6 000×80%×1 000＝4 800 000(元)

$$实际成本分配率=\frac{3\,600\,270+7\,101\,380}{4\,800\,000+6\,000\,000}=1.012$$

期末未完施工工程的实际成本＝4 800 000×1.012＝4 857 600(元)

本月已完施工工程的实际成本＝3 828 220＋7 101 380－4 857 600＝6 072 000(元)

(四) 工程竣工成本的决算

工程竣工后，在正确计算竣工工程的实际成本和预算单价的基础上，要及时编制单位竣工工程成本决算表，反映工程预算的执行情况，分析工程成本超支或节约的原因，并为同类型工程积累成本资料。

［例 8－14］ 由大业建筑安装公司施工的 A 工程项目已竣工。根据工程成本资料编制的竣工工程成本决算表，如表 8－12 所示。

表 8－12 竣工工程成本决算表

建设单位：盘龙房地产有限公司　　施工单位：大业建筑安装公司

工程编号、名称：A 号住宅楼　　施工面积：8 000 m^2

开工日期：2023 年 1 月 15 日　　竣工日期：2023 年 6 月 20 日

成本项目	预算成本/元	实际成本/元	成本降低额/元	成本降低率/%
直接材料	5 600 000	5 283 600	－316 400	－5.65%
直接人工	1 000 000	1 034 000	＋34 000	＋3.40%
机械使用费	700 000	763 910	＋63 910	＋9.13%
其他直接费用	400 000	368 480	－31 520	－7.88%
间接费用	300 000	343 200	＋43 200	＋14.40%
工程成本合计	8 000 000	7 793 190	－206 810	－2.59%

会计主管：李　强　　复核：江　东　　制单：孟　然

任务四　运输成本的计算

【引言】

运输成本是交通运输企业在组织旅客、商品或物品在空间上的位置转移而发生的支出。

为了考核运输企业经营效益，需要对运输成本进行正确的计算。

【知识准备与业务操作】

一、运输成本的描述

交通运输主要是指商品或物品的实体通过运力在空间上的位置转移。交通运输是社会经济活动的一个重要组成部分。正确认知交通运输业在社会经济活动中的地位和作用，研究其成本及变化规律，将新技术、新工艺应用于交通运输业的管理，对实现商品运输的合理化、促进社会再生产的发展、搞活流通、繁荣经济、提高效益等都具有十分重要的意义。

（一）认知运输成本

运输企业是指利用运输工具，专门从事运送旅客和货物等经营活动的物质生产企业，包括公路运输、铁路运输、水路运输、航空运输四种类型。其中，水路运输可分为内河运输和海洋运输两种。海洋运输又分为沿海运输和远洋运输两种。

运输业是一个特殊的物质生产部门。其特点是：在运输营运过程中不产生实物形态的产品，也不存在在产品，只是使旅客和货物完成在空间上的转移；运输企业的生产过程和销售过程是统一而不可分割的；营运生产过程中点多、面广、线路长，具有很大的流动性。这些特点使运输企业的成本核算也与制造企业的产品成本核算有所不同。

运输企业的成本核算具有以下特点：

（1）运输企业的成本核算对象不是产品，而是旅客和货物的周转量。运输企业运输的对象是旅客和货物。由于各类企业所使用的运输工具不同，运输距离和运输时间等也不相同，若采用单一计量单位，难以全面反映运输工作量和消耗水平，因此需要综合考虑运送数量和运输距离等因素，采用复合计量单位如吨公里（海里）、人公里（海里）等来计算单位成本。

（2）运输企业的营运成本构成不同产品的生产成本。由于运输过程不创造实物产品，不消耗劳动对象，因而其成本支出中没有构成产品实体的原材料支出，占运输支出比重较大的是运输设备和工具的燃料费、折旧费等。

（3）运输企业的生产成本与销售成本是统一的。运输企业的生产过程就是销售过程，两者是同时进行的。因此运输企业没有在产品，也没有储存代销的产成品，一般不存在将营运费用划分为当期营运成本和下期营运成本的问题，在运输过程中发生的各种消耗直接构成了运输企业的生产成本。

（4）运输生产成本具有联合成本的性质。运输企业在生产过程中为了充分利用运输工具的载重能力和空间，往往采用客货混载的运输方式，使运输生产成本具有联合成本的性质。运输企业在计算旅客运输成本和货物运输成本时，要将这些共同发生的费用进行适当的分配。

（5）运输企业生产周期相对较短。运输企业的生产周期与工业企业的产品制造过程相比要短得多，因此，一般按月定期计算营运成本（远洋运输除外）。

（6）运输企业在生产过程中的消耗取决于运程的长短。运输企业在生产过程中也会发生消耗，这种消耗的多少主要取决于运行距离的长短，而不是取决于完成周转量的多少。在运输生产过程中必然要发生空驶，空驶情况下没有产出却必定发生消耗。为此，空驶运行所发生的费用要由完成的生产成果——旅客或货物的周转量来负担。要提高营运效率，就要尽量减少空驶现象，合理调度，努力提高运输工具的载重利用率。

(7) 影响交通运输企业成本的因素较多。运输成本受自然地理环境、运输距离的长短、空驶运行等的影响较大。比如，地处山区的铁路坡度陡、弯道多，机车牵引列车数、行车速度等都会受到限制，燃料消耗、检修等各项支出也相应提高。

(二) 成本核算对象的确定

交通运输企业以运输工具从事货物、旅客运输的，一般按照航线、航次、单船(机)、基层站段等确定成本核算对象；从事货物等装卸业务的，可以按照货物、成本责任部门、作业场所等确定成本核算对象；从事仓储、堆存、港务管理业务的，一般按照码头、仓库、堆场、油罐、筒仓、货棚或主要货物的种类、成本责任部门等确定成本核算对象。

(三) 运输成本的构成

运输企业的营运业务涉及面较广，运输企业的营运成本就是指运输企业在营运生产过程中实际发生的各项直接支出。具体内容包括：在营运生产过程中实际消耗的各种燃料、材料、油料、备品配件、航空高价周转件、隔热材料、轮胎、专用工具器具、动力照明、低值易耗品等物质性支出；直接从事生产活动人员的薪酬；在营运生产过程中实际发生的固定资产折旧费、租赁费(不包括融资租赁费)、取暖费、水电费、办公费、保险费、劳动保护费、季节性和修理期间的停工损失、事故净损失等支出。

(四) 运输成本项目的设定

交通运输企业一般设置营运费用、运输工具固定费用与非营运期间费用等成本项目。

1. 营运费用

营运费用，指企业在货物或旅客运输、装卸、堆存过程中发生的营运费用，包括货物费、港口费、起降及停机费、中转费、过桥过路费、燃料和动力费、航次租船费、安全救生费、护航费、装卸整理费、堆存费等。铁路运输企业的营运费用还包括线路等相关设施的维护费等。

2. 运输工具固定费用

运输工具固定费用，指运输工具的固定费用和共同费用等，包括检验检疫费、车船税、劳动保护费、固定资产折旧费、租赁费、备件配件、保险费、驾驶及相关操作人员薪酬及其伙食费等。

8

3. 非营运期间费用

非营运期间费用，指受不可抗力制约或行业惯例等原因暂停营运期间发生的有关费用等。

各类交通运输企业成本的计算方法与程序基本相同。这里仅以公路运输企业为例说明交通运输企业的成本核算方法和程序。

二、公路运输成本的计算

公路运输企业又称作汽车运输企业，是以汽车作为运输工具，以运送旅客和货物作为主要经营活动，以公路连接各发送和接纳车站所形成的汽车运输组织的生产单位。

公路运输企业可以根据规模的大小和管理的需要，分设若干分公司、车场和车队，分别进行成本核算。

(一) 公路运输成本核算的组织

1. 确定成本计算对象

公路运输的成本计算对象是客车运输业务和货车运输业务，也就是按照客车运输和货车运输分别归集成本。挂车运输一般不单独计算成本，可随主车计入客车运输或货车运输的有关成本项目。车队除按客、货车分别计算运输成本外，为了考核同类车型的成本和大、中、小型车辆的经济效果，还可进一步计算主要车型成本。作为成本计算对象的车型，应当单独归集成本费用。如果是客车兼货运或货车兼客运，一般以主要营运业务作为成本计算对象，而不能把客货车综合业务作为一个成本计算对象。

公路运输企业的主要业务活动除了运输业务外，还有装卸业务和其他业务。公路运输企业的装卸业务主要有机械装卸和人力装卸，在计算成本时，分别以机械装卸业务和人工装卸业务作为成本计算对象。在以机械装卸业务作为成本计算对象时，虽有少量人力配合机械作业，但不单独计算人工装卸成本，而并入机械装卸成本核算；人力装卸业务也按同样的方式处理。

对公路运输企业除运输、装卸业务以外的其他业务，企业可按各类业务的具体情况，分别确定成本计算对象，分别组织成本核算工作。

2. 确定成本计算单位

客车运输以载旅客为主，成本计算单位为“元/千人公里”，若有行李或其他货物运输，应将这部分货物周转量换算列入客车完成的周转量，并计算成本；货车运输以载货为主，成本计算单位为“元/千吨公里”，若有临时载客任务，应将这部分旅客周转量换算列入货车完成的周转量以内，并计算成本。货物周转量和旅客周转量的换算比例为：

1 吨公里＝10 人公里

3. 确定成本计算期

公路运输成本按日历时间分月、季、年作为成本计算期。

4. 确定成本项目

公路运输企业的成本应当按《企业产品成本核算制度》的规定设置“营运费用”“运输工具固定费用”和“非营运期间的费用”等成本项目。将车辆营运过程中发生燃料和动力费、过桥过路费、中转费、停车费、装卸整理费、堆存费等计入“营运费用”；将运输工具的固定费用和共同费用，如车船税、劳动保护费、固定资产折旧费、租赁费、备件配件、保险费、驾驶及相关操作人员薪酬及其伙食费等计入“运输工具固定费用”；将受不可抗力制约或行业惯例等原因造成暂停营运期间发生的有关费用计入“非营运期间费用”。

为了加强成本管理，也可以将成本项目细分为：人工费用、燃料和动力费、轮胎费用、保养费用、折旧费、养路费、事故费用和间接费用。

（二）成本核算账户的设置

公路运输企业为了全面核算其成本，应当设置“劳务成本”账户。该账户核算企业对外提供各种劳务所发生的成本。发生劳务成本时记借方；月末结转到主营业务成本时记贷方；期末借方余额，表示未完劳务的成本。

针对公路运输企业的业务内容，可分设“车辆营运成本”“营运辅助成本”和“其他间接费用”三个明细账户。

1. “劳务成本——车辆营运成本”账户

该账户用来核算客车运输业务和货车运输业务的营运成本。为了加强营运成本管理，也可以按车辆类型或单车进行成本核算。发生车辆营运的各种费用如司助人员薪酬、燃料费、轮胎费、保修费、折旧费、养路费、运输管理费等直接费用，以及分配转入营运辅助费用、

8

其他间接费用时记入本账户的借方，期末结转主营业务成本时记入本账户的贷方，结转后本账户无余额。

2.“劳务成本——营运辅助费用”账户

该账户用来核算运输企业中为客运和货运提供劳务的辅助部门（如车场、修理保养车间等）发生的生产费用，并按不同的辅助部门分设三级明细账户进行核算。辅助部门发生的材料费、折旧费、职工薪酬、劳动保护费、水电费、办公费等记入本账户的借方，月末按一定的标准分配转入车辆营运成本时记入本账户的贷方，分配后无余额。

3.“劳务成本——其他间接费用”账户

该账户用来核算运输企业发生的不能直接计入营运成本和辅助成本的各种间接费用。发生车队管理人员薪酬、办公费、水电费、差旅费、劳动保护费、折旧费和其他费用等间接费用时，记入本账户的借方，月末按一定的标准分配转入车辆营运成本时记入本账户的贷方，分配后本账户无余额。

（三）公路客、货运输成本的计算

1.职工薪酬的归集与分配

公路运输企业每月发生的职工薪酬应按人员分类分别记入相关的成本费用账户：司机、司机助手等直接生产人员的职工薪酬记入“劳务成本——车辆营运成本”账户，辅助生产部门人员的职工薪酬记入“劳务成本——营运辅助费用”账户，车队管理人员的职工薪酬记入“劳务成本——其他间接费用”账户，企业管理人员及其他人员的职工薪酬记入“管理费用”账户。

［例 8-15］ 天宇运输公司 2023 年 1 月末，按职工人员的类别，编制工资及社保费分配汇总表分配人工费用，如表 8-13 所示。

表 8-13 工资及社保费分配汇总表

编制单位：天宇运输公司 2023 年 1 月 31 日 金额单位：元

应借账户			工资总额	社保费等（36%）	合计
一级科目	明细科目	三级科目			
劳务成本	车辆营运费用	客运	30 000	10 800	40 800
		货运	50 000	18 000	68 000
	营运辅助费用	保养车间	20 000	7 200	27 200
	其他间接费用		15 000	5 400	20 400
管理费用			25 000	9 000	34 000
合计			140 000	50 400	190 400

会计主管：王敬凤 复核：李小珏 制单：陈 义

根据表 8-13 的有关资料，编制会计分录如下：

借：劳务成本——车辆营运成本（客运） 40 800
　　　　　　——车辆营运成本（货运） 68 000
　　　　　　——营运辅助成本（保养车间） 27 200
　　　　　　——其他间接费用 20 400
　　管理费用 34 000
　　贷：应付职工薪酬 190 400

2. 燃料费用的归集与分配

公路运输企业的成本中，燃料占了很大比重，因此正确的计算耗用的燃料对公路运输成本计算的正确性具有重要意义。

公路运输企业的燃料消耗应按实际耗用数计入各类营运成本。目前公路运输企业实行满油箱制车存燃料管理和盘存制车存燃料管理两种办法。

（1）满油箱制车存燃料管理。在这种管理方式下，营运车辆在投入运输生产之初，由车辆驾驶员根据满箱容积填制领油凭证加满油箱，作为车存燃料。车存燃料只是燃料保管地点的转移，它仍属于库存燃料的一部分，不能作为燃料消耗。营运车辆每日工作完毕，驾驶员凭行车路单到油库加油时要加满油箱，以补足车存燃料的原领数。这种办法下，车辆当月加油数就是当月的耗用量，同时，在车辆调出、停用、进厂大修和改装时，必须办理车存燃料退料手续。

（2）盘存制车存燃料管理。在这种管理方式下，营运车辆在投入运输生产活动时，虽然也需加满油箱，作为车存燃料，但是每次加油时并不一定补足原领用的车存燃料数，它一般是按整数添加的。由于车存燃料数经常变动，因此每月必须对实际的车存燃料数进行实地盘点，然后按下列公式确定实际耗用数：

当月实耗数＝月初车存数＋本月领用数－月末车存数

经营长途汽车运输的企业，外地加油量较大，而油款结算一般较迟，为了及时计算燃料成本，可先按车队统计的燃料消耗数计入燃料成本，待外地加油凭证到达后进行核对，调整差额。

月末，车队应根据燃料领用凭证计算实际耗用量，与统计数字核对后，编制燃料费用分配表，按车辆运输生产的情况，分别计入劳务成本或管理费用。

[例 8-16] 天宇运输公司的燃料费用按计划成本进行核算。2023 年 1 月份，根据实际消耗量编制燃料费用分配表，如表 8-14 所示。

表 8-14　　燃料费用分配表

编制单位：天宇运输公司　　2023 年 1 月 31 日　　金额单位：元

应借账户			汽油		柴油		合计
一级科目	明细科目	三级科目	计划成本	成本差异 1%	计划成本	成本差异 2%	
劳务成本	车辆营运费用	客运	10 000	100	60 000	1 200	71 300
		货运	26 000	260	15 000	300	41 560
	营运辅助费用	保养车间	5 000	50			5 050
	其他间接费用		5 000	50	5 000	100	10 150
管理费用			3 000	30			3 030
合计			49 000	490	80 000	1 600	131 090

会计主管：王敬风　　复核：李小珏　　制单：陈　义

根据表 8-14 的资料，编制会计分录如下：

借：劳务成本——车辆营运成本(客运)　　71 300
　　　　　　——车辆营运成本(货运)　　41 560
　　　　　　——营运辅助成本　　5 050
　　　　　　——其他间接费用　　10 150
　　管理费用　　3 030
　　贷：燃料　　129 000
　　　　材料成本差异　　2 090

3. 轮胎费用的归集与分配

轮胎是公路运输企业的一种磨损快、消耗量大的汽车部件。汽车轮胎分为外胎、内胎、垫带三部分。轮胎费用通常在领用时直接计入劳务成本。

[例 8－17] 天宇运输公司对车辆外胎、内胎及垫带均采用当期计入劳务成本的方法核算。2023 年 6 月 30 日，公司车队根据轮胎领用凭证编制轮胎费用分配表，如表 8－15 所示。

表 8－15　　轮胎费用分配表

编制单位：天宇运输公司　　2023 年 6 月 30 日　　金额单位：元

应借账户			规格	外胎			内胎			垫带			合计
一级科目	明细科目	三级科目		数量/个	单价	金额	数量/个	单价	金额	数量/个	单价	金额	
劳务成本	车辆营运成本	客运	9.00－20	40	400	16 000	40	80	3 200	30	200	6 000	25 200
		货运	9.00－20	40	425	17 000	50	80	4 000	40	200	8 000	29 000
管理费用			8.25－20	10	300	3 000	30	80	2 400	20	200	4 000	9 400
合计				90		36 000	120		9 600	90		18 000	63 600

会计主管：王敬凤　　复核：李小珏　　制单：陈 义

根据表 8－15 的资料，编制会计分录如下：

借：劳务成本——车辆营运成本(客运)　　25 200
　　　　　　——车辆营运成本(货运)　　29 000
　　管理费用　　9 400
　　贷：原材料——外胎　　36 000
　　　　　　　——内胎　　9 600
　　　　　　　——垫带　　18 000

4. 折旧费用的计提与分配

公路运输企业提取固定资产折旧时，对营运车辆一般采用工作量法，即按实际行驶千车公里计算折旧额，其余各类固定资产则一般采用年限平均法计提折旧。其计算公式如下：

$$\text{千车公里单位折旧额}=\frac{\text{车辆原值}-(\text{预计残值}-\text{预计清理费})-\text{外胎价值}}{\text{预计行驶总里程}\div 1\,000}$$

$$\text{月折旧提存额}=\text{千车公里单位折旧额}\times\text{实际行驶千车公里}$$

车辆折旧应按不同车型分别计算。

[例 8－18] 天宇运输公司 2023 年 6 月份计提固定资产折旧费，如表 8－16 所示。

表 8－16　　折旧费用分配表

编制单位：天宇运输公司　　2023 年 6 月 30 日　　金额单位：元

应借账户			使用部门	本月计提折旧额					合　计
一级科目	明细科目	三级科目		客车	货车	非营运车	机器设备	房屋建筑物	
劳务成本	车辆营运成本	客运	客车队	50 000					50 000
		货运	货车队		90 000				90 000
	营运辅助成本	保养车间	保养车间			18 000	45 000	32 000	95 000
	其他间接费用					12 150		14 000	26 150
管理费用						10 000		90 000	100 000
合　计				50 000	90 000	40 150	45 000	136 000	361 150

会计主管：王敬凤　　复核：李小珏　　制单：陈　义

根据表 8－16 的资料，编制会计分录如下：

借：劳务成本——车辆营运成本(客运)　　50 000
　　　　　——车辆营运成本(货运)　　90 000
　　　　　——营运辅助成本　　95 000
　　　　　——其他间接费用　　26 150
　　管理费用　　100 000
　贷：累计折旧　　361 150

5. 运输管理费的归集与分配

公路运输企业缴纳的运输管理费是按企业的客、货运收入的一定比例计算的。在没有客车带货或货车带客的情况下，可直接按客、货运收入各自乘以规定的运输管理费率计算。在客车带货或货车带客的情况下，要将客、货运收入换算成客、货车的收入，然后乘以运输管理费率，即为应付运输管理费，直接计入客车、货车的劳务成本。客、货运之间的换算公式如下：

$$货车收入=\left(\begin{matrix}货运平均\\单位收入\end{matrix}\times\begin{matrix}货车货物\\周转量\end{matrix}\right)+\left(\begin{matrix}客运平均\\单位收入\end{matrix}\times\begin{matrix}货车旅客\\周转量\end{matrix}\right)$$

$$客车收入=\left(\begin{matrix}客运平均\\单位收入\end{matrix}\times\begin{matrix}客车旅客\\周转量\end{matrix}\right)+\left(\begin{matrix}货运平均\\单位收入\end{matrix}\times\begin{matrix}客车货物\\周转量\end{matrix}\right)$$

［例 8－19］　天宇运输公司 2023 年 6 月 30 日，根据本月客、货运收入提取当月运输管理费，如表 8－17 所示。

表 8－17　　营运车辆运输管理费计算表

编制单位：天宇运输公司　　2023 年 6 月 30 日　　金额单位：元

项　　目	营运收入	运输管理费	
		费率/%	金额
客　运	1 150 000	1	11 500
货　运	1 880 000	1	18 800
合　计	3 030 000	—	30 300

会计主管：王敬凤　　复核：李小珏　　制单：陈　义

根据表 8－17 中的资料，编制会计分录如下：

8

借：劳务成本——车辆营运成本（客运） 11 500
——车辆营运成本（货运） 18 800
贷：其他应付款——应付运输管理费 30 300

6. 其他费用的归集与分配

其他费用是指与车辆行驶有关但不属于以上各项费用的费用，如行车杂费、车辆牌照检验费、车辆清理费、过路费、过桥费、车辆冬季预热费等。其他费用一般通过银行转账或以库存现金支付。对发生的其他费用如果能够分清成本计算对象的，直接计入劳务成本各成本对象；如果不能分清成本计算对象的，则先列入劳务成本的“其他间接费用”账户，期末按一定的标准分配后，再计入各成本计算对象。

［例 8-20］ 2023 年 8 月份，天宇运输公司的客车司机报销汽车过路费等费用 8 000 元，货车司机报销汽车过路费等费用 12 600 元，均以库存现金支付。另发生各种车队管理费用 18 900元，保养车间发生各种管理费用 17 470 元，也以库存现金支付（实际工作中在发生时即进行账务处理，为了简化手续，本例作集中处理）。根据有关原始凭证，编制会计分录如下：

借：劳务成本——车辆营运成本（客运） 8 000
——车辆营运成本（货运） 12 600
——营运辅助成本（保养车间） 17 470
——其他间接费用 18 900
贷：库存现金 56 970

7. 行车事故费用的归集与分配

公路运输企业发生行车事故所造成的损失，在扣除保险公司和责任人赔款后，列入有关成本计算对象的劳务成本。

8. 保修维护费用的归集与分配

公路运输企业要对营运车辆进行各种保养和小修作业，通常设置保养车间进行车辆的保修与维护工作。保养车间发生的各种费用在“劳务成本——营运辅助成本”账户中归集，月终按受益对象的机修工时进行分配，计入客运和货运的成本。

8

［例 8-21］ 天宇运输公司保养车间 2023 年 9 月份共发生各种费用 144 720 元（其中：人工费用 27 200 元，燃料费用 5 050 元，折旧费用 95 000 元，其他费用 17 470 元）。当月客车小修及保养 3 000 小时，货车小修及保养 4 000 小时，车队备用车保养 80 小时，公司小车保养 120 小时，保养车间自备车保养 200 小时。采用直接分配法分配保养车间费用，如表 8-18 所示。

表 8-18 保养车间费用分配表

编制单位：天宇运输公司　　2023 年 9 月 30 日　　金额单位：元

应借账户			工时/小时	分配率	金　额
一级科目	明细科目	三级科目			
劳务成本	车辆营运成本	客运	3 000		60 300
		货运	4 000		80 400
	其他间接费用		80		1 608
管理费用			120		2 412
合　计			7 200	20.10	144 720

会计主管：王敬风　　复核：李小珏　　制单：陈　义

$$保养车间费用分配率=\frac{144\ 720}{7\ 200}=20.1$$

根据表 8－18 中的资料，编制会计分录如下：

借：劳务成本——车辆营运成本（客运）　　60 300
　　　　　——车辆营运成本（货运）　　80 400
　　　　　——其他间接费用　　1 608
　管理费用　　2 412
　贷：劳务成本——营运辅助费用（保养车间）　　144 720

9. 其他间接费用的月终分配

月末，要将“劳务成本——其他间接费用”账户所归集的车队等生产经营管理部门发生的费用，分配计入各成本计算对象。

［例 8－22］ 天宇运输公司 2023 年 9 月份归集的其他间接费用为 77 208 元（其中：人工费用 20 400 元，燃料费用 10 150 元，折旧费用 26 150 元，车队管理费用 18 900 元，保养车间费用 1 608 元），按直接工资比例进行分配，编制其他间接费用分配表，如表 8－19 所示。

表 8－19　其他间接费用分配表

编制单位：天宇运输公司　　2023 年 9 月 30 日　　金额单位：元

应借账户			直接工资	分配率	金　额
一级科目	明细科目	三级科目			
劳务成本	车辆营运成本	客运	30 000		28 953
		货运	50 000		48 255
合　计			80 000	0.965 1	77 208

会计主管：王敬凤　　复核：李小珏　　制单：陈　义

表 8－19 中的分配率和分配金额计算如下：

$$间接费用分配率=\frac{77\ 208}{80\ 000}=0.965\ 1$$

$$客运应负担其他间接费用=30\ 000\times0.965\ 1=28\ 953（元）$$

$$货运应负担其他间接费用=50\ 000\times0.965\ 1=48\ 255（元）$$

根据其他间接费用分配表，编制会计分录如下：

借：劳务成本——车辆营运成本（客运）　　28 953
　　　　　——车辆营运成本（货运）　　48 255
　贷：劳务成本——其他间接费用　　77 208

10. 劳务成本的月终计算及结转

运输企业对发生的各种费用通过一系列的归集和分配，最终将生产经营费用归集到各个成本计算对象中，从而可以通过“劳务成本——车辆营运成本”明细账的记录，按月编制公路运输成本明细表，计算运输总成本和单位成本。其计算公式如下：

$$客车运输单位成本=\frac{客车运输总成本（元）}{客车运输周转量（千人公里）}$$

8

$$货车运输单位成本=\frac{货车运输总成本(元)}{货车运输周转量(千吨公里)}$$

$$客货车运输换算单位成本=\frac{客货车运输总成本(元)}{客货车运输换算周转量(换算千吨公里)}$$

［例 8－23］ 天宇运输公司 2023 年 10 月 31 日编制了本公司的公路运输成本计算表，如表 8－20 所示。

表 8－20　　　　公路运输成本计算表

编制单位：天宇运输公司　　　　2023 年 10 月 31 日　　　　金额单位：元

项　目	本月实际			本年累计		
	合　计	客　车	货　车	合　计	客　车	货　车
一、车辆费用	607 460	267 100	340 360	607 460	267 100	340 360
1. 职工薪酬	108 800	40 800	68 000	108 800	40 800	68 000
2. 燃料费	112 860	71 300	41 560	112 860	71 300	41 560
3. 车胎费	54 200	25 200	29 000	54 200	25 200	29 000
4. 保养费	140 700	60 300	80 400	140 700	60 300	80 400
5. 折旧费	140 000	50 000	90 000	140 000	50 000	90 000
6. 运输管理费	30 300	11 500	18 800	30 300	11 500	18 800
7. 其他费用	20 600	8 000	12 600	20 600	8 000	12 600
二、营运间接费用	77 208	28 953	48 255	77 208	28 953	48 255
三、运输总成本	684 668	296 053	388 615	684 668	296 053	388 615
四、运输周转量	2 136（换算千吨公里）	6 360 千人公里	1 500 千吨公里	2 136（换算千吨公里）	6 360 千人公里	1 500 千吨公里
五、单位成本	320.54	46.55	259.08	320.54	46.55	259.08

会计主管：王敬凤　　　　复核：李小珏　　　　制单：陈　义

根据成本计算表，编制结转分录如下：

借：主营业务成本　　684 668

　　贷：劳务成本——车辆营运成本（客运）　　296 053

　　　　　　　　——车辆营运成本（货运）　　388 615

任务五　服务成本的计算

【引言】

随着社会经济的发展，作为第三产业的现代服务业日益发展，服务成本计算的面也越来

8

越宽。本任务主要讲述旅游、餐饮等常见服务业的服务成本的计算。

【知识准备与业务操作】

一、服务成本的描述

对服务成本进行描述，首先需要了解相关的服务行业。

（一）服务业的描述

服务业是国民经济中第三产业的重要组成部分，包括旅游业、饮食业、服务业。旅游、餐饮企业都是以服务设施为条件，以知识和技能为手段，向消费者提供劳务的服务性行业。服务业具体包括旅行社、饭店、宾馆、酒楼、度假村、理发美容店、洗染店、咨询业、照相馆、修理店、电影院及会计师事务所等中介机构在内的各类服务行业。

旅游、餐饮服务企业是集生产、流通、服务三个职能于一体的综合性服务企业，其经营活动一般都以服务为中心，辅之以生产和流通，直接为消费者服务。

旅游、餐饮服务企业的商品生产和销售具有下列独特的特点：

（1）季节性强。旅游、餐饮服务企业生产经营季节性强。到了旅游淡季，旅游人数大幅度下降，旅游、餐饮服务企业的业务随之减少，收入也大大减少，而固定性支出并未减少。旅游旺季则相反。

（2）依存性强。在旅行社的经营过程中，组团社与接团社以及旅馆、餐馆、酒楼等部门之间相互联系，一环套一环，哪个环节出现问题，都将会给旅行社带来声誉和经济上的巨大损失。

（3）服务要求严格。旅游餐饮服务企业要满足客人文化、精神上的享受，并为客人的衣、食、住、行提供服务。所以，服务行业的服务态度要热情、服务设施要清洁卫生、起居场所要幽静安全。这就需要对服务人员进行严格培训，提高工作人员素质，使服务达到要求的标准。

（二）旅游餐饮服务成本核算的特点

由于旅游、餐饮服务企业独特的经营特点，需要采用不同的成本核算方法，从而形成了不同的核算特点：

1. 成本核算方法多样化

旅游、餐饮服务企业是一个兼有生产、零售和服务三种职能的综合性服务企业，所以在成本核算上必须区分不同的经营活动，并参照产品制造企业、商品流通企业的成本核算方法进行核算。例如，餐饮业在业务经营过程中，除了要以服务为中心外，还应根据消费者的需要，加工烹制各种菜肴和食品，然后将烹制品直接供应给消费者，并为消费者提供消费的场所、设施和时间。这是一个集生产、销售和服务于一体的过程，融合了制造企业、商品流通企业和服务企业三种行业的业务性质。但饮食制品的质量标准和技艺要求比较高，而且生产、销售、服务全过程所要求的时间很短，因此不可能像制造企业那样，按产品逐次逐件地进行完整的成本计算，而只能计算餐饮制品所消耗原材料的总成本。餐饮服务过程中出售的酒类、饮料等商品，要采用商品流通企业的核算方法。综上所述，旅游、饮食服务企业要根据各类经营业务的不同特点，采用不同的成本计算方法。

2. 分别计算自制商品与外购商品的成本

旅游、餐饮服务企业的经营活动中，通常既经营外购商品业务，又经营自制商品销售业务，因此需要分别计算外购商品的采购成本和自制商品的制造成本，并采用售价金额核算法，准确计算已销商品的实际成本。

3. 涉外企业需要计算汇兑损益和换汇成本

随着我国旅游业的蓬勃发展，国内旅游者出境旅游和国外旅游者到国内游览逐年增加。在这些业务活动中，对涉外的旅游、餐饮服务企业，应按照国家外汇管理条例和办法，办理外汇业务，正确计算汇兑损益和换汇成本。

（三）旅游餐饮服务成本构成的内容

旅游、餐饮服务企业成本是指企业在经营活动中发生的各种直接费用，可归纳为以下五个方面：

（1）直接材料成本，指企业在经营过程中直接耗费的原材料、调料、配料、辅料、燃料、配件等直接材料的成本。例如，饭店耗用的食品、饮料的原材料、调料等。

（2）代付费用，指旅行社代付的房费、餐费、交通费、文娱费、行李托运费、门票费、专业活动费、签证费、陪同费、劳务费、宣传费、保险费、机场费等。

（3）商品采购成本，包括国内购进商品采购成本和国外购进商品采购成本两种情况。国内商品采购成本是指购进商品时支付的商品原价、相关税费和采购费用，如果采购费用较少，也可以直接计入当期损益；国外购进商品采购成本是指商品在购进过程中发生的实际成本，包括进价、进口环节缴纳的税金、代理进口手续费等。

（4）汽车成本，指旅行社、宾馆、饭店提供车辆服务营运过程中所发生的直接费用，包括汽油费、保养费、司乘人员工资等。

（5）其他成本，指不能直接计入以上营业成本的其他直接成本。如复印项目消耗的复印纸的实际成本等。

旅游、餐饮服务企业在经营过程中发生的各种直接耗费，均通过“主营业务成本”账户进行核算。该账户是损益类账户，将经营过程中发生的各种耗费结转为成本时，记入本账户的借方，期末转入“本年利润”账户时记入本账户的贷方，结转后无余额。本账户可按业务性质、劳务服务内容或业务类别设置明细账户。

8 另外，旅游、餐饮服务企业为了组织和管理经营活动而发生的销售费用、管理费用和财务费用，均应设置相应的账户，作为期间费用，计入当期损益。

二、旅游业成本的计算

旅游企业是指凭借旅游资源，以旅游设施为条件，为满足游客食、住、行、游、购、娱乐等旅游需求，提供商品和服务的综合性服务企业，主要是指各种旅行社。

（一）旅游经营业务的分类

1. 按旅游者活动的空间范围分类

这种分类方式，可将旅游业务分为国内旅游业务和国际旅游业务两种。国内旅游业务是指组织本国公民在国家行政主权疆域内进行的旅游活动。国际旅游业务是指游客在不同国家之间进行的旅游活动，包括入境旅游和出境旅游两种。

2. 按服务形式分类

这种分类方式，可将旅游业务分为组织团队旅游业务和接待团队旅游业务两种。组团旅游业务是指旅行社预先制定目的地、日程、住宿、交通、旅游计划，并通过广告形式招揽游客，组织旅游团队，通过实施旅游计划，与接团旅游业务进行衔接而进行的旅游活动。接团旅游活动是指根据旅游接待安排，为游客在某一目的地或区域，提供导游、翻译，安排游览并负责订餐、订房、订票，为游客提供综合性服务的旅游活动。

3. 按组织形式分类

这种分类方式，可将旅游业务分为团体旅游业务和散客旅游业务两种。团体旅游业务是指以团体为单位，设有导游或陪同而进行的旅游活动。散客旅游活动是指以个人或少数人为单位，通常不设导游的旅游活动。

（二）旅游营业成本的计算

旅游服务成本是指直接用于接待游客，为其提供各项旅游服务所发生的全部支出。旅游服务成本最终是以旅游营业成本的形式表现出来。

旅游服务成本按其经济内容的不同，可分为综合服务成本、组团外联成本、零星服务成本、劳务成本、票务成本、地游及加项成本、其他服务成本。具体又可分为组团社和接团社的成本。组团、接团成本是指在组团、接团过程中直接为客人旅游而支付的费用。

组团成本按其构成可分为拨付给各接团社的综合服务费、陪同费和通信联络费等。其中，拨付给接团社的综合服务费为拨付支出，全程陪同人员费用和通信联络费用则属于服务支出。

接团成本包括房费、餐费、交通费、陪同费、门票费、票务费、文杂费等。其中，房费、车费、文杂费是从组团社取得后，付给为客人提供食、宿、行和游览的单位，实质是属于代付性质的，称为代付费用。其余的陪同费和文杂费中的宣传费则完全是旅行社为了向客人提供服务而发生的费用，称为服务费。

无论是组团社还是接团社，为接待游客而发生的上述直接费用均应记入“主营业务成本”账户，该账户可按房费、交通费、餐费、文杂费、劳务费等项目开设明细账。旅行社除上述直接成本外，在经营过程中还会发生与接待游客有关的其他间接费用，这些费用发生时可记入“销售费用”账户，作为期间费用处理。

［例 8－24］ 阳光旅行社 2023 年 8 月份共支付房费 300 000 元，交通费 25 000 元，餐费 60 000 元，共计 385 000 元。另外，还支付广告费 6 000 元，职工工资 32 000 元，合计38 000 元，均以银行存款支付。

8

（1）费用发生时：

借：主营业务成本——房费	300 000	
——城市交通费	25 000	
——餐费	60 000	
销售费用——广告费	6 000	
——工资	32 000	
贷：银行存款		423 000

（2）月末结转至“本年利润”账户时：

借：本年利润	423 000	
贷：主营业务成本		385 000
销售费用		38 000

接团社和组团社主营业务成本的确认时间往往不一样。接团社的主营业务成本，一般按实际费用，依组团社的标准，支付各项费用后入账核算，借记“主营业务成本”账户，贷记

“银行存款”“应付账款”等账户。

组团社则根据接团社报来的“旅游团结算费用通知单”，按照收费标准计算应付接团社的全部各项费用，计入当月主营业务成本，借记“主营业务成本”账户，贷记“应付账款——应付联社结算款”账户。实际支付上述款项时，借记“应付账款——应付联社结算款”账户，贷记“银行存款”账户。

［例 8－25］ 绿谷旅行社组织某旅游团去承德避暑山庄旅游，由天宇旅行社代为接待，各项成本尚未结算，该旅行社在月末先按计划成本 15 000 元入账。编制会计分录如下：

借：主营业务成本 15 000
　　贷：应付账款——应付联社结算款 15 000

次月初，收到天宇旅行社的结算费用通知单，实际成本为 15 600 元，用银行存款支付。编制会计分录如下：

借：主营业务成本 600
　　贷：应付账款——应付联社结算款 600
借：应付账款——应付联社结算款 15 600
　　贷：银行存款 15 600

三、餐饮业成本的计算

餐饮业是指以从事出售加工烹制的菜肴和食品，并提供客人消费设施、场所和服务为主要业务的企业，主要包括饭店、酒楼、宾馆、副食品加工等企业。

（一）餐饮业经营业务的内容

餐饮业又称饮食业，包括各种类型和风味的中餐馆、西餐馆、酒馆、咖啡馆、小吃店、冷饮店、茶馆、饮食制品以及副食品加工等企业。由于餐饮业具有经营内容繁多，品种规格不一，生产销售时间短等特点，所以，餐饮业只计算总成本，不计算单位成本和产品品种成本。

（二）餐饮业营业成本的计算

8

餐饮业的成本计算采用“只计算原材料成本、不计算制造成本”的核算方法。其耗用的原材料包括三大类：第一大类是主食，如大米、面粉和杂粮等；第二大类是副食品，如肉类、鱼类、禽蛋类和豆制品等；第三大类是调味品，如食盐、糖、油、酱油、醋等。其原材料购进、领用有两种管理办法，即领料制和非领料制。

1. 领料制

领料制就是对餐饮用原材料的收、发、存设有专人负责，购进原材料时，专人负责验收入库，填制有关会计凭证；发料时有专人负责，并根据用料计划填制有关会计凭证。这种方法适用于饭店和大中型餐馆。

采用领料制进行原材料收发核算时，对所购入原材料根据入库凭证，借记“原材料”账户，贷记“库存现金”或“银行存款”账户。对发出原材料，根据发出凭证，借记“主营业务成本”账户，贷记“原材料”账户。如果期末存在尚未用完的在操作间保管的原材料，经过盘点，应办理“假退料”手续。本月末根据盘点金额，借记“主营业务成本”账户（红字），贷记“原材料”账户（红字），表示对发出原材料的冲回。次月初再借记“主营业务成本”账户（蓝字），贷记“原材料”账户（蓝字），表示重新计入当月的主营业务成本。

为了简化核算，也可采用“以存计耗”的核算方法。采用这种核算方法，要求在购进原材料时，根据相关会计凭证，记入“原材料”账户。但是在领用原材料时，只办理领料手续，会计上不作账务处理。月末，通过实地盘点确认原材料的结存金额，再采用一定方法倒挤出当月发出原材料的金额，记入“主营业务成本”账户。其计算公式如下：

本月耗用原材料成本＝月初原材料结余额＋本月原材料购进额－月末原材料结存额

月初原材料结余额包括原材料库存余额和操作间未耗用原材料的结存额。

月末原材料结存额包括仓库原材料实地盘点额和操作间原材料实地盘点额。

采用“以存计耗”的核算方法，简便易行，但不够严谨，难以查明原材料溢余、差错、短缺情况以及发生的原因，容易掩盖经营管理过程中存在的问题。这种方法适用于耗用量大、领发比较频繁，而且价值较低的原材料的核算。

［例 8－26］ 天天餐馆当月领用原材料 32 700 元，已办理领料手续。月末经过实地盘点，尚有 1 630 元原材料未用完，按规定应办理“假退料”手续。

(1) 领料时：

借：主营业务成本 32 700

  贷：原材料 32 700

(2) 月末办理“假退料”：

借：主营业务成本 [1 630]

  贷：原材料 [1 630]

(3) 下月初调整：

借：主营业务成本 1 630

  贷：原材料 1 630

［例 8－27］ 仙都餐馆 2023 年 9 月份“原材料”账户月初余额 5 560 元，本月购进原材料总额 58 270 元，月末操作间盘点原材料实存 1 130 元，仓库盘点实存 2 430 元，采用“以存计耗”的核算方法，倒挤 1 月份原材料耗用总成本。

本月原材料耗用总成本＝5 560＋58 270－(1 130＋2 430)＝60 270(元)

借：主营业务成本 60 270

  贷：原材料 60 270

［例 8－28］ 承［例 8－27］，仙都餐馆 2023 年 9 月份发放工资 40 000 元，购入消毒用品 260 元，支付水电费 2 480 元，燃料费 3 800 元，总计 46 540 元，均以银行存款支付。

(1) 费用发生时：

借：销售费用 46 540

  贷：银行存款 46 540

(2) 期末结转时：

借：本年利润 106 810

  贷：主营业务成本 60 270

    销售费用 46 540

2. 非领料制

非领料制是指原材料的购进和领用不办理入库和领发手续，而是根据原材料购进的原始凭证，直接计入主营业务成本。这种方法适用于小型餐饮业。在这种方法下，餐馆不设置专职保管人员，只对原材料的购进和使用实行现场监督。

［例 8-29］ 东门饭庄以现金购入副食品 1 820 元，调味品 230 元，配料 39 元，当即交操作间使用。

借：主营业务成本	2 089	
贷：库存现金		2 089

四、服务业成本的计算

服务业是指利用其特有的设施、场所和条件，以其特有的知识和技能为消费者提供劳务服务的企业，主要包括度假村、游乐场、歌舞厅、理发店、电影院、照相馆、律师事务所、会计师事务所、中介机构等。

服务业成本是指服务企业在服务经营过程中经常发生的各种成本费用的总和，是合理制定服务收费标准和考核企业经营管理水平的重要依据。

服务业具有不同的经营特点，有的在服务过程中既要提供劳务服务，又要消耗一定的原材料；有的不使用原材料，只为消费者提供一定的服务。由于各种服务企业提供劳务的方式不同，因此，对成本计算的要求也不相同。

（一）照相、洗染业成本的计算

照相、洗染业在服务过程中，需要消耗一定的原材料，例如相纸、染料等，因此必须核算耗用原材料的成本及费用。照相、洗染业耗用原材料成本的核算，与餐饮企业原材料耗用成本的核算基本相同。

［例 8-30］ 某洗衣店购入传化洗衣液 100 袋，每袋购进价 50 元，均以银行存款支付，洗衣液清点后入账。根据发票和收料单，编制会计分录如下：

借：原材料——洗衣液	5 000	
贷：银行存款		5 000

领用原材料时，借记“主营业务成本”账户，贷记“原材料”账户。月末根据计算出的实际耗用原材料数额进行调整。

8

［例 8-31］ 根据仓库保管人员转来的领料汇总表，本月份共领用洗衣液 80 袋，计 4 000元，干洗剂 100 包，计 5 500 元。编制会计分录如下：

借：主营业务成本	9 500	
贷：原材料——洗衣液		4 000
——干洗剂		5 500

照相、洗染业一般采用先收款后取件的收款方式，营业收入是以当月接收服务的数额计算的，而当月接收的照片和衣物不一定能在月末全部完工。为了正确地计算主营业务成本和经营成果，每月末应根据尚未加工的照片和衣物数量，算出所需要的原材料数量和金额，借记“主营业务成本”账户，贷记“原材料”账户，下月初再用红字冲回。如果月末这部分未完工照片或衣物的数量较少，或者各月末完工数量大体相同，也可以不作调整。

（二）旅店、浴池、理发、咨询等行业的成本计算

旅店、浴池、理发、咨询等行业，通常不需要耗用或很少耗用原材料，平时开支的费用可直接记入“销售费用”账户，不需要核算主营业务成本。

【工作任务——进行零售企业商品销售成本的计算】

实例解析：

一统公司是一家批零兼营的商业企业，对批发商品采取数量成本金额核算方法，每季度前两个月用毛利率法匡算商品销售成本，季末用加权平均法确认商品销售成本。对零售商品采取售价金额核算方法，采用综合差价率计算每月实现的商品进销差价。2023 年 8 月，该公司有关资料如下：

操作录屏：进行零售企业商品销售成本的计算

(1) 当月批发销售额为 6 780 000 元，计划毛利率 20%。

(2) 月初零售部分售价金额 4 250 000 元，商品进销差价 1 275 000 元，本月购进商品 4 批，采购成本 3 205 000 元，由各实物负责人按售价金额 4 310 000 元验收。

(3) 本月零售商品销售收入为 4 500 000 元。

操作步骤：

(1) 根据资料 1，计算该公司 2023 年 8 月份的批发商品销售成本。

(2) 根据资料 2，计算该公司 2023 年零售商品的综合差价率。

(3) 根据资料 3，计算 2023 年 8 月份零售商品销售已实现的商品进销差价和零售商品销售成本。

(4) 根据计算结果，编制批发商品销售成本结转和零售商品实现差价结转的会计分录。

【项目小结】

项目八自测题

本项目知识结构如图 8－1 所示。

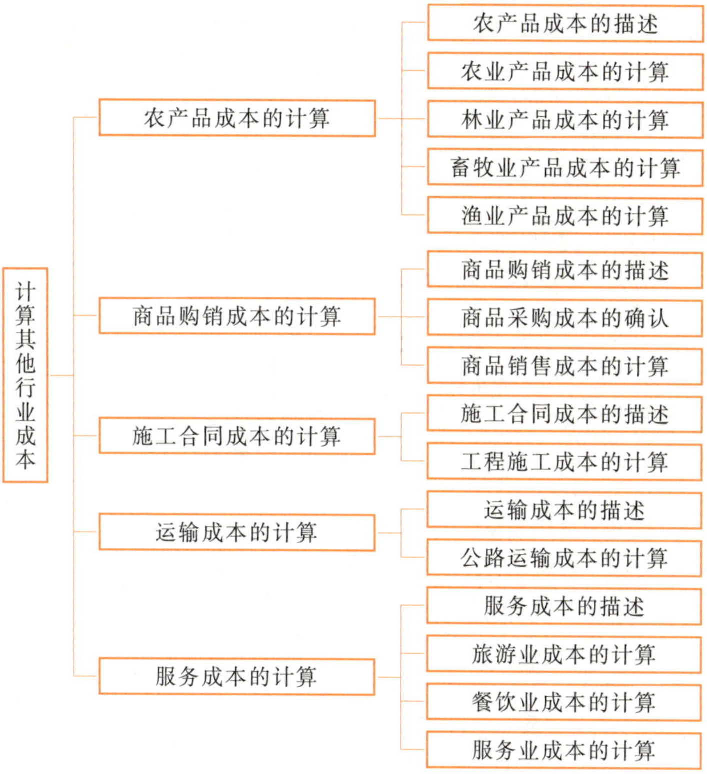

图 8－1 项目八知识结构

8

项目九 认知管理会计中的成本计算方法

◇ 职业能力目标

能将变动成本法、标准成本法和作业成本法的操作方法与我国的成本计算方法进行比较，了解管理会计中的成本计算方法的优缺点及其差异。

能根据管理会计中的成本计算方法对相关内容进行计算和简单操作。

◇ 典型工作任务

变动成本法的认知；标准成本法的认知；作业成本法的认知。

某品牌微波炉的战略

任务一 变动成本法的认知

【引言】

变动成本法是管理会计中经常采用的一种成本计算方法。变动成本法认为产品成本中只应包括变动生产成本，而应将固定成本计入期间费用，以便使产品成本资料成为短期经营决策的重要参考依据。

【知识准备与业务操作】

一、变动成本法的描述

在正常的产品生产中，变动生产成本会随着产品产量的变动呈正比例变动，而固定生产成本则在产品产量变动时保持相对不变的状态。变动成本法认为只有变动生产成本才能计入产品成本。而固定生产成本则属于期间费用，应当在销售收入中予以补偿。

（一）变动成本法的基本概念

1. 变动成本法

变动成本法是指在计算产品成本和存货成本时，只计算产品生产过程中所消耗的直接材料、直接人工和变动制造费用，固定制造费用作为期间费用全额列入利润表，作为当期销售收入的一个扣减项目的成本计算方法。

2. 成本性态

成本性态是指在一定条件下成本总额与特定业务量之间的依存关系。这里的业务量可以是生产或销售的产品数量，也可以是反映生产工作量的直接人工小时数或机器工作小时数。按成本性态来认知和分析成本并将成本重新进行分类，有助于进一步加强成本管理，挖掘内部潜力，促使企业搞好经营预测和决策，争取实现经济效益的最大化。

3. 固定成本

9 固定成本是指在一定相关范围内，成本总额不随业务量的增减变动而变化的成本。按直线法计提的固定资产折旧、管理人员薪酬、职工培训费和财产保险费等都属于固定成本。

固定成本的概念是针对成本总额而言的。由于固定成本总额在一定时期和一定的业务量范围内保持不变，随着业务量的增减变动，单位业务量所分摊的固定成本就会相应地减少或者增加，所以，单位固定成本与业务量的增减成反比例变动。

固定成本总额和单位固定成本与业务量之间的关系如图 9－1 和图 9－2 所示。

为了更好地对固定成本进行管理和控制，固定成本还可以进一步划分为约束性固定成本和酌量性固定成本。约束性固定成本主要是属于经营能力成本，它是和整个企业经营能力的形成及其正常维护直接相联系的成本，如厂房、机器设备的折旧费和保险费等。企业的生产经营能力一经形成，在短期内将难以发生重大改变。因此，与之相联系的成本也将在较长时期内继续存在。酌量性固定成本是指根据企业的经营方针，由企业管理者确定一定期

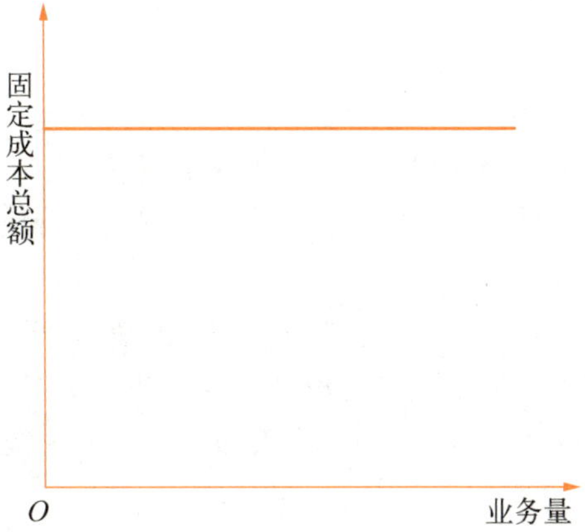

图 9-1　固定成本总额与业务量的关系

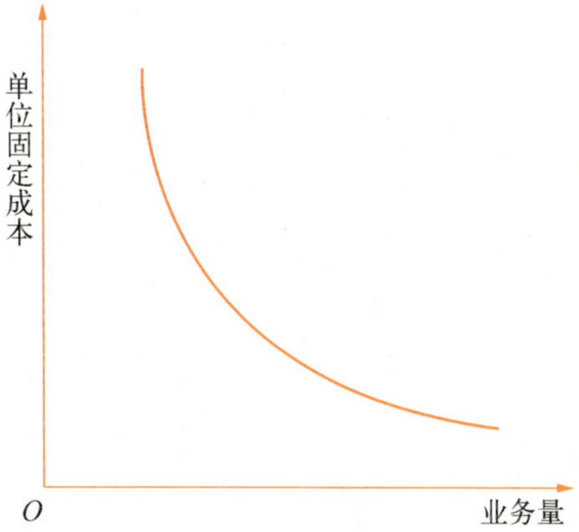

图 9-2　单位固定成本与业务量的关系

间的预算额而形成的固定成本，如研究开发费、广告宣传费和职工培训费等。

4. 变动成本

变动成本是指在一定相关范围内，其总额随业务量的增减变动而呈正比例变动的那部分成本，包括直接材料成本、直接人工成本等。

变动成本的概念也是就其总额而言的。从单位业务量的变动成本来看，它又是相对固定的，不受业务量增减变动的影响。

变动成本总额和单位变动成本与业务量之间的关系如图 9-3 和图 9-4 所示。

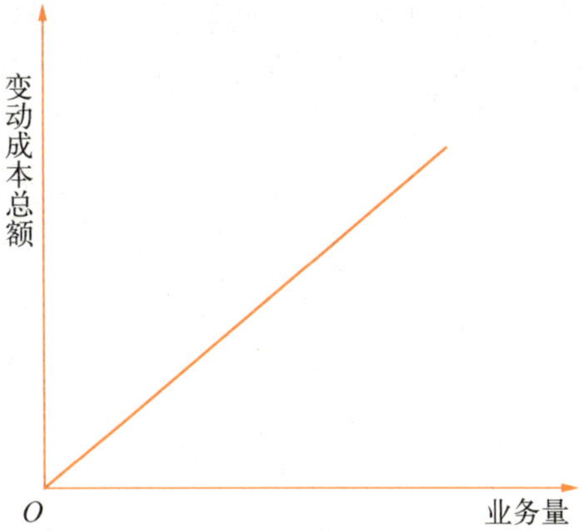

图 9-3　变动成本总额与业务量的关系

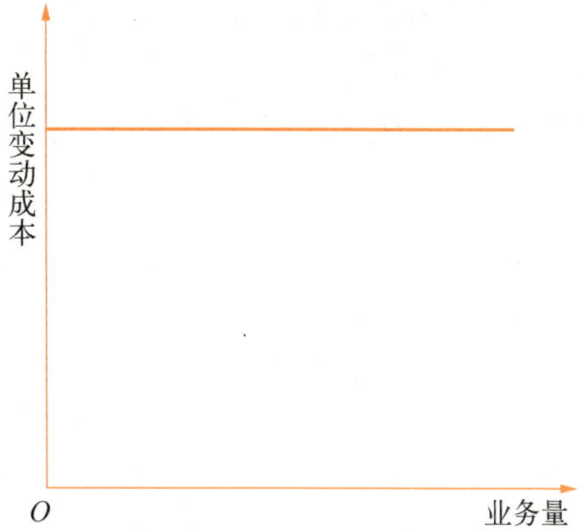

图 9-4　单位变动成本与业务量的关系

变动成本的习性只有在相关范围内才存在，即变动成本总额随着业务量变动呈正比例变动的这种完全线性关系，只有在一定的相关范围内才存在；一旦超出了相关范围，成本和业务量之间的关系则可能表现为非线性关系。这是因为企业生产的产品，通常在生产的最初阶段产量较低，单位产品消耗的直接材料、直接人工一般都较多；当产量增加到一定规模时，单位产品耗费的直接材料、直接人工开始稳定下来；当产量继续增长时，则又可能出现一些新的导致产品单位变动成本提高的因素，如按高于正常工资率支付的加班工资等。

5. 总成本习性模型

成本按习性可以分为变动成本和固定成本，所以，总成本可以按一定方法分解成变动成本和固定成本。总成本习性模型可用下式表示：

9

总成本＝固定成本总额＋变动成本总额

总成本＝固定成本总额＋单位变动成本×业务量

上述总成本的计算公式可写成：

$$y = a + bx$$

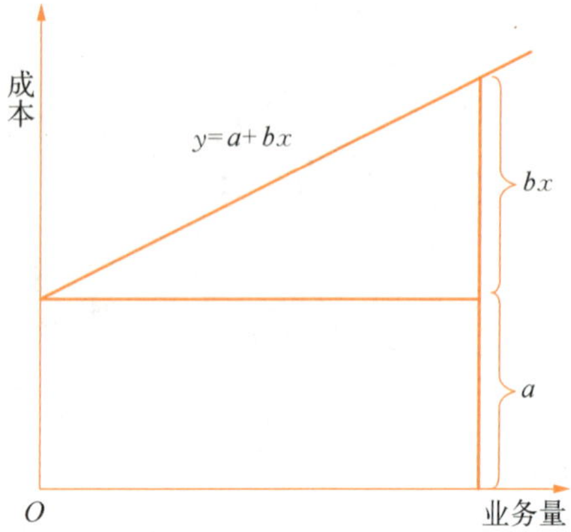

图 9－5 总成本习性模型

式中，y 表示总成本；a 表示固定成本；b 表示单位变动成本；x 表示业务量。总成本习性模型如图9－5 所示。

显然，若能求出公式中 a 和 b 的值，就可以写出总成本模型。然后可以利用这个直线方程来进行有关的成本预测、成本决策和其他短期决策。

6. 混合成本

许多成本项目既不是纯粹的变动成本，也不是纯粹的固定成本，而是同时兼具固定成本和变动成本的性质，故称之为混合成本。混合成本因由固定及变动两个部分组成，故又可称为半固定或半变动成本。在相关范围内，该类成本虽然也会随业务量的变动而变动，但因为其中有部分成本具有固定成本的特性，因此总成本的变动显得不规则，既无法对成本的变化作事先的规划，也无法掌握成本的固定性。该类性质的成本项目众多，凡不属于纯固定或纯变动成本的项目都可以归属于混合成本。最具有代表的混合成本项目有水费、电费、维修费、奖金等。为了满足管理当局规划、决策与控制的需要，必须利用成本习性分析的方法将混合成本划分为固定与变动两部分。混合成本按其与业务量之间的表现规律，通常分为三种基本形式：延期变动成本、半固定成本和半变动成本、曲线变动成本，分别如图 9－6、图 9－7 和图 9－8 所示。

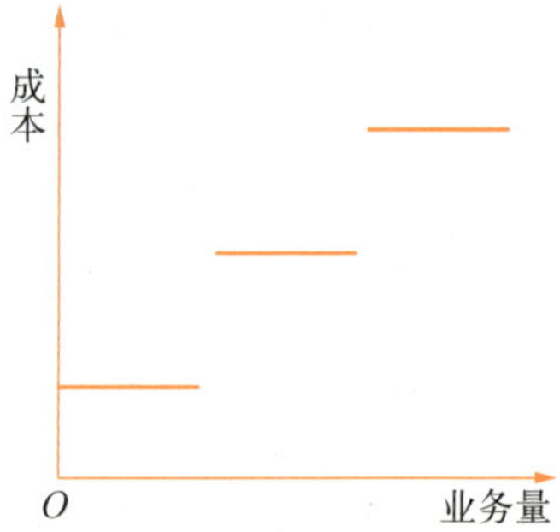

图 9－6 延期变动成本

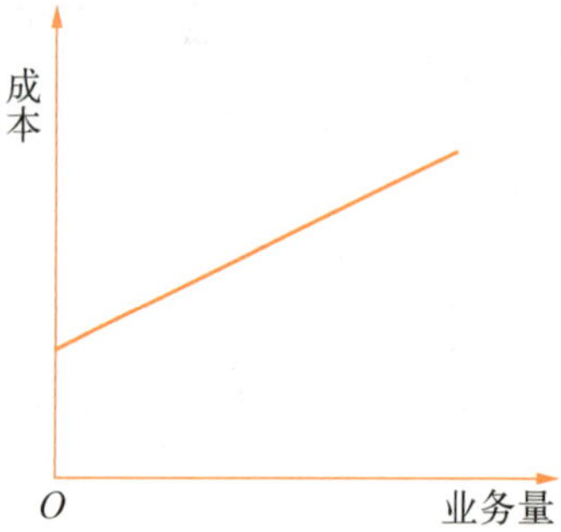

图 9－7 半固定成本和半变动成本

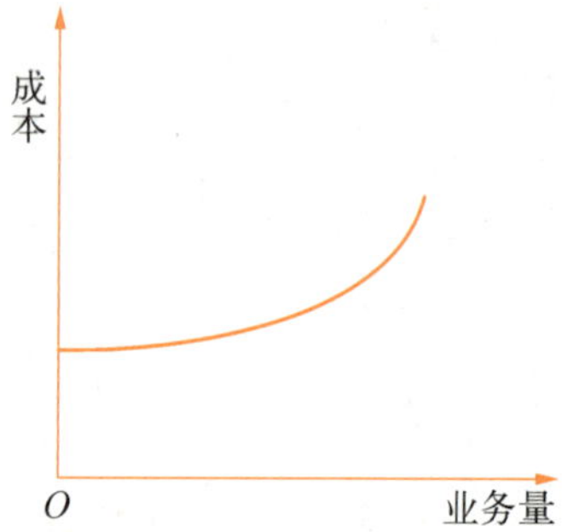

图 9－8 曲线变动成本

9

混合成本具有以下主要特点：❶ 混合成本的变动只在一定程度上受产量变动的影响。也就是说，混合成本总额尽管随产量的增减而升降，但两者之间并非保持同比例变动关系。❷ 混合成本通常有一个初始量。❸ 在一定期间内，单位混合成本随产量增加或减少而相应下降或上升，但其升降幅度却小于单位固定成本的升降幅度。

（二）混合成本的分解方法

混合成本应当进行分解。常用的混合成本分解方法主要有合同分析法、工程分析法和历史成本分析法三种。现分述如下：

1. 合同分析法

合同分析法是根据企业签订的各种合同等资料以及企业内部制定的各种管理费用核算制度中明确规定的成本计算方法，分别确定属于变动成本的费用和属于固定成本的费用。该方法适用于有明确计算方法的各种初始变量成本，如电话费，其账单上的基数为固定成本，而耗用量多少的计价部分则为变动成本。

2. 工程分析法

工程分析法是运用工业工程的研究方法研究影响各有关成本项目数额大小的每个因素，并在此基础上直接估算出固定成本和单位变动成本的一种成本分解方法。

3. 历史成本分析法

历史成本分析法的基本做法就是根据以往若干期间的历史数据，分析实际成本与业务量之间的依存关系的规律，并以此来确定决策所需要的未来成本数据。历史成本分析法主要有高低点法、散布图法和回归直线法三种具体做法。

(1) 高低点法。高低点法是分解混合成本的一种简易方法。它是以某一期间相关范围内的最高点业务量与最低点业务量的混合成本之差，结合同一期间最高点与最低点业务量之差来确定单位变动成本和固定成本总额的一种方法。其计算公式如下：

$$y=a+bx$$

$$b=\frac{\text{高低点成本之差}}{\text{高低点业务量之差}}$$

$$a=\text{高点半变动成本总额}-b\times\text{高点业务量}$$

$$\text{或 } a=\text{低点半变动成本总额}-b\times\text{低点业务量}$$

式中，y 表示一定期间的混合成本的总金额；a 表示混合成本中的固定成本部分；b 表示混合成本随产量的变动比例；x 表示业务量；bx 表示混合成本中的变动成本部分。

[例 9-1] 华阳公司 2023 年度发生的管理费用如表 9-1 所示。要求运用高低点法分解管理费用中的变动成本与固定成本。

表 9-1 管理费用明细表

编制单位：华阳公司 2023 年度

月份	管理费用/元	月产量/件
1	10 200	150 000
2	10 600	156 000
3	11 300	120 000
4	12 600	184 000
5	12 800	196 000
6	13 400	216 000
7	14 070	236 000
8	14 000	224 000
9	12 400	190 000

续 表

月 份	管理费用/元	月产量/件
10	12 200	180 000
11	11 200	170 000
12	11 800	180 000

根据表 9－1 的资料，可以确定最高点月份为 7 月份，管理费用为 14 070 元，产量为 236 000件；最低点月份为 1 月份，管理费用为 10 200 元，产量为 150 000 件。

管理费用最高最低点的差额＝14 070－10 200＝3 870（元）

产品产量最高最低点的差量＝236 000－150 000＝86 000（件）

$$单位产量变动成本(b)=\frac{3\ 870}{86\ 000}=0.045(元)$$

固定成本总额（a）＝10 200－0.045×150 000＝3 450（元）

因此，每月管理费用与业务量之间的关系为：

$$y=a+bx=3\ 450+0.045x$$

（2）散布图法。散布图法是将混合成本的历史数据以散布图的形式画到坐标系中，再根据目测，在各个散布点之间画一条直线，即目测出总成本线。目测的直线应尽可能做到直线上下两边各点与直线的距离既要最小又要相等。画出的直线与纵轴的交点即为 a 值，而后根据 $b=\frac{y-a}{x}$ 求得 b 值，即可以得到混合成本计算公式 $y=a+bx$。式中字母表示的含义与高低点法公式中所表示的含义相同。

［例 9－2］ 仍以［例 9－1］的资料为例，将管理费用和产品月产量之间的关系绘制在坐标系中，如图 9－9 所示。

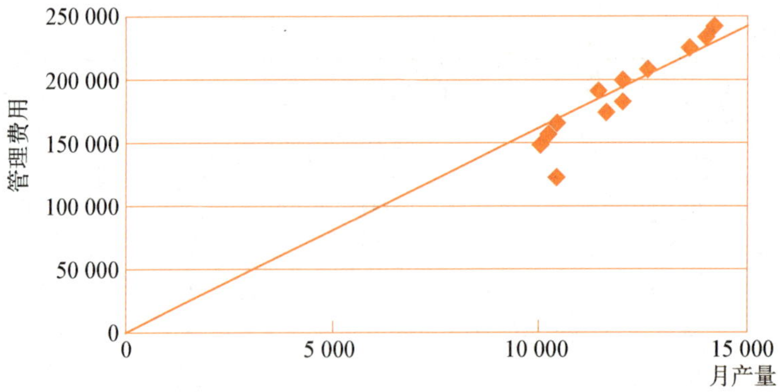

图 9－9 管理费用与产品月产量关系

经过目测及计算，可以得出图中直线的方程为：

$$y=3\ 300+0.046x$$

（3）回归直线法。回归直线法是根据若干期业务量和成本的历史资料，运用最小平方法原理计算固定成本和单位变动成本的一种成本性态分析方法。其计算公式如下：

$$a=\frac{\sum x_i^2\sum y_i-\sum x_i\sum x_iy_i}{n\sum x_i^2-(\sum x_i)^2}$$

$$b=\frac{n\sum x_iy_i-\sum x_i\sum y_i}{n\sum x_i^2-(\sum x_i)^2}$$

$$或\ b=\frac{\sum y_i-na}{\sum x_i}$$

根据计算结果，建立混合成本计算公式：$y=a+bx$，式中的字母的含义与前述相同。

微课视频：回归分析法的基本应用

[例 9－3] 根据[例 9－1]的资料，编制回归直线法分析计算表，如表 9－2 所示。

表 9－2 回归直线法分析计算表

编制单位：华阳公司 2023 年度

月 份	y 管理费用/元	x 月产量/件	x_iy_i	x_i^2
1	10 200	150 000	1 530 000 000	22 500 000 000
2	10 600	156 000	1 653 600 000	24 336 000 000
3	11 300	120 000	1 356 000 000	14 400 000 000
4	12 600	184 000	2 318 400 000	33 856 000 000
5	12 800	196 000	2 508 800 000	38 416 000 000
6	13 400	216 000	2 894 400 000	46 656 000 000
7	14 070	236 000	3 320 520 000	55 696 000 000
8	14 000	224 000	3 136 000 000	50 176 000 000
9	12 400	190 000	2 356 000 000	36 100 000 000
10	12 200	180 000	2 196 000 000	32 400 000 000
11	11 200	170 000	1 904 000 000	28 900 000 000
12	11 800	180 000	2 124 000 000	32 400 000 000
n=12	146 570	2 202 000	27 297 720 000	415 836 000 000

根据上述公式，可以求出 a 和 b 的值，分别为：

$$a=5\,944.31$$

$$b=0.034\,2$$

所以，$y=5\,944.31+0.034\,2x$。

（三）变动成本法与制造成本法的区别

采用变动成本法计算时，产品成本中只包括在生产过程中所消耗的变动生产成本（即直接材料、直接人工和变动制造费用），固定制造费用则作为期间费用，全额列入利润表。变动成本法认为，固定制造费用是企业为了提供一定的生产经营条件，或为了保持生产能力而发生的成本。这些生产经营条件一旦形成，无论其利用程度如何，固定制造费用都已经发生，同产品的实际生产量没有直接联系，不会因生产量的增减而变动，因而不应将它计入产品成本。由于固定制造费用是随会计期间发生的，是与生产经营活动持续时间相联系的费用，并随着时间的消失而消耗，所以应当将其作为期间费用处理。为此，形成了变动成本法与制造成本法的三点区别，即：产品成本构成不同、存货计价不同、利润确认不同。

二、变动成本法的运用

根据变动成本法的成本计算原理，通过与制造费用法对比的方法，说明变动成本法的运用。

(一) 运用变动成本法计算产品成本

按照制造成本法计算的产品成本包括直接材料、直接人工、变动制造费用和固定制造费用；而按照变动成本法计算的产品成本只包括直接材料、直接人工和变动制造费用，而把固定制造费用作为期间成本，计入当期损益。

[例 9-4] 华山公司 2023 年产销甲产品，销售单价 15 元，期初无存货，本年生产 10 000件，销售 8 000 件，单位直接材料 5 元，单位直接人工 2 元，变动制造费用 1 元，固定制造费用总额 24 000 元，单位变动销售及管理费用 1 元，固定销售及管理费用总额 12 000 元。分别按变动成本法和制造成本法计算单位产品成本，对比情况如表 9-3 所示。

表 9-3 甲产品单位成本计算对比表

编制单位：华山公司 2023 年度 金额单位：元

成本项目	制造成本法	变动成本法
直接材料	5	5
直接人工	2	2
变动制造费用	1	1
固定制造费用	2.40	—
单位产品成本	10.40	8

(二) 运用变动成本法计算存货成本

9

按照制造成本法计算的产品成本，包括了生产过程中的全部生产费用，因此完工产品成本和在产品成本中不仅包含了变动的生产成本，也包含了一部分的固定制造成本。而采用变动成本法计算时，只将变动成本计入了产品成本，因此，在完工产品成本和在产品成本中不包括固定制造成本。

[例 9-5] 承[例 9-4]的资料，华山公司分别采用变动成本法和制造成本法计算本期存货成本，对比情况如表 9-4 所示。

表 9-4 库存甲产品成本计算对比表

编制单位：华山公司 2023 年 12 月 31 日 金额单位：元

项目	制造成本法	变动成本法
单位产品成本	10.40	8

续 表

项　　目	制造成本法	变动成本法
期末库存商品数量/件	2 000	2 000
期末库存商品成本	20 800	16 000

(三) 运用变动成本法计算盈亏

两种成本计算方法对固定制造费用的处理不同，直接影响到各期损益的计算。具体分为两种情况：

1. 产销平衡下的盈亏计算

在产销平衡的情况下，两种成本计算法所确定的各期损益相同。即：当期生产量＝当期销售量。

则：按照制造成本法所确认的净利润＝按照变动成本法所确认的净利润。

[例 9－6]　华山公司 2023 年产销甲产品，销售单价 15 元，期初无存货，本年生产 10 000件，销售 10 000 件，单位直接材料 5 元，单位直接人工 2 元，变动制造费用 1 元，固定制造费用总额 24 000 元，单位变动销售及管理费用 1 元，固定销售及管理费用总额 12 000 元。要求：分别用变动成本法和制造成本法计算本年利润。

$$\text{变动成本法下的本年利润} = 10\,000 \times (15-5-2-1) - 24\,000 - 10\,000 \times 1 - 12\,000 = 24\,000(\text{元})$$

$$\text{制造成本法下的本年利润} = 10\,000 \times \left(15-5-2-1-\frac{24\,000}{10\,000}\right) - 10\,000 \times 1 - 12\,000 = 24\,000(\text{元})$$

2. 产销不平衡下的盈亏计算

在产销不平衡时，两种成本计算法所确定的各期损益不同。具体又分为两种情况：

(1) 当期生产量＞当期销售量时，按照制造成本法所确认的净利润＞按照变动成本法所确认的净利润。

[例 9－7]　承[例 9－4]的资料，计算两种成本计算法的本年利润。

$$\text{变动成本法下的本年利润} = 8\,000 \times (15-5-2-1) - 24\,000 - 8\,000 \times 1 - 12\,000 = 12\,000(\text{元})$$

$$\text{制造成本法下的本年利润} = 8\,000 \times \left(15-5-2-1-\frac{24\,000}{10\,000}\right) - 8\,000 \times 1 - 12\,000 = 16\,800(\text{元})$$

(2) 当期生产量＜当期销售量时，按照制造成本法所确认的净利润＜按照变动成本法所确认的净利润。

[例 9－8]　承[例 9－7]的资料，若次年华山公司继续产销甲产品，销售单价、单位变动生产成本、固定制造费用总额、单位变动销售及管理费用、固定销售及管理费用总额均不变，上年结存甲产品 2 000 件，每件成本 10.40 元，当年生产 8 000 件，销售 9 000 件。存货采用先进先出法计价。要求：分别用变动成本法和制造成本法计算本年利润。

9

$$\text{变动成本法下的本年利润} = 9\,000\times(15-5-2-1)-24\,000-9\,000\times1-12\,000 = 18\,000(\text{元})$$

$$\text{制造成本法下的本年利润} = 2\,000\times(15-10.4)+7\,000\times\left(15-5-2-1-\frac{24\,000}{8\,000}\right)-9\,000\times1-12\,000 = 16\,200(\text{元})$$

（四）变动成本法计算损益的程序

在变动成本法下，确定损益时，首先要用营业收入补偿本期实现的销售产品的变动成本，确定出贡献边际，然后再用贡献边际补偿固定成本，确定出当期营业利润。

在制造成本法下，应按照传统式损益确定程序确定损益，首先用产品销售收入补偿本期的产品销售成本，计算出产品销售毛利，再从中减去销售费用等，计算出当期营业利润。

从短期看，按照变动成本法和制造成本法计算出来的营业利润可能不一致。但从长期看，两种成本计算方法计算出来的营业利润最终是一致的。

三、变动成本法优点和局限性的评价

变动成本法在国外得到广泛的运用，必定有其优点，但不可否认，也存在一定的局限性。

（一）变动成本法的优点

变动成本法是为了加强企业内部管理而产生的。它能够提供反映成本与业务量之间、利润与销售量之间变化规律的信息，因此，它有助于加强成本管理，强化会计预测、控制和业绩考核等职能。变动成本法具体有以下优点：

1. 促使企业树立市场观念

在变动成本法下，营业净利润与销售量之间呈同方向的变化关系，可以直观地反映出企业经营状况的好坏，从而有助于促使企业管理者树立市场观念，重视销售，以销定产，减少或避免因盲目生产而带来的损失。

2. 便于简化成本核算

采用变动成本法，把固定制造费用计入期间费用，从边际贡献项目下直接扣除，这就大大简化了产品成本计算中间接费用的分配工作，并可减少由于分配方法选择的多样性而可能产生的主观随意性。

3. 便于强化成本控制

采用变动成本法，产品成本不受固定制造费用和业务量多少的影响，而只取决于各项变动生产成本的多少，因此可据以直接分析成本控制工作的业绩；此外，采用变动成本法，有助于将固定成本和变动成本指标分解落实到各个责任单位，分清各部门的责任，调动各部门降低成本的积极性，鼓励它们主动采取措施，按不同的方法进行控制，促进企业成本的全面降低。

（二）变动成本法的局限性

1. 不符合公认财务会计准则的成本概念以及对外提供财务会计报告的要求

按照传统的成本观念，产品成本是指在生产领域为生产产品而发生的全部生产成本，当然也应当包括固定生产成本。这种观念长期以来在世界范围内得到广泛的支持和认可，并被吸收进企业财务会计基本准则之中，作为对外报告的标准。而按照变动成本法确定的产品成本显然不能满足这一要求。

2. 不能满足长期经营决策的要求

变动成本法是建立在成本性态分析基础之上的。它以成本性态相关范围假定为前提，而成本性态受到多个因素的影响，企业固定成本和变动成本的水平不可能一直不变。而长期经营决策涉及时间较长，必然要面对企业增加或减少生产能力和扩大或缩小经营规模的问题，会突破相关范围的限制。

鉴于此，变动成本法应当与制造成本法结合与互补。制造成本法和变动成本法各有其优缺点，或者说各有其适用性和局限性。从某种意义上说，两者的优缺点又可以互相转化：制造成本法适用于编制对外财务报表，而变动成本法却不适合；前者无法提供企业经营管理需要的各种有用信息，不利于企业的短期决策，而后者正好可以提供这些信息，有利于短期决策。因此，两者并非互相排斥，也不可能互相取代，而应互相结合、互相补充。

任务二　标准成本法的认知

【引言】

标准成本的概念是基于泰勒的管理过程标准化的思想而建立起来的。20 世纪 30 年代国外会计学界，经过长期争论，才把标准成本纳入了会计系统，从此出现了真正的标准成本制度。随着管理会计的发展，标准成本制度在成本预算控制方面得到了广泛的应用，并发展成为包括标准成本制定、差异分析、差异处理三个组成部分的完整的成本控制系统，而不单纯是一种成本计算方法。

【知识准备与业务操作】

一、标准成本法的描述

标准成本制度与一般的成本计算方法不同，它将日常核算与差异分析、成本控制与成本计算有机地结合在一起。具体的操作是以标准成本为基础，将实际发生的成本与标准成本进行对比，揭示成本差异的原因，使差异成为向企业发出的一种“信号”。然后以此为线索，进一步查明形成差异的原因和责任，并据以采取相应的措施，实现对成本的有效控制。

9

由此可见，以标准成本为基础形成的标准成本制度，把成本的事先规划、日常控制等有机地结合起来，从而将标准成本制度发展成为一种加强成本管理、全面提高企业经济效益的重要工具。

（一）标准成本法的概念

标准成本是通过精确的调查、分析与技术测定而制定的，用以评价实际成本、衡量工作效率的一种预计成本。标准成本基本上排除了不应该发生的浪费，因此被认为是一种“应该”成本。标准成本在计划期内保持不变，它可以作为预计产品销售价格、销售收入和库存商品价值的计算基础。

标准成本主要有以下两层含义：

（1）单位产品的标准成本。它是根据单位产品的标准消耗量和标准单价计算出来的。计算公式为：

单位产品标准成本＝单位产品标准消耗量×标准单价

（2）实际产量的标准成本。它是根据实际产量和单位产品标准成本计算出来的。计算公式为：

标准成本＝实际产量×单位产品标准成本

（二）标准成本的种类

1. 理想的标准成本

它是在现有技术、设备和经营管理达到最优状态下的目标成本水平。所谓最优状态，是指在原材料无浪费、人工无浪费、设备无故障、产品无废品和生产能力达到充分利用的前提下，以最少的耗用量和最低的费用水平生产出最大的产出量。在该生产水平下制定的标准成本是最理想的，但同时也是较难实现的。

2. 正常的标准成本

它是以正常的技术、设备和经营管理水平为基础制定的目标成本。所谓正常，是指在考虑了设备可能发生的故障、意外或计划停工等一切不利因素后的技术、设备和经营管理水平，是企业过去较长时间内所达到的平均水平，也是经过努力可以达到的水平。但该标准成本只是根据过去经验估计的，不能反映目前的实际成本水平，用它来评价各个时期的业绩，往往不符合实际。

3. 现实的标准成本

它是在正常标准成本基础上，考虑到目前的实际情况而制定的目标成本，是根据合理的耗用量、费用耗用水平和生产能力利用程度制定的切合实际情况的一种标准成本。这种标准成本是通过努力能够达到的、切实可行的标准成本。

标准成本应由会计部门会同采购部门、劳动部门、行政管理部门、技术部门以及生产部门等有关责任部门，在对企业生产经营的条件进行认真分析的基础上共同讨论确定。在标准成本制定过程中，还应尽量吸收负责执行标准的职工参与各项标准的制定。

（三）标准成本制定的原理

企业制定标准成本，通常先确定直接材料和直接人工的标准成本，然后确定制造费用的标准成本，最后确定单位产品的标准成本。无论哪个成本项目，都要先确定其用量标准和价格标准，然后将两者相乘后得出标准成本。在产品生产过程中，种种原因会造成产品的实际成本与标准成本不符。这种实际成本与标准成本之间的差额，称为标准成本差异。直接材料、直接人工和变动制造费用都属于变动成本，其成本差异的分析方法基本相同。实际成本的高低取决于实际用量和实际价格，标准成本的高低取决于标准用量和标准价格。其成本差异可以归结为价格脱离标准造成的价格差异与用量脱离标准造成的数量差异两类，即：

成本差异＝实际成本－标准成本＝价格差异＋数量差异

固定制造费用可以根据具体的情况分别进行二因素分析和三因素分析。二因素分析法将固定制造费用差异分解为耗费差异和能量差异;三因素分析法将固定制造费用差异分解为开支差异、闲置能量差异和效率差异。

二、标准成本法的运用

标准成本法的运用首先涉及处理程序的设定和相关账户的设置问题。

(一) 标准成本法的处理程序与账户设置

1. 标准成本法的处理程序

运用标准成本法计算产品成本的处理程序一般包括:制定标准成本,揭示成本差异,对发生的生产费用按标准成本和差异分别归集,产品完工分别结转完工产品的标准成本与实际成本脱离标准成本的差异。

2. 标准成本法的账户设置

为了适应标准成本法计算产品成本的要求,企业除了要设置“原材料”“生产成本”“库存商品”“变动制造费用”和“固定制造费用”等按标准成本计价的账户外,还要设置“材料价格差异”“材料用量差异”“薪酬率差异”“人工效率差异”“变动制造费用开支差异”“变动制造费用效率差异”“固定制造费用开支差异”“固定制造费用能力差异”“固定制造费用效率差异”等反映各种实际成本与标准成本差异的账户。

各成本差异账户的借方均登记不利差异,贷方登记有利差异。会计期末,通常将差异账户的余额全部转入“主营业务成本”账户,计入当期损益。也可以按已销产品、库存商品和期末在产品的标准成本比例进行分配,将属于已销产品负担的差异部分转入“主营业务成本”账户。

(二) 标准成本法的应用实例

[例 9-9] 金星公司采用标准成本法计算产品成本。2023 年 6 月份,该公司发生下列业务:

(1) 实际生产乙产品 5 000 件,以 200 元的单位价格全部销售。

(2) 购买材料 5 400 千克,每千克实际价格为 15 元,生产实际领用 5 400 千克。材料的标准价格每千克为 16 元,每单位产品的标准用量为 1 千克。

(3) 生产中实际耗用 8 000 工时,每小时实际支付职工薪酬 30.50 元,合计 24 400 元。直接人工小时的标准薪酬为 30 元,每单位产品的标准工时为 1.5 小时。

(4) 固定制造费用预算为 270 000 元,按实际发生的工时分配,预算直接人工小时可达到 9 000 小时。变动制造费用的分配标准为每小时 10 元。固定制造费用实际发生276 000元,变动制造费用实际发生 88 000 元。

根据上述资料计算下列各项成本差异,并进行相应的会计处理。

(1) 直接材料的价格差异和用量差异。直接材料实际成本与标准成本之间的差额,是直接材料成本差异。该项差异产生的基本原因有两个:一是材料实际价格脱离标准价格,称为直接材料价格差异;二是材料实际用量脱离标准用量,称为直接材料用量差异。

直接材料成本差异=直接材料价格差异+直接材料用量差异

直接材料价格差异=实际用量×(实际价格-计划价格)

=5 400×(15-16)=-5 400(元)(有利差异)

9

直接材料用量差异＝计划价格×(实际用量－定额用量)
＝16×(5 400－5 000×1)＝6 400(元)(不利差异)

直接材料价格差异是在采购过程中形成的，不应由耗用材料的生产部门负责，而应由材料采购部门承担责任。材料价格差异形成的主要原因包括：材料供应商的价格变动、未按照经济采购批量进货、未能及时订货造成的紧急订货、采购时舍近求远使运费和途中消耗增加、不必要的快速运输方式、违反合同罚款、承接紧急订货造成额外采购等。

直接材料用量差异主要是在材料耗用过程中形成的，反映了生产部门的成本控制业绩。材料用量差异形成的主要原因包括：操作疏忽造成废品和废料的增加、工人用料不精心、操作技术改进而节省材料、新工人上岗造成多用料、机器或工具不适用造成用料增加。但有时也与生产部门无关，例如，购入的材料质量低劣、规格不符，生产工艺变更，产品检验过严等，也会使材料用量差异加大。

(2) 直接人工的薪酬率差异和效率差异。直接人工成本差异，是指直接人工实际成本与标准成本之间的差额，分为“价差”和“量差”两部分。价差是指实际薪酬率脱离标准薪酬率，其差额按实际工时计算确定的金额，称为直接人工薪酬率差异。量差是指实际工时脱离标准工时，其差额按标准薪酬率计算确定的金额，称为直接人工效率差异。

直接人工成本差异＝直接人工薪酬率差异＋直接人工效率差异
直接人工薪酬率差异＝实际工时×(实际薪酬率－计划薪酬率)
＝8 000×(30.5－30)＝4 000(元)(不利差异)
直接人工效率差异＝计划薪酬率×(实际工时－定额工时)
＝30×(8 000－5 000×1.5)＝15 000(元)(不利差异)

直接人工薪酬率差异(价差)形成的主要原因包括：直接生产工人升级或降级使用、奖励制度未产生实效、薪酬率调整、加班或使用临时工、出勤率变化等。这些原因应归属于人事劳动部门，差异的具体原因分析会涉及生产或者其他部门。

直接人工效率差异(量差)形成的主要原因包括：工作环境不良、工人经验不足、劳动情绪不佳、新工人上岗太多、机器或工具选用不当、设备故障较多、作业计划安排不当、产量太少无法发挥批量节约优势等。直接人工效率差异主要是生产部门的责任，但有时也与其他部门有关，如材料质量不好而影响生产效率。

(3) 变动制造费用的开支差异和效率差异。变动制造费用差异，是指实际变动制造费用与标准变动制造费用之间的差额。它也可以分解为“价差”和“量差”两部分，价差是指变动制造费用的实际小时分配率脱离标准小时分配率的差异，按实际工时计算的金额，称为变动制造费用开支差异。量差是指实际工时脱离标准工时的差异，按计划变动费用分配率计算确定的金额，称为变动制造费用效率差异。

变动制造费用差异＝变动制造费用开支差异＋变动制造费用效率差异
变动制造费用开支差异＝实际工时×(实际分配率－计划分配率)

$$=8\,000\times\left(\frac{88\,000}{8\,000}-10\right)=8\,000\text{(元)(不利差异)}$$

变动制造费用效率差异＝计划变动费用分配率×(实际工时－定额工时)
＝10×(8 000－9 000)＝－10 000(元)(有利差异)

变动制造费用开支差异（价差）形成的主要原因是每单位业务量支出的变动制造费用脱离了标准。变动制造费用开支差异应当属于生产部门的责任。

变动制造费用效率差异（量差）形成的主要原因是实际工时脱离了标准，多用工时导致了费用增加，其形成的原因与人工效率差异相同。

（4）固定制造费用的开支差异、闲置能量差异和效率差异。将固定制造费用差异分为开支差异、闲置能量差异和效率差异进行分析的方法称为固定制造费用分析的三因素分析法。

$$固定制造费用差异=\begin{matrix}固定制造费\\用开支差异\end{matrix}+\begin{matrix}固定制造费用\\闲置能量差异\end{matrix}+\begin{matrix}固定制造费\\用效率差异\end{matrix}$$

固定制造费用开支差异＝固定制造费用实际数－固定制造费用预算数

＝固定制造费用实际数－固定制造费用标准分配率×生产能量

＝276 000－270 000＝6 000（元）（不利差异）

固定制造费用闲置能量差异＝固定制造费用预算－实际工时×固定制造费用标准分配率

＝（生产能量－实际工时）×固定制造费用标准分配率

$$=270\ 000-8\ 000\times\frac{270\ 000}{9\ 000}=30\ 000（元）（不利差异）$$

固定制造费用效率差异＝（实际工时－实际产量的标准工时）×固定制造费用标准分配率

$$=(8\ 000-5\ 000\times1.5)\times\frac{270\ 000}{9\ 000}=150\ 000（元）（不利差异）$$

固定制造费用开支差异形成的原因主要是相关支出的增加，如临时购置固定资产、研究费用和培训费的增加等。固定制造费用闲置能量差异形成的主要原因是生产能力未能充分利用。固定制造费用效率差异形成的原因与直接人工效率差异形成的原因相同，应当属于生产部门的责任。

（5）按照调整销货成本与存货法进行相应的会计处理：

❶ 直接材料成本差异的会计处理：

借：生产成本——乙产品	80 000	
直接材料用量差异	6 400	
贷：原材料		81 000
直接材料价格差异		5 400

❷ 直接人工成本差异的会计处理：

借：生产成本——乙产品	225 000	
直接人工薪酬率差异	4 000	
直接人工效率差异	15 000	
贷：应付职工薪酬		244 000

❸ 变动制造费用差异的会计处理：

借：生产成本——乙产品	90 000	
变动制造费用开支差异	8 000	
贷：变动制造费用		88 000
变动制造费用效率差异		10 000

9

④ 固定制造费用成本差异的会计处理：

	借方	贷方
借：生产成本——乙产品	225 000	
固定制造费用开支差异	6 000	
固定制造费用闲置能量差异	30 000	
固定制造费用效率差异	15 000	
贷：固定制造费用		276 000

⑤ 按标准成本结转完工入库产品成本的会计处理：

	借方	贷方
借：库存商品——乙产品	628 000	
贷：生产成本——乙产品		628 000

⑥ 销售产品的会计处理：

	借方	贷方
借：银行存款	1 170 000	
贷：主营业务收入		1 000 000
应交税费——应交增值税（销项税额）		170 000

⑦ 结转已销售产品的标准成本：

	借方	贷方
借：主营业务成本	628 000	
贷：库存商品——乙产品		628 000

⑧ 结转本期各项成本差异：

	借方	贷方
借：主营业务成本	69 000	
直接材料价格差异	5 400	
变动制造费用效率差异	10 000	
贷：直接材料用量差异		6 400
直接人工薪酬率差异		4 000
直接人工效率差异		15 000
变动制造费用开支差异		8 000
固定制造费用开支差异		6 000
固定制造费用闲置能量差异		30 000
固定制造费用效率差异		15 000

三、标准成本法优点和局限性的评价

9

（一）标准成本法的优点

1. 为衡量成本水平提供适当的尺度

标准成本是事先经过仔细研究而制定的、在正常生产经营条件下应当发生的成本。它提供了一个衡量成本水平的适当尺度，可用来确定有关生产经营活动在成本上应当达到的目标，并作为评价和考核工作质量和效果的重要依据，特别是在配合责任会计的推行，加强成本差异的分析方面具有积极的作用，可以使广大职工增强对成本的敏感性和责任感，也有利于企业管理当局贯彻“例外管理”的原则。

2. 标准成本可以为企业进行经营决策提供有用的数据

在制定产品价格或评价有关方案的经济效益时，利用标准成本便于进行较客观、具有科学依据的“差别成本”分析。

3. 简化日常的账务处理和各期报表的编制

在标准成本制度中，将标准成本和成本差异分别列示，原材料、生产成本、库存商品和主营业务成本都可直接按标准成本入账，因而可以大大简化日常的账务处理和各期报表的编制工作。实行标准成本制度，不一定要等到实际成本计算完成后才进行报表的编制。至于各成本差异账户的余额，只有在余额较大的情况下，才有必要在期末在产品、库存商品和本期主营业务成本之间按比例分配。否则，只需将脱离标准成本的差异看作有关方面工作质量和效果的反映，作为本期主营业务成本的调整项目即可。

（二）标准成本法的局限性

与实际成本法（材料成本常用加权平均法、先进先出法等）相比，标准成本法更重视计划性和控制性，对成本核算方面的关注不如实际成本法。

标准成本法往往根据一定时期实际产量的实际消耗量和实际价格与实际产量的标准消耗量和标准价格的计算比较来揭示差异，但因为没有专用的差异凭证，因而要查明差异的原因还需要做很多细致的工作。

标准成本法较多地体现了事先计划、事中控制和事后分析的管理思想。但是，对于生产计划不稳定、原材料价格波动频繁的企业或行业，应用标准成本法就有较多的困难。

任务三　作业成本法的认知

【引言】

作业成本法是20世纪80年代管理会计内容的新拓展，其主要做法是计算产品成本时，先将制造费用归于每一作业，然后再由每一作业成本分摊到产品成本中去。

【知识准备与业务操作】

一、作业成本法的描述

20世纪80年代开始，学术界和实务界展开了对作业成本法的全面研究。当时以计算机为主导的生产自动化、智能化程度日益提高，直接人工费用普遍减少，间接成本相对增加，明显突破了制造成本法中“直接成本比例较大”的假定。因此，如果继续采用制造成本法，按照人工工时、工作量等分配间接成本，就会出现扭曲成本的现象。另外，传统管理会计的分析是建立在传统成本核算基础上的，得出的信息与当下实践的相关性大大减弱，对实践的指导意义也不大。在这种情况下，哈佛大学的卡普兰教授提出了一个全新的思路来研究成本，这就是作业成本法。

（一）作业成本法的概念

作业成本法是以作业为核心，确认和计量所有作业耗用的企业资源，在将耗用的资源成本准确计入作业的基础上，合理选择成本动因，将所有作业成本分配并计入成本计算对象的一种成本计算方法。作业成本法建立在“作业”的基础上，因此需要搞清与作业相关的几个概念。

1. 作业

作业是基于一定目的，以人为主体，消耗一定资源的特定范围内的工作。作业是构成产品生产、服务程序的组成部分。实际工作中可能出现的作业类型一般有：起动准备、购货订单、材料采购、物料处理、设备维修、质量控制、生产计划、工程处理、动力消耗、存货移动、装运发货、管理协调等。

根据企业业务的层次和范围，可将作业分为以下四类：单位作业、批别作业、产品作业和支持作业。

(1) 单位作业，是使单位产品或服务受益的作业，它对资源的消耗量往往与产品的产量或销量成正比。常见的单位作业有加工零件、每件产品进行的检验等。

(2) 批别作业，是使一批产品受益的作业，作业的成本与产品的批次数量成正比。常见的批别作业有设备调试、生产准备等。

(3) 产品作业，是使某种产品的每个单位都受益的作业。常见的产品作业有零件数控代码编制、产品工艺设计作业等。

(4) 支持作业，是为维持企业正常生产，而使所有产品都受益的作业。支持作业的成本与产品数量和质量均无相关关系。常见的支持作业有厂房维修、管理作业等。通常认为前三个类别以外的所有作业均是支持作业。

2. 作业链和价值链

(1) 作业链，是相互联系的一系列作业活动组成的链条。现代企业实际上是一个为了最终满足顾客需要而设计的一系列作业活动实体的组合，所以企业就是作业链。

(2) 价值链，是从货币和价值的角度反映的作业链，生产经营环节就是作业链。卡普兰等学者认为，立足于经营的最后一个环节(产品销售到顾客的环节)来看，能够产生和增加顾客价值的作业是需要大力加强的有效作业，不增加顾客价值的作业是维持作业或无效作业，需要严格控制。但是无效作业不等于无用作业。例如，修复残次品、管理活动等都不增加价值，都属于无效作业，但却是维持企业正常运营的有用作业。

3. 成本动因

成本动因，是指影响企业资源消耗变化、产品质量和生产周期的任何事件和情形。一个作业可能具有多个动因。成本动因并不都需要数量化，但是它对于作业动因和资源动因的选择具有重要影响。可以说，成本动因就是导致生产中成本发生变化的因素。只要能导致成本发生变化，就是成本动因。

9

根据成本动因在资源流动中所处的位置，通常可将其分为资源动因和作业动因。

(1) 资源动因。资源动因是指资源被消耗的方式和原因，它反映了作业中心对资源的消耗情况，是资源成本分配到作业中心的标准。例如，人工费用主要与从事作业的人数有关，那就可以按照人数向作业中心分配人工费用。此处的从事各项作业的人数就是一个资源动因。

(2) 作业动因。作业动因是指各项作业被最终产品或劳务消耗的方式和原因。它反映了产品消耗作业的情况，是作业中心的成本分配到产品中的标准。如果在各种产品的每份订单上所耗用的费用基本相当，那就可以按照订单份数来向各种产品分配订单作业成本。此处订单的份数就是作业动因。

（二）作业成本法的原理

作业成本法最初是作为一种正确分配制造费用、计算产品制造成本的方法被提出的。其基本思想是在资源和产品之间引入一个中介——作业。作业成本法的基本原则是作业消耗资源，产品消耗作业，生产导致作业的发生，作业导致成本的发生。

根据这一原则，作业成本法按照如下两个步骤进行成本计算：

1. 设置作业成本库

在确认作业、主要作业和作业中心的前提下，按同质作业设置作业成本库。以资源动因为基础，将间接费用分配到作业成本库。实际工作中可能出现的作业类型一般有：装配、材料采购、物料处理、起动准备、质量控制、产品包装、工程处理、管理、动力消耗、存货移动、装运发货、管理协调等。作业引发资源的耗用，而资源动因是作业消耗资源的原因或方式。因此，应当根据资源动因把间接费用归集到代表不同作业的作业成本库中。由于生产经营的范围扩大、复杂性提高，构成产品生产、服务程序的作业也大量增加，为每项作业单独设置成本库显得并不可行。因此，将有共同资源动因的作业确认为同质作业，将同质作业引发的间接费用归集到同质作业成本库后再分配的方法，不但提高了作业成本法计算的可操作性，而且减少了工作量，降低了信息成本。

2. 将作业成本库的成本分配到最终产品

以作业动因为基础将作业成本库的成本分配到最终产品。产品消耗作业，产品的产量、生产批次及种类等决定作业的耗用量，作业动因是各项作业被最终产品消耗的方式和原因。例如，起动准备作业的作业动因是起动准备次数，质量检验作业的成本动因是检验小时。明确了作业动因，就可以将归集在各个作业成本库中的间接费用按各最终产品消耗的作业动因量的比例进行分配，计算出产品的各项作业成本，进而确定出最终产品的成本。

作业成本法的成本计算程序如图 9－10 所示。

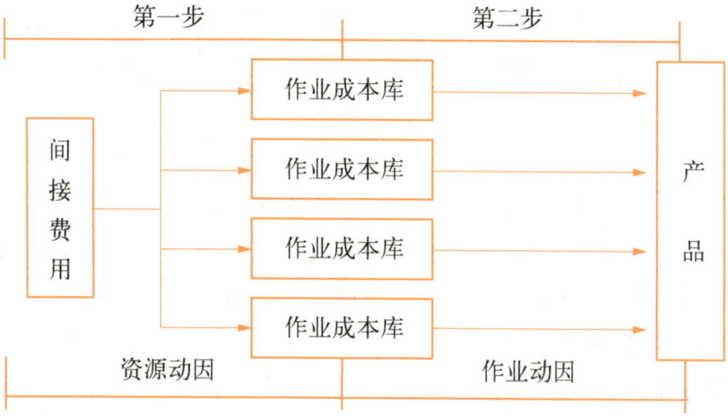

图 9－10　作业成本法的成本计算程序

综上所述，作业成本法区别于传统的成本计算法的主要特点有：

（1）以作业为基本的成本计算对象，并将其作为归集间接费用的基础。

（2）注重间接计入费用的归集与分配，设置多样化的作业成本库，并采用多样化的成本动因作为成本分配标准，使成本归集明细化，从而提高了成本的可归属性。

（3）关注成本发生的前因后果。产品的技术层次、项目种类、复杂程度不同，其耗用的间接费用也不同,但传统成本计算法认为所有产品都根据其产量均衡地消耗企业的所有费用。因此,在传统成本法下,产量高、复杂程度低的产品的成本往往高于其实际发生成本;产量低、复杂程度高的产品的成本往往低于其实际发生成本。

作业成本计算以作业为联系资源和产品的中介,以多样化成本动因为依据,将资源追踪到作业,将作业成本追踪到产品,提供了适应现代制造环境的相对准确的成本信息。作业成本计算以财务为导向,从分类账中获得主要成本项目,进而将成本追踪到作业成本库,再将作业成本库的成本分配到各产品,侧重于对历史成本费用的分析,是成本分配观的体现。

二、作业成本法的运用

(一) 作业成本法下成本计算的一般程序

1. 通过各资源库归集各类资源的耗费

确认和计量各类资源耗费,将资源耗费的价值归集到各资源库。这一步骤是按资源类别对资源耗费价值进行归集的过程。在资源被耗费后都应该按照一定的标准,对其进行分类归集。这样既可以从总体上反映各类资源的耗用情况,同时也为各类资源的耗费价值向作业成本库的分配创造了条件。至于价值归集分配,一般应视企业的规模和作业组合状况而定。对于小规模企业,若不分设制造中心,则直接在整个企业范围内按类别归集资源耗费价值;对于大规模企业,一般可设若干制造中心,并将各制造中心视为小规模企业来归集各类资源耗费价值。

2. 将资源库汇集的价值分配到各个作业成本库

确认作业、主要作业和作业中心,并建立作业成本库,将各个资源库汇集的价值分配到各个作业成本库中。这一步骤的实施是建立在对企业生产经营过程进行全面分析的基础上的。因为只有通过对企业生产经营过程进行全面详尽的分析,才能将其描述成为一个由内向外的作业链,才能发现各项作业的成本动因。在此基础上,按照作业成本动因来建立作业成本库。在实际工作中,一个企业的作业可能有很多,应当按照重要性原则选择主要作业作为资源分配的基础。

在作业成本库建立之后,如何将各类资源的价值耗费向各作业成本库进行分配,就成为本步骤的重要内容。按照作业成本计算的规则,作业量的多少决定着资源的耗用量,资源耗用量的高低与最终产品的产出量有直接的关系。所以,分配资源的价值耗费的基础是反映资源消耗量与作业量之间关系的资源动因,如何正确地确定资源动因成为正确地将各类资源耗费分配计入各作业成本库的关键。

确立资源动因的原则是:❶ 如果某一项资源耗费能直观地确定其是为某一特定产品所消耗,则应直接计入该特定产品的成本,此时,资源动因也是作业动因,该动因可以被认为是“终结耗费”。材料费往往适用于该原则。❷ 如果某项资源耗费可以从发生领域上区分为各作业所耗,则可以直接计入各作业成本库,此时,资源动因是“作业专属耗费”。办公费一般适用这种原则。❸ 如果某项资源耗费从最初消耗上呈混合耗费形态,则需要选择合适的量化依据将资源分解后,再分配到各作业。

在成本计算过程中,各资源库价值应根据资源动因逐项分配到特定范围内的各作业成本库中去,将每个作业成本库中转入的各项资源价值相加,就形成了作业成本库的价值。

3. 将各作业成本库归集的成本按动因分配计入成本计算对象

将各作业成本库的成本按照一定的动因分配计入最终产品或劳务成本计算单，计算完工产品或劳务的成本。该成本计算步骤应遵循的作业成本计算规则是：产出量的多少决定着作业的耗用量，这种作业消耗量与产出量之间的关系即为作业动因。

作业动因是将作业成本库的成本分配到产品或劳务中去的标准，也是将作业耗费与最终产出相沟通的中介。既然作业中心和作业成本库是依据作业动因确认的，就每一作业成本库而言，其动因在第二步骤已经确立，因而成本计算在这一步骤并无障碍。如订单作业是批量动因作业，则只需将该作业成本库的成本除以当期订单份数即可得出分配率，将某批产品所用订单份数乘以此分配率，即可得到应计入该批产品成本计算单中订单成本项目的成本额。

（二）作业成本法的应用实例

微课视频：作业成本法的应用实例

［例 9－10］ 三元股份有限公司生产三种电子元器件，分别是产品 A、产品 B 和产品 C。三种产品中，产品 A 的工艺相对复杂，每年可销售 20 000 件；产品 B 工艺最简单，每年可销售 15 000 件；产品 C 工艺最复杂，每年可销售 2 450 件。公司设有一个生产车间，主要生产工序包括原材料采购、原料处理、调整与准备、部件装配、质量检验、产品包装、工程处理、生产计划管理等。该公司所用的原材料和零部件均需外购，且一直采用传统成本计算法计算产品成本。2023 年度，该公司的产品成本资料、制造费用分配资料和产品成本表分别如表 9－5、表 9－6 和表 9－7 所示。

表 9－5 产品成本资料表

编制单位：三元股份有限公司 2023 年度 金额单位：元

产品名称	产量/件	工时/小时	成本项目			合计
			直接材料	直接人工	制造费用	
产品 A	20 000	60 000	800 000	1 000 000		1 800 000
产品 B	15 000	80 000	1 200 000	1 400 000		2 600 000
产品 C	2 450	8 000	60 000	150 000		210 000
合计		148 000	2 060 000	2 550 000	5 180 000	4 610 000

表 9－6 制造费用分配表（以工时为分配标准）

编制单位：三元股份有限公司 2023 年度 金额单位：元

产品名称	年直接人工工时/小时	分配率	分配金额
产品 A	60 000		2 100 000
产品 B	80 000		2 800 000
产品 C	8 000		280 000
合计	148 000	35	5 180 000

表 9－6 中，制造费用分配率计算如下：

$$制造费用分配率=\frac{5\ 180\ 000}{148\ 000}=35$$

表 9-7 产品成本表(制造成本法)

编制单位：三元股份有限公司 2023 年度 金额单位：元

项　目	产品 A	产品 B	产品 C
直接材料	800 000	1 200 000	60 000
直接人工	1 000 000	1 400 000	150 000
制造费用	2 100 000	2 800 000	280 000
合　计	3 900 000	5 400 000	490 000
产量/件	20 000	15 000	2 450
单位成本	195	360	200

三元股份有限公司所在行业的平均利润率为产品成本的 20%，三元公司按行业普遍采用的成本加成法作为定价策略，分别将产品 A 的售价确定为 234 元(195×120%)，产品 B 的售价确定为 432 元(360×120%)，产品 C 的售价确定为 240 元(200×120%)。

近几年，该公司在产品销售方面出现了一些新情况。产品 A 可以按照略高于目标售价的价格正常出售。产品 B 因来自外国公司的竞争迫使公司将该产品的实际售价降低到 350 元，远远低于目标售价 432 元。产品 C 的售价定于 240 元时，公司收到的订单数量非常多，远远超过其生产能力，为此，公司将产品 C 的单位售价提高到 300 元，即便如此，该公司收到的订单仍然很多，本行业其他公司的相同产品在市场上也无力与该公司竞争。上述情况表明，产品 A 的销售及盈利状况正常，产品 B 是一种产量较多但陷入亏损的劣势产品，产品 C 是一种高盈利低产量的优势产品。因此，产品 B 和产品 C 成为公司财务人员关注的焦点。在分析中，财务人员对传统成本计算法提供的成本计算资料的正确性产生了严重怀疑。他们决定采用作业成本计算法重新计算产品的成本。

管理人员经过分析，认定了公司发生的主要作业并将其划分为几个同质作业成本库，然后将间接费用归集到各作业成本库中，归集的结果如表 9-8 所示。

表 9-8 制造费用归集表

编制单位：三元股份有限公司 2023 年度 金额单位：元

制造费用作业项目	金　额
原材料采购	357 000
原料处理	752 000
调整与准备	95 000
部件装配	1 770 000
质量检验	750 000
产品包装	170 000
工程处理	546 000
生产计划管理	740 000
合　计	5 180 000

管理人员认定的各作业成本库的成本动因、计算的单位作业成本和制造费用按作业项目分配的情况分别如表 9－9、表 9－10 和表 9－11 所示。

表 9－9　　成本动因分析表

编制单位：三元股份有限公司　　2023 年度

作业项目	成本动因	作业量			
		产品 A	产品 B	产品 C	合　计
原材料采购	订单数量/张	2 000	5 000	10 000	17 000
原料处理	材料移动/次数	6 000	4 000	6 000	16 000
调整与准备	准备次数/次数	4 000	3 000	12 000	19 000
部件装配	机器小时/小时	30 000	25 000	4 000	59 000
质量检验	检验时间/小时	10 000	9 000	6 000	25 000
产品包装	包装次数/次数	3 600	7 000	6 400	17 000
工程处理	处理时间/小时	10 000	14 000	18 000	42 000
生产计划管理	直接人工/小时	80 000	60 000	8 000	148 000

表 9－10　　单位作业成本表

编制单位：三元股份有限公司　　2023 年度　　金额单位：元

作业项目	成本动因	年制造费用	年作业量	单位作业成本
原材料采购	订单数量/张	357 000	17 000	21
原料处理	材料移动/次数	752 000	16 000	47
调整与准备	准备次数/次数	95 000	19 000	5
部件装配	机器小时/小时	1 770 000	59 000	30
质量检验	检验时间/小时	750 000	25 000	30
产品包装	包装次数/次数	170 000	17 000	10
工程处理	处理时间/小时	546 000	42 000	13
生产计划管理	直接人工/小时	740 000	148 000	5

表 9－11　　制造费用分配表（按单位作业成本分配）

编制单位：三元股份有限公司　　2023 年度　　金额单位：元

制造费用作业项目	单位作业成本	产品 A		产品 B		产品 C	
		作业量/件	作业成本	作业量/件	作业成本	作业量/件	作业成本
原材料采购	21	2 000	42 000	5 000	105 000	10 000	210 000
原料处理	47	6 000	282 000	4 000	188 000	6 000	282 000
调整与准备	5	4 000	20 000	3 000	15 000	12 000	60 000
部件装配	30	30 000	900 000	25 000	750 000	4 000	120 000
质量检验	30	10 000	300 000	9 000	270 000	6 000	180 000

续 表

制造费用作业项目	单位作业成本	产品 A		产品 B		产品 C	
		作业量/件	作业成本	作业量/件	作业成本	作业量/件	作业成本
产品包装	10	3 600	36 000	7 000	70 000	6 400	64 000
工程处理	13	10 000	130 000	14 000	182 000	18 000	234 000
生产计划管理	5	80 000	400 000	60 000	300 000	8 000	40 000
合 计	—	—	2 110 000	—	1 880 000	—	1 190 000

管理人员运用作业成本法，经过重新计算，得出产品成本计算结果，如表 9－12 所示。

表 9－12　产品成本计算表（作业成本法）

编制单位：三元股份有限公司　　2023 年度　　金额单位：元

成本项目		产品 A	产品 B	产品 C
直接材料		800 000	1 200 000	60 000
直接人工		1 000 000	1 400 000	150 000
制造费用	原材料采购	42 000	105 000	210 000
	原料处理	282 000	188 000	282 000
	调整与准备	20 000	15 000	60 000
	部件装配	900 000	750 000	120 000
	质量检验	300 000	270 000	180 000
	产品包装	36 000	70 000	64 000
	工程处理	130 000	182 000	234 000
	生产计划管理	400 000	300 000	40 000
	小 计	2 110 000	1 880 000	1 190 000
生产费用合计		3 910 000	4 480 000	1 400 000
产品产量		20 000	15 000	2 450
单位产品成本		195.50	298.67	571.43

9

采用作业成本法计算的产品成本资料，与按传统的制造成本法计算的产品成本相比：产品 A 的成本基本相同，产品 B 的成本有较大幅度的下降，而产品 C 的成本大幅上升。公司财务人员根据作业成本法确定的产品成本，按行业平均利润率计算出产品售价，计算对比如表 9－13 所示。

表 9－13　产品售价计算对比表

编制单位：三元股份有限公司　　2023 年度　　金额单位：元

项目		产品 A	产品 B	产品 C
产品成本	制造成本法	195.00	360.00	200.00
	作业成本法	195.50	298.67	571.43

续 表

项 目		产品 A	产品 B	产品 C
产品售价计算（产品成本×120%）	制造成本法	234.00	432.00	240.00
	作业成本法	234.60	358.40	685.72
公司当前实际执行售价		240.00	350.00	300.00

经过比较发现：产品 A 按作业成本法计算的产品成本 195.50 元，与制造成本法计算的产品成本 195 元基本相一致；产品 B 按作业成本法计算的产品成本 298.67 元，远远低于制造成本法计算的产品成本 360 元；产品 C 按作业成本法计算的产品成本 571.43 元，远远高于制造成本法计算的产品成本 200 元。

三元股份有限公司的管理人员利用作业成本法取得的产品成本信息表明：❶ 产品 A 的定价基本合理。❷ 产品 B 根据作业成本法确认的产品成本计算的对应目标售价 358.40 元，与按照制造成本法确认的产品成本计算的对应目标售价 432 元相比显然不合理。公司现在确定的 350 元的实际售价与按照作业成本法计算成本确定的目标售价基本吻合。这也为公司目前在产品 B 销售方面遇到的困境提供了很好的解释。❸ 公司根据制造成本法确认的产品成本所制定的产品 C 的目标售价显然低估了，实际售价虽提高到 300 元，但仍然远低于作业成本法计算得到的产品成本 571.43 元。这表明，如果该 C 产品的售价达不到按作业成本法确认产品相对应的售价，或产品成本不能大幅度地降低，公司应考虑放弃生产产品 C。

[例 9－10]表明，利用作业成本法计算成本可取得较传统的制造成本法更为准确的产品成本信息。这些利用作业成本法计算出来的成本数据不仅影响到公司产品定价策略的调整，还可以进一步为公司高层管理者决策提供更准确的信息。

三、作业成本法优点和局限性的评价

（一）作业成本法的优点

1. 能促使管理人员有效地进行成本控制

在作业成本法下，间接费用的分配是采用多标准来进行的，因此在分配过程中将会产生多种成本动因。通过这种方法，能够确认引起各项间接费用的原因，从而能使管理者从产生成本的源头入手，从降低企业产品成本的角度，重新分析各种间接成本，努力降低产品成本中的间接费用，最终降低全部产品成本。因此，作业成本法能促使管理人员对成本进行有效的控制。

9

2. 能够提供相对准确的成本信息

作业成本法是按照各种产品实际消耗的与间接成本相关的作业量来分配其应该负担的间接成本的。与传统的制造成本计算方法相比，作业成本法能正确地反映各种产品根据其消耗的资源所付出的代价。按作业成本法计算的成本既包括直接制造成本，也包括间接成本，只是这种方法在分配间接成本时，不是采用单一的分配标准来分配所有的间接成本，而是根据各种间接成本的作业性质和特点采取不同的分配标准。以多个分配率来分配间接成本必将能使企业的成本计算更加准确，能够提供更加正确的成本信息。

3. 作业成本法可以改进预算控制

作业成本法扩展了传统的成本性态分析，认为引起成本变动的动因绝不仅仅是产量，间接费用在产出量不变时也有可能发生变动。作业成本法的本质就是要确定分配间接费用的合理基础——作业，引导管理人员将注意力集中于发生成本的原因——成本动因上，改变原先管理人员只关注成本本身的思想。作业成本法认为企业就是为最终满足顾客需要而设计的一系列作业的集合体，其中一系列的作业连接就构成了作业链。每一作业的完成都将会消耗一定的资源，而每一作业的产出又将会形成一定的新的价值，转移到下一个作业，逐步推移，最终把产品提供给顾客。企业的最终产品是企业内部一系列作业的集合体，它包含在各个作业链上形成的最终转移给顾客的价值。而在企业内部的一系列作业中，有的作业能够增加转移给顾客的价值，有的作业则不增加转移给顾客的价值。因此，在作业成本管理中，其目标就是尽量消除不增加价值的作业或尽量减少其资源的消耗。对于可增加价值的作业，也要尽可能减少完成每一作业的资源消耗。这样做将能够起到事前预算控制的作用，克服传统成本控制强调事后控制的缺陷。因此，作业成本法将能够大大改进企业的成本控制。

4. 作业成本法可以改进业绩评价

通过前面的分析可知，在作业成本法下，对不同的间接费用能分析出与其相应的各种成本动因，因此，通过作业成本的计算和有效控制，将能够克服传统的以产量为基础的成本系统中间接费用责任不清的缺陷。这使得许多在传统方法下不可控的间接费用在作业成本法下变成了可控成本，明确了间接费用的归属和责任，这对于评价企业内部各部门的业绩将会有一定的改进作用。

（二）作业成本法的局限性

1. 作业成本法下成本动因的选择带有主观性

选择正确的成本动因是进行成本计算的基础。如果成本动因的选择、归类不恰当，计算出来的成本就可能失真。在实际工作中，成本动因的选择往往带有较大的主观性，这必然会增大误差产生的概率。此外，有些作业费用的成本动因也很难按产品来划分，这必将会影响到这部分费用分配结果的合理性和正确性。

2. 作业成本法无法提供部门的成本信息

作业成本法下的成本计算一般是以整个企业为单位，将直接计入产品成本的直接材料、直接人工加上各成本库分来的作业成本，求得产品总成本。这样的成本计算程序将无法提供各个生产部门的成本信息。

3. 作业成本法仅能提供历史成本信息

作业成本法虽然能够提供相对准确、真实的成本信息，但这些信息都只是对一些已经发生的成本的反映，是一种历史的成本信息。从成本管理的角度看，对未来成本控制的作用仍然会受到限制。

4. 作业成本法下某些分配结果的准确性不够

作业成本法下对一些产量驱动型的制造费用按生产工时或机器工时来进行分配，这样分配的结果的准确性值得怀疑。在企业中，各种设备的型号大小、先进程度等存在一定的差别，而不同型号的设备、不同先进程度的设备，每小时的费用是不同的，因此，以各种设备的小时耗费均相同为假设来对产量驱动型的制造费用进行分配，其分配结果的准确性显然是不够的。

5. 作业成本法的工作量较大

由于在作业成本法下，需要选择很多成本动因，搜集大量的数据，做许多基础工作，因此计算过程繁重复杂，工作量大大增加。若企业的规模较大、业务量较多、性质复杂，则使用这种方法的成本将会较高。

6. 作业成本法的应用范围受到较大限制

该方法只适用于制造费用比重较大，制造费用所含项目较多的企业，不具备这种条件的企业采用作业成本法的意义不大。

【工作任务——运用变动成本法计算产品成本】

业务单据：运用变动成本法计算产品成本

实例解析：

长江有限责任公司产销 A 产品，2022 年与 2023 年的产销及产品成本、费用情况如下：

（1）产品销售单价 50 元，单位直接材料 20 元，单位直接人工 10 元，变动制造费用 5 元，固定制造费用总额 50 000 元，单位变动销售及管理费用 2 元，固定销售及管理费用总额 20 000元。

（2）2022 年全年生产产品 50 000 件，销售产品 45 000 件。

（3）2023 年全年生产产品 40 000 件，销售产品 42 000 件。

操作录屏：运用变动成本法计算产品成本

操作步骤：

（1）根据资料 1，运用制造成本法和变动成本法，编制 A 产品单位成本计算对比表。

（2）根据资料 1 计算的结果和资料 2，分别运用制造成本法和变动成本法计算 2022 年期末结存 A 产品的存货成本。

（3）根据资料 2，分别按制造成本法和变动成本法计算确认 A 产品在 2022 年的销售利润。

（4）根据资料 3，分别按制造成本法和变动成本法计算确认 A 产品在 2023 年的销售利润。

项目九自测题

【项目小结】

本项目知识结构如图 9－11 所示。

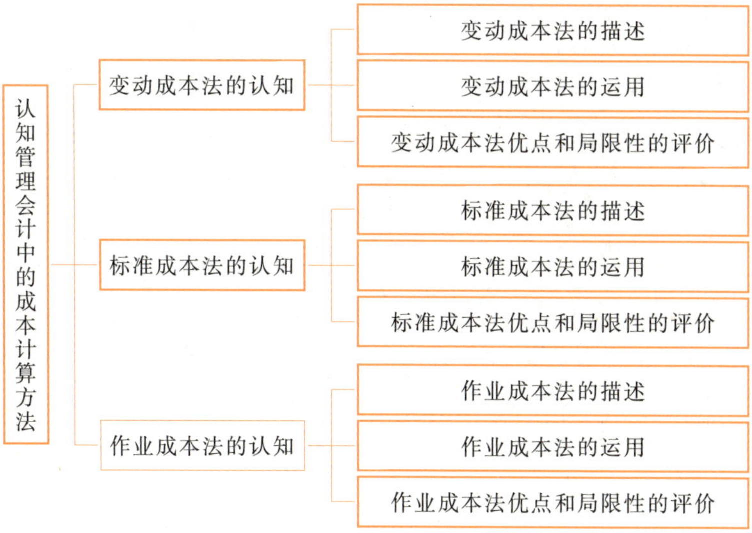

图 9－11　项目九知识结构

主要参考文献

[1] 程坚.成本会计实务[M].北京：清华大学出版社，2004.

[2] 周国安.成本会计实务[M].3版.北京：高等教育出版社，2014.

[3] 鲁广信，赵克罗，李树军.成本核算实务[M].北京：中国市场出版社，2005.

[4] 汪祥耀.现代成本会计学[M].杭州：浙江人民出版社，2008.

[5] 财政部.企业会计准则[M].北京：经济科学出版社，2020.

[6] 中国注册会计师协会.财务成本管理[M].北京：中国财政经济出版社，2023.

[7] 柯于珍.成本核算实务[M].2版.北京：高等教育出版社，2018.

高等教育出版社

教学资源服务指南

仅限教师索取

感谢您使用本书。为方便教学，我社为教师提供资源下载、样书申请等服务，如贵校已选用本书，您只要关注微信公众号“高职财经教学研究”，或加入下列教师交流QQ群即可免费获得相关服务。

“高职财经教学研究”公众号

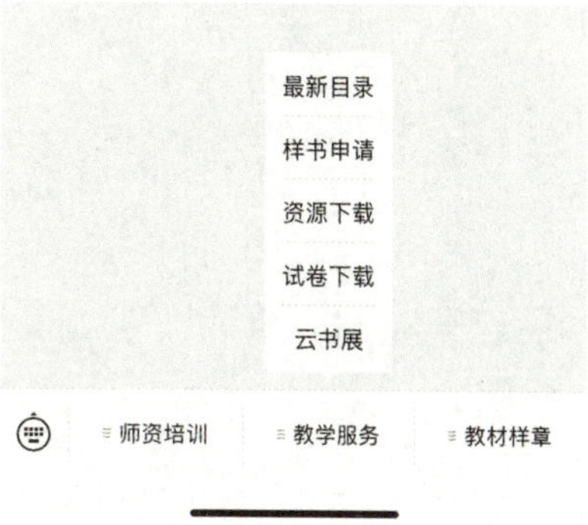

资源下载：点击“**教学服务**”—“**资源下载**”，或直接在浏览器中输入网址（http://101.35.126.6/），注册登录后可搜索相应的资源并下载。（建议用电脑浏览器操作）

样书申请：点击“**教学服务**”—“**样书申请**”，填写相关信息即可申请样书。

试卷下载：点击“**教学服务**”—“**试卷下载**”，填写相关信息即可下载试卷。

样章下载：点击“**教材样章**”，即可下载在供教材的前言、目录和样章。

师资培训：点击“**师资培训**”，获取最新会议信息、直播回放和往期师资培训视频。

联系方式

会计QQ3群：473802328　　会计QQ2群：370279388　　会计QQ1群：554729666

（以上3个会计QQ群，加入任何一个即可获取教学服务，请勿重复加入）

联系电话：（021）56961310　　电子邮箱：3076198581@qq.com

在线试题库及组卷系统

我们研发有10余门课程试题库：“基础会计”“财务会计”“成本计算与管理”“财务管理”“管理会计”“税务会计”“税法”“审计基础与实务”等，平均每个题库近3000题，知识点全覆盖，题型丰富，可自动组卷与批改。如贵校选用了高教社沪版相关课程教材，我们可免费提供给教师每个题库生成的各6套试卷及答案（Word格式难中易三档，索取方式见上述“试卷下载”），教师也可与我们联系咨询更多试题库详情。